불안사회 생존철학

혼란과 불안의 시대, 길을 밝히는 철학

카트린, 엘로이즈, 앙투안, 파스칼 그리고 다비드에게

불안사회 생존철학

혼란과 불안의 시대, 길을 밝히는 철학

장 폴 주아리 지음 | 배정은 옮김

Vivre et penser dans l'incertitude: Ces philosophes indispensables notre temps

상상스퀘어

"개인의 지성은 그가 견딜 수 있는 불확실성의 양으로 측정된다."

임마누엘 칸트

서문

우리는 때로 잊곤 한다. 철학책 이면에는 지난 250년간 새로운 방식으로 생각하는 위험을 감수했던 철학자들의 삶과 꿈 그리고 수많은 비극적인 사건이 담겨 있음을. 확실히 지금과는 다른 상황에서 쓰인 글이지만, 우리는 철학책에서 인류라는 존재의 중요한 일면을 발견할 수 있다. 추상적으로 보일지도 모르는 글에서 인간의 실재가 요동치며 말을 건넨다. 사실 수학보다 더 순수한 학문은 없고 수학이 지닌 실용성과 효율성에 다들 동의하지만, 일상생활 속 문제는 당연히 수학 방정식보다 철학으로 더 쉽게 풀 수 있다. 역사 속 철학자들이 수천 년 후에 우리와 여전히 친숙하게 대화하고 개인적인 성찰을 이끌어준다면, 분명 우리가 받은 질문이 보편성을 지녔고 시대의 한계를 넘어선다고 봐야 할 것이다.

어떤 사상은 과거에 발생했으나 신기하게도 현재 방식으로 말을 건넨다. 앞으로 이어지는 내용에서 언급할 예를 몇 가지 살펴보자. 갈릴레이, 데카르트, 아베로에스Averroës, 마이모니데스Maimonide, 스피노자가 당대 기독교도, 이슬람교도, 유대인과 벌였던 투쟁은 현재 우리의 경험과 곧바로 연결된 듯 보인다. 경전에 기반한 종교들은 과학과 이성을 배척하지 않으면서 보편적인 가치를 지닌 평화로운 신앙을 추구할 수도 있고, 모든 이성적 사유에 반대하면서 위험한 광신주의와 독단주의의 출발점이 될 수도 있다. 12세기와 17세기 철학자들의 사상은 지금, 이 순간에 이슬람주의나 정교분리에 대해 그리고 현대적인 것과 시대에 뒤처진 부분에 대해 미디어에서 떠드는 말보다 더 많은 깨달음을 전한다.

마찬가지로 고대 에픽테토스Epictetus나 디오게네스Diogenes가 권력, 부, 타인의 시선으로부터 자율성을 유지하고자 고군분투하던 모습에서 오늘날 우리의 모습을 발견하며 놀랄지도 모른다. 자율성을 지키려는 노력은 전 분야에 걸쳐 탐닉이 사회경제 논리를 지배하는 오늘 같은 시대에 그 어느 때보다 필요하다. 우리는 단순히 물질에 의존하는 것이 아니다. 우리의 욕구와 욕망은 사실상 인위적이고 의도적으로 창조되어 의존성을 만들어내고, 소수의 사람들에게 이윤을 가져다주는 동시에 그들 역시 부의 축적에 의존하게 만들었다.

그리하여 우리는 모두 욕망하는 기계가 된다. 모든 욕망은 외적인 결핍에서 발생하기에 우리는 진정한 자신이 아닌 모습으로 살아가며 더는 존재하지 않게 된다. 이를 온몸으로 인식하고 노예 생활에서 벗어나려면 소크라테스, 디오게네스, 에픽테토스, 파스칼의 교훈보다 더 효과적인 게 없다. 이 철학자들에 관해 서술한 장은 독자의 교양을 쌓으려는 목적이 아니라 우리 삶의 문제를 다루고자 했다.

끝으로 에밀리 뒤 샤틀레Émilie du Châtelet와 올랭프 드 구주Olympe de Gouges 그리고 과거의 다른 여성 철학자 수십 명과 몇몇 남성 철학자의 페미니즘 사상을 살펴볼 것이다. 그토록 어려웠고 여전히 완성까지 머나먼 여성해방운동의 발단을 알아본다. 이 철학자들의 사상은 20세기 가장 진보적인 페미니스트였던 시몬 드 보부아르의 사상과 놀라울 만큼 잘 어우러진다. 사회, 정치적 관행 속에서 개인의 자율성을 보존하려는 현대인의 열망에 대해서는 사르트르와 만델라 그리고 몰리에르와 루소를 파고들어 사유 과정을 밝히고 살을 보태고자 한다.

여기서 논의하는 질문들뿐 아니라 다른 모든 질문에 대해서도 철학적 유산 속에서 더 많은 해답을 찾을 수 있으리라 확신한다. 철학을 통해 우리 시대를 더 잘 이해하고 일상에서 발생하는 숙명론적 환상을 비판하며 미래의 가능성을 엿볼 수 있기를 바란다. 사상은 절대 단순하지 않다. 사상의 이면에 삶이 있기 때문이다. 여기 언급된 학설들은 그것을 물려준 철학자들의 경험과 우리의 생생한 경험으로 설명될 것이다. 사실에 기반한 장면이지만 가상의 방식으로 재구성했을 때는 단락 시작 부분에 '어떤 실화'라고 표시했다. 예를 들면 데카르트가 살인사건을 조사하고 루소가 개에게 놀라 넘어지며 디드로가 감옥에서 건강이 나빠진다. 다윈은 종의 진화 가설을 거부하려고 신에게 호소하며 올랭프 드 구주는 남녀평등을 인정하는 유일한 장소인 단두대로 가는 길에서 지난 투쟁을 떠올린다…. 이 모두가 단순한 일화처럼 보일 수 있으나 실제 사건을 뛰어넘는 의미를 지니며 여러 시사점을 드러낸다.

이 책은 네 가지 주요 질문으로 구성된다. 다양한 믿음을 구별하는 방법은 무엇인가? 인간의 행동 가운데 자유로운 건 무엇인가? 본성이 인간의 삶을 결정짓는가 아니면 인간은 끊임없이 인성을 단련할 수 있는가? 사회에서 인간을 둘러싼 모든 것 안에서 어떻게 스스로를 유지할 수 있는가? 이 모든 질문에 대한 결정적인 답은 없다. 모든 질문은 삶을 스스로 주도하고자 하는 이들의 사고력을 확장하므로, 결국 근대적 의미의 철학이 시작된 지점인 소크라테스의 방법론에 이르게 된다. '영혼이 자신과 하는 대화'로는 절대 결정적인 결론에 도달할 수 없다. 어원학으로 볼 때 철학자란 지혜로운 사람이 아니라 지혜로운 사람이 되고자 하는 사람인 이유다.

고대나 르네상스 또는 우리 시대에 공식이 된, 그 모든 위대한 이론적 질문은 구체적인 맥락과 주관적인 삶의 방식에 뿌리를 두지만, 본질적으로 모든 질문에 결정적인 답은 결코 없기에 여전히 질문으로 남아 있는 것이다. 철학이 철학자만을 위한 게 아닌 이유다. 철학은 다음과 같은 두 가지 이유에서 대중을 위한 임무가 있다. 즉 가능한 한 많은 이들이 읽을 수 있어야 한다. 그리고 18세기에 디드로가 촉구했던 바와 같이 철학적 성찰에 대중을 포함해야 한다. 이러한 이유로 프랑스는 고등학교 3학년에 철학 수업을 도입해 모든 학생이 철학적 사유를 시작하도록 했다. 프랑스가 최초였고 초기엔 유일한 나라였다. 프랑스의 고등학생은 미래의 대학생으로서, 젊은 시민으로서, 인간으로서 철학적 사유를 시작한다. 이 아름다운 전통 덕분에, 게다가 특히 문과는 일주일에 8시간이나 9시간을 철학 수업에 할애한 덕분에 프랑스에서 세계적으로 중요하고 위대한 철학자를 다수 배출할 수 있었다. 앙리 베르그송Henri Bergson, 시몬 베유Simone Veil, 알랭Alain, 장 폴 사르트르, 모리스 메를로 퐁티Maurice MerleauPonty, 미셸 푸코, 질 들뢰즈, 자크 데리다, 리쾨르Paul Ricœur, 에마뉘엘 레비나스Emmanuel Levinas, 그 외에도 여러 철학자가 있다. 또한 철학교육에서 수혜를 받았음이 분명한 책을 집필한 인문과학, 물리학, 생물학 또는 과학과 역사 분야의 위인들도 잊어서는 안 된다. 학생과 시민 수백만 명에게 강의하는 철학 교수와 연구자 수천 명이 존재한다는 건, 민주주의 원칙과 분리해 생각할 수 없는 문명의 성취를 나타낸다. 민주주의는 보통선거에 기초하며 보통선거는 선거를 준비하는 공개 토론을 얼마나 잘하느냐에 따라 오로지 상대적 가치만 지니기 때문이다.

앞으로 이어지는 내용은 우리 삶 가장 깊은 곳의 일면을 들여다볼 것이다. 먹고 입고 자신을 돌보는 것은 필수적인 욕구다. 문화 또한 동일한 욕구이며, 특히 철학은 에피쿠로스Epikouros가 말했듯 '영혼의 약'과 같다. 따라서 이 책에서는 확실하다고 여겨졌으나 실은 바이러스처럼 위험한 여러 사상에 대항하는, 일련의 철학적 예방접종을 제안한다.

차 례

1부
이성 지키기

Vivre et penser dans l'incertitude
: Ces philosophes indispensables notre temps

'당신은 신앙이 있는가?'라는 질문에 나는 항상 '그렇다'라고 대답했다. 사실 우리는 모두 신앙이 있다. 반드시 신을 믿지 않더라도 무언가를 믿고 있다. 그 누구든 모든 것을 전부 다 알 수는 없기에 우리는 모두 무언가를 믿어야 한다. 예컨대 의사가 모든 걸 알고 있지 않다는 사실을 알더라도 의사를 믿어야 한다. 아니, 적어도 의학을 믿어야 한다. 나는 지구가 태양 주위를 돈다고 믿는다. 지동설을 스스로 증명하지는 못하더라도 다른 사람들이 나를 대신해 증명했기 때문이다. 이를 증명해준 이들의 능력과 그 증명을 만장일치한 의견이 있으니 내 믿음에 자신감이 생긴다. 이때 지동설은 공유된 지식이며 나는 그 지식을 확신한다. 그 증명에 필요한 과학 지식에 접근할 수 있기에, 지구가 태양 주위를 돈다는 사실을 믿는 게 아니라 지식으로서 알게 된다.

영역을 바꿔 생각해보자. 나는 내 일에 의미가 있고 예상한 결과로 이어지리라고 믿는다. 그러나 생각한 대로 잘된다고 하더라도 그 결과를 알기까지는 시간이 오래 걸린다. 시험이나 경진대회에 합격할 가능성을 믿는다. 믿지 않는다면 시험 준비가 무의미해진다. 타인이 내게 주는 사랑도 믿는다. 그 사랑을 절대 확신하지는 못한 채로 말이다. 요컨대 수천 가지 상황에서 나는 믿도록, 즉 의심이 가는 진리들을 인정하도록 강요받는다. 따라서 무언가를 믿는다는 건 진실로 안다는 확고한 확신이 있으면서도 늘 의심하는 것이다. 이러한 의미에서 장 폴 사르트르는 '믿는 것은 믿는 것이 아니다'라고 《존재와 무》에 썼고, 따라서 모든 믿음을 불량한 믿음이라고 했다.

이러한 믿음 가운데 내 이성이나 감각으로는 도저히 이해하기 힘든 신에 대한 믿음을 지닌 이들도 있다. 그들에게 신은 모든 유형의 물리적 실재를 넘어선 존재이며, 시공을 초월해 무한하고 영원하며 완전한 만물의 원리로 정의된다. 다시 말해 그들에게 신이란 결코 우리 눈에 보이거나 알려질 수 없는 존재이며 따라서 오직 믿음의 대상이다. 결코 증명할 수 없고 절대로 반박할 수 없다. 수 세기에 걸쳐 수천 년 동안 구상되고 기록된 신성한 경전에 기반을 둔 집단 신앙이 얼마나 오랫동안 유지되고 있는지, 그 영향력이 얼마나 강한지 우리는 잘 안다. 경전에는 고대의 흔적이 담긴 은유와 계명 그리고 당대를 반영하는 시대에 뒤떨어진 진술이, 예전부터 오늘날까지 인류에게 보편으로 적용되는 원칙과 뒤섞여 있다. 예컨대 태양이 지구 주위를 돈다는 생각, 생명체가 오늘날 모습 그대로 창조되었다는 생각, 여자가 본질적으로 남자보다 열등하다는 등 시대에 뒤처진 여러 생각이 보복 금지, 이웃 사랑의 의무, 범죄 금지 등과 같은 보편 원리와 뒤엉켜 경전에 담겨 있다.

따라서 각 경전에는 여러 형태의 믿음이 얽혀 있다. 즉 신에 대한 믿음, 타인에 대한 믿음, 자신에 대한 믿음처럼 어떤 경험이라는 범주를 넘어 우리 존재를 자극할 수 있는 사물이나 존재에 대한 믿음과, 시대에 뒤떨어지고 터무니없으며 어리석은 생각을 믿게 만드는 믿음이 뒤얽혀 있다. 프랑스어로 신이나 자신을 믿을 때는 croire en이라고 해 '존재'를 믿는다는 의미를 살리고, 점성술이나 산타클로스를 믿는다고 할 때는 croire à라고 해 '가능성'을 믿는다는 의미를 살려 그 둘을 구분한다.

문제는 두 유형의 믿음을 혼동할 때 시작된다. 어리석은 믿음을 독단적 교리로 내세워 절대적이고 결정적인 진리라고 주장하는 종교가 있다면 신자들은 이 어리석은 믿음을 영혼의 행복을 위해 모두에게 강요되는 의무로 받아들이게 된다. 이때 종교는 모호하고 맹신을 부르며, 신도는 심지어 살인을 범할 수도 있다. 그런 상황에서 종교 탓에 책과 심지어 그 저자까지 불태우고 과학자들을 고문하며 무작위로 여성, 동성애자, 예술가, 타 종교 추종자는 물론 무신론자를 박해하게 된다. 이렇게 종교인과 그 제자 들은 폭력을 행해서라도 모든 이에게 특정한 믿음을 강요한다. 마치 아이에게 2 더하기 2는 4이고 지구가 태양 주위를 돈다는 사실을 받아들이도록 강요하듯이 말이다. 정교분리는 이러한 다양한 형태의 믿음을 명확히 구별하고 믿음에 자유를 보장하며 종교적 믿음에 동의하지 않는 사람들을 보호하고자 고안되었다. 이러한 정교분리 원칙 덕분에, 증명되고 경험될 수 있는 지식이 공교육에서 특권적인 자리를 차지할 수 있었다.

안타깝지만 어떤 종교도 믿음과 지식 사이에서 위험한 혼돈을 피한 적이 없다. 이처럼 시대에 뒤떨어진 형식들에 반대하여, 특히 프랑스 같은 나라에서는 합리주의와 정교분리가 결합했다. 경전을 기반으로 한 3대 종교(유대교, 기독교, 이슬람교—옮긴이) 일부에서는 역사적으로 희생자 수백만 명을 냈던 예전 주장을 지금까지 유지하고 있으므로, 당시 무엇이 대부분 신자를 그토록 난폭하게 만들었는지를 영웅적인 사상가들의 도움을 받아 되돌아볼 필요가 있다. 이 책에서 그들의 사상을 언급할 것이다. 아마도 고요한 일상의 정교분리 원칙 속에서 신을 믿는 이들의 힘을 돋우는 가장 좋은 방법인 동시에, 어떤 신도 믿지 않는 이들에게는 일부 극단적 보수주의자들이 제시하는 기괴하며 때로는 사악하고 추한 꼴불견을 종교와 혼동하지 않도록 하는 최선의 방법이기 때문이다.

기독교도 갈릴레이, 이슬람교도 아베로에스, 유대인 마이모니데스와 스피노자는 좋은 예시다. 이 질문으로 시작하는 이유는, 수 세기 동안 다양한 믿음으로부터 핍박받아온 수학, 철학, 과학이 마침내 해방되어 자리를 잡았기 때문이다. 또한 여전히 과거에 멈춰 있는 일부 종교나 국가기관 아래에서는, 자유롭게 생각하며 이성을 활용해 입증된 지식으로 삶과 가치를 밝히는 일이 위험하고 적대적인 행동으로 인식되기 때문이다. 때론 다른 종교의 이름으로, 때론 공식 교리로 승격한 무신론의 이름으로 여타 다양한 종교를 박해하는 정권도 있다. 이 모든 상황에서는 믿음과 지식, 믿음과 이성 사이에 발생하는 혼돈이 문제가 된다. 어떤 종교도 그 혼돈을 피하지 못했다. 끝난 듯한 과거 사건들을 떠올려보면, 기묘하게도 현재에도 고스란히 적용된다.

1장
갈릴레이, 기독교와 정교분리
철학 혁명

1641년 4월, 갈릴레이는 77세였다. 1633년 유죄판결을 받은 이후로 피렌체 근교 아르체트리Arcetri의 가택에 감금된 그는 병들고 시력을 잃었으며 딸마저 세상을 떠난 뒤 절망에 빠진 채 살고 있었다. 생의 마지막 순간 그에게 조금이나마 평온을 선사한 경험이라면, 교황청이 최근 방문을 허가한 빈첸조 비비아니Vincezo Viviani라는 젊은 학생과의 대화 그리고 며느리(아들 빈첸조의 부인)의 언니인 알렉산드라Alessandra와의 서신교환이다. 알렉산드라는 교양을 갖춘 젊은 미인으로, 갈릴레이를 저명한 학자로서 추종했고 1630년에 그와 처음 만났다. 아르체트리에서 몇 킬로미터 떨어진 프라토Prato에 사는 알렉산드라는 1641년 3월 27일 편지에서 '아르노강에 홍수가 났을 때 휩쓸려간 물건만큼이나 우리는 서로 할 이야기가 많을 거예요'라며 자신을 만나러 와달라고 썼다. 알렉산드라는 초대를 수락해달라고 거듭 간청한다. 갈릴레이는 10년 이상 알렉산드라와의 만남을 꿈꾸었지만, 이듬해 4월 6일 슬픔 속에 만남을 포기해야 했다. 그는 종신 유배형을 선고받았으며 어떤 예외도 없었기 때문이다. 유럽의 모든 지성인에게서 찬사를 받는 갈릴레이 같은 인물이 어떻게 그토록 잔인한 운명을 견딜 수 있었을까?

아리스토텔레스와 교회 교리에 반대하던 갈릴레이가 옳았음을 누구나 안다. 갈릴레이가 여러 번 말했듯 아리스토텔레스가 지금 시대에 살았다면 더는 번복하지 않고 지동설, 관성의 법칙, 포물선의 궤적, 낙하하는 물체의 가속도 법칙, 목성의 위성 등을 인정했을 것이다. 갈릴레이가 옳았음을 종교재판관 심지어 교황까지 알고 있었다. 게다가 누구도 반박하려 하지 않았다. 갈릴레이에게 유죄판결을 내리려면 원자론과 성체성사가 양립 불가능하다고 꾸며야 했고, 결국 교회는 1600년에 코페르니쿠스의 지동설을 지지하던 조르다노 브루노Giordano Bruno를 산 채로 화형에 처한 뒤 신망을 잃는다. 1747년에 비로소 교회는 천동설을 포기하고 20세기 말에 이르러야 이 한심한 사건에서 잘못을 인정하지만, 갈릴레이의 명예를 회복시키지는 않았다.

알렉산드라를 다시 만날 희망을 모두 저버리는 편지에 서명하며 갈릴레이는 분명 눈물을 흘렸을 것이다. 어쩌면 자신의 선택과 노력에 따라서만 이 재앙을 피할 수 있다고 생각했을지도 모른다. 자신이 이뤄낸 과학 연구가 세상의 모든 분야에서 계몽운동을 일으킬 것임을 전혀 모른 채, 이러한 희생을 치를 만한 가치가 없다고 생각했을 수도 있다. 게다가 과학혁명으로 인해 오랫동안 비할 데 없는 영광과 선망의 영예를 받고 있었기에 이러한 억압을 받으리라고는 전혀 예측할 수 없었다.

갈릴레이, 영광에서 불행으로

갈릴레이는 네덜란드 장인들에게 구매해 상당 부분을 직접 개량한 천문 망원경으로 아리스토텔레스, 프톨레마이오스Ptolemaeus 그리고 교회의 모든 교리와 모순되는 많은 정보를 하늘에서 관측할 수 있었다. 당시는 신이 지구를 우주의 중심에 배치했고 모든 천체가 지구 주위를 돈다고 인정해야 하는 시대였다. 그러나 갈릴레이는 목성 주의를 회전하는 위성 세 개, 그다음 위성 네 개를 발견했고 지구가 태양 주위를 공전한다는 사실을 증명하는 양상들을 금성에서 발견했다. 또한 그 시대에는 천지창조 이후로 우주의 모든 것이 변하지 않은 채 남아 있다고 인정해야 했다. 그러나 갈릴레이는 달에 있는 막대한 양의 분화구를 발견하고 그 분화구들을 충돌이나 화산 활동, 즉 시간이 지남에 따라 변화하는 징후로 판단한 뒤 달의 모습을 스케치하고 판화로 남겼다.

1610년 출간된 《별의 사자》에 이러한 관측 결과가 공개되면서 우주의 실체에 대한 혼란을 불러일으켰다. 망원경 렌즈가 만들어낸 환상이었을까? 갈릴레이는 베네치아 총독에게 이 망원경을 이용해 세인트 마크 광장 종탑 꼭대기에서 낮에는 무라노섬의 행인을, 밤에는 목성과 위성을 들여다보도록 했다. 명백한 사실이었다. 분명 부인할 수 없고 검증할 수 있는 사실이었다. 그러나 이 관측 결과가 실재에 부합하지 않을 수도 있으며 망원경 자체에 따라 생성된 결과일 수 있다고 주장하는 심문관들도 있었다.

어떤 이들은 성서가 정립해놓은 천동설의 진리를 저버리는 자가 있는지 시험하기 위해 전지전능한 신이 이러한 현상을 만들었을지도 모른다고 주장했다. 그러면서 코페르니쿠스 체계가 기하학에서는 참일 지라도 물리적 실재와는 관련이 없다고 주장했다. 코페르니쿠스의 책 서문에서 안드레아스 오시안더Andreas Osiander는 코페르니쿠스의 이론 과 현실을 구별해 설명했는데, 결국엔 코페르니쿠스 자신도 죽기 전 에 오시안더가 쓴 글에 동의하며 다음과 같이 진술한다. "지구가 자전 하고 태양 주위를 공전한다고 믿을 수도 있으나 사실 현실에서는 정 반대다."

결국 코페르니쿠스가 태양 중심적인 기하학 모델을 만든 이유는 매년 일관성 없이 바뀌던 부활절 역법을 개선하라는 교황청의 요구 에 따른 게 아니었을까? 부활절은 실제로 춘분 이후 첫 보름달 다음 일요일로 고정되어 있다. 부활절 절기가 매년 달라진다면 분명 우주 의 연도를 잘못 계산했기 때문이다. 교회는 이미 1437년 공의회에서 니콜라우스 쿠사누스Nicolaus Cusanus에게 역법 개정을 요청했다. 그 후 1584년에 교황 그레고리우스 13세는 직접 역법을 수정하고 자신의 이름을 따 그레고리력이라고 명명했다. 그런데도 부활절 절기가 일정 하지 않자 파도바Padova에서 공부하던 폴란드 수도사 코페르니쿠스에 게 역법 개정을 요청한다. 반복된 요청에 코페르니쿠스는 시스템 중 심에 태양을 배치하고 순수 기하학으로 이루어진 교회 달력을 만들어 마침내 문제를 해결한다.

갈릴레이 관측 결과를 보면 지구 중심의 교리를 포기해야 하지만, 그 내용이 반드시 성경과 모순되지는 않았다. 16세기 말 스페인 수사 디에고 데 수니가Diego de Zuniga는 욥기서에 그렇게 주석을 달았고 1615 년 파올로 안토니오 포스카리니Paolo Antonio Foscarini 수사도 나폴리에서 그 양립성을 확증하는 글을 발표했다. 교황의 신학자이자 주교 심사관인 벨라르민Bellarmin 추기경도 망원경으로 하늘을 관측하고는 갈릴레이가 발견한 정보들이 미칠 영향을 걱정하면서, 신중히 처리하기 위해 지동설을 가상의 진술로 남겨달라고 포스카리니와 갈릴레이에게 권고한다. 추기경은 진심으로 과학에 열정을 지닌 인물이었다. 달과 목성을 관측하고 감탄했으며 학술 동료인 클라비우스Clavius 신부와 적극적으로 의견을 나눴다.

갈릴레이는 확신에 찼고 당국의 고무적인 반응에도 용기를 얻었다. 저명한 케플러도 갈릴레이를 공개 지지했다. 1611년 4월 로마에 초청되었을 때 교황은 갈릴레이를 직접 맞이하며 교황 앞에 무릎 꿇지 않아도 되는 영예를 하사했다. 물론 이러한 확신은 1616년 교황청에서 모든 코페르니쿠스식 표현을 금지하면서 흔들리기 시작한다. 또한 바오로 5세는 벨라르민 추기경을 통해 갈릴레이에게 그러한 물리적 표현을 주장하지 말라고 명령했다. 실재하는 현상으로서가 아니라 기하학적 모델만으로도 '수학자에게는 충분하다'라는 이유에서였다. 갈릴레이가 괜찮을 리 없었다. 그러나 벨라르민 추기경이 갈릴레이에게 전달한 증서에는 코페르니쿠스식 표현을 금지한다고 써 있었으나 갈릴레이의 아이디어를 발표하면 안 된다는 내용은 전혀 없었다.

바티칸 교황이 갈릴레이를 상당히 지지했던 게 분명하다. 1615년 종교재판소가 그를 위협할 것이라는 사실을 바티칸의 누군가가 미리 알려주었음을 우리는 잘 알고 있기 때문이다. 문제의 사건이 벌어지기 2년 전, 갈릴레이는 친구 베네데토 카스텔리Benedetto Castelli에게 쓴 편지에서, 천체에 관해서는 과학적 발견에 비추어 성경을 해석해야 한다고 쓴 적이 있었다. 종교재판관은 그 편지에 대해 알고 있었고 유죄판결을 내리기에 충분한 자료였다. 이때 로마교황청에서 갈릴레이에게 그 편지를 다시 쓰라고 요청한 것이라 추측된다. 같은 날짜에 갈릴레이가 문제되는 그 부분만 수정해 직접 다시 쓴 편지가 최근 발견되었기 때문이다. 종교재판관들은 어떻게 내용이 변하게 되었는지 의아해했지만 결국 사건을 덮은 듯하다. 덕분에 갈릴레이는 1633년까지 아무 일도 없었다는 듯 활동할 수 있었다.

이러한 상황은 1624년 우르바노 8세Urbain VIII가 새로운 교황으로 선출되었을 때도 바로 뒤집히지는 않았다. 교황 우르바노 8세는 과학운동을 지지하는 분위기에서 교육받으며 성장했다. 교황은 즉위 후 갈릴레이를 여섯 번 만나고서야 수리물리학 탄생의 근간이 되는 책 《분석자》의 출간을 허락했다. 특히 이 책 중간중간에는 갈릴레이가 교회에서 추방된 작가들을 참조했음이 암시되는데, 신이 수학적 언어로 세상을 기록했고 인간의 영혼에 '진리의 씨앗'을 심어, 위대한 책인 《분석자》를 읽도록 했다고 써 있다. 따라서 인간은 물리적 현상을 기하학 표현으로 단순화함으로써 신이 세상에 새겨놓은 법칙을 발견할 수 있다고 한다.

신이 모든 인간에게 부여한 이성 덕분에 우리는 천지창조가 있었음을 알고 그에 필요한 법칙들을 알 수 있다. 이제 더는 아리스토텔레스나 프톨레마이오스 이론 또는 성경에 근거를 두는 신학도의 교리에 따라 천지창조를 인지하는 게 아니라 실험과 과학 증명을 통해 아는 것이다. 낙하하는 물체의 가속도 법칙이나 지동설은 종교적 신념이나 교회의 교리가 아니라 이처럼 관찰, 논증, 실험을 통해 연구되어야 한다. 이는 지식과 신앙을 분리하는 정교분리 풍조에 합리적인 기초를 부여해, 모든 계몽주의 철학의 기반이 되었다.

어쩌면 갈릴레이는 자신의 과학적 발견과 방법론이 철학적으로 어떤 영향을 끼치는지 전혀 이해하지 못했을 수도 있다. 그 영향력이 이탈리아 르네상스 시대에 정교분리로 길게 이어졌는데도 말이다. 교회 권위자들이나 교황도 갈릴레이의 영향력을 피하지 못했던 듯하다. 《천문대화》조차 1632년 검열을 통과해 출판되었으니 말이다. 반면 이 책이 출간되자 갈릴레이의 지지자였던 교황 우르바노 8세는 급진적으로 돌변해 매몰찬 적이 된다.

이 유명한 《천문대화》는 천동설과 지동설을 주제로 토론하는 방식으로 전개되는데, 우스꽝스러운 인물인 심플리치오Simplicio가 천동설을 지지하는 장면을 보고 교황을 조롱한다고 생각하는 이들이 있었다. 이에 갈릴레이는 1633년 로마에 소환되었고, 그를 상대로 한 재판은 이성적인 입증 없이 권력자의 직권으로만 진행된다. 종교적 이유와 지정학적 이유가 결합해 비난을 피할 수 없었다. 갈릴레이는 1616년 벨라르민 신부에게 받은 증서를 꺼내어 《천문대화》가 공식적으로 증서 내용에 부합한다고 증명하려 했다. 그러나 법정에 의사진행을 방해하는 분위기가 너무나 심각했기 때문에 결국 갈릴레이는 단념하고 만다.

사건은 재판관과 갈릴레이 사이의 비밀회담에서 조정되었다. 이성과 종교적 논거 사이에서 어떤 대화도 불가능했다. 갈릴레이가 화형은 면했으나 아르체트리 가택에 종신 감금형을 받자, 유럽에서는 교회가 인간의 이성과 과학 그리고 사상의 자유와 진보에 대항해 선전

포고를 했다고 봤다. 갈릴레이가 1637년 네덜란드에서 《새로운 두 과학에 관한 논의와 수학적 증명》이라는 인생 마지막 역작을 쓰자 이를 출판할 수 있도록 여럿이 손을 써준다. 재판은 각본대로 패하고 참담한 결과를 맞이했으나, 역설적으로 역사는 이 사건을 갈릴레이의 승리로 기록한다. 한 세기 반 뒤 프랑스혁명을 낳을 만한 지적 혁명으로의 도약이었다고 강조하면서.

계몽주의는 18세기부터라고 외우며 산 탓에 잊곤 하는데, 사실 모든 계몽철학은 17세기 초 갈릴레이가 종교 교리에 대항해 수리물리학을 창시하며 시작되었다. 나치의 군부대가 프랑스를 침략했을 때 히틀러 측근인 알프레드 로젠베르크Alfred Rosenberg가 소르본대학에서 '데카르트와 계몽주의 철학의 종식을 위하여'라는 제목으로 강연한 데에는 다 이유가 있다. 악덕이 미덕에게 적절한 애도를 표한 것이다. 갈릴레이에게 선고된 유죄판결이 해방적 성향을 띤 철학 혁명 제1막을 열었을 때 데카르트가 그와 함께한다.

데카르트, 분노에서 철학으로

1638년 데카르트는 자신의 업적이 갈릴레이 덕이 아니고 그를 만난 적도 없으며(사실이다), 갈릴레이에게 따온 부분이 전혀 없다는(그렇다고 추측할 수 있다) 내용의 편지를 메르센Mersenne 신부에게 쓴다. 1619년 23세였던 데카르트가 '나는 가면을 쓰고 나아간다'를 신조로 삼은 데에는 그럴 만한 이유가 있었다. 바이에른Bayern에서 군인으로 지내며 이미 지동설 파였던 그는 1616년에 교회가 지동설을 금지했음을 알게 된다. 사실 그의 인생에 이미 오래전부터 갈릴레이가 들어와 있었다.

데카르트가 라 플레슈^{La Fleche}에 있는 명문 중학교에서 수학할 때, 예수회 수도사들이 한밤중에 학생들을 모두 깨우고 갈릴레이가 발표한 목성의 위성 관측을 축하하는 즉흥 파티를 열었다. 어린 데카르트는 잠옷 차림으로 친구들과 함께 갈릴레이를 축하하며 춤을 췄다! 1611년 데카르트는 15세였다. 지동설이 금지되었을 때는 20세 그리고 1619년 자신의 연구 방법론과 개발에 대해 첫 아이디어를 얻었다고 가면을 쓴 채 말했을 당시 23세였다.

데카르트는 1625년 로마에 성지순례를 가서 몇 달간 머물렀다고 한다. 갈릴레이의 《시금자》가 프랑스에서는 이미 1년 전부터 지식인들의 토론에서 중심에 있던 때다. 나보나 광장에 있는 서점에서 데카르트가 이 책을 손에 넣지 못했을 리 없다. 데카르트가 1628년에 썼으나 미완성작이며 그의 살아생전 출판되지 않았던 《정신 지도의 법칙》도 사람들이 읽었는데, 데카르트가 《시금자》를 읽지 않았다고 상상하기는 어렵다. 《정신 지도의 법칙》에는 신이 인간의 영혼에 심었다는 '진리의 첫 씨앗'이라는 문구가 갈릴레이의 표현 그대로 인용되어 있다. '복잡한 것'을 가장 '단순한 것'으로 줄이는 아이디어도 예컨대 갈릴레이가 포물선 궤적을 수학적 방법으로 표현할 때 도입한 개념이다. 특히 데카르트 책에는 물리 현상을 수학적 표현으로 단순화하고 감정을 '비물질화'해 물리적 '순수'법칙에 이른다는 갈릴레이식 구상도 엿보인다.

1629년부터 1633년까지 데카르트가 처음으로 쓴 여러 과학 서적에는 갈릴레이 관성의 법칙이 모든 물리학의 중심에 있다. 물론 갈릴레이가 유죄판결을 받자 그 이름을 언급하지는 않는다. 갈릴레이가 관성의 법칙을 처음으로 공식화한 조르다노 브루노의 특정 문장들을 그대로 인용했으면서도 출처를 밝히지 않았던 것처럼 말이다. 1600년에 교회가 브루노를 화형에 처했기 때문이었다. 정말 이해하기 힘들고 위험한 시대였다!

1633년까지 데카르트에게는 만사가 순조로웠다. 그런데 자신의 과학 저서인 《세계와 빛에 관한 개론》을 당당히 출간하려고 했을 당시 갈릴레이의 유죄판결 소식을 듣는다. 1633년 11월 말 이 소식을 듣자마자 데카르트는 메르센 신부에게 편지를 보내는데, 갈릴레이의 《천문대화》에 대해 다음과 같이 적는다. "그것이 거짓이라면 내 철학의 모든 기초도 거짓입니다." 데카르트는 교황과 교회를 거역하게 될까 두려워, 그들과 모순되는 말을 조금도 하지 않으려고 자신의 책을 불태우고 아무도 읽지 못하도록 하려 했다고 털어놨다.

1634년 4월 데카르트는 메르센 신부에게 보낸 또 다른 편지에서 같은 생각을 반복해 적었다. 데카르트는 이미 반체제적인 사상을 발전시켰지만, 무엇보다도 평화롭게 살기를 바랐다. 젊은 시절 그는 '나는 가면을 쓰고 나아간다'라고 말했는데, 오비디우스Ovidius가 《비가》에서 '자신을 잘 숨긴 자는 잘 살았다'라고 쓴 표현에서 차용했다고 메르센에게 털어놓는다. 그 무엇도 포기하지 않았지만, 갈릴레이의 경솔함을 반복하고 싶지는 않았다. 군사훈련을 기억하며 다른 방식으로 진행하고자 했다. 즉 적을 무력화하기 위한 실질 전략을 개발하려 한 것이다. 역사에 비추어 봤을 때 데카르트의 전략은 궁극적으로 성과를 거뒀다. 당시는 과학 연구를 검열하던 시대였기에, 과학 연구에 기초를 제공하면서 교회조차 합리적으로 거부할 수 없는 철학 분야로 옮겨간 것이다.

그러나 당시 데카르트는 분노했다. 물론 교회의 강압적인 검열에 화가 났지만 갈릴레이에게도 마찬가지였다. 1638년 10월 메르센 신부에게 보낸 편지를 보면 알 수 있다. 편지에서 데카르트는 물리학 문제를 수학 표현으로 변환한 것의 장점을 확실히 인식하고 '진리를 찾을 수 있는 다른 방법은 없다'라고 강조한다. 이런 의미로 새로운 물리학은 데카르트의 모든 철학 이론의 기초가 된다. 그러나 데카르트는 갈릴레이가 초기 원인을 찾지도 않은 채 '순서도 기초도 없이 이론을 구축했다'라고 덧붙였다. 이 비판을 어떻게 이해해야 할까? 갈릴레이는 이성, 관찰, 실험을 통해 깨달은 지식으로 이론을 발전시켰다. 이는 태양계, 운동, 낙하하는 물체 등에 대한 그의 주장을 정당화하기에, 데카르트뿐만 아니라 누가 봐도 충분했다. 그러나 이 모두는 이성, 관찰, 실험을 진리로 인정하기 위한 도구로 신뢰한다는 걸 전제로 한다. 그런데 그와 대조적으로 신학자 다수는 완전히 다른 진리 개념을 지니고 있었는데, 진리란 신이 친히 전달한 성경의 독해에 근거를 두어야 한다는 것이다. 아리스토텔레스와 프톨레마이오스의 물리학이 성경과 일치하며, 성경에 적힌 글에서 벗어나는 모든 차이점 그리고 성경과 모순되게 수정된 것들은 당연히 오류일 뿐만 아니라 신에 대한 모욕으로 간주되었다. 즉 그들에게 교회가 인정하는 것을 벗어나는 진리는 없었다.

이런 상황을 상상하기 어렵다면, 오늘날 경전을 기반으로 한 3대 종교의 극단적 보수주의자들이 21세기에도 여전히 유지하는 논리를 살펴보면 된다. 즉 여성을 억압하거나 심지어 돌을 던져 죽이는 자들이 있는가 하면 극단적인 경우에는 종의 진화 심지어 지동설을 부정하기도 한다. 자신의 신앙을 따르지 않는 이들을 박해하거나 신앙의 편협한 진술을 정당화하고, 영토 정벌과 강제수용, 전 국민의 추방이나 야만적이고 무지한 인종차별을 정당화하기도 한다. 가톨릭교회도 한때 이러한 반계몽주의적인 행위와 박해를 대규모로 실행했고, 자유로운 영혼의 소유자들과 깨우침을 얻은 모든 영혼은 생명의 위험을 무릅쓰고 길을 개척해야 했다. 갈릴레이와 데카르트는 이 너그럽지 못하고 편협한 시대에 활동했다.

이러한 상황에서 어떻게 신학자들과 대화를 바랄 수 있겠는가? 대화의 첫 번째 조건은 모든 사람이 같은 출발점에서 같은 규칙을 받아들이는 것이다. 대화 상대가 2 더하기 2를 3이라 믿는다면 같은 수학 문제를 풀었다 해도 그 결과를 어찌 비교하겠는가. 대화 상대가 비모순율 원칙을 받아들이지 않는다면, 결코 당신의 논증을 그와 비교할 수 없을 것이다. 그런데 이것이 갈릴레이와 데카르트가 직면한 문제였다. 실제로 고위 성직자들에게 진리란 성경과 아리스토텔레스의 이론에만 존재할 뿐 거기에서 벗어날 수 없었다. 목성 주변에서 위성을 관찰했는가? 그것은 당신의 감각이 당신을 속이고 망원경이 사물을 잘못 인식한 것이다. 성경에는 우주의 중심인 지구를 중심으로 만물이 돈다고 기록되어 있다. 신이 말씀하시길, 신도 우리를 속일 수 있고 신을 거역하고자 하는 유혹을 만들 수도 있다고 했다.

다시 말해서 관찰과 실험은 교회가 집행하는 신성한 말씀에 대해 아무런 근거를 두지 않았다. 감각은 불확실하다. 그런데 논증과 수학적 증명이 교회가 말하는 진리와 다른 진리로 이어진다면? 이성은 인간이 지닌 것에 불과하며, 다시 한번 말하지만 이성이 신성한 성경 말씀을 지배한다고 할 수 없다. 수학적 증명이 본질적으로 신과 모순된다고 말하고 싶은가? 신은 모든 것을 창조했고 신의 피조물은 본질적으로 불완전하다. 신은 전능하다. 신의 전능함으로 우리가 본 것을 보지 않은 것으로 만들고, 신의 선의로 사물의 본성을 기적적으로 변화시킨다. 신의 전능함은 우리가 이성이라고 하는 것을, 신성한 진리 앞에서 나약한 영혼이 근거 없이 부리는 섬망으로 만들어버린다.

이러한 조건에서는 대화할 수 없다. 두 진리는 서로 양립할 수 없는 의미를 지니고 진리를 판별할 만한 공통 논리가 없기 때문이다. 확신에 찬 극단적 보수주의자들과 토론을 시도한 이라면 누구나 경험했을 것이다. 즉 어떤 논증도 설득력이 없었다. 모든 논쟁, 모든 지식, 모든 논증에도 불구하고 유대교 율법, 성경, 코란 교리의 일부는 여전히 우리 세상을 둘러싸며 지배하고 있다.

갈릴레이는 물체의 낙하 가속도와 포물선 궤적을 실험하고 계산했을 때와 마찬가지로 달의 분화구와 목성의 위성, 금성의 변화를 제대로 관찰했다. 그는 자신이 옳다고 믿고 있는 게 아니라 자신이 옳다는 사실을 알고 있었다. 그러나 갈릴레이의 완고함은 신성모독으로 보였고 오늘날까지도 교회는 그가 확신이 지나쳤다고 책망한다. 종교재판관 앞에서 갈릴레이는 논증하거나 증명할 수 없었다. 그의 물리학은 상대가 인정하지 않는 진리의 기준을 전제로 했다. 갈릴레이 물리학은 세계를 표현하고 지식을 생산하는 새로운 방법론을 확립했지만 그리 인정된 기반 위에 세워진 것은 아니었다.

추후 데카르트는 1644년에 발표한 《철학의 원리》 서문에서 이러한 상황을 설명한다. 지식을 나무에 비유하며 나무 기둥이 물리학이고 개별 지식이 가지처럼 자란다고 했다. 그러나 이 나무는 뿌리 없이는 살 수 없으며, 뿌리는 철학 그 자체이고 형이상학이자 지식의 기초다. 바로 이것이 데카르트가 보기에 갈릴레이에게 부족했던 점이다.

1633년 갈릴레이가 유죄판결을 받은 이후로 데카르트는 과학 연구를 발표할 수 없었다. 권위에 맞서 싸울 만한 뿌리가 부족했다. 그래서 처음엔 분노했고 이후엔 철학으로 옮겨간다. 《방법서설》을 집필해 1637년 네덜란드에서 출간한 뒤, 1641년에 《성찰》을 저술해 유럽에 진정한 지적 혁명을 일으킨다.

이 작품들이 발표된 때부터 오늘날까지, 철학사상은 데카르트를 지지하거나 데카르트에게 반대하며 진보했다. 맥락 없이 생각했을 때 터무니없어 보일 수도 있는 명언 '나는 생각한다, 고로 존재한다'를 진지하게 받아들이고 데카르트의 영향력을 이해하려면, 지식을 인식하는 서로 다른 방법론에 대해 생각해봐야 한다. 수 세기가 흐른 지금 그 시대를 돌아보는 과정이 필요하지 않다고 생각한다면, 지금도 같은 유형의 대립이 새로운 형태로 분명히 존재하며 우리도 그 속에서 살고 있음을 깨달아야 한다. 데카르트의 방법론을 이해하고 교육해야 하는 건 바로 이런 이유 때문이다.

1639년 말, 갈릴레이는 데카르트에게 다음과 같은 편지를 쓴다. "철학에서는 의심이 발명의 아버지이며, 의심이 진리를 발견하는 길을 열어준다는 것은 분명합니다." 두 사상가의 아름다운 조화가 엿보인다. 데카르트는 의심의 원리 덕분에, 서로 견해가 대립하던 갈릴레이와 진정한 대화의 장을 열 수 있었다.

모든 사상은 스스로 판단하지 못해 모든 게 선입견에 머물고 판단력이 미성숙하던 나이에 배우고 주입된 것이다. 따라서 우리가 정답이라고 생각해온 것에 질문을 던지며 시작해야 한다. 의심해야 한다. 지식의 모든 가능성을 부정하고 의심 그 자체를 위해 의심하는 회의론자들처럼 의심하라는 말이 아니다. 불확실한 것을 뒤흔들고, 흔들림에 끝까지 저항하는 것들이 타당한지 시험하기 위해 의심해야 한다. 의심할 여지가 없는 것을 발견하기 위해 의심하는 것이다.

나는 현행 교리를 의심하고 나의 적들은 감각과 이성을 의심하므로, 공통의 출발점을 찾고 함께 걸어갈 길을 찾기 위해 끝까지 의심하자. '~로 향하는 길'은 그리스어로 메토도스methodos, 즉 행동 양식이다. 위대한 데카르트의 모험이 이제 시작된다.

악마인가 선한 신인가?

감각을 의심할 수 있는가? 물론 감각은 종종 우리를 속이고 그럴 때 우리는 속고 있음을 알아채지 못한다. 교회는 천문 관측도 그런 경우라고 주장했다. 그런데 갈릴레이와 데카르트도 감각은 의심할 만하다고 인정한다. 우리 눈에는 태양이 지구 주위를 도는 것으로 보이지만 갈릴레이와 데카르트는 지구의 자전과 지구가 태양 주위를 돌고 있다는 사실을 증명했기 때문이다. 감각은 때로 우리를 속이고 우리는 눈치채지 못한 채 속아 넘어간다. 그러므로 감각이 우리를 항상 속이고 있음을 인정해야 하며 어떤 진실도 감각에 근거를 두어서는 안 된다는 사실을 받아들여야 한다.

나의 논증은 논쟁의 여지가 없는 논리를 기반으로 한다. 특히 수학은 나의 논증을 반박할 수 없는 진리에 도달하도록 이끈다. 일단 수와 연산의 정의를 인정하고 나면 누가 2 더하기 3이 5가 아니라고, 또는 삼각형 내각의 합이 늘 180도인 것은 아니라고 주장하겠는가? 어쨌든 이는 최소한의 지성과 이성을 겸비한 모든 인간과 마찬가지로 갈릴레이와 데카르트도 인정하는 것이다. 이러한 확신에 기반해 갈릴레이와 데카르트는 신이 모든 사람에게 진실과 거짓을 구별할 능력, 즉 상식과 이성을 부여했으며 우리 영혼에 타고난 '진리의 씨앗'과 같은 능력을 주었다고 단언한다.

따라서 신은 이 세상에 수학적 질서를 두고, 우리 영혼이 그 질서를 알아보고 위대한 책처럼 읽어낼 수 있도록 했으리라. 그러나 교회는 이성이 오로지 인간적인 것이라 반박하며 전능한 신은 인간이 잘못 생각했을 때조차 확신을 가질 수 있도록 만들었으리라 답했다. 갈릴레이의 논증은 그의 관찰과 마찬가지로 성경 말씀과 모순되며 비난받아 마땅한 오류라는 것이다. 데카르트는 신이 우리를 항상 속이고 있다는 걸 함께 인정하자고 교회에 제안한다. 그러나 《성찰》에서 데카르트는 성경에 신이 전적으로 선한 존재로 묘사되어 있으며, 늘 우리를 속이고 잘못했다고 벌할 심산으로 우리를 창조했다는 상상은 어리석다고 서둘러 지적한다!

이에 데카르트는 당시 교회 입장이 어떠했는지 모른다면 인위적으로 보일 법한 논거를 제시한다. 즉 종교의 신만큼 강력하지만 신이 아니고 선하지 않으며 사악한, 어떤 권력을 지닌 존재인 악마를 상상해 보자고 말이다. 악마는 사악한 주권으로 우리를 창조하고 하는 일마다 잘못 생각하도록 이끌 수 있다. 데카르트는 악마를 '악의적 천재', 즉 악마 같은 창조자라 명명하자고 제안한다. 이런 경우 2 더하기 3이 5이고 삼각형 내각의 합이 180도라고 해도 내가 잘못 생각한 결과일 수 있음을 인정하게 된다.

데카르트는 교회의 주장을 인용해, 갈릴레이에게 유죄판결을 하려고 협박하는 교회가 실제로는 악마임을 암시하는 믿을 수 없는 논거를 제시한다! 오로지 이런 경우에만 갈릴레이의 관찰과 논증이 틀렸다고 인정할 수 있다는 것이다. 데카르트는 우리를 종교심판관의 입장에 두었다가 바로 끌어내린다. 논증의 이 지점에서는 모든 것, 우리가 느끼고 이성이 제안하는 모든 걸 의심하게 된다. 따라서 과학으로 진리를 알아내고자 하는 모든 인간적 바람을 부정하고, 성경 문구를 절대 진리의 기준으로 삼던 종교 독단주의는 실제로 완전한 회의론에 이른다. 종교 교리를 벗어난 그 무엇도 주장할 수 없었다. 다시 말하지만, 경전을 기반으로 한 3대 종교에는 여전히 이 광적인 입장을 지지하는 자들이 있다.

그러나 이러한 회의적인 입장이 유지될 수 있을까? 그 무엇도 확신하면 안 된다고 확신할 수 있는가? 교회의 교리에 따라 스스로가 늘 잘못 생각하고 있다고 가정해보자. 즉 나는 늘 잘못 생각하는 존재이고, 존재하므로 나는 무無가 아니며 내가 존재한다는 진실을 부정할 수 없다. 그러나 신이 전능하다면 신은 여전히 내가 잘못 생각하도록 할 수도 있고 나를 존재하지 않게 할 수도 있다. 그런데 이는 불가능하다. 신이 내가 잘못 생각하도록 만들었다면 결국 나는 신이 속이는 존재라는 것이다! 잘못 생각하기 위해서는 존재해야 하고, 따라서 내가 생각하는 순간에는 내가 생각하는 존재임을 의심하게 만드는 것은 결코 존재하지 않는다.

데카르트는 여기서 교황조차 부정할 수 없으며 절대적이고 보편적인 출발점인, 철학에서 원리라고 하는 개념에서 시작한다. 데카르트의 '나는 생각한다, 고로 나는 존재한다'라는 명언은, 그 자체가 발견이 아니라(난 데카르트가 이를 알려주기를 기다린 적이 없다!) 교회의 독단적인 교리에서 해방되어 인간의 사유를 지식의 유일한 출발점으로 선언한 첫 번째 기본 원리다.

그러나 데카르트는 신을 배제하지 않았다. 갈릴레이와 마찬가지로, 오히려 신은 인간에게 지식을 탐구할 수 있는 인지 능력을 부여한 창조자로 나타난다. 따라서 하나의 지적 세계에서 다른 지적 세계로 전환하게 된다. 신은 이제, 나를 무지하게 믿도록 만들어놓고 유죄판결을 내리는 사악한 지배자이자 기만자의 모습으로 저 높은 곳에 계신 존재가 아니다. 신은 마침내 질서 있는 세상, 인식할 수 있는 세상을 창조했고, 이 세상을 체계적이고 엄격하게 해독할 수 있도록 인간의 영혼을 창조했다. 이 세상은 누구에게나 똑같다. 오직 관찰과 논증, 실험을 통해서만 이 세계를 알 수 있다.

기독교도, 유대인, 이슬람교도 그리고 무신론자는 같은 세계에 있고 같은 이성을 지녔으므로 서로 대화해 함께 지식을 발전시킬 수 있다. 그렇게 될 때 다양한 종교적 믿음이 지식 문제에 간섭할 필요가 사라진다. 이러한 정교분리 원리와 함께할 때 계몽주의 철학이 도약할 수 있다.

무명에서 계몽으로

물론 데카르트는 '나는 생각한다'에서 그치지 않는다. 다시 한번 말하지만, 데카르트의 방법론은 과학이 오로지 이성의 지휘로 자유롭게 전진하는 것을 목표로 한다. 그에 따르면 신이 주신 이성은 진리에 도달하도록 하며 세계의 물질적 존재를 증명해, 물리학을 종교적 신념에서 완벽히 독립된 과학으로 존재하게 한다. 데카르트의 책에서는 신이 어디에나 존재하는 듯 보이기도 하는데, 실제로 이 신은 과학적 논쟁에서 원칙적으로 배제된 존재이며 결코 멈춰서는 안 될 존재다. 즉 믿음의 대상, 친밀한 확신의 대상, 엄격한 신앙 실천의 대상으로 존재한다.

데카르트에게 과학, 물리학, 의학만이 중요했고 철학은 과학 연구에 토대를 구축하고 과학 연구를 해방하는 수단에 불과했다는 사실은 역사의 아이러니다. 1648년 데카르트가 생의 마지막에 20세 젊은 청년 버마인Burman과 나눈 긴 인터뷰에 대해 상세한 기록이 남아 있다. 당시 데카르트는 자신의 업적이 엄밀히 철학적 업적으로 남으리라는 사실을 전혀 알지 못했다.

그런데도 데카르트 이후 모든 철학 연구는 데카르트와 함께 또는 데카르트에게 반대해 이루어졌으며 언제나 데카르트와 연관되어 있었다. 스피노자, 로크Locke, 라이프니츠Leibniz, 콩디야크Condillac, 몽테스키외, 라메트리La Mettrie, 디드로, 흄Hume, 모페르튀이Maupertuis, 루소 그리고 수십 명의 사상가는 데카르트의 철학을 계승하고 계몽철학을 구축하고자, 데카르트 철학에서 자신의 철학을 다양한 방법론으로 차별화했다. 사실 계몽철학이라는 해방운동은 서로 매우 다른, 심지어 모순되는 파벌로 구성된다. 민주주의자와 부유한 계급에 의한 통치를 지지하는 자가 토론하고, 기독교도와 무신론자가 토론하며, 심지어 물질과 정신의 관계에 대해 서로 반대되는 철학 체계를 지지하는 자들의 토론을 확인할 수 있다.

이 계몽철학 운동은 종교 교리와 맹신에서 벗어나 지식 발전을 지향하는 갈릴레이의 주장에 뿌리를 두고 있다. 갈릴레이가 해방을 주도하고 데카르트가 해방운동에 일관성을 부여하자, 철학과 과학에 열려 있던 전 유럽이 서로를 알아보았다. 예를 들면 《동 쥐앙》에서 스가나렐이 동 쥐앙에게 신도 미신도 그 무엇도 믿지 않는다고 비난하자, 동 쥐앙이 '나는 2 더하기 2가 4라는 걸 믿고 4 더하기 4가 8이라는 걸 믿어'라고 대답하는 장면이 바로 몰리에르가 주장하는 해방운동과 같다.

종교적 신념과 미신적 신념이 새로운 과학의 수학적 확신으로 전환되었다. 이것이 계몽주의 철학의 근거가 된다. 계몽주의 철학은 교리를 강요하는 교회 권위자들을 거부하고, 사상과 표현의 자유를 주장하며, 종교를 한편에 두고 다른 한편에 지식, 도덕, 정치, 인류 가치의 표명, 지식의 이상, 이성의 자율을 두는 정교분리를 표방한다.

물론 이러한 선언은 주로 해당 시대가 지닌 한계와 관련이 있다. 많은 계몽 작가가 식민 민족, 가난한 자, 여성 불평등에 관련된 신념을 끊임없이 표출하긴 했으나 주로 법적 관점에서의 평등으로 제한했다. 모든 사람이 몰리에르, 스피노자, 루소, 디드로 또는 모차르트만큼 이 문제를 깊이 있게 다루지는 않았다. 결국 18세기 말에 이르러 임마누엘 칸트가 광범위한 영향력을 미친 계몽철학 운동을 종합하게 된다.

1784년에서 1787년 사이에 칸트는 《계몽이란 무엇인가Qu'est-ce que les

Lumières?》,《사고의 방향을 정한다는 것은 무엇을 의미하는가Que signifie s'orienter dans la pensée?》,《교육에 대한 성찰Réflexions sur l'éducation》을 썼는데 이 세 저술은 앞서 언급한 모든 내용을 잘 요약한다. 계몽은 독일어로 Aufklärung이라 하는데, 불투명에서 투명으로 넘어가는 액체의 점진적인 정화를 나타내는 단어다. 계몽은 과정이며 느리게 습득하는 것이다. 칸트의 표현을 빌리자면 '계몽은 교육에 의존하고 교육은 계몽에 의존한다'.

자신의 생각을 주도할 용기를 지닌다는 것은, 우리를 대신해 사고하고 판단해주는 이의 보호 아래 누릴 수 있는 안락함을 포기하는 것과 같다. 군대의 수장, 사제, 독재자, 스승의 공통점은 우리를 대신해 사고한다는 점이다. 이는 인간을 가축과 같은 상태로 만들고 손을 잡아주지 않으면 걷지 못하는 아이 상태로 만드는 것이라고 칸트는 말한다. 무기력 상태에서 벗어나고 자신의 생각과 판단에 책임지려면 노력이 필요한데, 극소수만이 그 노력에 동의한다. 이러한 노력은 고통스러운 만큼 위험이 따르기 때문이다.

사회 문화적으로 전 세계가 많이 변화하긴 했지만 21세기가 더는 예전 같지 않다고 누가 감히 주장할 수 있겠는가? 수많은 나라가 민족주의, 인종차별주의, 외국인 혐오 등 시대에 뒤처진 관념에 물들어 있다. 미국, 이탈리아, 폴란드, 브라질에서처럼 탄탄한 민주주의 국가에서도 대중을 선동하고 위협하는 국가주의 압력이 날로 커지고 있다.

이성적 판단에 따라 대담하게 앞으로 나아가고 권위에 굴복하지 않으며 삶의 방향을 스스로 결정한다는 것은, 지표를 설정해 자신의 방향을 잡는다는 뜻이다. 태양이 떠오르는 동쪽을 바라보고 서서 다른 방향들을 논리적으로 밝힌다는 의미다. 지리학에서라면 수학적 문제이며 다른 실존에서는 논리, 추론, 지식에 관한 이론, 도덕과 정치에 관한 실천 문제다. 종교는 목적에 분별력이 없고 실증적이지도 않기 때문에 관련해서 나는 할 말이 없다.

물론 여기에서 멈춘다면 신을 믿는 자들이 더는 철학을 가까이하지 않을 것이다. 그리고 우리는 예나 지금이나 그들을 토론에서 배제한다면 매우 위험해진다는 사실을 잘 알고 있다. 더욱이 데카르트에서 루소를 거쳐 칸트에 이르기까지 신을 믿었던 철학자들이 어떻게 그러한 구상을 발전시켰는지 이해하기 어려울 것이다. 칸트 또한 이 신앙에 대한 문제를 명확히 설명한다.

믿음과 믿음

기원전 4세기, 적어도 플라톤 이후로 모든 이성적 사고는 믿는 것과 아는 것을 구별하는 지점에서 시작한다. 따라서 플라톤의 《고르기아스》에서 소크라테스는 '그러므로 아는 것과 믿는 것이 다르다는 건 명백하다'라고 확언하고 고르기아스는 '맞습니다'라고 답한다. 사실 참된 믿음과 거짓된 믿음은 있지만, '거짓 지식'이라는 말은 터무니없다. 또한 플라톤은 진리와 양립할 수 없는 믿음과 진리에 부합하는 믿음을 구별한다.

오늘날 과학교육을 예로 들어보자. 100년은 걸려야 알아낼 수 있는 지식을 1년이라는 짧은 프로그램으로 가르쳐야 하는 상황에서 어떤 교사도 학생들에게 모든 걸 실험해보고 시범 보인 뒤 그 내용을 받아들이라고 할 수는 없다. 따라서 교사는 알려줄 지식과 일치하는 것만을 설명하려 노력할 테고, 학생들은 설명한 것을 믿어야 하며 배운 데서 벗어나는 모든 걸 거부해야 한다.

그러나 진리와 양립할 수 없는 믿음과 진리에 부합하는 믿음, 이 두 가지 형태의 믿음을 같은 선상에 둘 수는 없다. 그러나 이 둘을 그저 구분하는 데만 머문다면 종교적 믿음을 어디에 두어야 할지 모르게 된다. 결국 과학적 믿음과 혼동하지 않기 위해 종교적 믿음을 미신이나 사이비로 몰아버리게 될 것이다. 이는 이성이 찾아낸 모든 것에 반대하는 극단적 보수주의자들의 분노를 조장하는 끔찍하고 위험한 방법이다.

물론 칸트는 과학적 믿음을 모든 다른 형태의 믿음과 구별한다. 과학이라는 것은 본래 주관적으로도 객관적으로도 충분하다. 즉 그 대상을 안다는 강한 확신이 있으므로 주관적으로 충분하고, 그 대상이 내 확언과 일치하는지 실험으로 확인하므로 객관적으로도 충분하다. 한편 모든 종류의 믿음은 당연히 주관적으로 충분하고 객관적으로는 불충분하다. 속으로는 강하게 확신하지만, 신의 존재나 산타클로스의 존재를 증명하거나 실험하지는 않는다.

그렇긴 하나 칸트에게 신을 믿는 것과 산타클로스를 믿는 것은 다르다. 산타클로스, 예언적 점성술 또는 기존의 다양한 미신을 믿는 것은 주체에 대한 확신에 기반을 두는데, 그 확신은 객관적 가능성을 판단해주는 이성에 따라 쉽고 간단하게 파괴될 수 있다. 막연한 의견 또는 미신이나 무지일 뿐이다. 이러한 믿음을 일상생활에서 용인하기도 하지만 반박할 수 있는 여지가 있으니 공교육에서 배제하고 비판하기도 한다.

반면 신을 믿는 것 또는 다른 어떤 존재를 믿거나 그 존재가 행한 일을 믿는 것도 분명 믿음이지만, 믿는 대상의 본질 때문에 결코 증명이나 논박의 대상이 되지는 않을 것이다. 신은 무한하고 영원하며 비물질이어서 관찰하거나 실험할 수 없다. 그러므로 신에 대한 믿음을 타인에게 강요할 수 없고 비판하라고 가르치거나 조롱할 수도 없다.

이것이 신앙이라는 것이며 종교 여부를 떠나 어떤 과학이나 지식으로도 결코 검증되거나 논박되지 않는다. 이러한 형태의 믿음은 절대적으로 자유로운 신념의 일부인 반면, 어리석고 미신에 가까운 믿음은 주체를 소외시킨다.

안타깝게도 종교적 믿음의 역사에는 이 둘을 혼동해 신앙과 구별하지 못하고 미신이나 사이비를 고집하는 자들이 있었다. 또는 한때 신앙과 연결되었던 믿음이 어리석었다는 이유로 신앙을 반박하는 자들도 있었다. 칸트의 이론에 따라 신앙과 미신을 잘 구별하면 모든 합리적인 인간이 상대주의에 빠지지 않고 조화롭게 더불어 살며 서로 다른 믿음 속에서 풍요로워질 수 있다.

이것이 바로 정교분리의 원리다. 즉 기존지식에서 더 진보된 내용을 가르치거나 적어도 이전 환상에서 벗어나려는 무엇인가를 가르치고 널리 알리자는 것이다. 일상생활과 마찬가지로 교육에서도 이런 유형으로 명확히 구분하면 모호성을 제거하고 숱한 갈등을 방지할 가능성이 크다. 역사의 흐름에 따라 또는 지배층의 이해관계에 따라 이런저런 종교와 연결된 미신을 비판한다. 이는 종교 비판과는 전혀 다르다. 오히려 종교는 지식 운동과 조화를 이루며 나아간다. 과거 기독교에 도사리던 모호함과 비인간성에 관한 연구를 통해, 경전을 기반으로 한 3대 종교라는 이름으로 모순되고 때로는 범죄에 가까운 일들을 반복하는 자들을 반성하도록 하는 데 활용해야 한다.

여기서 우리는 갈릴레이, 데카르트 또는 칸트를 연구하는 것이 완전히 추상적인 건 아니라는 사실을 알 수 있다. 이 연구는 21세기에 가장 논란이 되는 질문들을 다룬다. 이슬람교와 유대교는 르네상스 이전에 이미 종교를 속세와 분리해 전개했다. 이에 이성과 신앙의 윤곽을 뚜렷이 한 이 새롭고 혁신적인 방법론은 이슬람교와 유대교가 수백 년간 진행해온 사상의 흐름에서 도움을 받았음을 덧붙인다.

2장
아베로에스, 이슬람교와 정교분리
계몽의 이슬람

어떤 실화

몇 달 동안 갇혀 지내던 이븐 루시드Ibn Rushd는 컴컴한 방에서 나오자 뜨거운 태양에 눈이 부셔 눈을 뜰 수 없었다. 플라톤 공화국 시절 동굴에서 나오던 죄수가 실명했을 때가 떠올랐다. 그 생각이 들자 무명의 이슬람 형제들이 계몽사상을 깨우치게 하려고 평생을 바쳐온 자신의 일생을 떠올리며 미소 지었다. 작은 집에 이븐 루시드를 가두고 있는 경비원들도 요즘 더 온화해진 듯하고 어쩌면 경비원과 이븐 루시드 사이에 일종의 애착이 형성된 듯하다. 루세나Lucena를 산책해도 되겠냐는 대담한 요청에 경비원들이 친근한 표정으로 응답할 정도였다. 이 작은 마을은 코르도바에서 그리 멀지 않았지만, 이븐 루시드에게 전혀 다른 세상으로 느껴졌다.

이미 많은 유대인이 톨레도로 피난을 가서 두 팔 벌려 환영받았는데도 여전히 유대 도시라고 불리는 루세나는 알모하드 왕조의 군인들이 거의 완벽하게 파괴해놓은 모습을 간직하고 있었다. 이슬람으로 개종하거나 망명해야 하는 선택의 갈림길에서 거부한 사람들이 이곳에서 목숨을 잃었다. 종교와 도덕 그리고 이성을 가지고 대체 무엇을 한 것인가? 이븐 루시드는 물론 이 사건에 대해 들은 적이 있었지만, 도시의 거리와 거리 사이를 걸으며 처음 눈으로 직접 본다는 건 또 다른 문제였다.

코르도바나 세비야는 이슬람교도, 유대인, 기독교도의 형제애와 창조성 덕분에 반짝반짝 빛났지만, 루세나는 광신과 편협함이 낳은 물질적이고 추한 몰골을 그대로 드러냈다. 도시는 끔찍하게 파괴되어 유대인 천재 건축가가 지은 건물 가운데 오래된 시나고그 위에 세워진 교회만이 남았고, 그 외엔 금세기 초 페스트 환자들이 지은 카스티요 델 모랄Castillo del Moral 성뿐이었다. 이븐 루시드는 이슬람교도, 유대인, 기독교도 신자 간에 합리적인 조화를 바라며 집필하고 활동해왔다. 이를테면 완전한 남녀평등과 같은 조화 말이다. 그런 이븐 루시드의 눈앞에 펼쳐진 이 모두는 그의 문화가 쇠퇴하고 있음을 의미했다.

보편적인 것, 보편적인 것! 아리스토텔레스와 플라톤은 이븐 루시드에게 신앙을 통해 자유로워지라고 가르쳤다. 자신을 박해하는 자들이 뭐라 하든 이븐 루시드는 본인의 사상이 곧 기독교계를 침범하리라고는 생각해본 적이 없었다. 기독교계는 곧 이븐 루시드를 아베로에스라 부르게 된다.

카스티요 델 모랄 성 앞에 멈춰 선 이븐 루시드는 이 성이 무너지고 사라져 과거 속으로 가라앉고 있는 세상을 보여주고 있다는 사실에 감탄했다. 골목을 돌아 집집마다 새겨진 난폭한 이슬람교도 박해 흔적과 벽에 선명히 새겨진 전쟁의 흔적들을 맞닥뜨리자 이븐 루시드는 마음과 영혼까지 불타올랐다. 엉망진창인 거리를 보니 고통스러웠다. 시선을 돌리다 문 앞에 앉아 있는 한 늙은 유대인과 시선이 마주친다. 수염이 긴 그 노인은 유대인 전통 모자인 키파를 쓰고 다윗의 별이 새겨진 집 앞에 앉아, 유대교 박해를 조롱이라도 하듯 손에는 이슬람 묵주를 들고 신념을 숨기지 않은 채 도발적으로 드러낸다. 아베로에스를 응시하는 노인의 맑은 눈은 마치 그를 아는 느낌이다.

"자네는 이븐 루시드지. 난 자네가 누군지 왜 여기에 있는지 알아. 권력자들이 자네를 해쳤지. 한때 자네가 권력이 있었을 때 코르도바에서 나를 정의롭게 심판했던 것처럼 말이야. 자네 책이 불탔다는 걸 아네. 난 읽을 기회가 없었지. 그러나 난 자네가, 내게 믿음을 밝히고 이성을 깨우치도록 이끌어준 모세 마이모니데스처럼 생각한다는 걸 알지. 모세 마이모니데스를 아나? 자네와 마찬가지로 코르도바에서 태어났다네. 가족이 오랫동안 남부 안달루시아에서 도망 다녀야 했거든. 모세 마이모니데스는 머나먼 이집트의 위대한 철학자라고 불리지. 어떤 신비한 비법인지는 모르겠지만 자네 영혼이 그를 만났고 자네 이성이 그와 맺어진 게 틀림없어. 거울에 비친 자기 얼굴을 보듯이 자신과 비슷하면서도 다른 마이모니데스의 생각을 자네는 읽는 것 같네."

아베로에스는 모세 마이모니데스라는 이름을 들어봤지만 《방황하는 자들을 위한 안내서》는 아직 손에 넣지 못했다. 자신을 향해 인자하게 웃고 있는 노인을 쳐다본다. 노인이 하는 아랍어의 완성도를 보면 유대교라는 명목만으로 처벌받기엔 루세나에서 꽤 유명하고 존경받는 학자이자 박식한 랍비임이 틀림없다. 분명 사람들이 눈을 감아주고 그 노인이 하는 말을 믿는 척했을 것이다. 노인에게 인사를 하고 서둘러 가택 연금된 집으로 돌아간다. 아베로에스는 비좁은 유배지에서 조금 덜 외롭다고 느끼며 현명한 노인의 평온함을 부러워한다.

코르도바의 이슬람교 예배당에서 명예 훼손을 당하고 굴욕당했던 위대한 이븐 루시드라도 문 앞에 앉아 있는 이 유대인 노인에 비하면 분명 더 많은 것을 잃지는 않았으리라. 이븐 루시드는 무엇을 잃었는가? 명성과 권력을 잃었다. 알모하드 궁정 의사이자 이슬람 제국 주권자인 칼리프에게 아리스토텔레스와 플라톤의 작품에 대한 주석을 써주던 고문이었고 세비야와 코르도바에서 최고 재판관직을 지냈던 이븐 루시드다. 그런데 이런 명예와 권력이 관념이나 저서만큼 중요한가? 아무도 정복하지 못할 이븐 루시드의 관념과 누군가를 한동안 깊이 사색하게 만드는 그의 저서만큼 중요한가?

감옥에 거의 다 도착하자 경비원들이 이븐 루시드를 보고 손을 크게 흔든다. 칼리프의 밀사가 그를 만나러 왔다며, 감옥 밖으로 외출시킨 데 대해 처벌은커녕 칭찬받았다고 했다. 밀사는 이븐 루시드의 죄를 사한다는 소식을 전하러 왔기 때문이었다. 밀사는 다음 날 다시 와 이븐 루시드를 말에 태우고 그다음 배에 태워 마라케시에 있는 칼리프에게로 데려갔다. 이븐 루시드는 그 뒤 다시는 코르도바로 돌아가지 못했고 오늘날 모로코라고 불리는 그 땅에서 머지않아 사망한다.

이성은 침묵할 필요가 없다

아베로에스가 1179년에 작성한 《결정적 논고》(원제는 《계시와 철학의 연결이 확립된 결정적 담론의 책》이다. 1996년 가르니에 플라마리옹 Garnier-Flammarion 출판사의 마르크 조프루아Marc Geoffroy의 번역에서 인용했다)에서 정교분리에 철학적 기초가 될 만한 개념을 가장 계몽적인 방법론으로 드러낸다.《결정적 논고》에서 아베로에스는 코란이 철학적, 논리적 성찰을 금지하는지 질문하고, 또는 허용한다면 성찰이 권장되는지 그리고 성찰이 의무인지 질문한다. 그리고 코란을 인용해 철학적이고 논리적인 성찰이 권장되는 동시에 의무임을 논증한다. 성찰을 연마하지 않으면 처벌 대상이 될 수 있지만 반드시 그렇지는 않고, 그런데도 성찰을 수행하면 항상 대가를 받는다고 썼다.

아베로에스는 코란에서 벗어날 수 있을까? 불가능했다. 존재에 관한 합리적인 연구와 경전의 가르침 사이에는 모순이 있을 수 없기 때문이다. "우리 이슬람교도는 실증으로 존재를 시험하는 것이 코란에 적힌 '진리는 진리에 반대될 수 없다'라는 말씀에서 가져온 가르침과 모순되지 않음을 분명히 알고 있다." 그러나 만약 종교 권력자가 학자들의 연구 결과에 동의하지 않는다면? "증명된 결과와 코란 본문의 '문자적' 의미 사이에 모순이 있을 때는 코란의 진술이 아랍어 해석 규칙에 따라 항상 재해석될 가능성이 있다고 확신한다." 다시 말하면 코란에 쓰인 내용이 이성으로 구한 진리와 모순된다면 이성이 침묵하는 것이 아니라 독자가 코란을 달리 해석해야 한다는 것이다.

아베로에스는 지식과 신앙을 근본적으로 구분하고 이성의 자율성을 선언하며 사상과 출판의 완벽한 자유를 주장한다. 젊은 디드로와 임마누엘 칸트보다 훨씬 더 전에 아베로에스는 이성에 이르는 길을 막으면 종교에도 등을 돌리는 것과 같다고 주장했다. "'논증 서적'을 전적으로 금지한다면 계시록이 전하는 실천에 대한 접근을 막는 것이다."

이 같은 아베로에스의 지적 혁신은 독단적인 이슬람교도의 증오를 불러일으킬 뿐이었다. 율법 학자들은 코르도바에서 정의를 실현하고 법을 수호하며 최고의 종교적 책임을 수행하는 이슬람 재판관이자 신학자, 철학자, 천문학자였던 아베로에스를 의심했다.

철학 작업에 전념하고자 모든 공직에서 물러났지만 결국 아베로에스의 합리적이고 민주적인 방법론은 금기를 해방하는 영향력이 너무 컸다. 아베로에스는 코르도바 근처에서 엄중히 가택연금을 당했고 이후 모로코로 이송되어 안달루시아에 귀환하지 못한 채 1198년 사망했다. 아랍 '아리스토텔레스 주의'의 종말이자 '계몽주의적 이슬람'의 종말을 의미했다. 아베로에스가 코란의 수라 2장 257절 '종교에 강요는 없다'라는 문장을 믿고 진지하게 받아들인 게 실수였던 듯하다.

그러나 아베로에스의 영향은 이슬람 신비주의와 이스마일파(이슬람교 시아파의 한 분파—옮긴이)뿐 아니라 기독교 유럽의 라틴계 아베로에스파로 계속 퍼졌다. 아베로에스의 다음 한 문장은 르네상스와 계몽주의 철학이 될 아베로에스파 정신을 다양한 역사, 사회, 문화적 상황 속에서 매우 특별하게 요약한다. "오 인류여! 나는 신의 과학이 거짓이라고 말하는 게 아니다. 단지 내가 인간의 과학을 안다고 말하는 것뿐이다." 종교를 신앙과 인간적 영향력을 미치는 부분으로 명확히 구분했다. 이것이 곧 세상을 알고 이성을 깨우는 방법이다.

현대적 의미에서 최초 자연과학인 갈릴레이 물리학이 출현하면서 이슬람교의 정교분리가 유럽으로 퍼졌다. 계몽주의 철학이 첫 반향을 일으켰던 북부 이탈리아에서는 베네치아 인쇄업자들이 아베로에스의 여러 작품을 보급하면서 16세기까지 중요한 역할을 한다.

21세기 뉴스를 귀 기울여 듣는다면 이는 역설적으로 보일지도 모른다. 그러나 서양의 기독교가 종교 교리와 무관하게 이성적 권리를 주장하던 이들을 고문하고 불태웠던 반면, 이슬람 문화의 틀 안에서는 정교분리 정신이 정립된 것이 사실이다. 이런 사실을 알리고 가르치는 작업은 이슬람 극단주의에 대항하기 위해서도 중요한 동시에, 이슬람교도 전체를 이러한 극단주의로 몰아버리는 인종차별에 근본적으로 맞서기 위해서라도 매우 필요하다.

대규모 해방의 과정

이슬람교에서 이성적 사유가 비약적 발전을 이룬 데에는 분명 몇 가지 이유가 있다. 기독교는 전체주의 권력의 논리를 따른 이후로 최근까지도 사회 정치적으로 이해관계가 부합하는 신학 체계를 만들어 억압을 확장했고, 인본주의와 같은 그리스의 철학적, 합리주의적 뿌리와의 연결을 끊어버렸다. 이에 반해 중세 시대 동안 교리를 정의하는 교황청의 권위나 종교회의 등이 없었던 이슬람 공간에서는 모든 고대 유산을 바탕으로 연구를 진행했다.

플라톤, 아리스토텔레스, 히포크라테스, 아르키메데스, 유클리드 그리고 모든 수학의 합리적인 토대 위에 수많은 연구와 철학적 논쟁이 일어났다. 기독교와 마찬가지로 이슬람 문화에 발전을 일으킨 철학자들은 성경을 문자 그대로 읽어 모든 진리와 모든 사회생활의 기준으로 삼는 사람들과 대립하게 된다. 그러나 이러한 갈등은 세속적 사상의 흐름을 발전시켰고, 훗날 르네상스 전체에 빛을 발하는 정교분리 사고를 꽃피운다.

이는 우연이 아니다. 8세기 페르시아의 알라무트^{Alamût}에서 창시된 동방 이스마일파는 순전히 영적인 사상, 즉 율법에 예속되지 않은 해방된 사상을 발전시켰다. 몽골이 알라무트를 파괴한 후 이스마일파는 억압되었던 이슬람 신비주의 뒤에 숨어 영적이고 내적인 이상에 도달하고자 이러한 해방 철학을 이어갔다. 이상 국가는 무력으로 성립될 수 없고 오직 개개인의 점진적인 내면 변화에 따라서만 성립될 수 있다는 사상이 이렇게 발전되고 퍼져갔다.

계몽적인 흐름은 기독교에서도 발전했으나 같은 시대에 같은 방식으로 억압되었다. 반면 이슬람 계몽주의는 억압을 극복하고 영향력을 확장해 오늘날 모로코와 스페인 남부 안달루시아에 해당하는 광대한 영토에 폭넓게 자리 잡을 수 있었다. 덕분에 정교분리 원칙의 이슬람 문화 공간에서 이슬람교도와 기독교도와 유대인이 철학과 과학 등 지적 작업에 협력하고 저서를 번역해 서로 나누고 연구를 교환하며 자유로운 토론이 발전했다.

이러한 개방 정신은 알메리아Alméria, 그라나다, 세비야, 바다호스Badajoz, 톨레도, 코르도바에서 번성했다. 이 중 코르도바는 이븐 하즘Ibn Hazm이 플라톤주의를 발전시킨 곳이었고, 이후 유대인 마이모니데스와 이슬람교도 아베로에스가 태어난 도시이기도 했다. 이븐 바자Ibn Bâjja가 사상을 발전시켜 지식의 이상을 전파한 도시 사라고사Saragosse에서도 개방 정신은 번성했는데, 이븐 바자의 사상은 아베로에스에게 강한 영향을 미쳤을 뿐만 아니라 이를 나르본의 유대인 모세가 번역한 덕에 14세기 사상에까지 큰 영향을 끼쳤다. 이 문화적인 확장이 얼마나 풍요로웠을지 상상하기조차 어렵다.

기독교도 콘스탄티누스 아프리카누스Constantinus Africanus가 11세기부터 그리스와 아랍 의학을 번역하고 보급했다. 시칠리아의 헨리 아리스티포스Henry Aristippus는 프톨레마이오스의 아랍어 서적《알마게스트》의 사본을 만들고 번역했다. 번역가이기도 했던 톨레도의 대주교는 자신의 대성당을 서양 역사상 유례없는 번역 기관으로 삼았다. 기독교도였던 크레모나의 제럴드Gerardus Cremonensis는 단독으로 아랍어 서적 87권을 번역했다. 이 거대한 집단 번역 작업은 13세기까지 몽펠리에에 이어졌으며 이븐 시나Avicenna와 아베로에스의 서적을 기독교가 지배하던 서양에 들여오는 계기가 되었다. 이에 따라 아베로에스는 서유럽에 고전과 현대 정교분리 사상을 전하는 매개자가 되었다.

오늘날 일부 정치인들이 잘 모르는 채 '이슬람을 계몽해야 한다'라고 주장하는데, 계몽주의 사상의 정교분리는 사실 정교분리 원칙이 기독교에서 억압받기 훨씬 전부터 이슬람교에 존재했었다는 사실을 기억해야 한다. 이는 과거의 야만적인 극단주의에 갇혀 종교를 왜곡하고 있는 이슬람교도에게 우리가 건넬 수 있는, 가장 적절하고 가치 있는 답변일 것이다. 사실 계몽주의적 합리주의의 부상은 베네토에서 발생해 점차 서유럽 전역으로 퍼진 아베로에스 철학 덕이 크다.

3장
모세 마이모니데스, 유대인과 정교분리
계몽주의 유대교

　젊은 아베로에스가 코르도바에서 고위직이 되기 위해 준비하고 독특한 철학적 방법론을 구축하는 동안 10세 유대인 소년 마이모니데스는 알모하드 왕조가 개종과 죽음 가운데 선택을 강요하자 이를 피해 가족과 함께 코르도바를 떠난다. 마이모니데스는 가족과 함께 안달루시아 남부에서 오랜 시간 방황하다가 모로코의 페즈Fès로 도피하고 그 뒤 팔레스타인으로 도피해 마침내 이집트 카이로에 정착한다. 이에 아베로에스와 마이모니데스는 고향 코르도바에서 서로 마주칠 수 없었다.

　유대인에 대한 이러한 억압이 없었다면 아베로에스와 마이모니데스는 분명 서로를 알고 교류하며 잘 통했을 것이다. 아리스토텔레스 문장의 해석에 대해, 이성의 고유한 특성을 지키며 신앙을 표현하는 방법에 대해 또는 미신과 싸우는 가장 좋은 방법에 대해 서로 우호적인 논쟁을 하는 광경을 상상할 수 있다. 서로에게 좋은 영향을 끼치고 함께 학파를 세웠을 수도 있다. 그리고 철학적 형제애의 최종 단계로서 그들의 책이 광장에서 함께 불태워졌을 수도 있다. 그러나 이 모두 불가능했다. 알모하드 왕조는 한때 비범한 정교분리 원칙 아래 다원적 집단성찰을 가능하게 했었으나, 결국 유대인을 박해하고 당시 이슬람교도 중 최고의 인재들을 박해했다. 이슬람 문화가 쇠퇴하기 시작했다는 신호다. 그러나 박해받았던 사상가들은 곧 서구 사상 전체에 빛을 발하게 된다.

코르도바를 떠난 지 약 20년이 되었을 때 마이모니데스는 의료 활동으로 가족을 부양했고 법적 지위 또한 상승했으며 놀라울 정도로 현대적인 철학 서적을 쓰기 시작했다. 특히 《방황하는 자들을 위한 안내서Guide des égarés》라는 제목으로 더 자주 출간되는 그의 주요 저서 《혼란스러워하는 자들을 위한 안내서Le Guide des perplexes》는 매우 특별한 상황에서 집필되었다. 마이모니데스의 가르침을 받고자 아프리카에서 온 요제프라는 어린 제자가 있었는데, 그 제자가 스승이 전하고자 했던 바를 마치지 못하고 다시 아프리카로 돌아가야 했던 것이다.

더는 '대면'으로 가르칠 수 없게 된 마이모니데스는 이 학생 한 명을 위해 학설을 집필하기로 했다. 물론 이 책이 널리 보급되리라는 확신은 있었다. 마이모니데스는 히브리어가 아니라 당시 지식인층 언어인 아랍어로 집필했다. 더할 나위 없이 엄격한 구성으로 집필된 이 두꺼운 책은 역설적인 운명을 맞이한다. 랍비 당국이 그 책을 규탄하고 몽펠리에 광장에서 불태우는 한편, 이슬람 사상계에서는 이 책이 매우 강력한 영향력을 행사하게 된다.

신, 다시 말하자면?

무엇이 문제인가? 신자가 경전을 읽을 때 글자 그대로 결과를 도출하려 한다면 너무나 많은 난관과 모순에 부닥쳐 경전의 신성한 기원을 의심하게 된다. 게다가 그 신자가 과학을 연구하는 자라면 어떠한가. 당시에 과학을 연구한다는 건 아리스토텔레스를 연구하는 것이었고, 아리스토텔레스와 관련 없이 플라톤으로부터 영감을 받은 수많은 작품이 아리스토텔레스 연구에 귀속된 시대였다. 그러기에 과학을 연구하는 자들에게는 경전과 과학 사이에 양립할 수 없는 명제들이 너무 많아 결국 방황했고 혼란스러웠다. 권력층이었던 종교 당국이 토라, 코란, 성경을 원래 해석해야 하는 방식과 달리 해석했기 때문이다. 따라서 마이모니데스는 당대 신학자들에 대한 일련의 급진적 비판을 공식화했다.

당시 지배적이던 신학 공론은 칼람kalam이라는 교리를 형성했다. 마이모니데스는 이 칼람 전체를 반대하며 비판했다. 칼람은 실제로 기독교도들이 그리스 철학자들과 자신들을 구별하기 위해 내세운 주장에 그 기원이 있다. 즉 신은 전능하며 영원하지 않은 세상을 창조했고 모든 것을 알고 있다거나, 신은 항상 기적을 행하므로 자연에는 필연적인 법칙이 없고 따라서 이성으로는 세상을 알 수 없다는 등의 교리다. 당시 유대교와 이슬람교 신학자들은 자신들의 종교를 옹호하기 위해 이러한 전제들을 이용했다.

마이모니데스에게 이러한 사고방식은 전혀 객관적이지 않았다. 전제를 숨겨 모든 이성적 검토를 피하고 있을 뿐이었다. 신학자들은 세상이 무엇인지 아는 데 관심이 없었다. 다만 교리에 맞추려고 세상이 그래야 한다고 가정할 뿐이다. 이에 반대하는 마이모니데스는 세상이 무엇인지 이해하기 위해 과학적 방법론을 개발하고자 했다. 즉 아리스토텔레스의 논리와 물리학에 기초해 이성에 따라 존재하는 세계가 있다고 가정했다.

칼람의 핵심이 되는 예를 들어 보자. 칼람에 따르면 오로지 신만이 행동한다. 그러므로 신이 모든 것의 '첫 번째 원인'이라고는 할 수 없다. 첫 번째 원인이라는 말은 두 번째 원인이 있다고 가정할 때 존재하기 때문이다. 다시 말해 신이 첫 번째 원인으로서 일으킨 결과가 그 자체로 다시 원인이 되어 또 다른 결과를 초래하므로, 결국 오로지 신에 의해서만 모든 게 설명된다고는 할 수 없다. 따라서 신학자들은 우주의 요소인 원자가 그 자체로 영구적인 존재가 아니라고 한다. 신이 매 순간 원자를 존재하도록 하며 끊임없이 재창조한다고 했다.

예컨대 천을 검정이나 빨강 염료에 담그면 천에 물이 드는데, 이때 색이 달라지는 건 염료 때문이 아니라 끊임없이 창조하고 재창조하는 신이 한 일이다. 그렇지 않다면 천이 색을 잃을 것이다. 마찬가지로 글을 쓸 때 펜을 움직이는 건 내 손이 아니라 다시 한 번 신이 한 일이다. 신은 내 손을 움직이고 동시에 펜을 움직인다. 나나 내 손은 아무것도 하지 않는다. 오로지 신만이 행동한다. 이렇게 되면 땅에 떨어지는 물체부터 별의 움직임에 이르기까지 모든 것이 신에 의해 절대적으로 설명된다. 그러므로 모든 것은 기적이고 모든 게 가능하며 무엇도 필요하지 않고 그 무엇도 이성으로 설명될 수 없어서 지식에 대한 모든 관념은 이단이 된다. 마이모니데스에게 있어 이는 모호함을 훨씬 더 모호한 무엇으로 설명하는 것과 같았다.

여기에서 갈릴레이와 데카르트를 정죄했던 기독교 종교재판관의 모호한 교리와 유사한 점을 볼 수 있다. 특히 5세기 뒤 스피노자가 자신의 철학을 발전시키기 위해 무엇을 해체해야 했는지 알 수 있다. 이는 철학자로서뿐만 아니라 유대교 신자로서도 마이모니데스에게 심각한 문제였다. 이런 방식으로 신과 경전을 이해해야 한다면 지성과 이성을 갖춘 모든 사상가는 신앙과 지식, 이성적 사유 사이에서 당혹스러운 모순에 맞서게 될 것이다. 바로 이러한 혼란이 《방황하는 자들을 위한 안내서Guide des égarés》에서 극복하려 한 문제다.

신의 말씀과 그분이 창조하신 법이 서로 모순될 수 있다는 건 엄밀히 말하면 상상할 수 없는 일이다. 만일 어떤 사람이 경전에서 진리를 찾았다고 주장하는데, 그것이 우리 눈앞에 있는 것이나 세상에서 발견한 것과 일치하지 않는다면 오직 한 가지 이유 때문이다. 즉 경전을 잘못 읽은 것이다. 그래서 마이모니데스는 토라(이슬람교 코란과 기독교 성서에 해당하는 유대교 경전—옮긴이)와 관련해 읽기가 무엇을 의미하는지를 성찰해보려 했다.

읽는 방법 배우기

이 논증의 출발점은 자명하다. 신의 본질에 대해 말하는 것은 불가능하다는 것이다. 말한다는 것, 즉 쓴다는 것은 시간과 공간에 한정되어 특별하고 우연한 것을 불러일으키는 데 인간의 언어를 사용한다는 뜻이기 때문이다. 다시 말해 신에 대해 말하는 것은 필연적으로 신에게 잘못된 속성을 부여하는 일이 된다. 그래서 신에 대해 무엇도 긍정할 수 없게 된다. 반면 신이 아닌 것에 대해서는 단어로 구성된 문장으로 말할 수 있다. 예컨대 신은 유한하지 않고 일시적이지 않으며 물질적이지 않다고 말할 수 있다. 그리고 신은 비물질적이기에 모든 이미지가 제한적이고 기이하며, 따라서 우리는 신의 본질을 상상할 수도 없다. 이러한 방식으로 신에 대해 논하는 것을 '부정 신학'이라고 하며, 이는 합리적인 논증으로 진행될 수 있고 또 그래야만 한다. 신이 무엇인지는 알 수 없지만, 어떤 존재가 아닌지는 알 수 있다.

이것이 바로 경전의 문제다. 경전은 신에게서 왔다고 간주되기에 신앙심을 키울 수는 있지만, 인간의 언어로 쓰였기에 신이 무엇인지 말해줄 수도 없고 신의 말씀을 본래의 뜻 그대로 이해하게 할 수도 없다. 그러므로 믿음은 단어들 이면에서 순결한 마음과 의식으로 발견한 것, 즉 증명할 수 없고 반박할 수 없는 확신에서 나온다. 그런데 경전은 단어와 문장으로 구성된다. 따라서 그것을 문자 그대로 받아들이고자 하는 건 터무니없는 일이다. 경전은 해독되고 해석되어야 하며 이 작업에는 끝이 있을 수 없다. 경전을 완전하고 확실하게 해독할 수 있었다면 경전의 명확한 번역본을 작성할 수 있었겠지만, 우리는 그 작업이 전적으로 불가능하다는 사실을 이미 확인해 알고 있다.

토라는 개념적인 내용이 아니라 은유, 비유, 수수께끼, 환유, 다양한 이미지, 우의를 모아놓은 것으로 받아들여야 한다. 토라는 신자에게 간접적으로 호소한다. 마이모니데스는 간접적으로 호소하는 많은 예시를 설명했다. 마이모니데스는 창세기에서 문장 안에 있는 모든 단어를 해석해야만 전체적인 비유가 성립되는 문장 하나를 인용한다. 신의 음성, 손, 손가락, 귀, 발, 얼굴, 분노가 연상되는 수많은 구절이 있는 문장을 예로 들며, 사람들이 그것을 바위와 비교하기도 하고 신이 '왕좌에 앉았다', 신이 '구름 속에서 말한다', 신이 '정의의 팔로 불경한 것을 내친다', 신이 '질투한다'…라고 한다는 것이다. 문자 그대로 읽는 한계를 넘어서는 방법을 배우지 않으면, 이처럼 신에게 인간의 모든 속성을 부여하고 우상 숭배에 빠질 위험이 크다. 은유는 진실을 드러내기도 하지만 동시에 가리기도 한다.

그러므로 토라를 읽는 두 가지 방법이 있는데, 이성과 신앙 사이의 관계를 이해하는 두 가지 방법과 겹친다. 칼람 신학자들의 방법은 신에 대한 개념이 신의 본질과 양립할 수 없다는 생각을 강조하며, 곳곳에서 발생하는 초자연적인 현상과 기적에 눈을 돌리라 하고 이성을 통해 세상을 알 가능성을 부인한다. 반대로 마이모니데스의 방법은 이성과 지식에 자율성을 부여하는데, 종교에 반대하는 게 아니라 종교와 조화를 이루며 모호한 접근 방식과 이단자들로부터 자유로워지자고 한다. 이를 위해서는 '신이 행한 업적을 벗어나 신을 알 수 있는 다른 방법은 없다'라는 것을 수용하고, 신이 자연의 법칙을 창조하셨다는 것을 받아들이며, 신을 믿는 적절한 방식과 일관성 없는 방식을 구별하는 건 이성에 달려 있다고 인정하기만 하면 된다.

이런 의미에서 마이모니데스는 아베로에스처럼 신앙과 종교에서 이성과 지식의 자율성을 선언하는 데 성공했다. 이것은 이탈리아 르네상스와 계몽주의 철학이 해방된 정교분리 사상을 실제로 구축할 기반을 마련해주었다. 갈릴레이와 데카르트가 이 해방론적인 방법론을 유럽에 도입했다면, 17세기 중반에 유럽에서 이 방법론을 가장 완전한 형태로 만든 인물은 바로 스피노자다.

4장
스피노자, 파문당한 지혜
미신에서 벗어나기

17세기 철학자 바뤼흐 스피노자Baruch Spinoza는 포르투갈에서 프랑스를 거쳐 네덜란드로 이주한 가족의 자손이다. 이 간단한 소개에는 흥미로운 지점이 있는데, 그의 성은 네덜란드어가 아니라 스페인어이고 이름은 유대인풍이며 17세기 철학자라 하기엔 주로 19세기와 20세기에 영향을 미쳤기 때문이다. 그리고 21세기에는 그 어느 때보다 강력한 영향을 끼쳤다. 스피노자는 현대적 의미의 민주주의를 이론화했다. 니체, 프로이트, 아인슈타인은 스피노자의 가장 유명한 제자들이며 더 최근의 예를 들자면 질 들뢰즈와 미셸 푸코도 있다. 스피노자는 모든 면에서 기발했고 특별 대우를 받을 만한 가치가 있는 인물이었다. 스피노자의 철학에 들어가기에 앞서 잘 알려지지 않은 그의 인생 에피소드와 함께 가족의 유래를 상기해볼 필요가 있다.

스피노자의 삶 일부는 15세기 말 그가 태어나기 훨씬 전에 시작되었다. 1492년은 가톨릭 여왕이라 불리던 카스티야 여왕 이사벨 1세의 재정 지원을 받은 이탈리아 제노바 출신 크리스토퍼 콜럼버스가 아메리카를 발견한 해인 동시에, 이 독실한 여왕이 스페인의 유대인들을 박해하기 시작한 해이기도 하다. 많은 사람이 추방되거나 살해당했고 일부는 강제로 가톨릭으로 개종했으나 비밀리에 유대교를 계속 따르고 있었다. 위장 개종한 유대인을 '마라노스'라 했고 그 단어는 '돼지'를 의미하지만, 곧 그 경멸의 의미는 사라진다.

스피노자의 조상들은 마라노스의 일부였고 스페인에서 조용히 살다가 16세기 중반에 반유대주의자들을 학살 대상으로 삼던 포르투갈로 망명했다. 그 후 스페인은 종교재판을 거쳐 가톨릭의 영향력을 확장했고 포르투갈에 살던 유대인들은 새로운 망명지로 인도된다. 스피노자의 할아버지는 유대인 공동체와 함께 프랑스 낭트로 갔지만 프랑스에서도 유대인에 대한 증오가 만연했기에 곧 다시 망명길에 오른다. 이렇게 그들은 스페인의 감시를 피해 1579년에 네덜란드 공화국으로 가게 되었다.

왜 네덜란드로 갔을까? 스피노자 가족의 역사는 유럽의 위대한 역사와 교차한다. 향신료 무역에서 거대한 부를 얻은 스페인과 포르투갈은 해상 독점권을 소유했을 뿐만 아니라 네덜란드인이 리스본에서 식료품을 공급받지 못하도록 금지했다. 그래서 네덜란드인들은 거대한 선박을 이용해 온갖 종류의 식료품을 아시아에서 직접 공급받고 이를 통해 엄청난 부를 이루게 된다. 결국 모든 유럽은 네덜란드에 의존하게 되고 네덜란드는 다른 강대국 사이에서 중립을 유지하며 무역을 최우선으로 삼아 집중했다.

유럽의 다른 나라들은 유대인을 추방하며 문화의 상당 부분을 잃었고 네덜란드를 고립시키려고 시도하다 권력의 상당 부분을 잃었다. 르네상스 시대에 이탈리아 도시에서 상업과 지식의 자유가 번성했을 때만큼 네덜란드도 무역과 지식 분야로 크게 성공한다. 예컨대 개신교 중심인 네덜란드에서는 가톨릭 중심이던 유럽에서 금지 리스트에 오른 갈릴레이와 데카르트의 글을 인쇄했다. 네덜란드에서는 그 유명한 천체망원경과 현미경이 발명되어 세포와 정자를 처음으로 관찰할 수 있었으며 회화의 역사에도 한 획을 그은 장대한 시대가 펼쳐진다.

스피노자의 조상은 처음에 네덜란드 로테르담에 머물렀고 그 뒤 스피노자의 아버지가 암스테르담으로 이주해 유대교 회당 근처에 편안히 정착했다. 그곳에서 유대인들은 소란을 피우지 않는 한 평화롭게 살 수 있었다. 이러한 역사, 지역, 가족적 맥락에서 꼬마 바뤼흐는 거대한 스피노자로 성장한다. 모든 위대한 업적은 본래의 맥락을 넘어서기에, 우리는 이러한 배경을 이해하지 않고서는 그 무엇도 이해할 수 없다.

축복받은 아이 그리고 저주받은 아이

'축복받은'이라는 뜻인 '바뤼흐'로 불리던 스피노자는 친구에게 빌린 방에 혼자 있다. 채 스물다섯 살도 되지 않은 바뤼흐는 벌써 2년째 페스트 환자처럼 살다가 곧 천문 망원경과 현미경 렌즈를 가공하고 철학을 공부하며 시간을 보내게 된다. 방에 있던 스피노자는 못에 걸린 자신의 코트를 바라본다. 코트에 구멍이 보인다. 광신도가 악마의 부하라고 소문난 스피노자를 암살하려 시도했을 때 뚫린 구멍이다. 스피노자는 광신과 맹신이 얼마나 위험한지 절대로 잊지 않으려고 그 코트를 소중히 간직했다.

반면 스피노자의 초년 시절은 매우 순탄했다. 멋진 집에 살면서 탈무드 학교에서 우수한 학교교육을 받았다. 네덜란드어, 포르투갈어, 스페인어, 히브리어, 아랍어로 말할 줄 알아야 했고 라틴어를 쓰고 프랑스어, 이탈리아어, 독일어를 읽어야 했다. 랍비가 될 운명이었다. 얼마 되지 않아 신성한 경전에는 그가 모르는 비밀이 더는 남아 있지 않았다. 스피노자는 교리에 따라 의무적으로 부과되는 경전 읽기에 머무르지 않았다. 자유사상 예수회 출신인 판 덴 엔덴Van den Enden에게 도움받아 자유민주주의 사상과 철학 사상을 발전시켰고 이는 격렬한 논쟁을 유발했다. 이러한 논쟁에서 어린 스피노자는 젊은 패기가 유발하는 확신에 찼고 무엇보다 명확하고 엄격한 이성적 사유에 경도되었다. 또한 그는 아버지가 사망했을 때 유산상속을 거부하기도 했다.

자비롭기로 유명했던 유대인 공동체와 스피노자 사이에 점차 균열이 일어난다. 전통 유대교를 수호하는 이들에게 스피노자는 진정 위협적이었다. 공동체의 모든 사람이 스피노자를 존경하고 사랑했으며 그의 교양과 지성으로 주변 사람들을 설득할 수 있다는 점에서 더 위협적이었다. 위협은 여기에서 그치지 않았다. 유대인 공동체는 문제를 일으키지 않아야만 네덜란드에서 허용되었다. 그러나 스피노자가 발전시킨 사상은 분명히 종교, 정치 면에서 충격적이었다. 스피노자를 반드시 설득하고 그의 이해를 구해야만 했다. 랍비들은 스피노자에게 1000플로린을 주며 본인의 생각을 후회하는 척해달라고, 게다가 종종 유대 종교의식에 참석해달라고 제안하기까지 했다!

그러나 젊은 스피노자에게는 소크라테스와 닮은 면이 있었다. 그는 진리를 외양이 아닌 진리를 추구한다고 선언하며 제안을 거부했다.

갈등은 불가피했다. 1656년 7월 27일 랍비들은 암스테르담의 유대교 회당에서 만나 가장 가혹하고 좀처럼 보기 드문 강력한 형벌인 파문을 선언한다. 내용은 다음과 같다. "성자들과 천사들의 심판으로 우리는 거룩한 공동체 전체의 동의를 받아, 바뤼흐 스피노자를 내쫓아 추방하고 저주하고 증오할지어다. […] 낮에도 저주하고 밤에도 저주할지어다." 다시 이어 "주님 그를 절대로 용서하지 마소서. 여호와께서 이자에게 모든 분노를 불사르사 율법 책에 기록된 모든 재앙을 이자에게 내리기를 비나이다. 이자의 이름이 이 세상에서 영원히 지워지기를 비나이다." 마지막으로 "서면으로든 구두로든 스피노자가 그 누구와 어떤 관계도 맺지 못하게 하라. 아무도 그를 섬기지 말며 아무도 그에게 가까이하지 못하게 하라. 그 누구도 그와 같은 지붕 아래에서 살지 못하게 하고 누구도 그의 글을 읽지 못하게 하라"라고 했다.

'절대로 안 된다'라는 말은 가볍게 넘길 말이 아니었다. 이 말은 스피노자가 가족 구성원이나 공동체의 친구를 절대로 그 누구도 다시 볼 수 없음을 의미했다. 어쩌다 스피노자가 지금껏 한 일을 후회한다고 표명한다 해도 말이다. 어쨌든 스피노자는 평생 한 번도 후회한다고 밝힌 적이 없었으며 그 때문에 복권에 성공하지 못했다. 2012년에 암스테르담의 수석 랍비가 스피노자의 복권을 검토했을 때도 마찬가지였다. 어쩌면 스피노자가 이단이라는 고발을 유지하는 것이야말로 스피노자의 기억을 존중하는 일일지도 모른다.

유대 공동체는 자비롭고 관대하다고 알려져 있었지만 이런 학대 행위는 여전히 만연했다. 몇 년 전 스피노자의 사촌 철학자 유리엘 다 코스타Uriel da Costa는 이단으로 고발되어 공개적으로 매질을 당했고 유대교와 기독교 당국으로부터 비난을 받고 결국 자살했다. 스피노자의 친구인 후안 데 프라도Juan de Prado는 스피노자가 추방되고 1년 뒤 공동체에서 추방당했다. 반면 급진적이고 돌이킬 수 없는 형벌인 파문은 극히 드물었기에, 이는 곧 젊은 스피노자가 지지했던 사상이 극도로 위험해 보였음을 의미한다. 사실 '스피노자의 범신론 철학 지지자'라는 말은 18세기에도 여전히 큰 모욕으로 간주되어 스피노자의 책은 거의 읽히지 않았다. 아마도 디드로만이 직접 스피노자에게서 영감을 받은 듯 보인다. 위대한 《백과전서》에서 두 항목을 스피노자 이론에 할애할 정도였다. 그러나 디드로는 작업 전반에 걸쳐 분명 스피노자의 아이디어를 많이 빌렸으면서도 구체적으로 스피노자를 언급하지는 않았다.

가슴 아픈 결과였으나 스피노자는 이러한 추방을 실제로는 해방으로 인식한 듯 보인다. 그는 암스테르담에서 몇 년을 보낸 뒤 레인스부르크Rijnsburg로 이사하고 고품질 렌즈를 생산해 생계를 유지했다. 그러면서 철학을 공부해 방대한 철학 작품을 저술했다. 영국과 네덜란드 출신의 진보적인 지식인들과 자주 어울렸고 독일의 명문 하이델베르크 대학에서 철학 교수직을 제안받았으나 거절했다. 스피노자는 본인의 사상과 완벽히 일치하는 이성에 따라 살았기에 분명 행복한 삶을 살았던 듯하다. 그는 행복하고 고요했던 삶을 1677년 헤이그에서 마감했다.

전염되는 지혜

이러한 스피노자 사상이 어떤 운명을 맞이했는지 주목해볼 가치가 있다. 미신적 종교를 믿는 자들과 국가 권력자들이 스피노자의 철학에서 참을 수 없다고 느낄 만한 것이 무엇이었을까? 스피노자의 논문 중 일부를 살펴보자. 스피노자는 신성한 경전을 문자 그대로, 영적으로 진지하게 받아들였다. 만일 신이 영원한 존재라면 신에게는 이전과 이후가 없으므로 신은 시간의 개념을 넘어선다. 신의 창조물은 신과 공존하기에, 신은 시간의 개념 안에서는 무엇도 창조할 수 없었다. 시간은 오로지 물질과 인간을 위해서만 존재한다.

진정한 이단은 그 반대를 주장하며 신을 인간 차원으로 축소하는 것이다. 마찬가지로 신은 무한하고 완전하기에, 내가 무엇을 하느냐의 여부에 따라 신이 마음을 바꾼다거나 무엇인가를 고른다거나 나를 벌하거나 상을 줄 수 없다. 내가 하는 행동들은 신에게는 낯선 시간성에서 행해지기에 신은 내 행동에 놀랄 수도 없다. 신이 무언가를 창조한다면 신이 창조하는 것은 아주 예전부터 창조되었기에 따라서 이미 결정된 것이고 무작위성이나 '자유의지'의 가능성이 없다. 일신교가 지닌 신에 대한 이러한 관념은 결정론을 따르는 세상에서만 존재하고, 필연적 원인 없이 사건이 발생하는 세상과는 양립되지 않는다. 다른 모든 개념은 이단이고 미신이다.

모든 것이 신의 의지이고 운명이며 인간의 자유는 생각할 수 없다는 뜻인가? 스피노자는 자유의지를 반박하는 데서 멈추지 않고 결정론과 양립할 수 있는 참신한 자유이론을 생각해냈다. 그는 갈릴레이와 데카르트가 제시한 보편적인 인과 구조를 그대로 유지하고 세상에는 필연의 법칙이 있다고 했으며 필연의 법칙에 인간의 생각과 행위를 포함했다. 신 혼자서는 이 세상에 무엇도 도입할 수 없다. 의지는 현실에서만 있고 신의 의지는 신의 영원성이나 완전성과 양립할 수 없으니 존재하지 않기 때문이다. 이것이 스피노자가 《에티카》 1부의 부록에서 자연에 대한 모든 목적론적 해석에 반박하는 이유다. 목적론자들은 예를 들어 우리에게 눈이 있는 이유는 보기 위해서고, 식물이나 동물이 있는 이유는 우리가 먹고 살아남기 위해서이며, 태양이 있는 이유는 우리에게 빛을 밝히기 위해서라고 한다. 따라서 목적론자들은 마치 자연과 신이 인간적인 심적 내재를 갖춘 듯 해석하며 모든 것이 인간을 위해서 만들어졌다고 한다. 모든 것이 인간을 위해 만들어졌다고 믿으므로 이를 신에게 감사하기 위해 종교적인 숭배가 만들어진 반면, 지진이나 질병은 신의 분노 때문이라고 해석하게 된 것이다.

이렇게 스피노자는 모든 종교적 미신의 본질에 직면한다. 종교적 미신은 과학자들이 하듯이 원인에 따른 결과를 설명하는 게 아니라 결과에 따라 원인을 설명한다. 예컨대 바람이 기와를 떨어뜨려 지나가는 사람을 죽였다고 설명하는 대신 신이 기와로 그 사람을 죽이기 위해 바람을 불게 했다고 주장한다. 사람이 죽은 이유가 바람이 불었기 때문임이 명백한데도 그들은 죽음이 의도되었기에 바람이 불었다고 말한다. 당시는 이러한 종교적 목적론을 신성한 진리로 여겼기에 누구든지 그 현상을 설명하려 하면 이단자라고 간주했다. 이것이 스피노자가 스스로 경험한 것이며 파문당한 이유다. 스피노자는 이 미신적 표현이 품고 있는 매우 정치적인 쟁점을 알고 있었다. 정치적인 쟁점은 경전에 적힌 내용이나 의도와 아무 관련이 없었다. "그들은 무지함을 없애면 사람들이 어리석게 놀라는 일도 사라진다는 걸 잘 알고 있다. 즉 미신적인 표현은 권력을 합당하게 만들고 권력을 유지하는 유일한 수단이다."

그러므로 우리는 필연적인 법칙에 기초해 자연을 설명하려 노력해야 한다. 인체도 그중 하나다. 따라서 인체의 지속 기간은 외부 원인에 따라 달라지며, 그 외부 원인 가운데 일부는 인체에 유익하고 일부는 인체에 유해하다. 다시 말해 인체는 외부 영향을 받아서 그 결과 역량이 향상하거나 감소한다. 어떤 경우든 우리의 인체와 생각은 이미 결정되어 있으므로 소극적으로 영향을 받는다. 따라서 우리가 행동하고 생각하는 모든 것은 정념passion의 문제다. 그러나 이러한 열정이 우리가 존재하고 행동하는 역량을 증가시킬 때 원인이 적절하다면 행동하게 된다. 이러한 열정이 우리의 존재와 행동의 역량을 증가시킬 때, 우리가 그것의 적절한 원인이라면 이를 '행동action'이라고 한다.

이 중 무엇도 선bien 또는 악mal의 문제가 아닌 것처럼 자유의지의 문제도 아니다. 대신 스피노자는 자신에게 유용하다고 확실하게 알고 있는 것, 역량을 증가시키는 것을 좋은 것bon이라고 하고 자신에게 해롭다고 확실하게 인지하는 것을 나쁜 것mauvais이라 했다. 자신에게 무엇이 좋은지 알게 된다 해도 정념에 따라 결정된다는 사실은 변함이 없지만, 역량을 증가시킬 정념이 내면에서 커질 가능성이 있다고 전제한다. 스피노자는 '즐거운 정념'에 대해 말한다. 그리고 우리는 '즐거운 정념'이 스피노자가 '슬픈 정념'으로 규정한 사악하고 해로운 정념을 철회하도록 자유롭게 결정할 수 없다. 자유롭게 결정하려면 의지가 필요한데 의지가 존재하지 않는다고 봤기 때문이다. 정념에는 그 자체로 힘이 있으며 그 힘은 결정론을 따른다. 정념은 다른 정념에 의해서만 줄어들 수 있으며 이 또한 결정론을 따른다.

우리 각자는 이를 경험했다. 좋은 걸 행하려면 좋은 걸 바라는 것으로는 부족하다. 이럴 때 우리는 '의지가 부족하다'라고 말할 것이다. 분명 의지가 부족하다. 의지라는 단어에 해당하는 것이 현실에는 없으므로 우리에게 의지가 전적으로 부족한 것이다. 좋은 일을 포기한다거나 나쁜 행동을 하는 이유도 바로 의지가 부족하기 때문이다. 몇 가지 예를 들어보자. 음주운전이나 과속 또는 앞이 보이지 않는 상황에서 추월하거나 정지신호를 무시하면 사망할 수도 있음을 누구나 안다. 그러나 억제할 수 없는 정념과 경험에 사로잡혀 많은 운전자가 이런 식으로 행동한다. 이런 때는 조언도 소용없다. 어떤 결정을 한다고 해서 이러한 슬픈 정념을 줄일 수는 없다. 물론 운전의 경우 경찰에 대한 두려움, 벌금, 면허 취소가 더 효과가 크다. 이러한 두려움과 관련된 정념은 종종 다른 정념보다 크다. 그러나 벌금을 낼 위험이 없다는 사실을 알게 되면 슬픈 정념에 사로잡힌 운전은 다시 늘어난다.

수십 년 전, 도로 변에 사고 차량의 잔해를 배치하는 실험이 진행됐다. 찌그러진 철판 조각 안에서 으스러진 시신을 상상하게 되면서, 얼마간 신중하게 운전하는 습관을 불러일으켰다. 마찬가지로 1981년 여름방학이 시작될 무렵 본Beaune의 고속도로에서 아이 수십 명이 탄 버스가 불에 타는 사고가 발생해 전 국민을 공포에 빠뜨렸고 그 결과 그해 여름 교통사고 사망자가 줄어들기도 했다! 이렇듯 자기 보호에 대해 염려하는 정념의 힘이 위험한 정념을 잠시 약화한다. 그래서 미디어는 예를 들어 사고로 자녀를 죽음에 이르게 할 수도 있음을 암시하는 장면들을 정기적으로 방송한다. 시청자에게 공포감을 주어, 운전자들을 잘못된 행동으로 이끄는 비극적인 정념을 줄이기 위해서다.

담배 중독도 마찬가지다. 담배가 암에 걸릴 위험을 높이고 수명을 단축한다는 사실을 누구나 알고 대다수 흡연자도 담배 중독에서 벗어나고 싶지만, 담배를 끊지 못한다. 더 강력한 즐거운 정념만이 이 슬픈 정념을 줄일 수 있다. 그래서 보통 광고가 그렇듯이 담배를 행복하고 긍정적인 표현과 연결하는 걸 금지하고 후두암 환자의 사진을 담뱃갑에 붙여, 자녀들이 고아가 되는 것이나 말년의 고통을 연상시키는 것이다.

자유의지가 있다는 생각이 여론을 지배했지만 사실 특정한 정념을 발전시켜야 다른 정념을 줄일 수 있다. 따라서 전 인류에게 무엇이 유익하고 무엇이 해악이 되는지를 최대한 명확히 알아야 한다. 그래야 슬픈 정념을 줄일 수 있는 정념을 내면에서 발전시킬 수 있다. 개인 생활뿐 아니라 시민 생활에도 적용되는 방법이다.

그러므로 인식, 성찰, 이성적 사유가 이 사회와 인류에게 가장 유용한 활동인 반면 반계몽주의와 미신은 가장 해롭다. 이것이 일반적으로 문화, 특히 철학이 존재하는 궁극적인 이유이며 모든 교육 시스템의 본질적인 목적이 되어야 한다.

교육 시스템의 철학

교육 수준이 높고 연구를 더 많이 하며 지식이 더 많이 발전할수록 미신과 어리석은 믿음으로부터 영향을 적게 받는다는 것은 타당한 논리다. 과학과 철학은 실제로 집단적인 믿음을 이용하는 세력에 반대하고, 진보를 가로막는 다양한 착각과 비합리성에 대항하며 발전했다. 그러나 최고 엘리트 계급을 포함해 교육 수준이 높은 사회에서조차 터무니없는 사상들이 여전히 지배적인 상황을 목격할 수 있다.

예컨대 합리적인 대중 교육을 받지 못한 이들 사이에서 종교적 광신이 번성한다는 사실은 쉽게 인정할 수 있다. 비록 이슬람 근본주의를 강화하는 책이 투르크 아드난 옥타르Turk Adnan Oktar나 프랑스인 모리스 부카유Maurice Bucaille 같은, 대체로 교양 있는 이들의 작품이긴 하지만 말이다. 그렇긴 해도 문화가 결핍된 곳에 미신이 더욱 뿌리를 잘 내리고 독재정권에 유리하게 작용한다는 데에는 이견의 여지가 없다. 그러나 여기에 머물 수는 없다. 스피노자의 교훈은 문화가 결핍되지 않았을 때에 대해서도 생각하게 만든다.

예를 들면 미국에서는 26%의 시민만이 진화론을 인정하고 고층 빌딩에 13층은 거의 없으며 유인 우주 비행에도 13이라는 숫자는 없다. 최근에는 연료 가격을 낮추자며 주유소에 모여 기도하는 무리도 있었다. 2018년 종교 지도자들은 심지어 최근 기후 재해를 지구온난화가 아니라 세계 종말이 임박했다는 신의 선언으로 보았다. 2012년 테네시주는 교사들이 진화론에 대한 종교적 반박, 즉 창조론을 수업 시간에 진화론과 동등한 입장에서 가르칠 수 있도록 허락하는 법안을 통과시켰다. 하지만 공식적인 허가 없이도 미국 생물학 교사의 60%가 이를 가르치고 있다.

미국이 우스꽝스러울 정도로 교육 수준이 높은 사회를 이뤄내 다른 세계와 동떨어져 벌어진 일들일까? 그렇지 않다. 러시아에서는 구소련에서 했듯이 우주비행사를 로켓으로 데려가는 버스에도 말굽을 넣는 풍습을 유지했고, 중국에서는 숫자 8이 행운을 뜻하는 중국어와 발음이 같다는 이유로 베이징올림픽을 2008년 8월 8일 오후 8시 8분에 개최했다! 프랑스도 이러한 미신에서 벗어나지 못했다. 최근 방데Vendée 지역 주교가 비를 내리게 하려고 예배 행렬을 기획했고, 1984년에는 프랑스 최고 공과대학 출신 엔지니어가 점성술의 별자리에 따라 프랑스 전력 공사의 정책을 계획하기도 했다…. 마찬가지로 데카르트의 나라인 프랑스에서 이공계 졸업생의 55%가 점성술과 수비학(성, 이름, 생년월일 등과 같은 개인 특성을 수치로 분석해 사람들의 성격과 미래에 대해 예측한다—옮긴이)을 믿는다는 사실이 밝혀졌다. 다른 유럽 국가에서는 27%에서 48%의 교사가, 마그레브 국가에서는 70%에서 85%의 교사가 스스로 창조론자라고 표명한 데 반해 프랑스 교사는 2%만이 창조론자라고 표명했지만, 그런 프랑스도 여전히 미신적인 부조리에서 벗어나지 못하고 있다(다수의 설문조사에서 이 문제가 확인되었다. 2012년 미국의 갤럽 여론조사, 2011년 잡지 〈사이언스〉 보고서, 2004년부터 2008년까지 19개국에 대한 바이오헤드 시티즌Biohead-Citizen 유럽 연구 또는 캐롤 디아멍Carole Diamant의 《학교, 지뢰밭École, terrain miné》(리아나 레비Liana Levi, 2005)이 있다).

이 모든 예시는 무지가 미신적인 믿음을 선호하고, 지식을 어떤 방식으로 가르치든 미신적 믿음을 실제로 막지 못한다는 사실을 분명히 나타낸다. 그리고 미신을 믿는 자들이 스피노자 시대에는 절대 군주제 권력에 복종하는 정신을 키웠다면, 오늘날에도 계속해서 시민의 수동성을 키울 뿐 아니라 종교 또는 인종이라는 이름으로 퍼진 가장 위험한 교리, 때로는 가장 살인적인 교리로 가는 길로 안내하고 있다.

일찍이 18세기에 철학자 임마누엘 칸트는 교육이 인류 건설의 중심에 있고 다양한 교육 방법이 존재한다는 사실을 분명히 했다. 만약 '배운다'는 것이 가르친 내용을 그저 받아들이는 것을 의미한다면, 가장 합리적인 지식조차 다른 광적인 믿음과 마찬가지로 비판적 거리를 두지 않고 수용될 것이다. 따라서 개인적인 판단 능력을 키우지도 못할 것이다. 이 경우 지식은 가장 광적인 믿음과 경쟁하게 되며, 이성을 통해 이를 구별할 수 있는 방법은 제공되지 않는다.

지식이 배움에 대한 정답인 양 학생에게 주어진다면, 인류 역사에 어떤 질문이 있었는지 그리고 그 질문에 대해 서로 어떻게 다른 방식으로 대답했는지 알지 못한 채 학생은 어떤 의문도 품지 않고 스스로 탐구할 필요도 느끼지 못하게 된다. 오로지 앞으로 닥쳐올 시험과 최고 점수를 획득할 방법에 대해서만 마음을 쓰게 된다. 과학교육에 과학과 문화의 역사를 도입하지 않는다면 학교교육과 미신적 믿음 사이의 이러한 모순을 부추기게 되고 사회의 위험을 고발하는 일이 무의미해질 것이다.

이 문명화 투쟁은 모든 분야와 관련되지만 특히 철학은 목표 자체가 문명화 투쟁이다. 모든 시민의 사생활과 시민권을 위해 지금처럼 철학이 필요했던 적이 없었다. 고대부터 르네상스와 계몽주의 시대를 거쳐 오늘날에 이르기까지 사상과 자유의 모든 진보가 철학적 격변을 동반했다. 이는 우연이 아니다. 인류 역사에 주기적으로 밀려 들어오는 비합리적이고 미신적인 기류에 대해 프랑스가 다른 나라들보다 조금 더 잘 대응하고 저항하는 듯 보인다면, 분명 계몽주의 철학과 프랑스혁명에서 물려받은 대중 철학교육 덕분이다. 철학교육을 구상하는 방식은 나라마다 서로 매우 다르다는 점을 덧붙인다. 예컨대 이탈리아에서는 철학사 전체를 다 알아야 한다고 여겨 일반 역사 또는 사상의 역사와 함께 가르치지만, 캐나다 퀘벡에서는 교사가 선택한 저자나 특정 주제를 가르친다. 그리고 영국과 독일 일부 지역의 중고등학교, 심지어 심리학을 선호하는 미국과 같은 여러 나라에서는 철학을 전혀 가르치지 않는다.

20세기 가장 위대한 철학자들 사이에서 프랑스 철학자가 세상에 소개한 방법론은 현재까지도 두각을 나타낸다. 바로 철학자들이 생각해낸 걸 배우는 것으로 그치지 않고, 철학자들의 방법론에서 출발해 학생 스스로 생각하는 방법을 배우기 때문이다. 교사와 학생이 자유, 예술, 의무, 이성, 언어, 행복, 시간 등과 같은 일련의 개념 가운데 문제점을 함께 파악하고, 철학자가 그 주제에 대해 무엇을 반대했는지 살펴본 뒤 개인의 삶이나 사회생활에 어떤 영향을 미치는지 함께 생각해본다.

모르던 질문에 대한 답을 배우는 게 아니다. 질문을 스스로 만들어보고 답을 탐색하기 위한 개인적인 방법론을 구축해, 궁극적으로 자기 생각을 제어하려 애쓰는 문제다. 생각하라, 정말로 생각하라. 인간에게 언제나 불행을 초래하는 광신, 미신, 비합리성에 대항하려면 생각을 하는 것보다 더 효과적이고 만족스러운 방법은 없다. 철학을 가르치는 방식이 도전받을 때마다 이 방식을 단호하게 방어해야 하는 이유다. 그 이면에는 사회적 쟁점이 있다.

이성을 발휘해 더 자유로워져라. 이는 우리를 다시 스피노자에게로 이끈다. 확실한 건 지식이 나에게 좋은 걸 선택하는 방법을 알려주지는 않는다는 것이다. 그러나 지식은 자연적으로 즐거운 정념을 키우고 슬픈 정념을 줄여 내 역량을 증가시킨다. 나는 이렇게 결정되고, 자유로워진다. 여기서 자유로워진다는 것은 나에게 해로운 것에서 자유로워진다는 의미다. 따라서 결정론에 따라 결정된 지식 안에서만 자유롭다. 인간에게는 이성에서 유래한 것보다 더 좋은 게 없다. 그리고 이성적으로 행동하는 타인보다 인간에게 더 유용한 존재가 없음은 분명하다. 스피노자는 이러한 합리적인 삶의 이상에 기초해 민주주의, 사유의 자유, 출판의 자유 그리고 표현의 자유로 구성된 실제 정치 이론을 창시했다. 모든 종파의 기독교도, 유럽을 지배한 군주, 랍비들이 스피노자의 철학을 이단이고 불경하고 저주해야 할 금지된 생각으로 여기는 이유가 여기에 있다.

스피노자의 삶과 방법론은 과학과 어리석은 신념을 명확히 구분하고, 신에 대한 믿음과 성직자들이 퍼뜨리는 미신을 식별했으며, '자유의지'의 환상과 합리적인 인식을 구별해 우리에게 해를 끼치는 것으로부터 해방시켰다는 데 큰 의의가 있다. 스피노자의 방법론에는 역사적 맥락의 한계를 뛰어넘는 세계적이고 보편적인 철학이 있고, 어떤 의미에서는 철학의 본질을 담고 있다. 19세기 초 독일 철학자 헤겔이 스피노자 철학의 위대함을 밝혔을 때 헤겔은 '모든 철학자는 스피노자주의자이거나 철학자가 아니거나 둘 중 하나다'라고 쓰며, 단순한 문구를 넘어 시대를 초월한 측면에 주목했다. 소크라테스와 몇몇 정상에 선 사상가들처럼 말이다.

사실 철학의 역사 대부분은 모든 형태의 미신에 대항하는 힘든 투쟁이다. 고대에도 르네상스 이후로도 마찬가지였는데, 이는 특히 갈릴레이 과학의 결과였다. 그러나 일반적으로 중세 시대라는 기간에 정교분리와 분리할 수 없는 투쟁 정신을 유지한 사상가도 있었다. 그중 아리스토텔레스에 관한 12세기 철학 질문을 재구성한 토마스 아퀴나스와 피에르 아벨라르Pierre Abélard 외에 앞서 언급한 동세기의 두 철학자 아베로에스와 마이모니데스가 있다. 스피노자가 확실히 하지는 않았으나 이들의 방법론이 스피노자에게까지 영향을 끼쳤을 수도 있다. 다만 스피노자는 자신과 마이모니데스 사이의 차이를 명확히 하려 했다.

고전적 관념과 현대적 관념

스피노자의 철학이 시대를 예측했다는 주장은 물론 터무니없다. 과학에서든 철학에서든 어떤 사상도 후대 사상을 '예측'한 적은 없었다. 문화적, 사회적 맥락 속에서 가능했기에 각 방법론이 나왔고 각 사상가는 공동의 토대 위에서 각자의 방식으로 방법론을 재구성했다. 그러한 재구성이 새로운 지평을 열어 세계를 바라보는 방식을 재정비하고, 그 결과 다른 이론적 사건을 불러일으킬 때, 철학자나 과학자는 자신으로부터 비롯된 결과로 인해 마치 그것을 예측한 것처럼 보이게 된다.

이는 실제로 소크라테스나 데카르트, 아리스토텔레스나 루소 그리고 몇몇 기념비적인 사상가들의 경우다. 철학자들의 저서는 전적으로 각자의 시대에 뿌리를 두지만 방법론, 총체적 답변과 일부 사상은 시대적 한계를 초월한다. 이 철학자들을 사고의 대가로 보지 않더라도 오늘날 우리는 그들로부터 가르침을 얻을 수 있다. 철학자들의 지성적인 몸가짐, 방향을 이끌어주는 사상들, 여전히 지배적인 환상을 해체하는 방식은 과거 철학자들로부터 기여가 있을 때 더 잘 구상할 수 있다. 그래서 질 들뢰즈는 세상에 대해 더 나은 사고를 할 수 있는 수단을 제공한다는 의미를 담아 철학의 역사를 '도구 상자'라고 했다. 그리고 확실히 스피노자의 작업은 도구 상자 속에서 찾을 수 있는 가장 귀중한 도구 가운데 하나다.

헤겔이 스피노자를 재발견한 이후 20세기 지식인에 해당하는 이론가들은 모두 스피노자와 관련해 자신의 위치를 정하게 된다. 1842년에 마르크스는 스피노자의 《에티카》와 《신학-정치론》 전체 구절을 공책에 옮겨 썼다. 그러나 헤겔 철학을 계승하는 동시에 비판하던 마르크스는 글에서 스피노자를 단 한 번만 인용한다. 마르크스가 헤겔의 이론에서 거부하는 것을 공유하게 될까 봐 의심했기 때문임이 분명하며, 아마도 변증법적 모순의 원리 자체를 부정해서였던 듯하다. 그러나 20세기에 마르크스이론을 주장하는 대부분의 철학자는 스피노자와 마르크스를 긴밀하게 연관시킨다.

한편 니체는 저서 《즐거운 학문》과 《선악의 저편》의 여러 구절에서 스피노자와 거리를 두긴 했으나, 스피노자 철학을 발견하고 감탄하기도 했다. 니체의 친구 오버베크Overbeck는 1865년 쿠노 피셔Kuno Fischer가 하이델베르크에서 출판한 《바뤼흐 스피노자》의 사본을 구해주었고, 니체는 문서를 탐독한 뒤 1881년 7월 30일, 오버베크에게 다음과 같이 썼다.

너무 놀랍고 정말 기쁘네! 나에게 선임자가 있다니! 게다가 이런 선임자라니! 나는 스피노자를 거의 몰랐다네. 그때 스피노자에게 끌렸던 건 '본능적인 행위'였어. 더구나 인식을 가장 강력한 정서로 삼는 일반적인 성향이 나와 같다네. 그 사실 외에도 스피노자 교리의 다섯 가지 기본 요소에서 나를 발견했네. 가장 비범하고 고독한 이 사상가가 나와 유사한 점은 자유의지, 종말, 세계의 도덕적 질서, 무관심, 악을 부정한다는 것이지. 다른 점도 무척 많긴 하지만 그야 시대, 문화, 인식의 차이 때문이라네. 요약하자면, 아주 높은 산에서처럼 종종 숨이 막히고 피가 솟구치던 내 외로움을 이제는 적어도 둘이 나눌 수 있게 된 셈이네.

물론 니체는 스피노자가 주장하는 보편적 결정론이나 진리의 관념을 공유하지 않았고 존재의 인내심에 대한 관념에도 전적으로 동의하지는 않았다. 그러나 니체는 2세기 전의 스피노자가 본인과 마찬가지로 데카르트의 '자유의지'에 반박한다는 것을 알아보았다. 니체의 선악 개념이 스피노자와 같았고, 니체도 스피노자와 마찬가지로 모든 결정의 근원에서 무의식적으로 존재하고 활동하는 힘이 있다고 생각했기 때문이다.

이것이 니체의 친구인 루 살로메가 지크문트 프로이트에게 소개한 인간을 이해하는 방식이며 의식 체계를 상대화하는 방식이다. 루 살로메는 프로이트의 초창기 제자이자 가장 뛰어난 제자 중 하나였다. 프로이트는 니체를 한 번도 읽은 적이 없었기에 루 살로메의 방법론은 프로이트에게 새로운 발견이었다. 프로이트는 스피노자 또한 읽은 적이 없었으며 뒤늦게 발견했기 때문에 스피노자의 이름을 인용하는 것을 조심스러워했다. 프로이트가 1931년에 로타르 비켈Lothar Bickel에게 쓴 편지를 보면 알 수 있다. '나는 스피노자의 연구에서 출발했다기보다는, 스피노자가 만들어놓은 환경에서 출발해 내 가정을 세웠다.' 그러나 동시에 '나는 스피노자의 학설에 대한 의존도를 전적으로 인정한다'라고 명확히 밝힌다. 이러한 발언은 17세기의 이단자였던 스피노자의 놀라운 근대성을 보여준다. 그는 프로이트와 마찬가지로 유대인이었으며, 미신적인 공동체로의 후퇴를 거부하고 보편적인 사상을 만들어냈다.

알베르트 아인슈타인도 마찬가지였다. 그는 1905년에 특수상대성 이론을 그리고 1915년에는 전체 물리학에 혁명을 일으킨 일반상대성 이론을 공식화했다. 1920년에 아인슈타인은 레인스부르크에 있는 스피노자의 생가를 찾아가 방문록에 서명했다. 아인슈타인은 시를 쓰기도 했는데, 시에서 자신이 시인이라기보단 음악가임을 증명하고 스피노자와의 철학적 공통점에 대해 다음과 같이 길게 표현했다.

스피노자의 에티카를 위하여
이 고귀한 사람을 사랑한다.
말로 표현할 수 있는 것 이상으로 사랑한다.
그가 혼자 남을까 두렵지만
그의 후광이 빛난다.
[...]
'신에 대한 사랑'은 그를 차갑게 만든다.

삶이 그의 마음을 강하게 사로잡는다.

[…]

그의 예시는 인간이 무엇을 가르쳐야 하는지 보여준다.

[…]

위안을 주는 신기루를 믿지 말자.

당신은 그럴 수 있도록 태어났다.

아인슈타인과 스피노자 사이에는 분명히 몇 가지 공통점이 있다. 즉 보편적 결정론, 모든 종교적 미신에 대한 거부, 존재의 전체성 외에 다른 어떤 신도 거부한다는 점이다. 역사는 이례적으로 반복되었다. 아인슈타인도 스피노자와 마찬가지로 가톨릭과 유대교의 가장 미신적인 종교집단에게서 같은 징벌을 받았다. 1929년 4월 보스턴 추기경 오코넬은 상대성이론이 신을 향한 믿음에 대항하는 공격 장치이며 '무신론의 위협이 끔찍하게 발현'되었다며 신자들에게 상대성이론을 읽지 말라고 촉구했다.

가톨릭교회는 다행히 더는 구속력이 없었다. 같은 해에 뉴욕의 한 랍비가 아인슈타인에게 신을 믿느냐고 물었다. 아인슈타인은 '나는 인간의 운명과 행동에 관심을 두는 신을 믿는 것이 아니라, 존재하는 것의 조화로운 질서를 통해 자신을 드러내는 스피노자의 신을 믿는다'라고 스피노자를 거론하며 답했다. 얼마 후 아인슈타인은 브루클린 랍비 아이작 겔러Isaac Geller에게 '나도 스피노자와 정확히 같은 의견이다'라고 확언한다. 1947년 머레이 그로스Murray W. Gross에게 보낸 편지에서도 '인간의 모습을 한 신이라는 관념을 나는 진지하게 받아들일 수 없다. 인간의 영역 밖에서는 의지나 목적을 생각할 수 없다. 내 견해는 스피노자와 가깝다. 질서와 조화의 논리는 소박하고 불완전하게만 이해할 수 있는데, 나는 질서와 조화의 논리적 단순성을 믿고 그 아름다움에 감탄한다'라고 반복했다.

아인슈타인은 1954년에 철학자 에리히 구트킨트Erich Gutkind에게 다음과 같이 쓴다.

나에게 유대교는 다른 모든 종교와 마찬가지로 가장 유치한 미신의 구현이다. 나도 유대민족의 일원이고, 그 사실이 자랑스러우며, 유대민족의 사고방식을 정말 좋아하지만, 내 경험에 비추어볼 때 유대민족은 다른 인간 집단보다 나을 게 없다. 권력이 없어서 최악의 병폐인 전쟁으로부터 보호되기는 하지만 말이다. 그 외에는 유대민족을 선택받은 사람들로 정의할 이유가 없어 보인다. 당신이 유대민족의 특권적 위치를 주장하고 자부심으로 가득 찬 두 개의 벽, 즉 남자로서 외벽, 유대인으로서 내벽을 세워 유대민족을 방어하려고 생각한다면 내가 보기엔 서글프다. 인간으로서 당신은 일반적인 인과관계에서 어느 정도 벗어나 있다고 주장하고, 유대인으로서 당신은 일신교의 특권을 주장한다. 그러나 경이로운 스피노자가 통찰력으로 보여주었듯이 제한된 인과성은 더는 인과관계가 아니다. 그리고 종교의 본질에 대한 애니미즘적 해석은 원칙적으로 이러한 유일신론적 특권에 의해 무효화될 수 없다. 그러한 장벽이 있는 사람은 자기 맹목만 달성할 수 있을 뿐이고 우리가 하는 도덕적 노력은 어떤 이득도 얻지 못한다. 어떤 쓸모도 없다.

프로이트와 아인슈타인 모두 스피노자에 대한 언급에서 미신론적 공동체에 대한 도전적인 성향이 드러난다. 암스테르담에 머물던 이 파문된 사상가는 시대를 병들게 만드는 광신주의와 미신에 대항하는 본질적인 싸움에서 여전히 매우 효율적으로 활동하고 있었다. 이 투쟁은 다른 사유 방식에 대항하는 게 아니었고 다른 사유 방식을 주장하는 이들에게 대항하는 것은 더더욱 아니었다. 이 투쟁은 무엇보다도 현명하고 합리적인 방식으로 삶을 영위하기 위한 자신과의 내적 투쟁이었다. 보편성을 확장하고자 한 고대 철학의 야망이 재개된 것이다.

2부
스스로 자유 창조하기

Vivre et penser dans l'incertitude
: Ces philosophes indispensables notre temps

나는 일상생활에서 무엇을 해야 하고 하지 말아야 할지 고민을 많이 하고 행동한다. 대부분은 주저하고 어떤 방향으로 행동하는 동시에 그 반대 방향으로 행동하려 하며, 무엇을 행한 뒤 바로 후회하고 불가능하다고 생각하는 행동을 실행하기도 한다. 즉 내가 하는 일을 분명 스스로 결정한다고 느끼지만 동시에 나 없이 결정된다는 느낌도 있고 내 뜻에 반해 결정된다는 기분이 들기도 한다. 원하는 걸 하지만 그렇다고 해서 무엇을 원하는지를 반드시 내가 결정하는 건 아니다. 상황상 선택의 여지가 없을 때도 있고 내가 받은 교육과 내 습관은 바꿀 수 없는 일종의 본성을 만들어냈다. 나는 있는 그대로 나이고 그에 대해 더는 무엇도 할 수 없다. 내면에는 내가 알지 못하는 어떤 힘이 있어, 무엇을 하고 싶게 만들거나 하기 싫게 만든다.

삶은 역설과 모순의 연속이다. 내가 한 일에 대해 축하받을 땐 내 행동에 대한 공로를 인정받아 기쁘다. 그 행동을 방해할 만한 요소를 제압했음을 기꺼이 내 능력으로 돌리며 '스스로 만족'하고 '나 자신이 자랑스럽다'. 그러나 내 행동이 스스로 부끄럽고 사람들도 나를 책망할 정도로 아쉬울 때는 '그건 내가 의도한 게 아니야!', '갑자기 그렇게 됐어', '어쩔 수 없었어', '내 탓이 아니야!', '운이 없었어', '내가 원했던 게 아니야!' 등 수많은 문구가 내 입에 오르내린다. 내면에서는 그 행동이 자발적인 결정이었는지 강요였는지를 두고 대립하는데, 나 스스로 그것을 내 탓으로 돌리는 것과 다른 요소에 따라 내 원칙이 거절된 것 가운데 무엇이 더 유리한지 여부에 달려 있다. 이것이 우리에게 익숙한 그릇된 믿음이다.

내가 '나'라고 말할 때 '나'는 무엇을 의미하는가? 우선 한 가지는분명해 보인다. 나는 나다. 내 기준으로 생각하고 의식하며 성찰할 수 있기에 지속적인 경험을 거쳐 내가 '나'임을 알고 확인한다. 마찬가지로 무엇인가를 하고 싶을 때 그 주체는 바로 나다. 나 말고 다른 무엇이 존재하겠는가? 물론 나에게는 버리기 힘든 성향, 관심, 욕망, 열정이 있고 최대한 이를 충족하고 싶다. 담배를 끊어야 한다는 것도 금연이 어렵다는 것도 알지만 결국 나는 계속 담배를 피우기로 선택했다. 핸드폰이나 노트북, 게임이나 텔레비전과 거리를 둘 수도 있지만 나를 즐겁게 하는데 왜 그만둬야 하나? 이렇게 나는 해롭다고 알려진 쾌락을 마치 언제든 포기할 수 있다고 여기며 '자유'와 '나를 즐겁게 만드는 것을 하는 행위'를 같은 선상에 놓게 된다.

실제로 내가 담배를 끊는다면 암에 대한 두려움 때문일 텐데 이는 자유로운 행위가 아니다. 이때 금연에 관한 결정은 나를 조정하는 니코틴이나 내 의지가 아니라 두려움에 따라 결정되는 듯하다. 내 자유는 어디에 있나? 슈퍼마켓에서 나는 여러 제품 사이에서 망설인다. 내 선택은 전적으로 의식 있고 합리적인 행동인가? 그럴 수 있다. 예컨대 환경학이나 식이요법 기준 또는 지역 생산품인지에 따라 선택할 수 있다. 그러나 우리가 항상 의식 있고 합리적이라면, 잘 만들어진 광고 캠페인이나 예쁜 포장 또는 진열장의 위치에 따라 제품 판매가 증가하고 외모가 뛰어난 여성이나 남성을 자동차에 태운 이미지가 판매를 촉진하는 현상을 이해할 수 없게 된다. 이 가운데 구매품의 품질 향상과 직접적으로 연결되는 노력은 딱히 없어 보인다. 그렇다면 내 일상 속 선택에서 의식적인 것은 무엇이고 자유로운 것은 무엇인가?

각자 관찰해보자. 어린 시절이 끝나고 성인으로서 갖게 된 내 자유와 의식과 의지는 어디에 있나? 주위 사람이나 경찰 또는 재판관에게 비난받을 때마다 내 선택에 대한 주체적 권리를 거부하고 있지는 않은가? 인간이 물리적 대상이나 동물과 같이 결정론을 따른다는 주장을 믿지 않으면 개인의 자유에 관한 질문에 명확한 답이 없다는 걸 인정하자. 우리에게는 분명 어느 정도 자유가 있다. 그렇지 않다면 삶은 의미가 없을 것이다. 그러나 일상적인 행동에서 자유를 찾아 자신의 자유임을 증명하고 그 자유를 온전히 경험하기란 매우 피로한 일인 것 또한 분명한 사실이다. 그렇다면 나는 스스로 책임도 없고 자신을 통제할 수 없으며 끊임없이 '그건 내 의도가 아니야'라고 말할 정도로 상황의 장난감에 불과한가?

솟구치는 욕망이 사회적, 도덕적 규칙과 충돌할 때 내 자유 선택 역량이 가장 강력하다고 느끼는데, 이때의 자유는 욕망이 만족하는 순간에 느껴지는 자유와 마찬가지로 강력한 자유다. 윤리적 역량은 종종 원하는 것을 포기하도록 만들며 내 안에 갈등을 낳는다. 오로지 자유만이 갈등을 극복할 수 있다. 그러므로 어떤 식으로든 내가 타인과 구별되는 자유를 소유하고 있음을 인정해야 한다. 자유는 내 안에 존재하는 능력이 아니다. 예술가의 붓질 한 번, 음표 하나, 시의 각 단어에 자유가 존재하듯이, 자유는 내가 하는 모든 행위로 나라는 존재에 의해 만들어진다.

5장
에픽테토스, 자초한 노예
진정한 노예란 무엇인가?

어떤 실화

저 멍청한 에파프로디투스Epaphroditus가 사악한 눈빛을 한 채 나를 어디로 데려가는지 보아라. 나를 노예시장에서 사서 로마에 있는 자기 집으로 데려간 뒤로 계속 때리고 고문하고 있다. 에파프로디투스는 오랫동안 네로를 섬기는 노예였는데, 노예가 다른 노예의 주인이 되면 정말 최악이 된다. 에파프로디투스도 나처럼 노예시장에서 팔려 왔는데 주인인 네로Nero 목에 칼을 찔러 자살을 도운 뒤 가장 먼저 한 일이 있다. 다른 노예를 사서 학대하는 것이다. 이제 자신이 주인이 되었음을 스스로 증명하기 위해서다! 오늘은 무슨 일을 꾸미려는지 모르겠다. 그는 고문할 때마다 다음과 같이 불평했다. "에픽테토스, 비명 지르고 눈물 흘리고 울부짖지 좀 그래? 내가 이렇게까지 하는데 넌 어떻게 그리 냉정할 수 있지? 건방진 것! 이번에는 울부짖고 애원하도록 하고야 말겠어!"

글쎄다…. 나는 점점 나 자신을 더 잘 통제했고 에파프로디투스에게 고통스러워하는 광경을 선물하지 않았다. 어쨌든 비명 지른다고 해서 내 고통이 사라지도 않는다…. 아, 이번에는 새로운 걸 시도하는구나. 내 다리를 기계에 끼우고 비틀면서 내 눈을 똑바로 마주 보고 이빨을 갈며 미소 짓는다. 점점 더 아파온다. 나의 침착함을 깨부수려고 내 얼굴을 심하게 노려본다. 나는 "다리가 부러지겠습니다!"라고 내질렀다. 에파프로디투스가 더 세게 비틀자 내 다리가 우두둑 소리를 내며 부러진다. "말하지 않았습니까! 결국 다리가 부러졌네요!" 에파프로디투스는 모든 것을 내던져놓고 화난 얼굴로 방을 나갔다. 그의 화난 얼굴을 보니 고통을 참는 데 도움이 된다. 노예들이 달려와 부러진 다리를 풀어주고 어떻게 비명 지르지 않을 수 있었는지 물어본다. "비명을 질렀어도 내 다리를 풀어주지는 않았을 겁니다!" 그들은 내 대답에 놀라워했지만, 분명 확실한 사실이다!

위대한 고대 철학자 에픽테토스의 전설이 된 에피소드를 전해 내려오는 이야기와 증언을 참고해 상상해봤다. 에픽테토스는 스토아학파의 세네카Seneca 그리고 마르쿠스 아우렐리우스Marcus Aurelius와 뗄 수 없는 관계다. 이 사건 때문에 에픽테토스는 생을 마칠 때까지 '절름발이'라는 별명을 얻는다.

네 명의 황제 밑에서 노예로 일했던 에파프로디투스는 네 번째 황제인 도미티아누스Domitianus에게 처형되었다. 도미티아누스가 로마에서 철학자 추방령을 내리고, 에픽테토스 철학의 대가인 무소니우스 루푸스Musonius Rufus와 에픽테토스를 강제로 추방하기 훨씬 전 일어난 일이다. 에파프로디투스가 유일하게 행했던 선행은 루푸스를 풀어주기 전까지 스토아학파 훈련을 계속할 수 있도록 허락한 것뿐이다. 모든 존재는 언제나 인류에 어떻게든 흔적을 남긴다고 해야 할까.

　네로가 통치한 시대는 끔찍한 시대였다. 네로는 이복동생 브리타니쿠스Britannicus와 어머니 아그리피나Agrippine를 비롯해 가족 몇 명을 암살했고 기독교 유대인들 수천 명을 사자의 먹잇감으로 던져버리거나 산 채로 화형에 처하거나 십자가에 못 박았다. 스승 세네카와 페트로니우스Petronius를 죽음으로 이끌었고 아내 포파이아Poppæa의 배를 가격해 살해했으며 클라우디아 안토니아Claudia Antonia가 자신과의 결혼을 거부하자 자기 목에 칼을 찔러 자살했다. 그리고 도미티아누스는 암살당한다. 고통이 산재한 상황에서 스토아철학이 순전히 이론적인 확신을 넘어서서 부상할 만한 이유가 있었다. 스토아철학은 기원전 4세기 말과 기원전 3세기에 키티온의 제논Zeno of Citium, 클레안테스Cleanthes 그리고 크리시포스Chrysippus가 창시했으며 다음 세기에는 파네티우스Panaetius로, 기원전 1세기에는 키케로Cicero로 이어졌다. 그러나 세네카, 에픽테토스, 마르쿠스 아우렐리우스와 함께 절정에 이르렀던 스토아철학은 몽테뉴, 데카르트 그리고 파스칼 덕분에 고대의 한계를 넘어 다시 부흥했다. 파스칼은 포르루아얄Port-Royal로 은둔하러 갈 때 《에픽테토스의 인생을 바라보는 지혜》를 가져갔다. 《팡세》에서 파스칼이 다음과 같이 썼을 때 에픽테토스를 염두에 둔 것 같다는 의구심마저 든다. "우리는 왜 절름발이가 아니라 절뚝거리는 영혼에 짜증이 나는 것일까? 절름발이는 우리가 똑바로 가고 있다고 인식하는데 절뚝거리는 영혼은 바로 우리야말로 절뚝거린다고 말하기 때문이다."

　스토아철학은 체념의 철학이자 세상의 변화를 포기한 철학이며 숙명론적인 철학이라 비쳐질 수도 있다. 스토아철학에 이런 특성이 있긴 하지만, 우리 시대 대다수가 변화를 바라는 게 헛된 일이라는 감정을 공유하고 있음을 인정하자. 그러고 나면 스토아철학을 숙명론으로 한정 지우는 건 잘못임을 알게 된다. 현실을 받아들이는 것, 또는 적어도 현실에서 인간의 행동 범위를 넘어 존재하는 필연을 받아들이는 것. 이후 프로이트의 '현실 원칙'이라고 불릴 바로 그 개념이다. 프로이트의 '현실 원칙'은 어린 시절 의식 발달에 원동력이 된다. 그러나 인간 권력 관계의 결과물로서 변화될 수 있는 모든 것을 치명적이고 필연적이라고 간주해서는 안 된다. 다시 말해 자신이 무엇에 의존하고 무엇에 의존하지 않는지 알지 못하면 자유롭게 살 수 없다. 부조리하다는 이유로 실망하거나 좌절하거나 불행해질 수 있지만, 반드시 스스로 이 부조리와 싸워야 하며 무엇보다 불행을 유발하는 감정을 키우지 않도록 해야 한다. 불행한 감정은 오로지 본인 책임이다.

그런데 우리는 종속 관계를 만드는 외부 요인에 의존하기도 한다. 종속 관계는 소유 욕망이 충족될 때 쾌락을 주지만, 종속 관계가 일상생활의 일부가 되어버리는 바람에 더는 특별한 즐거움을 제공하지 않게 되면 우리는 불행에 노출된다. 아리스토텔레스가 제대로 이해했던 바와 같이, 우리가 최소한의 부나 최소한의 권력 없이 행복해질 수 없다면 또는 타인이 나를 존경하지 않는 한 행복해질 수 없다면, 이러한 외부 요인들은 우리 존재의 기초가 되고 우리는 모든 자율성을 상실한다. 따라서 삶과 기회에 대한 모든 통제권을 잃게 된다. 이것이 바로 앞으로 논의하게 될 세 명의 스토아학파 철학자가 생각하고 구현한 내용이다.

세네카, 대리 황제

세네카부터 살펴보자. 세네카는 이탈리아 북부 가문 출신이다. 기원전 4년에 안달루시아 지방에서 태어났고 로마제국 칼리굴라 궁정의 고문이었다. 당시 네로는 너무 어려 스스로 제국을 통치할 수 없었기 때문에 네로의 스승이던 세네카는 아그리피나와 다른 몇몇과 함께 과도기 동안 제국의 통치를 맡는다. 특별 계약직 대리 황제였던 셈이다. 당시 관습에 따라 젊은 네로를 암살했다면 아마 세네카는 더 오래 권력을 쥐고 통치할 수도 있었다. 그러나 권력보다 철학이 세네카의 삶을 인도했다. 피타고라스의 제자로 출발한 세네카는 이후 스토아학파에 새로운 가치를 부여하게 된다.

《루실리우스에게 쓴 편지》의 1편과 23편 그리고 《현자의 불변성에 관하여De la constance du sage》에서 세네카는 소크라테스 주의, 에피쿠로스학파, 냉소주의와 유사한 면이 있는 자신의 교리를 설명한다. 세네카는 '현자는 스스로 만족한다'라고 했다. 다시 말해 행복을 외부 수단에 의존하지 않는다는 것이다. 현자도 많은 것을 소유할 수 있으나 소유에 '동요하지 않고', 소유한 것을 잃을까 두려워하지 않으며, 소유한 것에 의존하지 않으며, 모든 것을 잃은 채로도 스스로 존속할 준비가 되어 있다. 현자는 타인의 분노와 모욕을 느낄 수 있지만 그것을 경멸로 대하고 '영혼의 위대함'으로 이 오만함을 받아들여야 한다. 우리가 겪는 악은 대부분 우리 자신에게서 비롯된다. 악은 사물 자체에서가 아니라 우리가 사물에 내리는 판단에서 오기 때문이다.

그래서 만약 쾌락을 추구하는 경향이 있다면 욕망을 절제해야 한다. '쾌락은 벼랑 끝에 매달려 있으며' 쾌락을 '제한하지 않으면 고통의 길'로 접어들 수 있기 때문이다. 시간과 어느 정도 관계가 있는 개념이다. 특히 '매일 사라지는' 시간과 관계가 있지만 우리는 '오늘의 가치'나 현재를 소홀히 하고 미래를 그리며 내일을 내다보기에 너무 바쁘다. 세네카는 다음과 같이 조언한다. "매시간에 입을 맞춰라. […] 오늘을 손에 넣으면 내일에 덜 의존하게 된다." 시인 호라티우스Horatius의 '카르페 디엠carpe diem', 즉 '현재 이 순간에 충실하라'가 떠오른다. 여기에는 스토아학파와 마찬가지로 에피쿠로스주의가 스며 있다. 그러므로 '살아 있는 지금, 이 순간을 사는 것'이 중요하다. 후회하며 헤매지 말지어다. 더는 존재하지 않거나 아직 존재하지 않는 시간 속에 자신을 던져 희망 가운데 헤매지 말고, 존재하는 유일한 시간인 이 현재를 살아야 한다.

없는 것에 대해 불평하는 대신 있는 것을 즐기며 헛된 욕망을 피하면 현자는 행복에 도달할 수 있다. 있는 것 그 자체가 중요하기에 '모든 것을 받아들이기'가 필수다. 스토아학파를 숙명론으로 인식하는 이유는 보편적 필연성에서 발생하는 모든 것을 받아들이기 때문이다. 또한 권력과 부가 모든 인간 존재를 지배하는 시대에, 우리에게 꼭 필요한 것이 아닌 외부 재화와의 모든 종속 관계를 끊음으로써 자존하고자 하는 강렬한 열망을 표명했다. 그러므로 길을 잃지 말라. 길을 잃으면 모든 것을 잃는다. 쾌락과 행복을 혼동하지 말라. 소크라테스, 아리스토텔레스, 디오게네스, 에피쿠로스의 위대한 교훈이다. 쾌락은 우리 것이 아닌 것에 의존하도록 이끄는 반면 지혜, 자유, 행복은 오로지 우리에게 달려 있다. 세네카에게는 이것이 결코 추상적인 관념이 아니었다.

황제 네로를 오랫동안 지지했던 세네카는 심지어 네로가 친모를 살해한 뒤로도 맡은 바 책임을 다했으나, 수많은 음모에 둘러싸였던 네로는 결국 스승이었던 세네카에게 자살을 명령했다. 그러자 세네카는 소크라테스가 그랬던 것처럼, 젊은 아내와 제자들을 불러 모아 지혜에 관한 교훈을 마지막으로 남기고 최후의 철학책을 구술한 뒤 아내가 간청했던 대로 아내와 자신의 목숨을 함께 끊도록 했다. 그러나 늙은 세네카의 정맥에서는 피가 천천히 흘러나와 죽음의 시간이 지연되었다. 세네카는 자신이 고통 속에 죽어가는 모습을 아내가 목격하지 않도록 물러나게 한 뒤, 다리와 발목의 혈관을 자르고 독을 마시고는 뜨거운 물속에 버려달라고 간청했다. 세네카는 결국 숨을 거두었고 네로는 세네카의 아내를 직접 괴롭히지 못했다는 사실에 분노했다(네로가 보낸 병사들이 세네카의 아내가 죽지 못하도록 막았다는 등 다양한 설이 있다—옮긴이). 네로는 분명 세네카가 역사에 어떻게 기록될지, 자신의 입지가 어떻게 될지 예견했으리라. 소크라테스 이후로 우리는 철학이 단순히 추상적인 이론적 활동이 아님을 안다.

무소니우스 루푸스는 소크라테스와 디오게네스의 사상에 가까운 교리를 바로 이러한 스토아학파의 영향과 제국의 역사적 맥락 아래 발전시켰다. 루푸스는 디오게네스가 그러했듯, 남성과 동등한 이성적 판단력을 지니고 제대로 된 교육을 받았으며 철학을 하도록 부름받은 여성들에게 특별한 관심을 기울였다. 스토아철학에 에픽테토스를 소개한 인물도 바로 루푸스다.

에픽테토스, 무적이 되다

에픽테토스는 노예 신분에서 해방되자 로마에서 철학을 가르쳤고 최고 특권층과 지식인 계층에 큰 영향을 미쳤다. 서기 90년 도미티아누스 황제가 철학을 금했을 때 에픽테토스는 서부 그리스 에피로스 Epirus 지방의 니코폴리스Nicopolis에서 철학을 계속 가르쳤고, 그 메아리가 하드리아누스Hadrianus 황제에게 도달할 정도로 큰 성공을 거두었다. 에픽테토스는 노년에 아내와 함께 입양한 아이를 키우며 잠을 잘 깔판과 흙으로 만든 등잔 하나만을 소유한 채 절대 빈곤 가운데 살았다. 스승 소크라테스와 디오게네스처럼 에픽테토스는 자신의 사상을 기록하기를 거부했다. 사상이 고정되거나 침묵으로 이어지지 않도록 하기 위해서였다. 에픽테토스는 대중과의 대화로 철학을 실천했다. 제자 플라비우스 아리아누스Flavius Arrianus 덕분에 《에픽테토스의 인생을 바라보는 지혜》, 《담화록》 중 일부 발췌된 부분과 같이 철학적으로 매우 중요한 일부 텍스트가 전해진다.

에픽테토스는 우리가 매일 하는 질문들을 다룬다. 그러므로 여전히 그의 방법론이 유용하다. 살아가면서 우리는 욕망을 부추기거나 방해하는 사건과 맞닥뜨린다. 욕망이 자극받기를 바라고 욕망이 방해받을까 두려워한다. 사건이 우리를 괴롭히거나 공격하거나 압도하거나 죽음으로 이끌었을 때, 사건이 열정이나 꿈과 모순될 때 무엇도 할 수 없다는 불행감을 느낀다. 고통을 유발하는 열정을 포기할 수 없고 고통에 맞서 무엇도 할 수 없다고 느낀다. 어쨌든 나는 '내가 바란 게 아니야'라고 말할 것이다. 그런데 불행은 이러한 사건의 결과일까 아니면 사건을 경험하고 반응하고 판단하는 방식에서 비롯할까? 이것이

에픽테토스 철학의 핵심 질문이다.

　모든 것이 우연에 따라 일어난다고 느낄 때가 많지만, 에픽테토스와 일반 스토아학파는 실제로 모든 것에 필연적인 원인이 있다고 바라봤다. 세계는 사실 원인과 결과의 거대한 사슬이다. 그리고 필연성이 지배하는 세상에서 우리는 불행을 초래하는 부조리한 감정에 사로잡혀 끊임없이 괴로워한다. 일어났거나 일어날 일이 마치 불필요한 사건인 양 후회하고 염려한다. 따라서 행복해지려면 무엇이 우리에게 달려 있는지 그 자문에서부터 시작해야 한다.

　예컨대 자연의 흐름, 몸, 부, 권력, 명성은 어쩔 수 없다. 아무리 노력해도 제어할 수 없다는 의미가 아니라, 나 자신이 아니므로 뺏길 수도 잃어버릴 수도 있다는 뜻이다. 따라서 우리에게 종속되지 않은 것들을 기반으로 삶을 구축한다면 그것들을 더는 갖지 못하게 될 때 불행에 노출된다. 그러나 몇 가지는 우리에게 종속된다. 판단, 욕망과 혐오, 즉 사건을 경험하는 방식은 우리에게 달려 있다. 간단히 예를 들어보자. 오늘 소풍 가기로 계획했는데 비가 내린다. 계획을 포기해야 한다고 불평하면 나는 쓸데없이 불행해질 것이다. 비는 내가 어떻게 할 수 있는 문제가 아니기 때문이다. 내가 할 수 있는 선택은 비를 맞거나 아니면 집에 있으면서 행복할 일을 찾는 것뿐이다. 사태의 심각성이 다른 예를 들어보자. 다리를 못 쓰게 되었다면 이 또한 어쩔 수 없다. 남은 생애 동안 다리를 못 쓰게 되었다고 후회해봤자 소용없다. 다리 없이도 할 수 있는 장애인 스포츠나 글쓰기 등 다른 대안을 찾아내야 한다. 부자였는데 모든 걸 잃었고, 권력자였는데 힘을 잃었고, 유명했는데 더는 누구도 그에 대해 이야기하지 않는다고 가정해보자. 더는 갖고 있지 않은 것들 때문에 울어봐야 무슨 소용 있겠는가? 이럴 때 정말로 물어야 할 유일한 질문은 남은 소유물로 새로운 삶을 어떻게 살아갈지 여부다.

에픽테토스는 자신과의 관계 속에서 삶을 확립하자고 제안한다. 불행해질 가능성을 만들지 않는 유일한 방법이다. '사람을 괴롭히는 건 사물 자체가 아니라 사람들이 그 사물에 내리는 판단'이기 때문이다. 죽음 자체는 나쁘다고 판단할 때만 나쁜 것이다. 부유함을 삶의 기반을 삼을 때 빈곤은 불행의 요인이 되며, 권력을 원했을 때만 권력 상실이 불행의 원인이 된다. 이미 일어난 사건에 대해서는 어떤 힘도 발휘할 수 없으나 '현재 현상을 잘 활용할 수 있는 힘'이 있다. 죽음이나 빈곤을 탓하는 대신 받아들여야 한다. "죽어야 한다고 해서 꼭 울먹일 필요가 있는가? 투옥되어야 한다고 해서 불평해야만 하는가? 망명을 떠나야 하는데 웃으면서 행복하고 침착하게 떠나지 못할 이유가 있을까?" 분명 에픽테토스는 이 지점에서 자신의 망명에 대해, 평생 절뚝거리게 만든 고문에 대해 생각했을 것이다. 따라서 에픽테토스의 삶은 자신의 철학에 구체적인 실체를 부여했다. 그런데 오늘날 우리 중 누가 그러한 이성적 사유를 거부할 수 있겠는가?

자신의 지혜를 조롱하고 목을 벨 수도 있다고 선언하는 폭군 앞에서 스토아학파는 목숨을 구걸하지도 울지도 않고 폭군에게 이렇게 대답한다. "당신은 내 시체의 주인이오. 내 시체를 가지시오!" 살아 있는 한 절대로 복종하지 않겠다는 뜻이고 다시 말해 절대로 복종하지 않겠다는 것이다. 에픽테토스는 《담화록》에서 전 주인이자 사형집행자인 에파프로디투스의 어리석음을 그려냈다. 《담화록》에서 에픽테토스는 《소크라테스의 변명》을 집필한 플라톤을 따라, 소크라테스가 재판관에게 던진 다음과 같은 말을 예시로 삼았다. "아니토스Anytos와 멜레토스Meletus는 나를 죽일 수 있을지언정 나를 훼손할 수는 없다!" (정치인 아니토스는 젊은 시인 멜레토스를 내세워 소크라테스를 고발했다—옮긴이) 에픽테토스는 또한 디오게네스를 '신성한 존재'라고 칭하며 충성하는데 그 이유는 뒤에 설명하겠다.

마찬가지로 우리는 많은 물질에서 쾌락을 얻을 수 있지만 물질에 의존하면 고통에 노출된다. 에픽테토스는 소유했거나 소유하고자 하는 것들을 박탈당할까 두려워하기 때문에 물질에 지배된다고 덧붙인다. 물질과의 관계를 통제하게 되면, 즉 욕망을 통제하게 되면 누구도 우리를 통제할 수 없으며 누구도 우리의 두려움, 탐욕, 증오의 대상이 될 수 없다. 아군도 적군도 없으니 무엇을 두려워할 수 있겠는가? 따라서 스토아학파는 스스로가 무적이 된다고 표현한다. "질 것 같은 투쟁에 참여하지 않는다면 무적일 수 있다." 여기에서 에픽테토스의 스토아철학이 운명론이나 복종적 성향이 아니라 무엇보다 이상적인 개인의 자유와 행복을 위한 학풍임을 알 수 있다. 자신을 스스로 제어하기 위한 자신과의 투쟁, 내면의 투쟁이자 소크라테스, 디오게네스, 에피쿠로스 이후 철학이 의미하는 바로 그 투쟁이다.

물론 민감한 본성은 가능한 모든 쾌락을 추구한다. 우리조차도 쾌락을 원한다. 에픽테토스도 이를 잘 알았고 우리에게 쾌락을 추구하지 않을 힘이 있다고 헛되이 주장하지 않는다. 우리 힘으로는 기껏해야 시간을 벌고 쾌락을 뒤로 미뤄 일부 지연시킬 수 있을 뿐이라고 말한다. 지연된 시간은 우리가 적극적으로 서둘러 쾌락을 취했을 때 그 쾌락이 얼마나 우리에게 유해할 수 있는지 가늠해보는 시간일 뿐이다. 쾌락을 얻었을 때 따르는 고통을 예상할 수 있게 되면 스스로를 지킨 기쁨과 같은, 다른 유형의 진정한 쾌락을 얻을 수 있다. 여기에서 에픽테토스는 에피쿠로스의 충고를 따른다. 즉 모든 쾌락이 그 자체로 좋다면 모든 쾌락을 갈망할 필요가 없다. 사실 에픽테토스는 에피쿠로스보다 한 걸음 더 나아가, 우리에게 종속되지 않은 것들에 대한 욕망과 혐오를 당분간 억제하라고 권한다.

그 당분간은 욕망과 혐오가 어떤 결과를 낼 수 있는지 분석하기에 충분한 시간이다. 그러나 사실 어떤 욕망이든 우리를 우리가 아닌 것과 결부해 결국 이성을 잃게 만드는 듯하다. 그러므로 사물을 판단할 때는 무심한 보편적 필연성에 따라, 벌어진 일과 벌어지지 않은 일을 있는 그대로 받아들여야 할 것이다. 스토아학파는 오직 이런 식으로만 쾌락을 넘어 행복을 주는 영혼의 안정 상태, 흔들리지 않는 아타락시아ataraxia에 이른다고 한다. 소비와 소유에 대해 부질없는 욕망을 갖는 일반적이고 보편성을 지니게 된 오늘날 사회에서, 이러한 문제가 더는 심각하지 않다고 누가 주장할 수 있는가?

황제 마르쿠스 아우렐리우스는 화가이자 스토아학파였던 한 스승 덕분에 스토아철학을 연구하고 전적으로 지지하게 되었다. 기원 121년 로마에서, 안달루시아 출신 가문에서 태어난 황제 아우렐리우스의 삶은 결코 에픽테토스의 삶과 닮지 않았다. 아우렐리우스는 늘 정원으로 둘러싸인 호화로운 저택에서 살았고 훌륭한 교육을 받았다. 그러나 열두 살에 스토아학파와 견유학파(행복은 외적인 조건에 좌우되지 않는다고 보고, 되도록 본성에 따라 자연스럽게 영위하는 생활을 이상으로 삼은

학파—옮긴이)의 거친 외투를 걸치고 바닥에서 자는 것을 선택한다. 그는 전혀 로마를 통치할 준비가 되어 있지 않았다. 그러나 하드리아누스Hadrianus는 죽기 전 안토니누스 피우스Antoninus Pius를 자신의 뒤를 이을 인물로 임명하고 마르쿠스 아우렐리우스를 입양해달라고 요청한다. 피우스에게도 제국을 물려줄 자녀가 없었기 때문이다. 이렇게 마르쿠스 아우렐리우스는 철학자인 동시에 황제가 되어, 침략자들을 상대로 전쟁하며 로마의 전염병과 치명적인 홍수에 직면해야 했고 때때로 기독교도에 대한 유혈 박해에 참여해야 했다. 그는 관용과 대학살 사이를 오가는 철학자이자 황제였다. 이런 입장에서 과연 철학을 할 수 있을까?

마르쿠스 아우렐리우스는 대부분의 스토아학파 중심 주제들을 그대로 이어받는다. 그런데 고문받았던 노예 에픽테토스와 로마 황제 신분인 아우렐리우스에게 이 주제들이 같은 의미일 수 있었을까? 예컨대 마르쿠스 아우렐리우스는 《명상록》을 후세에 남기며 다음과 같이 적었다. "어떤 고난이 닥치더라도 기꺼이 복종하라." 또는 "스스로에게 일어나는 일을 사랑해야 한다." 에픽테토스보다 마르쿠스 아우렐리우스의 상황에서 운명을 받아들이기가 당연히 더 쉬웠을 것이다. 반면 우리에게 있는 것과 우리에게서 빼앗을 수 있는 것에 관한 투쟁은, 아마 고대보다 부자도 가난한 사람도 더 많은 오늘날 더 주목받는 문제일 것이다.

파스칼, 불가능한 승리

17세기에 두 사상가 데카르트와 파스칼은 스토아학파가 자신들의 사상과 대립하는 부분이 많았는데도 스토아학파를 부활시킨다. 데카르트는 이른바 잠정적이면서도 결정론적인 도덕론의 입장에서 '세상의 질서를 바꾸기보단 자신의 욕망을 바꿔라'라고 사람들에게 요구했다. 망명 중인 보헤미아의 엘리자베스Elisabeth of the Palatinate에게, 왕녀 자리를 잃었다고 슬퍼하길 멈추고 우울함에서 벗어나려면 세네카의 이론을 주의 깊게 읽으라고 짜증을 섞어 조언하기도 했다. 파스칼의 책에서 에픽테토스 사상이 더욱 깊이 있게 다루어졌고, 이는 오늘날에도 놀랍도록 신선하고 전례 없는 확장이다.

특히나 고도로 발달한 사회에 사는 우리는 이미지와 허상의 회오리, 갖고 싶은 물건과 수많은 욕망을 끌어올리는 회오리 속에 있는 자신을 발견한다. 소유욕, 명성, 권력, 쾌락, 성욕, 부유함 같은 것들이 마치 누구나 이룰 수 있고 누구나 손에 넣을 수 있는 것처럼 보인다. 어린 시절부터 우리는 욕망을 불러일으키는 상상, 특히 부를 위해 삶을 부여잡는 상상, 쉽게 갈망하지만 달성하기는 어려운 쾌락과 행복이 보장되는 상상에 사로잡힌다. 파스칼이 《팡세》에서 했던 말은 텔레비전, 태블릿, 컴퓨터, 휴대전화가 탄생하기 훨씬 이전 아닌가? 우리 스스로가 선택의 주인이라는 자유의지로 이루어지는 경험 이면에는 파스칼이 '필연의 사슬'이라고 한 개념이 있다. 필연의 사슬은 우리 본성에 속하기 때문에 좋든 싫든 우리를 이끄는 힘이다. 상상은 이렇듯 우리의 주인이며 우리는 특정 욕망을 피할 수 없고 그 욕망 중에서도 행복을 달성하고자 하는 욕망을 피할 수 없다. 파스칼은 목을 매려는 사람조차 행복은 아니더라도 적어도 불행을 피하려고 노력한다고 말한다. 그리고 모든 사람은 행복을 평생 추구한다. 수많은 쾌락을 탐하며 행복을 구현하려 한다. 그러나 이러한 욕망은 현재 상태에 따라 늘 상대적이다. 가난할 때면 부자가 되는 행복을 원하고 아플 때면 건강을 되찾는 행복을 원하며 혼자일 때면 사랑에 빠지는 행복을 원한다. 다시 말해 미래의 어떤 상태를 상상하고 욕망을 쏟으며 늘 현재 상태에서 벗어나고자 한다. 파스칼은 세네카나 에픽테토스를 연상시키는 어조로 '우리는 결코 현재에 애착을 갖지 않는다'라고 말한다.

다만 내가 바라는 미래의 상태에 이르면 현재 상태가 바뀌고 일단 쾌락에 만족한 욕망은 즉시 지금의 욕망을 멈추고 다른 욕망으로 넘어가게 된다. 크리스마스 선물을 받았을 때나 새 물건을 샀을 때 모두 경험해봤을 것이다. 욕망을 충족해도 행복해지기는커녕 끊임없이 다른 것을 갈망한다. 바로 현재 경제가 돌아가는 방식이다. 수요를 충족시키기 위해 생산하는 게 아니라 소비자의 욕구를 창출해 더 많이 생산하고 더 많이 소비하게 만든다. 다양한 사람의 수요가 충족되지 못하는 부분에 대해서는 신경 쓰지 않는다. 욕망의 끝에서 쾌락이 또 다른 미래의 쾌락을 낳는 한 우리의 현재는 좌절의 시간이 된다. '우리는 살아가고 있는 것이 아니라 살기를 희망하고 있을 뿐이다'라고 파스칼은 말한다. 그래서 다음과 같이 잔혹하게 비판한다. 우리는 결코 현재에 살고 있지 않으며 행복을 미래의 희망에 두기에, 즉 존재하지 않는 시간에 행복을 두기에 절대 행복하지 않은 것이다. 그럼 어떻게 해야 할까? 이에 대해 생각해야 한다.

우리는 어릴 때부터 삶에 대해 생각할 여유를 주지 않으려는 듯 다양한 공부와 게임에 몰두한다. 심지어 죽음을 면할 수 없는 상황이 되었을 때는 더 생각하지 않으려 한다. 필연적인 죽음을 피할 수가 없어서, 또는 죽음을 기다리면서는 행복을 찾을 수 없어서 고안해낸 유일한 방법은, 죽음을 뒤로 제쳐두고 주의를 산만하게 하거나 본질적인 부분에서 멀어져 유희를 즐김으로써 죽음에 대해 생각하지 않는 것이다. 사람들은 행복해지기 위해, 즉 일상생활을 잊기 위해 즐긴다고 생각한다. 예를 들어 텔레비전의 오락 프로그램이 그렇다. 어떤 영화는 우리를 내면으로 깊숙이 빠져들게 해 만족감을 주기도 하지만, 단순한 오락은 삶에서 벗어나 존재하지 않는 다른 곳으로 도피하고 방황하게 만든다.

여자아이든 남자아이든 모나코나 영국의 궁정 생활이나, 가수나 스포츠 스타의 화려한 생활을 보여주는 잡지를 읽으며 꿈을 꿀 수 있다. 리얼리티 쇼는 우리를 자기 삶에서 벗어나, 본인과 비슷하지만 특별한 순간을 경험하는 이들의 삶으로 가상으로 들어가게 한다. 고된 퇴근길 대중교통에서 스마트폰이나 태블릿에 몸을 던지고 집에 도착하면 또 다른 화면들 속으로 몸을 던진다. 술이나 마약과 같은 현실도피에 가상의 투영이라는 현대적인 형태가 추가된 것이다. 그러나 우리가 행복하다면 삶을 잊기 위해 이런 노력을 기울일까? 가장 사랑하는 사람과 완벽한 순간을 함께하고 있는데 그 사람이 갑자기 지금 텔레비전에서 무엇을 방영하는지 물어본다면 어떤 생각이 들겠는가? 우리는 행복할 때 오락을 즐기고 싶어 하지 않는다. "인간이 행복하다면 조금 덜 즐기더라도 똑같이 행복할 것이다." 여기에서 파스칼은 우리 삶에 대해 이야기한다.

왕을 예로 들어보면 권력, 부, 영광, 사랑, 쾌락 등 모든 방면에서 모든 것을 소유했지만 왕국의 업무 논의가 끝나고 나면 식사 때는 마상

술이나 사냥 또는 광대의 곡예가 필요하고 일어날 때도 잠들 때도 형식이 필요하며 왕을 즐겁게 할 광인들이 필요하다. 이 모두가 자신에 대해 생각하지 않기 위해서다. 식탁에 사슴 고기와 연어, 토끼와 비둘기, 파이와 케이크를 차려놓게 하고는 막상 왕은 숲에서 말을 타고 토끼를 쫓고 있다. 다른 모든 것과 마찬가지로 토끼는 왕의 두려움, 죽음, 불행을 상쇄하지 않는다. 그저 자신을 벗어나 살게 함으로써 미래의 포획을 상상하며 현재 삶을 잊게 할 뿐이다. 왕이 사냥하러 간다면 "포획이 아니라 사냥을 추구할 뿐이다". 우리는 모두 이런 왕과 같다. 자신의 내면을 들여다보면 발견하게 될 불행을 잊기 위해 자신의 바깥을 내다본다. 불행을 없애는 것과 거리가 먼 오락은 '우리의 불행 가운데 가장 큰 불행'이라고 파스칼은 결론짓는다. 오락에는 불행을 잊게 하고 불행을 더 잘 견디게 하는 미덕이 있긴 하지만, 오락은 현실 속에서 불행에 대해 해방을 추구하지 못하게 만든다. "인간의 모든 불행은 한 가지에서 온다. 즉 방에서 휴식을 취하지 않는 데서 온다." 가장 바쁜 나라, 상품과 이미지 소비가 가장 많은 선진국에서 수도원 은둔이나 요가 수행 심지어 철학적 상담이 기이하게 늘어나는 현상이 이런 이유에서가 아닐까? 격렬한 삶에 지친 많은 사람에게 무기력증이 생겼고 많은 이가 자신을 찾아야 할 필요성을 어느 정도 명확하게 느끼고 있다.

파스칼로부터 2세기 후 독일의 쇼펜하우어는 우리에게 잔인한 진단을 내린다. 모든 욕망은 결핍에서 비롯하므로 곧 고통이라고 상기시킨다. 그래서 결핍을 채우려는 욕구 충족은 괴로움을 없앨지언정 지루함을 유발한다. 나는 무언가를 쫓고 그 무언가가 내 삶을 채우지만, 그것에 도달함으로써 더는 무엇도 좋지 않게 되고 더는 무엇을 해야 할지 모르게 된다. 부족함이 없기에, 즉 지루하기에 새로운 욕망, 채워야 할 새로운 결핍이 필요하다. 이것이 우리 존재 전체를 요약한다. "그러므로 삶은 진자처럼 오른쪽과 왼쪽 사이를, 고통과 지루함 사이를 반복한다." 우리 존재, 즉 스토아학파가 야심 차게 해방하려 했던, 인간의 물질에 대한 의존 현상을 선명히 요약한 말이다. 시인들도 같은 것을 느꼈고 각자의 방식으로 이를 표현했다. 예컨대 루이 아라공은 〈프랑스의 기상나팔〉에서 인간에 대해 다음과 같이 말한다. "행복을 짜내고 싶어지면 행복을 망가뜨린다/ 삶은 기이하고 고통스러운 대립이다/ 행복한 사랑은 없다." 또는 《동 쥐앙》에서 몰리에르는 "모든 사랑의 쾌락은 변화에 있다", "여자를 한번 지배하면 더는 할 말도 없고 바랄 것도 없다"라고 말한다.

그래서 유혹할 다른 여자가 필요하다. 알렉산더 대왕이 세계를 정복했을 때 이제 정복할 다른 세계가 없음을 후회했듯이 말이다. 이 끝없는 탐색, 그래서 끝없이 고통스러웠던 길의 끝에서 동 쥐앙이 사령관의 손을 잡고 지옥에 가기로 선택했듯이, 그리고 스탕달이 《연애론》에서 '무서운 벼랑 끝의 길'이라고 묘사했듯이 말이다.

오락의 사회인가 절망의 사회인가?

철학자와 시인 들이 터무니없는 소리를 한 것인가? 아니면 수 세기에 걸쳐 우리 세계에 대해 생각하는 데 필요한 도구를 만들었는가? 만약 그들이 틀렸고 행복이 정말로 재물을 소비할 때 이뤄진다면, 우리는 부유함의 수준, 오락거리의 양, 자살률과 신경쇠약의 빈도를 연관해 행복이 정말 재물을 소비한 뒤에야 오는 것인지를 확인할 수 있어야 한다. 우리 시대는 놀라울 정도로 거의 모든 것을 조사할 수 있는 수단을 갖추었다. 그래서 우리는 여기서 살펴볼 질문에 대해 많은 것을 알고 있다.

오늘날 어린이와 청소년이 스크린과 가상 게임에 중독되면 학업이나 사회생활에서 어떤 문제가 일어날 수 있는지 우리는 모두 알고 있다. 수동적 놀이 활동이란 체계적으로 주도성, 창의성, 상상력을 유발하는 개인 또는 집단 게임과 구별되는 활동인데, 대부분 어린이는 수동적 놀이 활동을 중단하면 지루해서 참지 못한다. 이러한 현상은 선진국에서 엄청나게 높은 비율을 차지했다. 스크린 앞에서 보내는 시간이 프랑스 성인의 경우 10년 전에 3시간 10분이었는데 지난 10년간은 하루 평균 5시간 7분이었으며 프랑스 어린이의 10년간 평균은 하루 4시간 11분이었다. 한 성인은 자신의 아이폰을 하루에 211번 확인한다. 미국에서는 한 어린이가 평균 매일 7시간 30분 동안 게임을 한다. 단 실리콘밸리는 예외인데, 스크린 중독을 조장해 돈을 버는 그들은 그 폐해를 너무 잘 알기에 학교에서 스크린을 금지했고 자녀에게도 스크린을 금지했다. 이렇게 정신을 빼앗아버리는 스크린 콘텐츠 문제를 언급하지 않더라도 우리가 전례 없이 스크린에 의존한다는 사실은 분명하다. 이 오락의 세계가 우리를 더 행복하게 하는가? 최고의 생활 수준에서 마주하는 오락은 인생의 절망을 감소시킬까?

일본에서 10세에서 19세 사이 아동과 청소년의 주요 사망 원인은 자살이다. 아동과 청소년 자살이 유럽, 동남아, 미국에서는 사망 원인의 1, 2위를 차지한다. 세계 강대국인 미국에서는 2015년부터 자살,

알코올의존증, 약물 과다복용 등으로 기대수명이 감소하고 있다. 미국 연구자들은 이 현상을 '절망의 죽음'이라 한다. 인구 대비 자살률이 가장 높은 45개국 가운데 많은 개발도상국과 함께 한국, 벨기에, 프랑스, 스웨덴, 미국, 독일이 있다. 자살이 가장 적은 국가는 팔레스타인, 과테말라, 시리아, 이란, 이라크, 인도네시아다. 죽음이 눈앞에 닥쳐 있는데 누가 자살을 꿈꾸겠는가? 가장 큰 자기 상실인 광신주의가 아니라면 말이다. 세계보건기구WHO에 따르면 신경쇠약은 아프가니스탄이나 북아프리카 등지에서 확실히 자주 발생하지만, 신경쇠약증의 영향을 가장 많이 받는 국가는 프랑스나 미국이며 중국, 인도, 일본보다 그 정도가 높다.

가장 극단적인 불행은 생활 수준이나 즐길 수 있는 오락의 양과 아무 관련이 없음을 분명히 알 수 있다. 불평등과 관련된 설문조사에 따르면 다량의 소비는 절망감을 높이는 동시에 대중오락의 증가를 부추기는 듯하다.

그래서 파스칼은 우리 시대의 본질적인 측면을 잃지 않으려 했고 스토아학파는 오락에 굴복하지 않거나 최소한 완전한 노예가 되는 걸 피하기 위한 방법론을 취했다. 그러나 이는 모두 알다시피 힘든 투쟁이다. 죽음에 직면하거나 부러진 다리의 고통을 겪어야만 힘든 게 아니다. 우리는 무한한 욕망에 둘러싸여 있고 손쉬운 쾌락에 한없이 끌리며 대부분 욕망에 저항할 힘이 없다고 느낀다. 또는 쾌락을 포기하거나 강박과 후회 속에 산다.

그런데 문제는 더 복잡하다. 욕구에 따랐을 때 나는 자유롭다고 느끼지 않는다. 내가 결정한 것이 아니라 내 안의 무엇인가가 삶을 이끈

것이기 때문이다. 그러나 어떤 장애물이 욕구 충족을 방해한다면 나 역시 구속감을 느끼고 욕구를 성취했을 때보다 덜 자유롭다고 느낀다. 도덕적인 문제에서 내가 겪는 모순이다. 종교적이든 아니든 모든 전통적인 도덕의식은 특정 쾌락을 포기하라고 요구한다. 나는 도덕의식이 내 자유를 구속하는 것을 느낀다. 그러나 타인의 행복을 위해 나의 쾌락을 포기할 때 더 큰 쾌락을 얻는다. 내면의 욕구를 의식적으로 결정한 게 아니라 스스로 자유롭게 극복한 데서 오는 쾌락이다. 역설적인 건, 도덕의식이 내 자유의 표출로 느껴질 수도 있고 장애물로 느껴질 수도 있다는 것이다. 그렇다면 도덕과 쾌락 가운데 하나를 선택해야 하는가?

6장
디드로, 쾌락과 함께하는 도덕의식
우리는 선행에 관심이 있는가?

1749년 파리의 레스토랑 프로코프Procope에서 식사할 때 너무 큰 소리로 농담하거나 왕에 대한 풍자라고 여겨질 만한 농담을 하면 좋지 않았다. 날카로운 비판을 숨기지 못하는 지성인들에게는 왕명이 담긴 서신이 쏟아져 내렸고, 1년에 2000명도 넘는 이들이 재판도 없이 1년 이상 비밀 감옥에 갇혔다. 7월 24일 목요일 아침 8시도 되지 않아서 경찰관 두 명이 팡테옹 근처 파리 에스트라파드 거리 3번지에 있는 집 계단을 올라 드니 디드로Denis Diderot와 아내 안느 앙투아네트Anne-Antoinette가 함께 사는 소박한 숙소의 문을 두드린다. 에메리Hémery 장교는 디드로가 출판했다고 의심받던 《회의론자의 산책》을 찾으러 왔다가 허탕을 치고 돌아간 경험이 있기에 이 장소를 알고 있었다. 이번에는 동료 로슈브룬Rochebrune과 함께 이곳저곳을 뒤집고 헤집으며, 금지되었으나 익명으로 출판된 책 《입 싼 보석들》,《회의론자의 산책》,《철학적 사색》을 찾고 있다. 《입 싼 보석들》은 여성들이 말하는 여성의 성에 관한 이야기인데 외설적이라는 이유로 금지되었고 《회의론자의 산책》과《철학적 사색》은 교회 교리에 정면으로 대항하는 합리주의적 이신론이라는 이유로 금지되었다. 두 경찰관은 무엇도 찾지 못했고 디드로는 놀란 척했다. 디드로는 책상 대신 쓰는 식탁 위에 《맹인에 관한 서한》 두 부만 남겨두었다. 그 책은 조금 더 학술 위주에 덜 파괴적이어서 위험이 적다고 생각했기 때문이다. 그러나 운이 없었다.《맹인에 관한 서한》은 경찰이 찾던 책 리스트 상단에 있었다. 출판물에 관한 모든 문제를 총괄하는 아르장송Argenson 백작은 출판에 대한 모든 것을 꿰뚫고 있기에 '《맹인》의 저자' 디드로라는 이름의 철학자를 매번 지목했던 것이다! 아르장송 백작의 요청에 따라 베리에 Berryer 경찰 중장은 디드로가 집필했다고 의심받는 책 리스트에《맹인에 관한 서한》을 써넣는다.

디드로는 체포되어 뱅센 성의 3층에 있는 방으로 끌려간다.《백과전서》의 편집자들은 디드로만이 이 엄청난 작업을 수행할 수 있고 디드로의 실패는 곧 자신들의 파멸로 이어질 것임을 알았다. 따라서 디드로를 석방하려고 백방으로 노력한다. 반면 디드로의 아내 앙투아네트는 당황했고 베리에 경찰 중장은 앙투아네트를 가혹하게 대했다. 사실 디드로는 아버지의 반응이 두려워 지난 몇 년 동안 누구에게도 앙투아네트와 결혼했다는 사실을 알리지 못했다. 디드로가 쓴 작품이 당시 지배적이던 공인된 도덕의식을 얼마나 단호하게 비판했는지 이해하려면, 철학자 디드로가 어떤 대가를 치러야 했는지 알아야 한다.

거짓 도덕은 도덕을 조롱한다

디드로의 운명은 모든 면에서 편안하고 경건하며 평화로운 삶으로 정해진 듯했다. 랑그르Langres에 있는 예수회 대학에서 뛰어난 학생이던 디드로는 소동을 일으키고 괴상한 행동을 해도 용서받았다. 스스로 말한 바에 따르면 소녀들은 단정치 못하고 머리 손질이 안 된 디드로를 좋아했다. 우리는 디드로의 미래를 알기에 조금 이상해 보이긴 하지만, 디드로는 열세 살에 사제가 되고자 1726년 8월 22일 랑그르의 주교에게서 삭발례(가톨릭에서 성직자의 머리 한가운데를 둥글게 깎는 것—옮긴이)를 받을 정도였다. 금식하고 지푸라기 위에서 자고, 고행의 표시로 반년 동안 거칠거칠한 튜닉을 입었다. 디드로가 앞으로 갖게 될 종교에 대한 적대적 분노는 그가 한때 진정한 신앙인이었고 교회를 진심으로 믿었다는 사실에서 비롯했는지도 모른다. 디드로의 주변을 감싸던 재정적 이해관계의 위선과 억압을 구체적으로 발견하자 실망감은 더욱 커질 뿐이었다.

18세기에 교회 성직자는, 들판에서 녹초가 되도록 일하고 비참하게 죽어가는 이들에게 등을 돌린 채 평생 이익을 챙기는 자들이었다. 그래서 성직자가 되는 데 신앙심이 반드시 필요하지는 않았다고 할 수 있다. 삭발하고 검정 바지와 짧은 재킷 안에 흰색 깃을 입자마자 디드로는 랑그르의 수도원장이라는, 돈벌이가 잘되는 직함을 받을 수도 있었다. 디드로의 아버지에게는 아들이 둘 있었다. 아버지는 디드로에게 명성이 자자했던 외과용 칼날을 제조하는 작업장을 물려받거나 수도원장이 되라고 제안했지만 헛수고였다. 무엇보다 삼촌의 뒤를 이어 생마메Saint-Mammès 대성당의 수도참사회원이라는 더욱 유리한 위치에 설 수도 있었다. 이러한 가족 상속이 가능하려면 교황의 동의가 필요했을 뿐 엄격한 종교적 소명과는 전혀 관련이 없었다. 유감스럽게도 삼촌은 바티칸에서 응답이 오기 전 사망했다. 이에 드니 디드로는 파리 예수회에 가고 싶다는 열망을 표현한다. 1728년 디드로의 아버지는 그를 동반해 2주 동안 파리에서 디드로를 지켜보고는 안심하고 돌아갔다. 그 후의 13년은 불가사의했다. 디드로가 특히 리바르Rivard 신부의 수학과 철학 수업 덕분에 자기 계발을 했음이 분명하지만, 다소 방탕하게 살았음을 느낄 수 있다. 첩보 경찰 같은 방법으로 친척에게 몰래 디드로를 지켜보도록 한 아버지는 디드로를 많이 원망했다. 드니 디드로의 동생 디디에 피에르Didier-Pierre는 보기 드물게 사악하고 편협했는데, 랑그르 대성당의 수도참사회원 자리를 이어받게된다. 아버지가 식량 공급을 중단하자 드니 디드로는 책을 번역하며 불안정한 생활을 이어갔다. 번역일은 시민 권력, 가족 권력, 종교 권력에 휘둘리는 도덕적 가치의 본질적인 위선에 대해 묵상할 수 있는 좋은 기회였다. 미덕이 언제쯤 보상받을 수 있을지 알 수 없었지만, 디드로 주변의 위선자와 악인은 즉시 보상받았고 거짓 도덕이 도덕을 조롱했다. 철학자의 고통은 계속되었다.

1741년에 중요한 사건이 일어난다. 디드로가 막 이사 온 부테브리Boutebrie 거리의 건물에는 두 독신 여성인 안느 앙투아네트와 그녀의 어머니가 살고 있었다. 예쁜 앙투아네트는 31세였고 수녀원을 나온뒤로 재봉과 자수를 하는 어머니를 도왔다. 둘 다 얌전했고 독실했다. 가난했고 교양은 많지 않았으나 집에 남자를 들이는 것을 모든 죄악의 문을 여는 것과 마찬가지라며 상상조차 하지 않았다. 여전히 도덕의식이지만 이번 도덕은 진실했다. 디드로는 사랑에 빠졌고 거짓말을 했다. 성직자의 머리모양을 보여주며 자신이 명을 받았다고 속여 문을 열도록 이끌었다. 거짓말은 대가를 치른다. 두 여인이 모두 디드로에게 애착을 갖자 디드로는 모든 걸 밝혀야 했다. 그는 앙투아네트에게 사랑을 고백했다. 물론 종교적 의무에 따라 디드로는 결혼할 때까지 육체적 사랑을 나눌 수는 없었다. 그러나 조례에 따르면 30세 미만의 남성은 아버지의 동의 없이 결혼하면 상속받지 못했다. 또 다른 흥미로운 도덕의식이다. 디드로는 겨우 29세였고 마음이 급했기에 1742년 12월 말에 랑그르로 여행을 떠났다. 아버지를 속이고 설득하는 데 몇 주를 보낸 뒤 디드로는 계획을 발표하지만, 아버지는 디드로가 결혼할 여자에게 재산이 없다는 이유로 당연히 반대한다. 이 또한 여전히 도덕의식이다. 아버지는 이 상황에서 관습적인 방법을 이용한다. 당시에는 아버지가 아들을 가둘 권리가 있었으므로, 그는 디드로를 수도원의 지하 감옥에 가두고 안느 앙투아네트의 어머니에게 편지를 써서, 앙투아네트가 결혼을 포기해야만 아들을 풀어주겠다고 통보한다. 이렇게 궁정 경찰에게 뒷조사를 당하고 감옥에 갇히기 전 이미 디드로는 수도사의 축도를 받으며 아버지에 의해 감금된 바 있다.

1743년 2월의 어느 날 밤 디드로는 수도원 간수들을 속이는 데 성공했고 바닥을 기어올라 창밖으로 몸을 던진 뒤 빗속에서 12킬로미터를 걸어 트루아Troyes까지 갔다. 숨겨둔 돈을 셔츠에 넣고 마차를 타고 트루아로 거쳐 은밀히 파리로 돌아갔다. 디드로는 병들었고 앙투아네트와 그녀의 어머니에게 결혼을 받아들여달라고 간청한다. 아버지에게는 결혼한 사실을 숨겼다. 이렇게 1743년 11월 6일 비밀 결혼에 익숙한 사제와 임시변통한 증인들과 함께 결혼식을 치르고, 디드로의 아버지는 6년간 아들이 결혼한 사실을 모르고 지낸다. 디드로는 안느 앙투아네트와 결혼하는 데 성공했으나 아름답고 교양 있는 여성들과 바람을 피운다. 젊은 시절 내내 디드로는 사회와 교회가 윤리적 가치와 관련 없는 공중도덕을 얼마나 많이 구축해왔는지 체험했다. 사회와 교회가 정해둔 공중도덕은 인간에게 무엇이 좋은지에 대한 고민도 없었고 행복 추구와는 더욱더 관련이 없었다.

디드로의 모든 작품은 남달랐다. 초기 저술부터 남달랐기에 디드로는 뱅센 성의 감옥에 갇히게 된다⋯.

자유로운 생각의 대가代價

디드로는 감옥에 있다. 이런 식의 체포는 재판 없이, 누구에게도 연락하지 않은 채 수년 동안 심지어 영원히 감옥에 가둘 수 있음을 알고 있다. 퐁파두르 부인이 베리에를 경찰 중장에 임명한 이후로 비판하고 저항하는 이들, 무신론을 공언하는 이들, 뉴턴을 표방하는 모든 이들을 검열하고 투옥하며 교수형에 처했다. 디드로는 장기 감금에 대한 불안과 공포로 미쳐가는 듯했다. 베리에는 이를 감지하고 일주일 동안 디드로를 상태가 나빠지도록 방치했다. 디드로는 앙투아네트의 고해 신부가 자신을 고발했고 듀런드 서점이 디드로가 저자임을 확인해주었으리라고 확신했다. 경찰은 디드로를 추적한 지 2년째 되었으며 디드로의 독서 목록과 습관에 대해 적은 기록이 있었다. 그러나 디드로는 이를 몰랐기에 7월 31일 첫 심문에서 법정 선서를 하고는 모든 것을 부인한다. 베리에는 자신이 확신한 모든 것에 대해 증거를 가지고 있었다. 그러나 열흘 동안 이 사실을 디드로에게 알리지 않은 채 혼자 즐긴다. 디드로는 기진맥진해 절망 직전이었고 잘못을 계속해서 부인하면서도 잘못을 후회한다고 기록한다! 아버지에게 비밀로 하고 결혼했다고 고백한 뒤 자살을 선언하기도 했다. 디드로는 자신의 보호자를 모두 나열하고 베리에에게 보호자가 되어줄 수 있겠냐고 묻는다! 눈에 띄게 지쳐 무엇이든 자백할 태세였다. 8월 13일 마침내 그 모든 책의 저자임을 자백하고 검열원의 허락 없이는 더는 출판하지 않겠다고 맹세했다. 그는 이 약속을 지켰다. 디드로의 작품 대부분을 측근들이 읽긴 했겠으나 출판은 그의 사후에 실행된다. 디드로는 모든 텍스트를 3부씩 모사하거나 다른 이에게 모사하도록 했다. 하나는 딸 엔젤릭Angélique, 다른 하나는 러시아의 후원자 캐서린 2세Catherine II 그리고 마지막은 레이날Raynal 이후에 그림Grimm이 주관하게 되는 《문학 서한Correspondance littéraire》을 위해서였다.

베리에는 승리했으나, 디드로의 자백과 외부 개입으로 인해 디드로가 '감옥에 갇힌 소크라테스'라는 영웅이 되어 많은 지식인이 디드로를 지지하는 운동을 하고 있다는 것을 몰랐다. 《백과전서》의 편집자들이 감옥으로 사용되는 성채로 와서 디드로와 함께 작업할 정도로 감옥 체제가 완화되고 있음을 깨닫지 못했다. 루소는 디드로를 찾아가 책을 건네고 안느 앙투아네트는 심지어 디드로와 함께 감옥에서 살기도 했다. 그렇다고 디드로의 애인이던 마담 드 푸아주Madame de Puiseux와의 관계 재개를 막지는 못했다!

디드로는 곧 풀려나 유명해졌으며 철학적으로 성공하고 죽을 때까지 여성들과 사랑을 나눌 수 있었다. 교회는 디드로가 교회에 보복하

고 있다고 여겼다. 사제 군대는 디드로의 행각을 막으려 했지만 소용
없었다. 그래서 교회는 디드로의 장례식을 거부하고 무덤도 만들지
못하도록 했다. 친구가 곧 사라질 것임을 감지한 그림은 이 사실을 캐
서린 2세에게 알린다. 캐서린 2세는 막대한 비용을 후원해 디드로를
세인트 로흐Saint-Roch 교회 근처에 안치하도록 해주었다. 세인트 로흐
교회에는 디드로의 명예에 합당한 입관식과 장례식을 치를 때 손쉽게
매수할 수 있을 사제가 통치하고 있었다. 그림은 심지어 제복을 입은
성직자 무리와 합창단과 함께 모든 의식을 치를 수 있었다. 디드로가
이 희극을 보았다면 교회의 완벽한 위선에 대해 자신이 생각했던 바
를 사후에 제대로 확인시킨 셈이라며 크게 비웃었을 것이다. 이렇게
죽음을 포함한 디드로의 인생은 그의 도덕철학을 잘 드러내고 구체화
한다.

금지나 위협이 없는 도덕

종교적 도덕의식은 이성, 안락, 쾌락, 행복 또는 효용에 대한 언급
없이 위협과 보상이 따르는 일련의 독단적인 금지사항들을 제시한다.
바로 이러한 도덕 개념에 반대해 디드로는 다른 가치로 이끄는 도덕
의 다른 기준을 구성하려 했다.

디드로는 도덕의식을 교회에서 주장하는 도덕과 분리하려고 평생
노력했다. 엄격하게 이신론적 사상을 적은 1746년의 《철학적 사색》에
서 디드로는 이전에 번역했던 샤프츠베리Shaftesbury의 생각을 빌려온
다. 샤프츠베리에 따르면 "신이 없다고 생각한다면 누구도 두려워할
게 없을 것이다. 그러나 유일신이 존재한다는 생각은 모두를 두렵게

만든다. 사람들이 신에 대해 묘사하는 내용을 보면 알 수 있다." 죽음 이후의 지옥에 대한 두려움과 죽음 이전의 감옥에 대한 두려움은 결코 미덕을 장려하지 않았다. 오직 두려움과 신중함, 도덕의식과 관련 없는 계략만을 조장했다. 디드로는 모든 작업에서 이러한 철학적 노선을 유지했으며 18세기 말에 닥칠 여러 쟁점에 대비했다.

1749년에 무신론자가 된 디드로는 6월 11일에 볼테르에게 보낸 편지에서 한 걸음 더 나아가 자신이 자주 만나는 무신론자들을 '아름다움과 선함을 사랑하는 자'라고 쓴다. 볼테르는 그런 디드로를 용서하지 않는다. 볼테르는 신을 믿지 않는 이와는 식사할 수 없다며 디드로에 대한 초대를 취소했다. 디드로는 《백과전서》의 '무종교' 항목에서도 다음과 같이 구분한다. "부도덕과 무종교를 혼동해서는 안 된다. 도덕은 종교 없이 존재할 수 있다. 그런데 종교는 부도덕과 관련될 수도 있고 관련된 경우도 많다."

1760년에 디드로는 《동생에게 쓰는 편지》에서 자신을 예수, 성 바오로, 성 요한, 성 오거스틴 그리고 모든 기독교 권위자의 입장에 두고, 볼테르와 교회의 태도를 다음과 같이 비난했다. "신의 자비가 약자들을 괴롭히고 권력자들을 구하라고 명령하는가?" 더는 신을 믿지 않는다고 선언한 디드로는 교회의 가치에 반박하고자 기독교적 가치를 주장했다. 공식적으로 위험한 무신론자가 된 《에티카》의 저자 스피노자를 두고 디드로는 《백과전서》의 '스피노자' 항목에서 다음과 같이 지적했다. "스피노자가 도덕적이었고 냉철하고 온건하며, 평화롭고 사심 없고 심지어 관대했음에 모든 사람이 동의한다. 스피노자의 마음은 불명예스러운 악덕으로 더럽혀지지 않았다." 그러므로 무신론자, 이단자라고 선언한 자도 모든 미덕을 행할 수 있다. 스피노자의 작품과 삶이 이를 잘 증명한다. 그리고 디드로가 스피노자를 예로 든 것은 우연이 아니다.

위에서 언급했듯이 스피노자는 선bien과 악mal의 구분을 인간에게 좋은 것bon과 나쁜 것mauvais으로 대체한다. 아마도 이러한 스피노자의 정신과 에피쿠로스학파에서 영감을 받아 디드로가 도덕 교리를 발전시킨 듯하다. 예를 들면 디드로의 《달랑베르의 꿈》 3부작 가운데 《대담의 계속》에서 두 등장인물은 미덕을 판단하는 두 기준이 유쾌함과 유용함이라는 데 동의한다. 미덕의 최선은 유쾌함과 유용함의 결합이다. 미덕의 차선은 유용함이고, 그다음은 유쾌함이다. 그리고 마지막으로 "즐겁지도 유익하지도 않은 건 가장 낮은 지위에 둔다…".

그리고 디드로는 무엇보다 순결에 대해 먼저 살펴본다. 순결은 종교적 도덕의식에서 최고의 미덕으로 추앙되며, 사제(실제로 순결한 사제는 거의 없다)와 예수의 어머니뿐만 아니라 모든 사람, 특히 결혼하지 않은 모든 여성에게 적용된다. 《대담의 계속》에서 두 주인공은 순결이 유용하지도 유쾌하지도 않으므로 분명 미덕과 가장 거리가 멀다고 동의한다. "순결처럼 그렇게 유치하고 터무니없고 해롭고 비열하며 최악인 개념이 없다는 데 동의한다. 긍정적인 악을 제외하곤 말이다." 악을 '장점보다 단점이 더 많다'라고 정의한 데서 유래한 말이다.

《백과전서》의 '행복'이라는 항목에서는 다음과 같이 강조한다. "쾌락을 동반하지 않는 미덕은 존경받을 수는 있지만 애정을 받을 수는 없다." 디드로는 에피쿠로스부터 프로이트 이전까지 보았듯, 쾌락이 바로 삶의 원리임을 알았고 쾌락의 원리를 비난하면 삶 자체, 즉 18세기에 우리가 자연이라고 하는 본성에 반하는 것임을 분명히 알고 있었다. 디드로는 이 쾌락이 격렬할 수도 있지만, 지속적이고 관능적이거나 영적이거나 감상적이거나 반성에 기초할 수도 있다고 바로 덧붙였다. 그러나 쾌락 없이 미덕을 선택한다는 건 상상할 수 없었다.

디드로는 《부갱빌 여행기 보유》에서 도덕 교리를 더 극단적으로 발전시킨다. 이 책은 디드로 사망 이후 한참이 지난 1796년에야 출판된다. 교회가 디드로와 프랑스혁명을 진정으로 비난했기 때문이다. 교회는 디드로를 1789년 프랑스혁명의 주된 창시자이자 신, 재판관, 성직자의 원수로 간주했다. 여기서 우리는 디드로가 이 책을 쓰게 된 맥락을 살펴볼 필요가 있다. 수학 능력으로 저명했으나 방탕하기로도 유명했던 루이 앙투안 드 부갱빌Louis-Antoine de Bougainville은 타히티 정복뿐만 아니라 타히티 주민의 관습을 다룬 책을 출간했다. 타히티 주민들은 평화롭고 유덕했으며 육신의 죄는 무시하고 혼외정사를 비난하지 않았다. 섬을 방문한 모든 이에게 환대의 표시로 아내 또는 딸 가운데 한 명과 하룻밤을 보낼 수 있도록 선물했다.

디드로는 이 환영 방식을 활용해 가상 버전을 쓴다. 원정대의 부속 사제가 숙소 주인인 오로Orou의 딸 가운데 하나를 선택해야 하는 상황에서 사제가 도덕의식, 사제라는 입장, 종교를 이유로 선택하길 거부하자 오로는 도저히 거절 이유를 이해할 수 없다. 오로가 상황을 전혀 이해하지 못하고 거절을 심하게 불쾌해하자 사제는 자신의 쾌락을 위해 그리고 소녀와 자매, 부모의 기쁨을 위해 오로의 제안을 실행한다. 다음 날 사제는 관습적인 제안에 거절하기 위해 사용했던 단어들의 의미를 가족의 가장인 오로에게 설명해야 했다.

오로는 성행위를 '주권자인 자연이 우리 모두에게 권하는 순수한 쾌락, 자신과 닮은 사람에게 존재감을 부여하는 행위, 아버지와 어머니와 자녀들이 당신에게 부탁하는 걸 도와주는 행위, 좋은 대접을 해준 집주인에게 몸을 맡기고 종족 번식에 이바지하는 것'이라고 했다. 여기에 어떻게 반박할 수 있겠는가? 사제는 종교, 신, 관습 등의 의미를 설명해주었으나 오로는 인정하지 않았다. 신이 자기 민족에게 이러한 말씀을 전한 적이 없다는 사실에 기뻐하며 오로는 '우리 관습이 당신들 관습보다 낫다'라고 대답했다. 선이란 보편적으로 유용한 것 즉 자신과 공동체 전체에 좋은 것이라고 덧붙였다. 이것이 종교의 원리가 자연을 거스르는 이유다.

이렇게 디드로는 교회 때문에 고통을 겪던 모든 부당하고 불행한 것들에 철학적 형식을 부여했다. 그리고 더 나아가 지배적인 도덕의식, 여성에 대한 지배, 식민주의를 다 같이 비판했다. 디드로가 사망한 뒤 교회가 이 책을 강력하게 단죄한 이유를 이해할 만하다. 도덕적 분노 뒤에는 여성을 포함한 인류 해방에 대한 순전히 정치적이고 사회적인 고발도 있었다.

디드로는 저서에서 도덕적인 면도 매우 중요하게 다뤘다. 그는 공식 승인 없이는 더는 출판하지 않겠다고 베리에에게 한 약속을 지키려 했지만, 그런데도 1777년에 도덕적 질문에 대한 짧은 대화인《철학자와 사령관 부인 ***의 대담Entretien d'un philosophe avec la maréchale de ***》을 출판했던 이유가 아마도 거기에 있을 것이다. 실제 대화는 분명 사령관 드 브로이 공작에게 많은 지참금을 주고 결혼했던 공작부인과 했겠지만, 늘 그랬듯 내용은 디드로가 지어냈을 가능성이 크다. 매우 아름답고 정숙하며 독실한 여인으로 묘사되는 사령관 부인은 남편이 없는 날 디드로를 맞이했다. 디드로라는 이름을 듣고 부인은 그에게 정말로 신을 믿지 않느냐고 묻고 디드로가 고개를 끄덕이자, 행복하고 올바르게 살고 있냐며 사실인지 물었다. 디드로는 다시 고개를 끄덕였다. '뭐라고요! 도둑질도 하지 않고 살인도 하지 않고 약탈도 하지 않는다고요?'라고 부인이 묻자 '아주 드물게요'라며 디드로가 유머러스하게 대답한다. 사령관 부인은 이해하기를 거부하고 디드로에게 그래서 무엇을 얻었는지 묻는다. 디드로는 '얻을 게 있어서 믿나요?'라고 답하며 모든 도덕의식의 핵심 문제를 건드린다. 사령관 부인은 그저 지옥에 갈까 두려워 정조를 지키는 것일까?

이 질문은 본질을 관통한다. 우리는 처벌이 두려울 때만 도덕적인가? 살아 있는 동안이나 사후에 벌을 받지 않으리라는 확신이 있다면 무엇이든 할 수 있는지 묻는 질문이다. 이때 우리는 도덕적이지는 않지만 신중해지고 이해관계를 따지며 불안해진다. 바로 독실한 기독교도인 사령관 부인이 대답하는 바와 같다. "제가 죽고 나면 더는 바라거나 두려워할 게 없겠지만, 살아 있는 지금 저에겐 스스로 금지하지 않을 만한 소소하고 감미로운 유혹이 많아요. 제가 조금씩 신의 말씀을 지키지 않을 것 같네요." 사령관 부인은 교회가 정한 원칙과 금지 사항을 믿지 않는다면 더는 정조를 지키거나 정숙하지 않을 거라고 방문자에게 고백한 것이다. '불신자가 미치지 않고서야 무슨 동기로 선을 행할 수 있을까요? 저는 그 부분을 알고 싶어요'라고 외치며 부인은 선과 악의 정의를 묻는다. 디드로는 자신이 늘 해왔던 선과 악에 대한 정의를 다음과 같이 알려주며, 부인의 독실한 입을 통해 직접 정의 내려보라고 제안한다. "악은 장점보다 단점이 더 많고 반대로 선은 단점보다 장점이 더 많은 것이다." 생애 처음으로 부인은 철학을 했고 디드로는 그런 부인을 보며 즐거웠다.

이렇게 디드로는 행복, 즐거움, 타인에 관한 관심과 떼어놓을 수 없는 도덕규범을 미신적인 금지와 여성에 대한 편견 없이 고안했다. 도덕의식의 쾌락적 측면을 에피쿠로스적 언급과 결합하게 되면 완전히 다른 철학적인 문제가 되어, 미덕은 그 자체 외에는 어떤 정당화도 필요하지 않다고 생각하게 된다.

선을 위해 선행하기?

디드로가 쓴 글에 따르면 사령관 부인은 선을 천국에 가기 위한 단순한 수단으로 여겼고 그것을 믿지 않는다면 더는 정조를 지킬 의무를 느끼지 않으리라 고백했다. 신약의 내용이나 예수의 입을 통해 나온 내용은 그렇지 않음에도 교회에서 설교하는 지배 논리 또한 부인의 말처럼 위선적이었다. 순수한 사적 이익을 위한 여러 금기사항에 맹목적으로 복종한다고 해서 도덕의식을 지켰다고 할 수 없다. 부모가 아이들에게 거짓말하거나 도둑질하거나 사람을 해치면 벌을 받거나 감옥에 가거나 불행해진다고 협박하는 것이 오로지 자식 사랑 때문일까? 착해지고 신중해지라고 교육하는 건 미래를 염려하기 때문인가? 아이들이 자라서 전쟁에 참여하라는 명령을 받고 대량 학살에 가담하는 광경을 보지 않았는가? 벌을 받지 않기 위해서뿐만 아니라 보상받으려고 전쟁에 참여하는 이들도 있지 않은가?

전쟁 논리가 도덕의식을 진지하게 받아들이지 않는 건 분명하다.

다시 말해 도덕의식은 모든 이에게 유익하기에 각자에게도 가치가 있는 일련의 원칙이다. 이것이 바로 18세기 말 임마누엘 칸트가 도덕철학을 구축하도록 이끈 원리다.

칸트는 행위의 원리 자체가 보편화될 수 있는 경우, 즉 어떤 행위가 상황과 관계없이 모든 사람의 의무에 해당하는 경우에만 도덕에 대해 진지하게 말할 수 있다고 했다. 나중에 살펴보겠지만, 도덕은 항상 모든 사람에게 유효한 명령에만 적용할 수 있다. 이러한 인본주의는 예를 들어 모든 상황에서 진실을 말하도록 강요한다. 오직 진실만이 보편성을 지닐 수 있기 때문이다. 다시 말하자면 진실을 위해 진실을 선택하는 것이지 다른 이유로 진실을 선택하는 게 아니라는 뜻이다.

그러므로 규칙을 따르는 게 반드시 도덕적인 것은 아니라는 결론에 이른다. 예컨대 '살인하지 말라'처럼 보편성을 지닌 원칙 명령에 복종한다면 어떨까. 오로지 도덕규범을 지키고자 살인하지 않는 것과는 다르다. 잡히는 것이 두렵거나 반격하는 것이 내 생명을 위협할까 봐 무서울 수도 있고, 살인을 혐오하거나 가책을 두려워하거나 지옥을 두려워해서일 수도 있다….

내가 살인하지 않는 게 도덕의식 때문인지 알고 싶다면 이 모든 두려워할 만한 결과가 없다는 확신이 드는 상황에 부닥쳐봐야 한다. 전쟁에서처럼 보상받을 게 확실하다거나, 죽이지 않으면 처벌받는 상황에서 살인을 단념해야 진정 순수한 도덕의식 때문인 것이다. 고객에게서 부당이익을 취하지 않는 상인이라면 이 역시 고객을 잃는 게 두렵거나 들통나 처벌받는 게 두려워서일 수도 있다. 칸트는 이를 더욱 일반화해, 우리는 우리가 도덕적인지 결코 알 수 없을 것이라고 했다.

심지어 어떤 성향, 관심, 열정이 부재한 가운데 도덕적인 행동을 하는 것이 인간적으로 가능한지도 알 수 없다고 했다. 니체가 칸트를 철학의 I can't('할 수 없다')라고 했던 이유다.

이는 실제로 몇 가지 모순으로 이어진다. 칸트가 살아 있을 때 프랑수아 벤자민 콘스탄트Français Benjamin Constant는 이미 1797년에 《거짓말할 권리Le Droit de mentir》에서 모순에 주목했다. 벤자민 콘스탄틴은 칸트가 직접 분석한 다음 예시를 든다. 암살자가 쫓는 사람이 내 집으로 피신했을 때 그자가 내 집에 숨어 있는지를 암살자가 묻는다면 나는 진실을 말해야 하는가? 칸트는 그렇다고 대답한다. 모든 상황에서 모든 사람에게 해당하는 진리의 보편적 원리라는 이름으로 말이다. 칸트의 방법론에 동조하는 벤자민 콘스탄트였지만 이 대답은 받아들일 수 없다고 생각했고 칸트에게 도덕적 불일치로 이어지지 않도록 방법론을 보완해달라고 제안한다. 벤자민 콘스탄트가 생각하기에 칸트의 도덕론에는 실제로 적용할 수 있도록 하는 '중간 원칙'이 부족했다. 칸트의 도덕 원칙은 고립되어 '사회 파괴'로 이어질 수 있었다. 그러나 이 원칙이 없다고 해도 사회는 위협받는다. 이 난국에서 벗어나는 방법은 무엇일까? 적용할 수 없는 도덕론을 선택해야 하는가 진정한 도덕론을 포기해야 하는가?

언급한 예에서 칸트는 '의무란 한 인간이 타인에게 갖는 권리'이기 때문에 모든 권리는 의무에 해당한다고 단언한다. 그러나 문제의 암살자는 생명 보존이라는, 모든 인간이 지닌 권리에서 벗어난 행동을 하므로 진실에 대한 권리가 없다. 그러므로 나는 암살자에게 진실의 의무가 없으며 타인을 구하고자 암살자에게 거짓말할 권리가 있다.

거짓말은 도덕적이지 못하지만, 이 상황은 순수한 힘의 균형 문제이지 의무와 권리에 굴복하는 관계 문제가 아니다. 순수한 권력관계에서는 더는 도덕적 행위도 부도덕한 행위도 없다.

나치 점령하에서 유대인이나 저항군을 보호하려는 거짓말이 부도덕하다고 할 수 있는가? 내 도덕을 지키고자 누군가를 죽게 내버려둬야 하는가? 그리고 누군가를 죽이는 게 늘 부도덕하다면 피에 굶주린 나치 무리가 쳐들어왔을 때 어찌해야 하는가? 암살자에게 행사하는 정당방위와 위험에 처한 사람을 돕고자 하는 거짓말은 같은 층위의 부도덕함인가? 엄격하고 설득력 있기는 하지만 칸트의 논증은 실제로 구체적인 고려가 부족하다. 모든 위선을 허용하고 자의적 삶의 기준을 선언했던 기존 도덕 개념을 칸트가 해체하는 데 성공한 듯 보였으나, 이는 구체적인 실천 조건을 추상화했기 때문이며 결국 모든 도덕이 추상적이고 비효율적인 상태에 머물게 되었다.

더욱이 칸트의 도덕론에 따르면 종교적 계율이 도덕적인지 비도덕적인지를 구별할 수 없는 상황이 많았다. 장 폴 사르트르는 《실존주의는 휴머니즘이다》에서 여러 예시 가운데 하나의 예를 제시한다. 사르트르의 제자 가운데 한 명이 조언을 구했다. 형이 막 나치에 의해 살해당했고, 임종이 임박한 듯 건강이 나빠지고 있는 어머니의 외아들이 된 그 제자는 레지스탕스에 합류하려고 떠나고 싶었다. 어떻게 해야 하는가? 가족 사랑이라는 기독교적 의무에 따라 본인이 없으면 돌아가실지도 모르는 어머니를 우선으로 해야 하는가? 아니면 대규모 학살 범죄 세력에 대항해야 하는가? 어머니를 버려야 하는가, 다른 사람들이 내 생명을 구하려고 목숨을 거는 상황을 보고만 있어야 하는가? 어떤 계명도 대답하는 데 도움이 되지 않았다. 칸트의 도덕의식에 따르면 어떠한가? 어머니와 함께 머문다면 어머니가 나의 목적이고, 저항군은 내가 살아서 자유로울 수 있는 기회를 주는 수단이 된다. 인류 수호를 목적으로 하는 레지스탕스에 합류한다면 어머니는 나를 존재하게 하는 수단일 뿐이고 다른 목적을 위해 포기하는 존재가 될 것이다. 칸트의 도덕의식은 내 의무가 무엇인지 알게 해주지 못했다. 어떻게 결단을 내려야 하는가?

사르트르의 대답은 문제 자체의 조건을 뒤집는다. 내 행동을 지시할 수 있는 선험적인 것은 없다. 어떤 앞선 이성적 사유도 내가 무엇을 해야 하는지 알려줄 수 없다. 이성적 사유의 끝자락에서 행동이 실행됐다면, 어떤 행동을 선택하고 나면 이성적 사유가 그 선택을 강화하기 때문이다. 이러한 경우 이성적 사유로 선택했다고 할 수 있지만 대부분 고려하지 않고 행동한다. 마찬가지로 누군가에게 조언을 구할때 주로 그 조언이 적절하다고 여겨질 때만 조언을 따른다. 맞지 않는 조언을 따르면 아무거나 조언했다고 책망하며 기분이 나빠져 친구를 불쾌하게 대할 것이기 때문이다!

다시 말하면 개인의 선택은 모든 이성적 사유보다 앞선다. 사람들이 내 행동을 비난하거나 나의 행동이 부끄러울 때 나는 항상 '내가 원했던 게 아니야'라고 대답한다. 다른 선택이 가능했음을 아주 잘 알고 있다 해도 말이다.

사실 그 자체로는 좋고 나쁨이 거의 없다. 좋고 나쁨이라는 개념은 개인의 행동과 모든 인간의 행동을 통해 끊임없이 형성되고 변형된다. 1만여 년 전만 해도 집단적 갈등은 존재하지 않았지만 다양한 형태의 사적 토지 소유가 시작되고 군대를 가진 국가가 등장하면서 갈등이 증폭되었다. 고대에는 전쟁에서 타인을 죽이거나 죽임을 당하게 되면 어떤 도덕적 영예를 얻었다. 여성에 대한 억압, 폭력적인 식민지화, 고문, 사형, 모든 형태의 야만적 행위는 도덕으로 치장한 영광의 시간을 겪었다. 어떤 종교가 군대를 축복하지 않았으며 고문을 신성화하지 않았겠는가? 이러한 범죄 행위를 그만두는 건 갑작스러운 도덕적 계시에 의해서일까, 아니면 범죄 행위를 그만두고 나서야 부도덕하다고 규정하게 되는 것일까? 나는 내가 행한 행위를 통해서 나의 진정한 선택이 무엇이었는지를 깨닫는데, 타인의 눈에는 내가 행동한 것에 도덕적 가치가 있어서 행한 것으로 보인다.

이 아이디어의 중요성을 끔찍한 질문을 통해 파악해볼 수도 있다. 나치즘이 지구 전역에서 승리했다면 생존자들은 물론 오늘날 도덕규범은 어떻게 되었을까? 나치즘 아래 60~70년 정도 세월이 흐르는 동안 역사 수업이나 전해지는 이야기도 있고 법률이 표결되고 일상적인 행위들도 있었을 것이다. 유일한 세계가 되어버린 나치즘에 익숙해져 누구도 그 세계의 야만성을 깨닫지 못했을지도 모른다. 오랫동안 침묵해야 하는 감금된 소수를 제외하고는 말이다. 지금 우리는 히틀러의 도덕규범을 너무나 비도덕적이라 여기고 히틀러가 유대인의 위협으로부터 인류를 구했다고 생각하지 않는다. 이는 우리가 운 좋게 히틀러의 나치즘에 승리했기 때문인가, 우리의 도덕규범 덕분인가? 인종차별주의와 반유대주의에 대항해 과거와 현재 취했던 행동들이 얼마나 중요한지 알아보기 위해, 우리는 이 끔찍한 질문을 다시 생각해봐야 한다.

본인의 생명을 위협하기도 했던 투쟁으로 중요한 인본주의적 가치가 출현했다. 사르트르는 '인간이 인간을 창조한다'라는 아름다운 문구를 말했다. 각자 행동은 인류 전체에 전적으로 책임이 있음을 강조하는 말이다. 인간의 행동이 점차 도덕적 가치를 만든다. '인간은 계획(실존철학에서 투기投企라고 하며 현실에 내던져진 인간이 능동적으로 미래를 향해 자신을 스스로 내맡기는 것을 의미한다—옮긴이)일 뿐이며 인간은 계획이 실현되는 한에서만 존재한다. 따라서 인간은 자신이 하는 일체 행위일 뿐이며 자기 삶을 벗어나면 아무것도 아니다'라고 사르트르는 결론지었다. 선은 내가 무엇을 해야 하는지 알려줄 수 없다. 내가 하는 행동으로 인해 사람들이 선하다고 여기는 것이 만들어지기 때문이다.

인생의 관점

모든 것이 상대적이고 인류 역사에서 나온 모든 것이 동등하며 인류가 발명한 모든 숭고한 도덕의식이 아무 가치가 없다고 결론을 내려야 하는가? 여기서도 마찬가지로 이 끔찍한 질문에 대한 대답에 각자 책임을 져야 한다. 사실 유일하게 가치 있는 질문은 '우리는 어떤 인간이 되고 싶은가?'이다. 이 분야는 무엇으로도 증명하거나 실험할 수 없다. 사실 다양한 형태의 인본주의가 있어야 인류에 더 긍정적이라고 대답하면 일부에서는 이렇게 반박할 수도 있다. '최선은 무엇인가?' 왜 우리는 모든 인간을 보호해야 하는가? 나치즘, 인종주의, 인종차별 정책, 독재, 식민 지배, 노예제, 강자들에 의한 통치가 안 될 이유는 무엇인가? 사실 이러한 다양한 야만적 행위가 이미 존재했었고 어떤 이들은 그 시절을 그리워하기도 한다!

힘과 돈에 만족하는 사람들은 도덕의식에 대해 질문조차 하지 않는다. 힘과 돈의 논리가 이성과 마음을 대신하기 때문이다. 힘과 돈의 논리로 돌아가는 세계의 비전에 반대하고 모든 형태의 자유, 평등, 민주주의, 인본주의를 지향해 행동하는 이들에게만 도덕의식이 문제가 된다. 이러한 관점에서 볼 때 칸트의 도덕의식을 쉽게 배제할 수 없다. 칸트의 도덕의식에는 보편적인 인본주의 도덕만이 있을 뿐이고 실제로 개인이 무엇을 해야 하는지를 확실히 알려주지 못했다. 그래도 칸트의 도덕은 종교의 규범적 관점에서 벗어나도록 해주었다. 종교가 그들의 도덕규범으로 최악의 만행을 막지 못한다는 것, 때로는 종교 스스로 비인간성의 극치에 이르기도 한다는 사실은 역사적으로 이미 입증되었다. 기독교, 이슬람교, 유대교 등 세 종교는 인본주의적으로 중대한 의미를 지닌 사상을 인류에 퍼뜨렸지만, 불행히도 세 종교의 교회들은 인본주의에 반대되는 행동을 했다. 종교를 제대로 이행할 책임은 각자에게 있다.

결국 우리는 더 단순하지만, 더욱 근본적인 질문을 할 수 있다. 인간에게 개별로나 집단으로 무엇이 좋고 무엇이 나쁜지 말이다. 스피노자와 디드로 이후 니체는 도덕의식에 대해 문제를 제기했는데, 요약하자면 니체가 인류 전체의 문화사와 생물학적 진화의 범위에서 도덕의 기원 문제를 다루기 시작했다고 할 수 있다. 인류에게는 도덕 규칙과 가치에 대한 정의가 필요했고, 인류의 여명기에는 짐승을 길들이기 위해 집단생활에서 요구하는 규칙에 따라 살아야 했다. 긴 과정 끝에 특히 유대 기독교와 관련된 특정 문명에서 이러한 가치와 규칙은 신체, 성생활, 쾌락, 권력에 대한 거부와 동화되었다. 그래서 니체에게 도덕적 가치란 삶에 역행할 수 있는 개념이었고, 인격 형성을 막고 병적인 죄책감을 심을 수도 있었으며, 내면화되고 의식 밖에 놓여 제2의 자연으로 경험될 수 있는 것이었다.

이런 도덕적 가치가 바로 수 세기 동안 이데올로기, 경제, 통계적으로 교회가 지배했던 사회에 우세했던 도덕 개념이다. 우리가 신자이든 아니든 많든 적든 마음 깊숙한 곳에서 물려받는 도덕 개념이다. 르네상스와 계몽주의 시대가 되어서야 이러한 퇴행적 도덕 사상이 깨진다. 지금도 여기저기서 여전히 여성, 가족, 동성애자의 성 문제와 관련한 도덕 사상이, 때로는 퇴행적 도덕 사상들과 뒤섞여 되살아나는 광경을 볼 수 있다. 디드로는 이러한 퇴행적 도덕의식을 반대했다. 퇴행적 도덕의식 때문에 많은 이가 정신장애를 겪고 타인이나 자신을 학대하기에, 디드로는 해방을 말하는 책을 쓰며 자신과 독자에게 힘을 북돋아주고 기쁨을 끌어내고자 했다. 디드로는 자신이 구현한 인본주의적 도덕 가치를 버리지 않았고 이를 통해 내세에서 보상을 구하려 하지도 않았다.

플라톤과 아리스토텔레스 이후 우리는 도덕적 행위를 통해 쾌락과 행복을 찾을 수 있음을 발견했다. 이 행동이 자유로운 선택에 의해서인지 아니면 어떤 식으로든 그렇게 행동하고 생각하기로 결정된 것인지는 여전히 알아봐야 한다. 어린 시절부터 많은 것이 내 성격을 형성했고 내 주변의 많은 것이 나를 지금처럼 존재하게 했기에, 나에게 온전히 책임감 있게 행동할 의식적인 '자유의지'가 있다고 말하기는 어려울 듯하다. 17세기에 데카르트는 인간의 이러한 절대적인 자유를 보여주고자 했다. 그러나 위대한 철학자로서 데카르트는 반대 주장도 너무도 잘 이해했기에, 우리는 살인 사건에 대한 최초의 심리학적 설명을 데카르트에게서 듣게 된다.

7장
데카르트, 재판관과 암살자
나는 내 행동에 책임져야 하는가?

한스Hans라는 젊은 네덜란드 농부가 생후 몇 개월 안 된 딸아이의 머리맡에서 무릎을 꿇은 채 두 손을 모으고 있다. 지금은 1647년이다. 한스는 기도하고 아내는 곁에서 울고 있다. 그들이 무엇을 더 할 수 있겠는가? 부부의 첫 아이는 곧 죽을 게 확실했고 부부에게 이보다 더 중요한 문제는 없었다. 한스는 절망했고 분노했다. 자신이 아버지가 되면 그토록 가족을 힘들게 했던 불행의 악순환을 끝낼 수 있으리라 상상했다. 어머니는 술 취한 남편이 가족들을 구타했던 것을 잊고 행복한 할머니가 되리라 생각했다. 어머니와 한스 자신을 비롯해 형제와 누이들은 매번 공포에 떨고 멍이 들었다. 어머니는 사형집행인과 재혼했는데, 그는 가족의 인생을 망쳤고 어머니는 두려워하며 괴로워했다. 그러던 어느 날 헌병들이 나타나 계부를 쫓아내 다시는 집에 가까이 오지 못하게 했다. 한스는 술 취한 계부가 주먹을 휘두르며 가족들을 죽이러 다시 오겠다고 으름장을 놓고 강제로 쫓겨나던 날을 안도와 희망의 날로 기억한다. 술꾼의 맹세였다. 삶이 조금씩 제자리를 찾았다. 한스는 결혼했고 하늘의 선물로 아기가 왔는데 그 아기는 벌써 죽어가고 있다. 한스의 마음속에는 이제 더는 세상이 존재하지 않았다.

갑자기 문이 떠들썩하게 열리고 이웃이 거침없이 들어오더니 "그자가 돌아왔어! 당신 가족 모두를 때리고 있다고! 다 죽일 것 같아!" 극도의 고통이 극도의 분노로 변했다. 어머니의 집을 향해 골목을 달려갔다. 도착하자 계부가 어머니의 얼굴을 주먹으로 때리는 광경이 보였다. 옆에 놓인 쇠스랑이 눈에 띄었다. 한스는 쇠스랑으로 사형 집행인을 죽이고 그자는 벽에 기대어 쓰러진다. 증인이 신고하자 경찰이 왔다. 경찰은 한스를 체포하기는커녕 오히려 그의 어깨에 다정하게 손을 얹었다. 이미 합의는 끝났다. 지역 당국은 한스가 가족을 구했기에 기소하지 않았다. 그러나 살인 사건이 있었다. 한스에 대한 재판뿐만 아니라 경찰에 대한 재판도 있을 것이다. 판결은 줄리켐 Zuilichem 마을의 영주인 콘스탄틴 호이겐스Constantin Huygens에게 달려 있었다.

이 이야기가 르네 데카르트의 귀에까지 들려왔다. 데카르트는 줄리켐에서 멀지 않은 곳에 살고 있었고, 침착하고 친절하기로 유명한 이 농부를 알았기에 심문에 참여하고 재판에 개입하기로 한다. 데카르트는 철학자, 수학자, 물리학자, 의학자이자 광학 이론가였다. 재판 개입은 일반적으로 데카르트에 대해 생각할 때 떠오르는 이미지가 아니었다.

데카르트라는 이름은 근엄한 사상, 엄밀하고 추상적인 합리적 정신의 단순화된 사상을 떠오르게 한다. 비과학적인 추리와 감수성을 배제하고 순전히 논리적인 논거에 따라 행동하는 사람을 '데카르트적'

이라고 표현하는 게 관례다. 그리고 첫 번째 장에서 갈릴레이와의 관계를 이야기할 때 언급했듯이 이러한 해석이 데카르트의 업적과 일치하는 것도 분명하다. 데카르트는 과학자이자 철학자이며 당대의 미신과 오류를 격렬히 비판한 자이고, 세상을 알고자 한 모든 이에게 교회가 가했던 억압의 토대를 파괴한 방법론의 창시자다. 합리주의 사상가로서 데카르트의 명성이 유지되는 이유다. 동시에 다른 위대한 철학자와 마찬가지로 데카르트의 삶과 업적은 알려진 바에 비해 훨씬 더 풍요롭고 복잡했으며, 데카르트가 철저히 이론으로 제시했던 몇몇 규칙을 훨씬 뛰어넘는다. 데카르트의 논리적 일관성과 '혼돈과 방황'을 함께 살펴보고자 한다.

음악, 춤, 펜싱… 그리고 살인 사건

데카르트의 엄격하고 추상적인 업적 뒤로는 모험적이고 감성적이며 미학적이고 풍요로운 인본주의적인 삶이 있었다. 잘 알려지지는 않았으나, 데카르트의 삶은 음악에서 시작되고 음악으로 끝난다. 1618년 네덜란드 남부 브레다Breda에서 데카르트는 수학자 이사크 베크만Isaac Beeckman과 친구가 되었다. 베크만은 특히 악기 현의 길이와 진동 주파수 사이의 관계를 발견한 수학자로, 데카르트에게 음악에 관한 책을 써달라고 부탁했다. 데카르트는 음악 연구에 몰두하고 베크만에게 《음악 개론》을 선물한다. 데카르트의 사후에야 출간되는 이 개론은 음악, 수학, 물리학, 종교와 우주론을 연결하는 이탈리아 르네상스 문화에 뿌리를 두고 저음과 고음, 화음과 불협화음 등 음표의 산술 비율과 기하학적 비율을 연구한 책이다. 데카르트의 작업은 음악에서 시작해 음악으로 끝났다. 실제로 1649년 인생의 황혼기에 스웨덴의 크리스틴 여왕 요청으로 〈평화의 탄생을 위한 발레〉라는 작품을 만들었고 그 작품은 스웨덴의 30년 전쟁 종식을 축하하기 위해 스웨덴 왕궁에서 공연되었다. 데카르트는 아마도 어렸을 때 라 플레슈 중학교의 예수회 수도사들이 갈릴레이가 발표한 목성의 위성 관측을 축하하려고 열어준 춤 파티를 떠올렸을 것이다!

1618년과 1649년 사이에 데카르트는 아름다운 눈을 지닌 미인을 얻고자 결투를 벌여 상대를 능숙하게 무장해제 한 후 목숨을 살려준 적이 있었다. 하녀였던 헬렌과도 사랑에 빠져 딸 프랑신Francine을 낳은 데카르트는 프랑신이 정확히 1634년 10월 15일에 잉태되었다고 밝혔다. 데카르트는 젊은이, 학생 또는 농민을 맞이해 자신의 방법론을 소개했다. 데카르트는 1619년 11월 10일 밤 노이부르그Neubourg에서 보편과학의 토대를 세워준 방법론을 발견한 뒤 그 발견에 압도된다. 형언할 수 없는 동요와 열광에 사로잡혀 갑자기 우리가 알고 있는 데카르트 즉 철학자 데카르트의 모습을 드러냈다. 데카르트는 곧 군 생활을 거부하고 여행 중에도 스스로 고립하며 과학, 수학, 철학에 전념했다.

당시 전지전능했던 교회의 검열을 받은 뒤 데카르트는 순식간에 명성을 얻었다. 사람들은 데카르트의 작품을 보려고 앞을 다투었다. 《방법서설》,《성찰》 그리고 《철학의 원리》를 쓴 유명한 저자이며 이론 작업에 한창이던 데카르트는 이처럼 부러울 만한 상황에서 살인 사건의 정황을 조사하고 분석했으며 죄인 한스가 유죄판결을 받지 않도록 하고자 재판에 개입했다.

1647년의 일이었다. 당시 데카르트는 북부 네덜란드의 에그몬드 안

덴 회프Egmond aan den Hoef 마을에 살았는데 평소 알고 지내던 한 청년이 어머니의 두 번째 남편을 살해한 혐의로 체포되었다는 소식을 듣는다. 실제 조사 끝에 데카르트는 콘스탄틴 호이겐스에게 편지를 썼다. 콘스탄틴 호이겐스는 시인이자 음악가인 정치인이었으며 위대한 물리학자이자 천문학자로 알려진 크리스티안 호이겐스Christian Huygens의 아버지였다. 콘스탄틴 호이겐스는 또한 줄리켐의 영주였으며 이번 살인 사건에 사법권이 있었다. 데카르트는 살인 사건을 자신의 철학과 관련짓고 상세하게 살펴보는 게 흥미롭다는 이유를 대며 무죄 입장으로 변론하고자 했다. "아시다시피 저는 발생하는 모든 일에 대해 철학적 사유를 하는데, 이 행동의 원인을 찾고 싶었습니다."

데카르트는 '범죄가 엄중히 처벌되는 나라에 있어서 행복하다'라는 말로 편지를 시작하며, 호이겐스가 데카르트를 질서 유지의 필요성을 과소평가하는 몽환적인 철학자로 간주하지 않도록 했다. 데카르트가 무죄를 청하는 데에는 특별한 이유가 있었다. 자유의지를 지닌 존재가 한 행동에 대해서만 유죄판결을 내릴 수 있다고 생각했기 때문이다. 이 경우 젊은 농부는 "자기 뜻대로 한 게 아니다." 데카르트의 입장은 분명했다. 조사해보니 살인의 정황은 살인을 저지른 사람에게 어떤 자유의 여지도 남기지 않은 채 필연적으로 결정된 것이어서, 저지른 사람에게는 어떤 책임의 여지도 없다고 여겨졌다. 더욱이 현장에 온 경찰관은, 현재 용어를 사용하자면 정당방위를 이유로 농부를 체포조차 하지 않았다.

이러한 정황은 무엇을 설명하는가? 데카르트는 젊은 농부의 어머니가 겪은 시련에 관해 이야기했다. 어머니는 재혼한 남자가 자신뿐 아니라 아이들까지 구타했고 이에 따라 접근금지 처분까지 받았으므로, 더는 그를 남편으로 여기지 않을 정도였다고 설명했다. 또한 별거에 분노한 술주정뱅이가 집으로 돌아와 아이들을 죽이겠다고 위협했다고도 했다. 범죄가 발생한 날 젊은 농부는 아내와 함께 임종 직전인 아이를 지켜보고 있었다. 따라서 계부가 어머니와 형제를 죽일 것 같다며 사람들이 농부에게 다급히 찾아왔을 때 그는 고통으로 무너져내렸다. 이러한 불행과 위협 가운데 젊은 농부가 달려들어 계부를 죽인 것이다. 농부를 아는 모든 사람은 그가 항상 침착하고 모두에게 사랑받았으며 누구와도 다투지 않았다고 묘사했다. 따라서 이 가난한 농부는 '다른 사람을 죽이는 불행을 겪었다'라고 데카르트는 명확히 밝히며, 농부 자신도 상황의 희생자였다는 생각을 유도했다. 자신의 아이와 형제를 너무나 사랑했기에 침략자를 무력화한 것이다. 그러므로 사악한 계획은 없었고 가족에 대한 사랑에 비례하는 분노만 있었을 뿐이었다. 사건이 너무 명백해서 매장 당일 고인의 가족은 살인자를 용서해주길 원했고 지방 당국은 농부를 기소하지 않았다. 이후 데카르트는 호이겐스에게 두 번째 편지를 써서 경찰관에 대한 기소를 취하해달라고 요청한다. 무거운 선고를 내려 정의의 본보기가 되어야 하는 때도 있지만, 이 사건은 경찰관에게 아무리 가벼운 선고를 한다고 하더라도 사악한 자가 무고한 사람을 조롱하도록 부추기는 셈이라고 데카르트는 덧붙였다. "우리 정념의 모든 움직임이 항상 우리의 힘에 달린 건 아니다. 위대한 사람들도 매우 큰 잘못을 저지르곤 한다."

이러한 변론은 설득력이 있으며 오늘날 법치국에서도 젊은 농부는 유죄판결을 받지 않을 것이다. 농부는 위험에 처한 사람을 도와준 것이고 살인 행위가 자유롭게 결정되었다고 할 수 없는 상황이기 때문이다. 데카르트는 이런 종류의 상황에서 인간이란 자기 행동과 아무 관련이 없으며 상황이 모든 것을 만든다고 했다. 데카르트는 다른 특정 상황에서도 인정했다. 예컨대 1647년 6월 6일 샤넛Chanut에게 보낸 편지에서 데카르트는 왜 오랫동안 사시인 여성들과 사랑에 빠지는 경향이 있었는지 설명했다. 어린 시절에 데카르트는 사시라는 특수성을 지닌 어린 소녀를 너무나 사랑했기 때문에, 분명 이 특수성에 대한 지각이 뇌에서 하나의 주름이 되고 사랑하는 감정의 지각이 또 다른 주름이 되어 서로 연결되었다는 것이다. 그래서 사시를 지닌 여자의 모습은 그에게 언제나 사랑의 감정을 일깨운다. 과거에는 더 또렷히 의식하고 있던 이러한 어린 시절의 흔적은 여전히 살아 있지만 잊혀간다. 각각의 새로운 흔적은 의식하지만 새로운 흔적과 과거 흔적과의 연관성은 의식하지 못하고, 감정은 주체가 모르는 사이에 촉발하므로 주체는 자기 행동을 통제하지 않는다. 그러나 데카르트는 자신이 의식하게 되면 이 연관성이 더는 효과를 발휘하지 않는다고 지적했다. 스웨덴의 크리스틴 여왕에게 쓴 편지에서 데카르트는 사랑하는 사람의 얼굴에 있는 질병, 고통 또는 심지어 사랑스러운 감정이 이성적 사유의 자유로운 통제를 방해한다고 썼다.

따라서 데카르트는 구체적인 개별 삶에서 행위 조건에 대해 연구한 내용을 서신으로 쓸 때마다, 인간이 통제할 수 없는 원인에 따라 모든 것이 결정될 수 있음을 인정한다. 이러한 특정 상황에서 인간에게는 절대적인 결정의 자유가 없다. 데카르트는 모든 연구에서 인간의 자유에 대한 이론을 확립하고자 분투했다.

절대적인 인간의 자유

위에서 언급했듯이 데카르트는 갈릴레이 물리학의 계승자이기에, 지구를 포함한 전체 우주는 수학적 성질의 법칙으로 신에 의해 이루어졌다고 믿었다. 모든 물질은 우연도 자유도 허용하지 않는 필연적인 원인에 의해 결정된다. 그렇다면 인간은 이 우주에서 어떠한가? 인간 역시 순수하고 단순하게 결정론을 따른다고 인정할 수 있는가? 인간에게는 어떠한 완전함도 없어서, 예를 들어 인간은 과학의 객관적 진리에 도달했다고 주장할 수도 없음을 인정할 수 있는가? 그러나 인간이 결정론을 따른다는 사실을 인정하게 되면, 교회는 계속해서 자신의 교리를 우월한 진리로 내세우고 교회 교리와 일치하지 않는 지식을 발전시키려는 이들을 정당하게 박해할 수 있다. 게다가 인간이 결정론을 따른다는 말은 자신의 행위에 대해 책임이 없음을 의미하는데, 그렇다면 신이 인간의 죄를 벌하는 것은 전적으로 부당해진다. 창조주로서 신은 범인이 죄를 지을 것임을 이미 오래전부터 알았을 터이기 때문이다. 그러므로 인간은 절대적으로 자유롭고 자기 행동에 책임을 져야 한다. 데카르트가 일생 보여주려 노력했던 점이다. 그러나 데카르트는 《인간 개론Traité de l'homme》에서 인간의 몸이 '조각상이나 지구의 기계에 불과하다'라고 서술했다. 《인간 개론》은 인간이 송풍장치(폐), 펌프(심장), 코드(힘줄), 파이프(혈관)처럼 역학법칙에 따라 결정된다고 기술한 논문이다. 따라서 물질적인 신체를 지닌 인간은 보편적 결정론의 일부이다. 그러기에 물리학 법칙에 기초한 과학적인 의학이 가능하다.

인간의 감각과 기억 자체는 이 결정론에 종속된다. 데카르트는 《정신 지도를 위한 규칙》의 12번째 규칙에서 결정론을 확립하려 했다. 모든 것은 감각기관에서 시작된다. 다시 말해서 감각기관은 '압인할 때 봉랍이 도장의 모양을 취하는 것과 같이' 외부 물체에 의해 변형된다. 어떤 물질도 물체를 장기로 전달하는 게 아니라 오로지 형상만을 기하학적 형상으로 무한히 분해해 즉각 장기로 전달한다. 이러한 형태는 물질의 움직임 없이 보편적 감각에까지 즉시 전달된다. 물질의 움직임이 없다는 의미는 깃털 한쪽 끝에서 일으키는 움직임을 다른 쪽 끝에서 받을 때 어떤 물질적 움직임 없이, 시차 없이 움직임을 받는다는 의미다. '보편적 감각'이란 모든 의미에서 보편적이며 압인할 때 도장이 봉랍에 작용하듯이 상식이 뇌에 작용하는 것을 의미한다. 외부에서 받는 모든 감각을 뇌가 즉각 받아들이고 뇌 속에 흔적을 남기는 방식이며, 이 흔적들은 기억이라는 형태로 보존한다. 기억은 신경 채널을 통해 반사행동이나 몸짓과 같은 수많은 신체 움직임을 유발한다. 인간의 메커니즘은 동물과 같다. 여기까지는 인간과 세계와의 관계가 우주에 있는 다른 것과 마찬가지로 물리학의 결정론적 법칙에 따라 지배된다. 어떤 자유도 허용하지 않는다. 동물에게나 시계에 주어진 자유 그 이상의 자유는 인간에게 없다.

반면 데카르트에게 있어 인간을 순전히 육체적 상상력을 소유한 동물과 구별하는 것은 순전히 영적인 힘, 즉 형상을 받아들이는 영혼에 있다. 오로지 형태만이 뇌에 있는 수많은 주름처럼 전달되는데, 인간에게는 형태가 어떻게든 비물질화되어 전달되기에 동물과 구별되는 것이다. 예컨대 종이에 있는 주름은 종이라는 물질에 무엇도 추가하지 않는다. 책의 한 모퉁이를 접어놓을 때 더 무거워지는 것은 아니지만 접힌 종이는 정보를 전달한다. 바로 이 페이지에서 독서를 다시 시작해야 한다는 의미다. 영혼은 아는 힘이고 형상을 받으므로 수동적이며, 기억에 따라 행동할 수 있으므로 능동적이다. 영혼은 도장과 봉랍의 역할을 모두 수행한다. 영혼이 보편적 감각과 들어맞으면 우리는 영혼이 느낀다, 영혼이 본다, 영혼이 만진다라고 말할 것이다. 영혼이 기억의 형상과 들어맞으면 우리는 영혼이 기억한다고 말할 것이다. 영혼이 새로운 형상을 창조하는 기억과 들어맞으면 우리는 영혼이 상상한다고 말할 것이다. 영혼이 영혼 자체와 들어맞으면 우리는 영혼이 이해한다, 영혼이 생각한다, 영혼이 알고 있다라고 말할 것이다. 이처럼 데카르트는 영혼의 존재를 기계 물리학의 필연적 법칙에 따라 지배되는 체계의 핵심에 둔다. 영혼은 순전히 영적이기에 결정론을 벗어나 자유를 가능하게 만들기 때문이다. 데카르트는 우리의 분별력이 제한되어 있지만 의지는 '절대 제한될 수 없을 정도로 자유롭다'라고 《정념론》에서 서술했다.

따라서 두 쟁반에 두 개의 같은 무게를 올려놓으면 저울은 항상 균형을 유지하는 반면, 슈퍼마켓에서 100개의 똑같은 물병을 마주한 인간은 몇 초간 주저한 뒤 재빨리 하나를 선택한다. 어떤 선택을 하든 아무 상관 없지만 그런데도 인간은 결정을 내리는 것이다! 이 결정에는 단지 하찮은 노력만 필요하기에 데카르트는 1645년 2월 9일 메슬란Mesland 신부에게 보낸 편지에서 이 '상관없는 자유'를 '자유의 최하위등급'으로 서술한다.

그러나 인간의 자유는 이 정도까지 최하위로 한정되지 않는다. 자유는 인식 능력으로 표현되며 이를 바탕으로 거짓에 대항해 참을 선택하고 악에 대항해 선을 선택한다. 물론 선택에 대한 정보를 확실하게 제대로 된 방법으로 알고 있다는 것, 명확하게 구별할 수 있는 분별력이 있다는 것을 전제로 한다. 이 경우 희생자가 될 수 있는 오류와 환상을 극복하는 자유를 경험한다. 데카르트에게 신은 인간에게 거짓과 악을 피할 완전한 책임을 부여하는 무한한 자유의지를 선사했다. 데카르트는 신에게 받은 이 무한한 능력을 확립했기 때문에 갈릴레이의 보편적 과학 개념을 비난한 교회를 반대할 수 있었다.

예컨대 '2 더하기 3은 5'는 참이고 '2 더하기 3은 4'는 거짓임이 명백할 때 나의 의지는 매우 결정적이어서, 두 제안 가운데 하나를 선택해야 한다고 생각하기도 전에 답을 말해버린다. 너무도 명백하다. 마찬가지로 되도록 건강에 좋은 음식을 선택하고 싶은데 익히 건강에 좋다고 알고 있던 생선요리를 선택할 때 나는 자유의지가 무한히 존재한다고 느껴질 만한 어떤 노력도 하지 않는다. 그런 이유로 데카르트는 인간이 자신의 자유를 증명하기 위해 2 더하기 3이 5임을 알면서도 4, 10, 또는 다른 무엇이라고 말할 수 있다고 덧붙인다. 목이 말라도 바로 옆에 있는 물을 마시지 않을 수 있고, 물질적 결정론과 스스로에게 부과된 자명함을 모두 피하는 것이 내 능력에 달려 있음을 증명하는 수천 가지 다른 행동을 할 수 있다. 데카르트《성찰》의 4부에서 보듯이 이러한 자유에 대한 반증은 자유의지가 '특정 한계 내에서 제한되지 않는다'라는 사실을 증명한다. 논증의 힘은 강력하며 누구나 매일 그 논증을 확인할 수 있다.

그리고 이 모든 것에 신이 있는가?

그러나 데카르트의 학설에는 보헤미아의 엘리자베스가 1646년의 서신에서 제기했던 난관이 있었다. 인간이 절대적으로 자유롭다는 것과 전지전능하고 영원한 신이 존재한다는 두 개념을 어떻게 동시에 인정할 수 있는가? 실제로 행동이 자유의지에서 기인했다면 본질적으로 행동을 예측할 수 없으며, 했던 행동과 반대되는 행동을 늘 결정할 수도 있음을 의미한다. 전지전능하고 영원한 신이 존재한다면 신에게는 모든 것이 현재이고 모든 것이 영원하다는 의미이며, 나 스스로 자유롭게 결정했다고 믿는 것도 결국 이미 신 안에 있었음을 의미한다. 현재와 미래를 구분하는 인간의 시간은 신에게는 아무 의미가 없다. 신은 시간 밖에 영원 속에 존재하기 때문이다. 이에 신중히 이의를 제기하는 것이다. 망명한 공주 엘리자베스는 훌륭한 철학자였으며 이 모순을 어떻게 피할 수 있을지 알지 못했다.

데카르트는 이에 비유로 대답한다. 어떤 왕이 결투를 금지하고는 같은 장소에 왕국의 신사를 불러들였다고 상상해보자. 두 신사는 서로를 미워하고 만날 때마다 싸웠던 자들이다. 왕은 두 신사가 결투하리라는 것을 알았지만 그래도 결투 여부를 자유롭게 결정할 당사자들은 여전히 두 신사다. 따라서 왕은 결투가 일어날 것임을 마치 신처럼 알고 있지만 그런데도 죄에 대한 절대적인 책임은 결투한 자들에게 있다. 왕이 이 상황을 원했고 동시에 이 상황을 금지했다.

이 답변에는 신빙성이 있는가? 분명 아니다. 실제로 신이 시간의 개념 밖에 있다면 내 미래는 신에게는 현재가 되고 순전히 내 의지였다고 믿었던 행동이 실제로는 영원 속에서 존재하게 된다. 앞선 예시의 경우 결투 금지령을 내리고 두 신사를 교활하게 소환하고 두 신사가 만나서 대결하는 사이에 시간이 흘렀다. 두 신사 중 한 명이 늦게 도착하거나 아프거나 집을 나설 때 발목을 삐거나, 또는 왕의 계략을 눈치를 채고 결투하지 않고 자리를 뜰 수도 있다. 왕은 결투를 원하지만 결투가 절대로 숙명적인 것은 아니며 일어나지 않을 수도 있다. 따라서 이러한 유추는 성립할 수 없고, 무한하고 영원한 신의 관념과 인간의 절대 자유의 관념을 조화하기란 어렵다. 데카르트는 분명 이를 알고 있지만 교회의 편협함에 직면해 물리학을 확실한 과학으로 확립하려면 두 관념이 모두 필요했다. 군 생활 때부터 데카르트는 전략에 예리한 감각이 있었다. 그러나 당대 종교와 연결된 철학에 대한 실질 문제에는 여운을 남겼다. 무엇을 포기해야 하는가? 신? 자유? 물리학? 이 질문의 한계를 넘어서는 건 스피노자에게 달려 있었다.

스피노자는 신에 대한 일관된 표현을 재구성하며 《에티카》를 시작한다. 일관되었다는 말은, 신이라는 개념 자체가 매우 일관되게 전반적으로 모순되는 방식으로 만들어졌기 때문이다. 신은 영원하고 시간을 초월해 존재한다고 말하지만, 신은 어느 순간 세상을 창조한 다음 신의 의지에 따라 행동했다. 신이 의지에 따라 행동한다는 건, 마치 인간이 머뭇거리고 상황, 순간, 바라는 바에 따라 마음을 바꿀 수 있는 것과 같다. 그런데 만약 신이 시간 개념 밖에 존재한다면 신의 피조물은 전후 없이 신과 공존한다. 마찬가지로 신이 무한하고 완전하다면, 다시 말해 결정적이라면 신은 세계 없이는 존재할 수 없으며 그와 더불어 세계와 함께도 존재할 수 없다. 무한한 것에는 무엇도 더할 수 없다. 아니면 천지창조 이전에 신은 불완전하고 유한했다는 의미다. 결국 신이 이 세계에 공존한다면 이 세계는 전적으로 결정된 것이다. 인간이 이 세계에서 '제국 안의 제국'처럼 '자유롭다'라고 생각할 수 없으며 신이 예견하지 못했던 행동으로 신을 놀라게 할 수 없다. 신이 의미하는 게 무엇인지에서 시작해 모든 것을 재고하지 않고는 이 모순의 얽힘에서 빠져나올 수 없다.

스피노자에게 신은 무한하고 영원하며 존재의 총체인 자연과 일치한다. 그러므로 신은 다른 무엇에 의해 창조될 수도 없었고 다른 그 무엇도 창조할 수 없다. 신은 스스로의 원인이다. 신은 자체가 원인이므로 종교의 대상이 되는 '능산적 자연'이라 하고, 스스로 창조되었으므로 과학의 대상이 되는 '소산적 자연'이라 한다. 이것이 서로 모순될 수 없는 두 개의 다른 각도에서 이해되는 존재의 총체다.

유일신교의 원리에 따라 이렇게 고안된 완벽한 신은 마음을 바꿀 수 없으며 무엇이 되었든 원할 수 없다. 마음을 바꾸고 무언가를 원하는 건 불완전한 인간이 하는 행동이기 때문이다. 신 안에서 모든 것이 결정론적으로 창조되었으므로 전적으로 결정론을 따른다. 육체가 추락하는 것도 행동도 생각도 그 무엇이든 필연적인 원인 없이는 일어날 수 없다. 그러므로 신이 의지가 있다는 개념은 인간의 자유의지에 대한 관념과 마찬가지로 말이 안 된다. 원인에 얽매이지 않고 자유롭게 선택했다고 느꼈다면, 자신의 행위는 알되 그 원인을 알지 못하기 때문이다. 그래서 우리의 행동에 원인이 없다는 인상을 받는다. 스피노자는 다음과 같이 유추한다. 돌을 던진다고 상상해보자. 전체 포물선 궤적은 필연적 원인에 따라 결정된다. 이제 던져진 돌이 그 움직임을 인지한다고 상상해보자. 움직임의 원인은 모른 채 그 돌은 자신을 스스로 원인이라고 생각할 것이다. 돌은 스스로 올라가길 원한다고 생각하고 내려가길 원한다고 생각하며 땅에 닿아 쉬길 원한다고 생각한다.

우리는 이와 유사한 상황에 있다. 우리는 자유롭게 다양한 선택을 하길 원한다. 그러다가 돌이켜보면 당시에 사실 우리가 원한 게 아니었다거나 술에 취했었다거나 실수였다는 걸 깨닫는 경우가 잦다. 더군다나 별로 자랑스럽지 않은 일을 한 뒤 우리는 흔히 '내가 원했던 건 그게 아니야', '내가 왜 그랬는지 모르겠어', '그건 내가 한 게 아니야' …라고 심지어 진심으로 말한다. '그게' '그랬는지' '그건'의 '그'는 나도 모르게 행동하게 한 원인을 가리키는 중성대명사다. 반면 행동할 만큼 원인이 강하지 않았을 때는 '내가 자제했어', '내가 해냈어', '나 자신이 자랑스러워'…라고 말하곤 한다. 칭찬할 만한 행동을 했다고 주장하지만 내면에서 다른 무언가가 작용하고 있음을 인정한다. 어쨌든 말과 행동은 우리가 모르는 여러 힘의 관계에서 비롯된다. 가끔은 '내가 뭘 원하는지 모르겠어!'라고 말하기도 한다. 때로는 누군가에게 할 말을 굳게 결심했다가 마지막 순간에 말하는 걸 포기하거나 당장 후회할 말을 하기도 한다. 우리의 의지가 무엇도 결정짓지 않는데 어떻게 이 의지로 우리가 자유롭게 결정한다고 주장할 수 있는가? 게다가 우리가 의지라고 하는 것의 특성은 무엇이며 의지는 어디에 있는가? 행동의 원인을 모르는데 의지가 있다는 걸 어떻게 믿을 수 있는가?

스피노자 이래로 인간 실재에 관한 모든 연구는 자유의지, 감정을 강화하는 절대 자유의지에 대한 개념에 의문을 제기했다. 우리를 결정짓는 무엇도 없이 자유로이 선택할 수 있다는 건 매우 설득력 있었다. 우선 정신분석학의 창시자인 지크문트 프로이트가 스피노자 이론을 표방했다. 사회학과 다른 인문과학은 우리가 인식하지 못하고 생각하고 행동하는 사이에 매우 다양한 요인이 강하게 작용한다는 사실을 강조했다. 따라서 행위는 많은 부분에서 결정론을 따른다.

그렇다면 데카르트가 대변했던 젊은 농민이 무책임하다고 선언한 건 옳았지만 그러한 예외적인 상황을 제외하고는 우리가 모든 행위를 전적으로 자율로 결정할 수 있다고 믿는다면 잘못이다. 다만 이러한 조건에서 여전히 행위라고 할 수 있는지는 더 고민해봐야 한다.

확정된 행위는 여전히 행위인가?

행위가 무엇인지부터 알고 시작해야 한다. 일단 행위는 스스로 하는 것이며 물리적 제약에 따른 결과가 아니다. 비행기에서 뛰어내린다면 낙하산 점프와는 달리 나를 뛰어내리도록 한 제약이 있을 것이다. 마찬가지로 나에게 최면을 걸어 누군가를 죽이도록 프로그램한다면 나를 이 상태로 만든 자가 행위를 한 것이고 나는 그자의 수단일 뿐이다. 어떤 행위가 있으려면 내가 그 행위로 인해 어떤 역할을 했어야 하고 상황에 제약된 것이 아니어야 한다. 여기에서 구체적인 상황을 비교하고 각 상황에서 행위에 대해 검토해보자.

첫 번째 예를 살펴보자. 내가 발코니 난간에 기대어 있는데 난간이 떨어져서 거리를 지나던 사람이 죽었다고 치자. 내 행위는 난간에 기대는 것이었고 나를 살인 혐의로 유죄판결 하지 않을 것이다. 반면 난간을 만든 회사는 이런 경우에 불안할 수 있다. 누군가가 나에게 그날 무엇을 했는지 묻는다면 나는 '누군가를 죽였다'라고 대답하지 않고

'평소처럼 발코니 난간에 기댔는데 난간이 무너져 지나가던 사람이 죽었다'라고 대답할 것이다. 내 행위는 난간에 기댄 사실에 한정된다. 죽음은 내 행위의 결과일 뿐 의도된 것이 아니었기 때문이다. 이 죽음은 내가 그 행위를 할 당시 내 의식 속에 없었고 따라서 죽음은 내 행위의 일부가 아니다. 반면에 내가 난간이 무너질 수 있음을 감지하고 행인이 도착하길 지켜봤다가 그를 겨냥해 난간을 밀고 있는 모습을 누군가가 보았다면, 이 죽음은 의도된 것이고 내가 의식하고 있었기에 내 행위는 범죄가 된다.

두 번째 예를 살펴보자. 길거리에서 담배 버릴 곳을 찾다가 맨홀에 버렸다고 하자. 그런데 100m 떨어진 곳에 있는 주유소에서 누수가 발생해 지하에 휘발유가 흘러나와 담배꽁초가 주유소를 폭발시켰다. 내 행위에는 폭발이 포함되지 않고 담배꽁초를 던진 것만이 내 행위이며 폭발은 그 행위의 결과다. 반면에 채석장에서 암벽을 폭파해야 할 때 내가 암벽 아래에 화약을 놓고 담뱃불로 도화선에 불을 붙인다면 내 행위가 폭발을 일으키고 나머지는 모두 수단이 된다. 여기서 폭발은 내 행위의 일부다.

행위는 목표하는 바가 의식에 존재하고 의식적인 의도가 있음을 필연적 전제로 한다. 따라서 문제는 행위가 자유롭게 수행되지 않고 결정론을 따를 수 있는지 여부다. 이것이 장 폴 사르트르가 20세기 중반의 《존재와 무》에서 대답하고자 했던 질문이다. 나를 행동하게 만드는 동기와 원동력이 무엇이든 처한 상황이 무엇이든 "모든 행위는 의도적이다". 행위는 존재하지 않는 것, 무, 결핍을 겨냥하고 마치 있을 법한 미래처럼 의식 속에서만 존재한다. 그러므로 어떤 행위도 과거나 현재 상황으로 설명할 수 없다. 사르트르는 현재와의 일종의 단절이며 '자신에게서 벗어나는 것'이라고 썼다. 내가 미래를 위해 행하기에 나는 나로 있지 아니하고 타인이 된다. 그리고 오직 미래, 즉 무無만이 행위를 설명할 수 있다면 행위에 원인이 없다고 말하는 것과 같고 행위의 정의는 자유로워진다. 내가 처한 상태는 행위를 결정할 수 없고, 내가 행하는 순간 나는 자신의 밖으로 나와 내 앞에 있다. 그래서 나는 나 자신을 내던지고 나의 의식은 행위가 지향하는 미래에 던져진다. "자유로운 투기投企는 근본적이다. 자유로운 투기는 내 존재이기 때문이다." 그러므로 모든 행위는 본질적으로 자유롭다.

이는 데카르트와 마찬가지로 행위가 자유의지에서 비롯된다는 의미일까? 아니다. 사르트르에게 자유로운 의지는 없다. 다양한 가능성 사이에서 먼저 심사숙고하고 결심한 다음 선택하는 게 아니다. 나는 행위하고 내 행위가 나의 자유를 표면화한다. 이 행위가 나의 진정한 선택을 보여주기 때문이다. 물론 나는 고민할 수도 있고 타인에게 조언을 구할 수도 있다. 그러나 고민이나 조언의 결과를 나는 따를 수도 있고 따르지 않을 수도 있다. 합리적이지 않을 때 늘 기뻤다고 주장하면서 반대로 하는 때도 잦다. 또는 하려고 했던 것과 반대로 조언한 사람을 비난하며 그 조언을 거부한 때도 많다. '자발적 숙고는 항상 조작된다'라는 사르트르의 주장은 의심할 여지 없이 옳다. '일반적으로 우리가 원한다는 건 의식적인 결정이며 대부분 스스로 내린 결정에 따르는 후속 행위다'라고 사르트르는 《실존주의는 휴머니즘이다》에 명시한다. 내가 고민하고 있을 때 움직임이 일어났다. 그러면 '그건 더는 내가 하고 싶은 게 아니었다'라고 주장할 수 없다. 중요한 것은 내가 하는 일이고 내 행위는 내 실제 투기가 무엇이었는지 내 자유를 어떻게 사용했는지 가르쳐준다. "나는 행위를 통해 자유를 배우는 실존자다." 이러한 행위가 무엇이든 나에게는 행위에 대한 책임이 있으며 이를 통해 나 자신을 조각하고 내 실재를 발견한다. 이에 관해선 다른 장에서 다시 논의할 예정이다. 바로 이러한 이유로 나에게는 본질이 없다. 내 행위 하나하나가 나를 만들고 내 존재와 내가 무엇이 될지를 만든다. 바로 인간에게 있어서, 그리고 인간에게서만 '실존은 본질에 앞선다'라고 했던 사르트르의 유명한 말에 담긴 의미다.

그렇다면 인간은 자기 행위를 완전히 자유롭게 결정할 수 있는가? 방해가 있다면? 간단한 예를 들어보자. 직진하고 싶은데 바위가 앞을 가로막고 있다고 가정해보자. 나에게 계속 직진할 자유가 있는가? 아니다. 바위가 장애물이라는 건 직진하겠다는 나의 자유로운 계획과 관련이 있다. 계획이 없었다면 바위가 장애물이 아니므로 그냥 돌아서 가면 된다. 장애물은 자유로운 계획과 상대적이다. 물론 모든 게 가능하지는 않다. 달 위에서 두 발 모아 점프하기라든지 불사신이 되려는 계획은 터무니없고, 행위의 자유 문제와 아무 관련이 없다. 다른 의미로 장애물 문제를 제기하는 다른 예를 들어보자. 아주 높은 정상에 도달하고 싶어 걷고 있는데, 피로가 압도하고 다리가 아프고 숨쉬기가 힘들며 어지럽고 지쳐서는 심장이 마구 날뛴다. 죽는 게 두려워 앉는다. 자유롭게 멈추기로 했나? 그렇다. 언제나 한 걸음 더 나아갈 수 있다. 언제나 그렇다. 그러나 대가가 무엇인가? 어쩌면 죽을 수도 있다. 그래서 정상에 오르기 위한 자유 선택과 계속 살기 위한 자유 선택 사이에서 살기 위한 자유를 선택했다. 이 본질적인 계획에 직면하면 정상 도달이 하찮아진다. 마찬가지로 나치 점령하에서 일부는 고문과 총살이 두려워 저항을 포기했다. 수천 가지 방법으로 자신을 정당화할 수 있지만, 그 선택은 양립할 수 없는 두 계획 사이에서 자유로운 선택이었다.

그렇다면 이 상황에서 늘 한 걸음 더 나아갈 수 있다는 게 사실인가? 앞의 예를 약간 수정하면 한 걸음 더 나아갈 수 있었다는 걸 느낄 수 있다. 세상에서 가장 사랑하는 여인이 산 정상에서 다쳐 피를 흘리고 있는데 생명을 구할 수 있는 시간이 촉박하다. 산을 오르는 데 나는 점점 지쳐가고 어느 순간 자신이 무너져 죽을 수도 있다고 느낀다. 멈춰야 한다는 생각이 떠오를 수 있다. 사랑하는 여인의 생명을 희생하는 것과 자신의 목숨을 위험에 처하게 하는 것 사이에서 '내 생명을 구하겠어'라고 선택할 수 있다. 그러나 첫 번째 선택과는 다르게 고통에 굴복하지 않고 한 걸음 더 나아갈 가능성도 크다. 어쩌면 나의 목숨을 걸 수도 있다. 물에 빠진 아이를 구하기 위해 사람들은 물에 뛰어들어 스스로 익사하기도 한다. 이는 나를 어떤 방향으로 움직이게 만드는 조건의 힘이 무엇이든 간에, 그 방향으로 갈지 말지 행위로 자유를 표방하는 주체는 결국 나라는 증거다. 이러한 예시들이 사르트르의 이론에 확신의 힘을 부여한다.

사르트르는 '나는 자유라는 형벌을 선고받았다'라고 선언했다. 데카르트처럼 내 안에 내 행위를 자유롭게 하는 자유로운 특성이 있기 때문이 아니라, 단지 의식적인 존재로서 내가 의도적인 행위를 수행할 능력이 있고 모든 의도적 행위는 필연적으로 자유롭기 때문이다. 따라서 우리는 애매한 상황에 맞닥뜨리게 된다. 데카르트는 인간의 절대적 자유를 인간의 본질적 특수성으로 파악했지만, 사르트르는 인간이 하는 모든 행위의 자유에 대한 견해를 다른 방식으로 발전시켰고, 스피노자는 인간의 생각과 행위를 포함해 모든 것이 결정론을 따른다고 설득력 있게 증명했다(스피노자는 더욱 나아가는데 이는 4장에서 살펴보았다). 이는 단 하나를 의미한다. 즉 철학은 삶, 우리를 둘러싼 모든 것, 일상생활에 이르기까지 모든 것의 진정한 복잡성을 세상에 밝히려 존재한다. 그리고 이 책은 하나의 사상이 다른 사상보다 우수하다거나 어떤 사상을 결정짓거나 반박하기 위함이 아니다. 이 책은 단 하나, 철학이 필요한 이유를 강조할 뿐이다.

3부
인간 되기

Vivre et penser dans l'incertitude
: Ces philosophes indispensables notre temps

인간은 자신을 되돌아보며 '인간이란 무엇인가'에 대해 질문하는 지적 능력을 발전시켜왔다. 그러면서 인간이 자연 속에 존재하는 유별난 종임을 깨달았다. 프로메테우스 신화에서 시작해 전설로 전해지는 수많은 부족의 신화를 거쳐 성서의 창세기에 이르기까지, 인간이 고유한 언어, 기술, 예술, 집단생활 규칙을 생성하고 변형하는 능력은 매우 독특해서 오로지 창조신들에게 인간 창조의 공적을 돌릴 수밖에 없었다. 그래서 인간은 원초적으로 불변하는 본성을 갖추고 태어났다고 믿었다. 인간 본성에 대한 오래된 믿음은 일상생활에서 운명처럼 벌어지는 수천 가지 현상을 무의식중에 설명한다. 전쟁은 인간 본성이다. 불평등과 불의도 마찬가지이며 또는 이타적 감정, 가족, 이기심, 사유재산에 대한 욕심, 질투, 거짓말, 모든 미덕과 악덕이 뒤죽박죽 섞이는 현상도 마찬가지로 인간 본성이다. 이러한 것들이 존재한 지는 얼마 되지 않았다. 예컨대 전쟁은 호모사피엔스사피엔스의 20만

년 역사 가운데 아프리카에서는 약 1만 년 전, 유럽에서는 약 4만 년 전부터다. 우리도 각자 본성을 지니고 있다고 느낀다. 즉 우리 존재와 언제나 연결된 듯한 일련의 성격 특성과 능력, 감정과 취향이 있음을 느낀다. 따라서 보편적인 인간 본성이 있고 여성의 본성도 당연히 별개로 존재한다고 느낀다. 이러한 본성은 사회 문화적 과정의 결과가 아니기에 집단과 개인의 역사로 재구성될 수 있는 부분이 아니라, 본질적으로 바꿀 수 없는 일종의 유전적 또는 신적 산물이다. 개는 개이고 고양이는 고양이며 남자는 남자고 여자는 여자다. 우리는 그렇게 진화하는 것이 아니라 그렇게 존재한다.

그러나 고대로부터 철학자들은 인간이 진화의 결과라고 생각했다. 즉 인간은 인간이라는 종으로 진화했으며 민족과 문화가 진화한 결과이고 각 개성과 성별이 진화한 결과라고 생각했다. 따라서 디오게네스는 동시대인들을 사회의 꼭두각시로 여겼고 디오게네스 이후 에피쿠로스가 그랬듯 노예를 완전한 인간으로 보았다. 플라톤은 여성이 남성과 동등한 인격이지만 당시 여성을 교육하지 않았기에 열등해졌다고 보았다. 루소는 인간이 반복된 체험으로 지속해서 진화하는 과정 중이고 문화를 내재화한다고 여겼으며, 디드로는 이를 생물 진화과정의 결과로 이해했다. 다윈이 인류의 종에 대해 그리고 프로이트가 개체성에 대해 결정적으로 이론을 확립하기 전에, 이미 많은 철학자가 인간이란 무엇인가에 대한 원리와 방법론을 발전시켰다.

그러나 지금까지도 동시대인 대부분은 인간 본성에 대한 이념을 고수하며 여성 고유의 본성에 대한 이념 또한 분명히 고수하고 있다. 그러나 이 헛된 믿음을 그 자체로 내면화하게 되면 개인의 자유를 얻는 데 분명 걸림돌이 된다. 자신과 싸워 스스로 달라지려면 자신의 존재가 생물학, 신, 사회학, 정신 생리학 면에서 운명이 정해지지 않았다고 확신해야 하기 때문이다. 어떤 의미에서 이러한 숙명론에 자신을 가둔다면 완전한 인간이기를 포기하는 것과 마찬가지다. 실제로 인간이 자기 자신으로 존재한다는 것은, 사르트르의 말에 따르면 '자기 자신과 다른 존재로 존재하는 것'이다. 타자가 되고자 하는 투쟁, 주변의 사회 관습에 따라 제한받는 것을 멈추기 위한 투쟁은 아마도 철학의 본질일 것이다. 이러한 투쟁은 수천 년간 남성의 지배를 받아온 여성들에 의해, 보다 적극적으로 해방을 추구하는 이들에 의해 커다란 노력으로 이어져왔다. 예컨대 극단적으로 아테네 고대 냉소주의자들의 방법론이 그러했다. 3부에서 논의될 이 모든 내용이 우리 각자를 철학적으로 활성화할 것이다.

8장
다윈, 신앙심 깊은 진화론자
인간의 본성이 있는가?

"박물학자로 비글호에 탑승한 나는 남아메리카에 사는 유기 생물의 분포 그리고 과거에 서식했던 종과 현재 서식하는 종 사이의 지질학적 관계에 대한 다양한 사실에 특히 충격을 받았다." 찰스 다윈이 1859년 발표한 《종의 기원》은 이렇게 시작한다. 모든 것이 단순해 보였다. 다윈은 5년 동안 전 세계를 탐사하며 가는 장소마다 동식물을 관찰했고 모든 관찰 결과가 생명체의 진화를 증명한다고 생각했다.

다윈은 이 혁명적인 작품 도입부에 이 문장을 쓰고 다시 읽은 뒤 조금 머뭇거리다 펜을 내려놓고 일어나 서재에서 원을 그리며 걷다가 추억에 잠긴다. 책상으로 돌아가 첫 문장을 다시 읽고는 동료들이 조금 놀려도 할 수 없다고 중얼거린다. 동료들은 다윈이 관찰 결과를 거부하고 이해하지 못했으며 종교적 창조론으로 일관하는 모습을 목격했었다. 또한 동료들은 다윈이 탐사 후 훨씬 나중에야 이 교훈을 깨달았다는 것을 알고 있다. 할 수 없다. 이 책을 기다리는 영광 앞에서 이러한 세부 사항은 무의미하다. 어찌 되었든 이 탐사는 결정적이었다.

다윈은 1831년 플리머스Plymouth에서 출발해 카보 베르데 제도Cape Verde Islands, 브라질의 바이아Bahia, 몬테비데오Montevideo, 포클랜드 제도 Falkland Islands, 호른 곶Cape Horn, 칠레의 발파라이소Valparaiso, 칼라오Callao 그리고 그 무엇도 이해하고 싶지 않았던 갈라파고스 제도Galapagos Island)를 지나 타히티, 뉴질랜드, 호주, 코코스 제도Cocos Islands, 모리셔 스Mauritius, 희망봉Cape de Good Hope, 어센션 섬Ascension Island 그리고 다시 바이아, 세인트폴Saint-Paul, 카보 베르데 제도를 지나 팰머스Falmouth에 1836년에 도착했다! 5년간 비글호 탐사를 마친 다윈은 출발 전과 마찬가지로 종교적 창조론자로 영국에 돌아왔다. 이 세계 탐사에는 위대한 과학자 다윈의 두 이미지가 있다. 하나는《종의 기원》을 통해 드러나는 이미지이고 다른 하나는 실제 다윈의 이미지다. 실제 다윈의 이미지는 더 복잡하고 더 흥미로우며 더 모순적이다.

창조론자 다윈

우선 찰스 다윈은 왜 비글호에 탔을까? 다윈의 아버지는 자신의 뒤를 이어 의사가 되라며 다윈을 에든버러 대학교에 보냈다. 그러나 다윈은 개를 너무 좋아했고 학업보다 사냥에 대한 열정이 더 높았다. 아버지는 궁여지책으로 다윈을 성공회 목사 자격 학위를 취득할 수 있는 케임브리지 대학교에 등록시켰다. 할아버지와 형은 다소 자유사상가였으나 찰스 다윈은 신앙심 깊은 기독교도였고, 성경 읽기에 집착해 성경을 외우고 시도 때도 없이 성경 문구를 인용했기 때문이다. 신기하게도 다윈은 케임브리지에서 지질학의 기초를 배웠고 박물학자 헨슬로Henslow와 자주 어울렸다. 헨슬로는 비글호 선장인 피츠로이

FitzRoy가 지도 작성을 위한 장기 임무를 수행하고자 지질학자나 박물학자를 동반해 떠나려 한다는 계획을 듣고 서둘러 찰스 다윈을 제안했다. 피츠로이는 다윈에게 찰스 라이엘Charles Lyell의 《지질학 원리》첫 번째 책을 맡겼다. 다윈은 한참 시간이 흐른 뒤에야 라이엘을 만나게 된다.

다윈의 아버지는 처음에는 아들을 보내기를 거부했으나 이후 수락한다. 다윈은 진화론으로 이어질 방법론을 구축하려는 목적으로 배를 탄 게 아니었다. 자주 간과되는 내용인데, 탐사 동안 코코스 제도와 파타고니아에서 수행된 연구에서 다윈은 성경의 주장과 관련 없는 기간에 있던 지질학 역사 연구 결과를 작성해 라이엘의 생각을 확증했다. 이 연구 결과 덕분에 다윈은 런던으로 돌아오기 전 이미 과학 분야에서 상당한 명성을 얻었다. 다윈은 선상에서 권력자라도 되는 양 성경 문구를 계속 인용했고 그 때문에 장교들의 비웃음을 샀다. 기독교도였던 장교들조차 성경의 버전과 다른 창조론은 절대 인정하지 않던 자신의 맹목적인 독단주의를 조롱했다고 회상했다. 탐사 내내 다윈은 종교적 창조론에서 벗어나지 않았다. 그러므로 《종의 기원》의 첫 문장에 적힌 내용은 실제로 일어났던 일이 아니라고 할 수 있다.

갈라파고스에서 일어난 에피소드가 이를 증명한다. 다윈은 섬마다 서로 다른 여러 종의 거북이, 앵무새, 핀치새를 관찰했다. 진화론이 처음 만들어졌을 때 결정적인 역할을 한 이 동물들은 실제 진화론으로 나아가기 위한 이상적인 실험 대상이었지만, 당시 다윈은 여전히 확고한 비진화론자이자 창조론자였기 때문에 그 지점에서 아무런 통찰도 얻지 못했다. 다윈은 거북이로 요리하게 내버려두었고 거북이 껍질을 바다에 버렸으며 새들을 쫓아버렸다. 다윈은 그 동물들의 다양한 식습관에도 관심이 없었다. 갈라파고스 제도 부총독이 관련해 정보를 제공하려 했고 동료들도 의문을 가졌으나 다윈은 듣지도 보지도 않으려 했다. 여러 섬의 다양한 조건에서 거리가 가까운데도 서로 다르게 진화하고 있는 설득력 있는 증거들이 파괴되도록 내버려두었다. 신이 결정적이고 합리적인 계획에 따라 만물을 창조했다고 확신하는 사람에게는 이 가운데 무엇에도 관심이 가지 않았다. 다윈은 갈라파고스에 도착했을 때와 마찬가지로 창조론자인 채로 갈라파고스를 떠났고, 영국으로 돌아온 뒤 시간이 꽤 흐를 때까지 자신의 실수를 알아채지 못했다.

다윈의 첫 번째 문제 제기는 1837년에 여전히 주저하는 채로 시작되었다. 종이 정체된 게 아니라는 개념을 명확하게 표명한 35페이지 분량의 첫 논문은 1842년에 발표되었다. 1844년에는 230페이지에 달하는 논문을 작성해 처음 발표했던 내용을 확장하면서 다윈은 친구이자 동료인 조셉 후커Joseph Hooker에게 '종은 진화한다고 거의 확신하고 있네'라고 썼다. '거의'라고 했다. 그리고 다윈은 이렇게 덧붙였다. "이건 거의 살인을 자백하는 것과 같네." 살인. 다윈은 자신의 이론을 확립하기 위해 스스로 고통받아야 했다. 다윈의 말은 진리에 대한 흔치 않은 열정을 드러냈다. 내적으로 가장 깊은 신념에 맞서며 그는 엄청난 내면의 대립을 겪었을 것이다. 계몽주의 철학자들이 했던 방식으로, 다윈은 1838년경 기독교 교회의 반계몽주의적 교리를 무너뜨렸다. 그래도 그는 계속해서 신을 믿었고 그의 유신론 또는 이신론은 《종의 기원》이 발표된 뒤로도 얼마간 지속된 듯하다. 그러나 다윈은 과학계를 비롯해 그를 둘러싸던 강력하고 지배적인 의견들을 무시할 수 없었다. 그래서 창조론과 타협하게 되지만 1863년 3월의 편지에서 후커에게 털어놓았던 것처럼 그 사실을 후회했다. "나는 여론에 굴복해 창조라는 성경 속 용어를 사용한 걸 오랫동안 후회했다네. 사실 난 아직 전혀 알려지지 않은 과정에 의한 출현에 대해 말하고자 했네."

다윈이 발견한 내용을 발표하려 했을 때 종교계의 분위기가 어떠했는지는 짐작하기 어렵지만, 그 이후 벌어진 일들을 보면 다윈이 두려워할 만했음을 확인할 수 있다. 이에 대해서는 나중에 논의하기로 하자. 맨체스터 주교의 아내는 다윈의 방법론에 미신과 위선이 뒤섞여 있다고 요약했다. "원숭이의 후손이라고요? 설마 그게 사실이 아니길 바랍니다… 그러나 만약 사실이라면 이 사실이 알려지지 않도록 기도합시다!" 다윈의 아내 에마Emma도 있다. 1838년 다윈은 갑자기 공책 한 페이지에 자기 생각을 요약하고는 사촌인 에마와 결혼했다. 노트에는 두 문단에 걸쳐 결혼의 장점과 미혼의 장점이 적혀 있는데 다윈은 첫 줄에 이렇게 썼다. "노년의 친구… 어쨌든 개보다는 낫다." 다윈 부부는 자식을 열 명 낳았는데 그중 여럿이 아주 어린 나이에 죽었다. 에마는 편협한 신앙을 가졌으며 당연히 창조론자였고 자신보다 훨씬 독단적 신앙에 빠진 친구들과 자주 어울렸다. 무엇보다도 남편의 이단적인 생각 때문에 자신과 남편이 영생을 얻지 못하게 될까 두려워했다. 다윈은 자신의 방법론과 연구 결과를 에마에게 숨기지 않았다. 비록 《인간의 유래》에 대해 연구할 때 에마가 마음 쓰지 않도록 아들에게 이 책에 대해 에마에게 말하지 말라고 부탁하긴 했어도.

실제 방해물

무엇이 진화한다는 이념을 받아들이지 못하게 방해하고 있었는지 이해하려면 우선 어떤 신앙에서도 진화가 제1원인이 아니었음을 염두에 둬야 한다. 예컨대 지구 중심적인 환상이 그랬듯 수천 년 동안 일상에서 여러 번 감각으로 경험한 것들이 현실 세계에 잘못된 표상을 강요했다. 우리는 미네랄이 어떻게 동물이 될 수 있는지는 이해하기 어렵지만, 고양이가 고양이를 낳고 물고기는 물고기를 낳으며 인간은 인간을 낳는다는 사실은 인정한다. 우월한 영적 존재의 개입 없이 물질계가 진화해 그렇게 복잡한 존재를 형성할 수 있다는 사실을 어떻게 상상할 수 있었겠는가? 케임브리지에서 신학을 공부하던 중 곤충과 지질학에 매료된 다윈은 1802년 윌리엄 페일리William Paley가 발표한 《자연신학》의 영향을 받아 그 내용을 그대로 받아들였다. 그 책에는 다음과 같이 쓰여 있다. 내가 만약 무인도에서 땅에 떨어져 있는 시계를 발견한다면 "다양한 역학 원리가 우연히 교차한 결과 시계를 발견했다고는 생각하지 않을 것이다. 바위가 다양한 역학 원리에 의해 우연히 만들어진 게 아닌 것처럼 말이다." 따라서 "나는 필연적으로 창조주가 존재한다는 결론에 이른다." 이렇게 영적인 존재만이 시계를 만들 수 있다고 가정하는데, 어떻게 무한히 복잡한 존재인 인간이 무작위에 의한 배열의 결실임을 받아들일 수 있었겠는가?

신이라는 뛰어난 장인이 인간 창조에 개입했다는 게 당연한 상식이라 여겨졌다. 특히 지구가 6000년 전 신에 의해 창조되었다는 사실을 받아들인다면 이 논증은 더욱 유력해졌다. 1600년에 제임스 어셔 James Uscher는 성서에 근거해 신이 기원전 4004년 10월 23일 아침 9시에 세상을 창조했다고 계산하지 않았는가? 그렇게 짧은 시간에 자연적으로 현재의 생물 종種으로 이어지는 진화를 어떻게 고안해냈을까? 이렇게 조상 대대로 내려오는 신앙 기반에서는 화석조차 창조론의 필터를 통해 해석되었다. 예컨대 19세기 초에 조르주 퀴비에Georges Cuvier 가 성서에 나오는 홍수와 다양한 대격변의 결과를 화석에서 본 것처럼 말이다. 창조론은 논증에 기반을 두며 지식을 통해 합리적으로 설명되지 않은 채 유일하게 가능한 이론으로 존재했다. 이런 환상을 만드는 과정이 종교 교리에 힘을 더했고, 종교 교리와 다른 이론을 제안하는 자들에 대한 억압을 정당화했다.

성서와 다른 버전의 인류 기원을 대담하게 제안한 저자들이 다윈 이전에도 몇 명 있었다. 일찍이 1616년에 루칠리오 바니니Lucilio Vanini 는 알렉산더 대왕과 카이사르 사이의 흥미로운 대화를 엮은 책《자연의 경이로운 비밀에 관한 대화Dialogues sur les secrets de la nature》에서, 별들이 물질계에 형태를 주어 원숭이를 만들었고 점차 원숭이가 인간으로 변해 처음엔 인간이 네발로 기어다니며 살기 시작했다고 가정했다. 루칠리오 바니니는 1619년에 툴루즈에서 산 채로 화형당했다. 아이작 드 라 페이레르Isaac La Peyrère도 1655년《아담 이전의 인류 Préadamites》에서 아담 이전의 인간을 상상했지만, 화형을 피하고자 모든 것을 공개적으로 부인해야 했다. 50년 후 브우아 드 마이예Benoît de Maillet는 《바다의 감소, 지구의 형성, 인류의 기원에 대한 인도 철학자와 프랑스 선교사의 인터뷰 또는 텔리아메드Telliamed ou Entretiens d'un philosophe indien avec un missionnaire français sur la diminution de la mer, la formation de la terre, l'origine de l'homme》 (Telliamed, 텔리아메드는 저자의 성인 De Maillet의 철자 순서를 바꾸어 만든 단어다—옮긴이)라는 놀라운 책을 썼으나 저자의 사망 10년 뒤인 1748년에야 책이 출판된다. 저자는 해수면이 지속적으로 하강해 해양의 종이 육지 조건에 적응하며 변이되었다고 가정했다. 따라서 인간을 포함해 역사가 있는 인류의 모든 종은 조상이 물갈퀴가 있거나 발이 하나이거나 눈이 하나이거나 또는 반쪽은 곰이고 반쪽은 원숭이일 수도 있다고 했다!

18세기 초에 라이프니츠Leibniz는《인류 이해에 관한 새로운 논의 Nouveaux essais sur l'entendement humain》에서 생명의 역사에 대한 문제를 다뤘다. 그러나 신성 창조를 믿던 시대에 맞게 생명이 신의 계시로 만들어진다고 하면서, 그 대신 완전하고 즉각적으로 만들어진다고 했다. 당시는 샤를 보네Charles Bonnet, 장 바티스트 로비네Jean-Baptiste Robinet 또는 마우페르튀스Maupertuis가 다양한 형태로 이러한 유형의 이론을 확장하던 시기였다. 예컨대 신이 뿌린 씨앗이 서로 결합한다고 생각하면 진화를 인정할 수 있었다. 이때 진화는 처음부터 신에 의해 계획된 진화이며 즉각적인 창조를 통해 이루어지고, 창조 이후 우연이나 변이 없이 오로지 자연법칙을 따르며 시간이 전개된다. 따라서 생물의 진화에 대한 사상은 라마르크Lamarck나 다윈보다 먼저 등장했지만, 창조 때부터 신이 계획한 궁극적인 형태가 있음을 전제로 했다. 이처럼 자연과학 내에서 종교 신화의 포로로 머무는 방법은 무궁무진하다. 그들 가운데 오직 디드로만이 신성 창조와 궁극적인 형태가 없는 진화론을 제안했다. 우연한 변이와 결정적인 제거를 결합한 이론이었다.

디드로와 같은 방향이지만 다윈은 과학 방법론으로 진정한 혁명에 뛰어들었다. 다윈은 1837년 이후부터 쌓여 있던 의혹뿐만 아니라 비글호를 타고 세계 탐사하는 동안 이해하지 못했던 것들에 대해 이론적으로 재검토하고 다양한 해석을 붙여 진화론을 완성했다. 물론 찰스 라이엘의 저서도 도움이 되었다. 책에서 찰스 라이엘은 지구가 최근에 창조되었다는 이념을 파괴하고 지구의 진화에 대한 궁극목적(인생이 추구하는 궁극적인 목적—옮긴이)론적 해석을 거부했다. 영국으로 돌아온 다윈은 5년 동안 탐사하면서 라이엘의 책을 거의 암기했다고 농담처럼 말했다. 또한 1838년에는 맬서스Malthus가 1798년 발표한 《인구론》도 읽었다. 《인구론》에서 맬서스는 인구가 기하학적으로 증가하고 자원이 산술적으로 증가하며 전쟁이 규제하는 역할을 할 수 없다면 인구를 제한해야 한다고 적었다. 이 사회 이론을 생물학적 우주에 대입하면 종種들과 각 종 내의 개체들이 필연으로 생존경쟁에 있다고 논증할 수 있다. 다윈의 가족들도 같은 사상을 지니고 있었다. 다윈은 사촌과 결혼했기에 다윈 부부는 할아버지와 조상이 같았는데, 할아버지 조시아 웨지우드Josiah Wedgood는 매우 위대한 자유주의 도예가였고 노예제에 적대적이었다. 애덤 스미스의 '보이지 않는 손'에 따르면 산업주의의 상승세는 자연에서 관찰되는 생존경쟁이 확장된 것이라고 볼 수 있다. 이것이 다윈 부부의 다른 할아버지인 이래즈머스 다윈Erasmus Darwin이 개괄한 개념이다. 이래즈머스 다윈은 의사였는데 살아 있는 존재는 점진적으로 변화한다는 라마르크의 사상에 동의한다는 점을 숨기지 않았다.

모든 게 잘 들어맞았다. 1842년 다윈 가족은 시골로 이주했다. 찰스 다윈은 비둘기 사육자의 인위적인 선택 관행을 상세히 연구했고, 정원사들이 번식력 좋은 잡초 같은 변이식물로부터 작물을 보호하고 다른 식물과 경쟁하는 해로운 식물들을 뿌리 뽑고자 어떤 행동을 하는지 자세히 관찰했다. 다윈은 인위적 선택이라는 개념을 발견했다. 다윈은 또한 오귀스트 콩트Auguste Comte의 책을 읽었다. 신학적 상태에서 형이상학적 상태로, 그다음에 연구와 관련 없는 명제가 사라지는 '긍정적인 상태'로 모든 형태의 이론적 사고가 필연적으로 변한다는 오귀스트 콩트의 생각에 큰 감명을 받았다. 다윈은 생물에 대한 개념이 이런 유형의 방해물과 충돌한다는 것을 분명히 알고 있었다. 다윈은 또한 기독교적 신념에서 점차 자유로워지다가 1851년에 아홉 살이던 딸 앤 엘리자베스가 사망하자 완전히 기독교와 멀어진 듯하다. 그렇게 다윈은 5년간의 전 세계 탐사 동안 지각하지 못했던 것을 책을 통해 그리고 런던 주변에서 마침내 이해할 수 있었다.

그러나 다윈의 위대한 책이 나오기 1년 전인 1858년에 특정 사건이 일어나 모든 것이 위태로워졌다. 책을 출판하면 어떤 결과가 닥쳐올지 다윈이 의식적, 무의식적으로 우려했던 지점들에 대해 그리고 다윈의 지적 정직성에 대해서도 많은 것을 시사하는 사건이었다. 다윈은 앨프리드 월리스Alfred Wallace로부터 《변종이 원형에서 끝없이 멀어지는 경향에 대하여Sur la tendance des variétés à s'écarter indéfiniment du type origine l》라는 회고록을 받았다. 저자는 다윈 숭배자였으며 비글호 항해에 관한 기사를 읽었고 말레이시아와 인도네시아에서 종을 연구했다. 그는 다윈과 마찬가지로 맬서스의 이론에 근거를 두었다. 앨프리드 월리스의 회고록은 다윈이 발표하려고 했던 논문과 매우 유사한 사상을 전개했지만, 본질적인 점에서 서로 달랐다. 앨프리드 월리스의 글에는 자연선택의 개념이 없었다. 주어진 환경에서 경쟁 존재를 제거하는 것은 무작위 변이로 종을 생성하는 메커니즘이 아닌, 종의 원형이 적응을 유지하기 위한 조절 장치라고 여겼다. 반면 자연선택은 다윈의 모든 이론에 있어 중심 개념이었다. 자연선택은 특히 궁극목적론적 환상을 거부했다. 그런데 월리스의 《회고록》을 읽은 다윈은 자신의 이론이 월리스의 이론과 같다고 단언했고, 월리스의 이론보다 앞서고 있다고 생각했다! 따라서 다윈은 후세가 자신의 손을 들어주리라 믿으며 월리스가 요청하지 않았는데도 친구인 라이엘과 후커에게 월리스의 책을 출판하자고 제안했다. 월리스의 글을 읽은 라이엘과 후커는 놀랐다. 그들은 월리스의 회고록과 함께 다윈이 1847년과 1857년에 쓴 두 개의 초기 논문을 런던의 린네 학회에 소개하자고 제안했다. 이렇게 드디어 다윈의 《종의 기원》이 출판되었다. 다윈은 지지와 우정을 보여준 월리스를 생의 마지막까지 협력자로 삼았다. 여기 질문의 여지가 있다. 다윈은 왜 두 이론의 차이를 인지하지 못했을까? 자신이 발견한 것의 의미와 그에 따른 결과를 받아들여야 한다는 궁극적인 두려움 때문었을까?

월리스는 다윈과 마찬가지로 성실했고, 다윈주의를 인종차별주의와 인종 개량주의로 왜곡하는 자들에 대항해 싸우며 인본주의에 헌신했다. 그 투쟁은 여성 참정권에 찬성하고 경제 자유주의에 반대하며, 농민의 이익을 위한 토지 국유화에 찬성하고 민주주의 심화에 찬성하며 군국주의에 반대하는 보편 투쟁이었다. 또한 월리스가 한 투쟁은 다윈주의의 대중화에 크게 도움이 되었다.

스캔들

물론 여기에서 다윈이 1859년부터 생애를 마칠 때까지 공들여 만든 이론의 세부 사항을 다루자는 의도가 아니다. 또한 인류의 진화과정을 확증하고 19세기 해석을 상당히 수정한 진화 생물학이 유전학과 분자 생물학이 나오기 전 어떤 상태였는지를 밝히자는 의도는 더욱 아니다. 다윈의 제안을 간단하고 빠르게 요약해보려는 것이다.

생명체는 번식 원리에 따라 자신과 유사한 생명체를 낳고 무작위로 변이해 새로운 생명체의 다양한 특성을 수정하는 요소를 생성한다. 이러한 변이는 모든 식물 재배자와 가축 사육자의 행동에서 관찰되었으며, 이전 세기에 뷔퐁Buffon과 디드로는 이미 변이에 각별한 관심을 보인 바 있다. 주어진 환경에서 이러한 변이는 생존 능력과 번식 능력을 증가시키거나 감소시킨다. 아주 조금씩이라도 증가하거나 감소하며 시간이 지남에 따라 변이는 보존되거나 제거된다. 변이는 특별한 목적 없이 순전히 맹목적으로 우연을 따르고 살아 있는 종이 진화하는 근거가 된다. 다윈은 삶의 조건에 따라 변이가 발생한다고 주장하면서도 유기체의 사용 여부와 기타 부수적인 원인에 대해 끊임없이 주저했다. 물론 곧 등장하는 유전학은 후천성 형질인 변이가 유전적으로 전달되지 않는다는 사실을 증명했지만, 그렇다고 변이의 출현에 대한 의문을 해결해주지는 못했다. 따라서 새로운 종을 구성할 때까지 중간고리를 제거하며 종을 파생하는 과정은 우연과 필연의 결합으로 이루어진다.

동시에 이 환경에서는 여러 동식물종이 동일한 자원을 놓고 경쟁하며 이는 종 간 투쟁으로 이어져 자연선택이 발생한다. 수백만 년,

수십억 년이 지난 뒤에는 살아남을 능력이 있는 종만이 살아남고 자연에서 미숙한 모든 종은 버려진다. 그렇기에 '자연은 일을 잘한다'라고 할 정도로 우리에게 놀랍게 조화로운 장관을 선사한다. 식물 재배자와 가축 사육자가 인위적 선택을 통해 자발적으로 유발하려는 행동들을 자연은 맹목적으로 목적도 선택도 없이 수행한다. "어떤 주어진 환경을 차지하기 위해 신에 의해 계획된 동물은 존재하지 않는다." 다윈에게는 산 자의 질서를 설명하기 위해 뛰어난 장인으로서의 신이 더는 필요하지 않다. 새는 날기 위해 날개가 있는 게 아니다. 날개가 있어서 나는 것이다. 새에게 날개가 없었다면 새는 사라져버렸을 것이다. 우리에게는 보기 위해 눈이 있거나 잡기 위해 손이 있는 게 아니다. 진화는 현재 인간에 도달하기 위해 더듬더듬 발전하는 방법을 탐구하는 게 아니다. 진화는 필연적으로 점점 더 복잡한 것을 선택한다. 궁극목적론적 환상은 그 타당성을 의심할 만한 설명을 충분히 완수한 진화론에 따라 파괴되었다. 살인은 저질러졌고 신은 쓸모없어졌으며, 다윈 부부는 이념적으로 분열되었고 인간이 스스로에게 지닌 표상도 동시에 분열되었다. 그러나 다윈이 작품을 발표하기 위해 그렇게 오래 기다리고 인류의 기원을 다루고자 더 오래 기다린 이유는, 자신 연구가 어떤 스캔들을 불러일으킬지 알았기 때문이다. 그리고 다윈이 옳았다.

1860년 6월 30일 옥스퍼드에서 영국 과학진흥협회는 천여 명을 모아놓고 대토론회를 열었다. 《종의 기원》의 가치를 살펴보기 위해서였다. 다윈은 참석하지 않았다. 다윈의 친구 토마스 헉슬리Thomas Huxley가 진화론 옹호자로 참석했다. 토마스 헉슬리는 추후 《멋진 신세계》를 쓴 작가 올더스 헉슬리의 할아버지다. 옥스퍼드의 사무엘 윌버포스 Samuel Wilberforce 주교는 말도 안 되는 폭력적인 공격을 하며 이 토론을 진정한 이념 폭행의 장으로 만들어버렸다. 헉슬리는 이러한 광신도들에게 다음과 같이 말했다. "나는 과학적 질문을 모호하게 만드는 사람들보다 원숭이를 조상으로 삼고 싶습니다!" 언성이 높아지고 사람들은 격분했다. 위대한 여정 이후로 신비주의와 우울증 사이를 오가던 비글호의 예전 선장 피츠로이도 참석해 쟁탈전에 참여했다. 피츠로이는 겁에 질려 정신질환에 빠졌고 3년 뒤 자살한다. 진화론에 대한 공격이 확산했고 다윈을 원숭이로 풍자한 캐리커처가 늘어나는데도 인류 기원에 대한 문제를 꿋꿋하게 해결하려는 다윈의 결심은 변함없었다. 갈릴레이를 박해했던 때와 마찬가지로 기독교도들은 다윈에게 발견에 대한 대가를 치르도록 했다. 1915년에 레디 호프Lady Hope라는 전도사는 다윈이 자신의 모든 이론을 포기했고 침대에서 죽어가며 기독교로 다시 개종했다고 우겼다. 다윈이 죽을 당시 레디 호프는 미국에 있었는데도 말이다. 다윈의 딸 헨리에타Henrietta는 아버지의 마지막 숨이 사라질 때까지 곁을 지켰으며 아들 프랜시스Francis는 널리 알려진 그 이야기가 당연히 거짓말이라고 알렸다. 진화론은 과학적인 발견이었을 뿐 아니라 인간이 스스로에 대해 지녔던 표상도 뒤엎었다. 저항 없이 받아들기가 힘든 건 예나 지금이나 마찬가지다.

경전을 기반으로 한 3대 종교의 극단적 보수주의자들은 여전히 이 문제를 종결짓지 않았다. 반계몽주의 이슬람교에서는 《창조의 아틀라스Atlas de la Création》라는 책을 떠올릴 수 있다. 이 책은 알려지지 않은 자금 덕분에 프랑스의 수백 개 학교에 무료로 발송된 호화로운 출판물이다. 말도 안 되는 이야기들의 모음집인 이 책은 터키 이슬람교도 창조론자인 아드난 옥타르Adnan Oktar의 저작이다. 자신의 인쇄소가 있고 최근까지 자신의 텔레비전 방송국을 소유했던 자로, 진화론을 부도덕, 나치즘, 공산주의, 불교 그리고 테러리즘과 동일시했다. 기독교 측에선 근래 교황들이 마침내 진화 현상을 받아들였고, 진화가 신의 계획에 따라 시간이 흐르면서 전개된다는 300년 전과 똑같은 궁극목적론적 진화론의 일종인 지적설계이론을 부정했으나 변이의 무작위성은 여전히 거부하고 있다. 그러나 예컨대 개신교 집단 중 특히 미국 개신교가 진화를 거부하는 광경은 정말 우스꽝스럽다. 테네시와 같은 특정 주에서는 지적설계이론을 진화론과 동등한 입장에서 가르칠 수 있도록 승인했다. 이에 미국에서는 생물학 교사의 60%가 두 이론을 모두 가르친다. 상트페테르부르크에는 창조론 박물관이 있으며 샌디에이고에는 창조론자 연구소에서 국제 활동도 하고 있다. 최신 설문조사에 따르면 미국인의 46%는 신이 세상을 창조한 지 1만 년 미만이라 믿고 있으며 32%는 지적설계이론을 채택하고 싶어 한다! 진화를 의심하고 스스로 '기후 회의론자'라고 선언하는 이들도 바로 미국인들이다. 마찬가지로 2017학년도부터 폴란드는 신에 의해 인간이 창조되었다는 성경 말씀에 찬성하며 진화론 교육을 폐지하기로 했다. 창조론을 지지하는 교사의 비율은 모로코, 알제리, 튀니지 또는 세네갈에서 70~85%, 루마니아나 폴란드에서 25~48%다. 반면 그 외 모든 유럽 국가에서는 진화론을 지지하는 교사의 비율이 단연 다수이며 프랑스 교사들은 진화론자 90%, 창조론자 2%의 비율로 기록적인 수치를 보였다. 다원주의는 여전히 분열하고 있다….

인간의 기원

여기에서도 세부 내용은 다루지 않기로 한다. 연구에 따르면 진화로 인해 수백만 또는 수십억 개 종이 발생했으며 직접적으로 인간이 유래한 계통을 살펴보면 인간은 약 2500만 년 전의 원숭이, 1600만 년 전의 오랑우탄, 900만 년 전의 고릴라에 이어 800만 년 전의 침팬지에서 갈라져 나왔다. 이후로도 진화로 인해 수많은 종이 발생했고, 더는 유인원은 아니지만 여전히 현 인간과는 다른 종이 적어도 수십 종 존재했다. 예컨대 3만 5000년 전 서유럽에는 서로 다른 두 인종이 서로 가깝게 지내고 있었다. 네안데르탈인의 호모사피엔스와 크로마뇽인이라 하는 호모사피엔스사피엔스다. 따라서 3만 5000년 전에는 인종차별이 가능했다고 할 수 있다. 그러나 이제는 인간의 인종이 하나만 남았기에 더는 차별을 할 수 없다.

지난 800만 년 동안 인간은 넝쿨처럼 비선형으로 진화했다. 무작위 방식에 따라 난해한 생체리듬으로 진화했기에 제대로 된 분석을 했다고 하기엔 무리가 있었다. 800만 년간 인간의 직접 조상과 간접 조상 무리는 키와 몸무게, 생활 방식과 체형이 매우 다양하게 전개되었다. 진화의 이러한 긴 과정에서 우리는 인간이 무엇인지 이해하는 데 매우 중요한 몇 가지 사건만을 이 지점에서 강조하고자 한다.

첫 번째 사건은 사족보행에서 간헐적 이족보행으로 그리고 완전한 이족보행으로의 전환이다. 여기에서도 학자들 사이에 의견이 선명하게 갈린다. 걸을 때 앞다리를 전혀 사용하지 않는 호모에렉투스만 이족보행이라 할지 또는 8종의 오스트랄로피테쿠스와 같이 뒷다리로 설 수만 있으면 이족보행이라고 할지 여부에 따라 이족보행의 역사는

150만 년에서 800만 년으로 의견이 나뉜다. 후자를 기준으로 하면 침팬지와 보노보 일부도 이족보행에 해당한다. 최근 에티오피아에서 발견되어 연구를 기다리는 해골 또한 당연히 이족보행이라 할 수 있다. 어떠한 경우든 완전한 이족보행은 적어도 200만 년에 걸쳐 서서히 진행되었으며 완벽한 이족보행이 가능하려면 골격 전체가 재구성되어야 했다. 인간은 직립하면서 척추와 머리뼈 관절이 변형되고 서로 균형을 맞췄으며 머리뼈 뒤쪽 부분이 확장되어 대뇌 용량이 상당히 증가했다.

이렇게 확장된 부분은 자세를 변화시켜 새로운 운동 기능이 추가되었다. 손과 구강에 관련된 기능이다. 손은 보행 활동에서 점차 자유로워지며 물건을 나르고 당기고 줍고 먹는 등 수백만 년 동안 이미 유인원 조상이 하던 활동들을 더욱 발달시켰다. 손의 기능은 새로운 두뇌 기능과 연동되었고 수작업을 통해 도구를 만들게 되었다. 그리고 혀, 입술, 후두, 인두 등 입으로 의사소통이 가능하도록 모든 구강 기능이 발달했다. 인간의 사촌이라고 할 수 있는 원숭이에게는 발달하다가 멈춘 기능이다. 이렇게 이족보행은 손과 입에 새로운 기능을 부여하며 문화의 두 기둥인 기술과 언어를 서서히 확대했다.

두 번째 큰 사건은 도구의 생산이다. 분명 침팬지는 막대기를 잘라 흰개미를 잡을 수 있고 마른 잎을 스펀지처럼 사용해 속이 빈 나무에 빗물을 모을 수 있다. 그러나 이러한 생산은 침팬지의 생존에서 매우 미미한 부분이고 새로운 생산으로 확대되지 않는다. 더욱이 동물은 이전에 만든 도구를 사용해 새로운 도구를 생산하지 않는다. 반면 우리 직계 조상의 석제 도구는 도구를 만들 목적으로 생산된 부싯돌을 사용해 만들어졌으며, 초창기 뗀석기부터 간석기에 이르기까지 손의 활동 범위를 넓히고 입이 하던 기능을 더욱 보강했다. 이 생산만으로도 대단한 사건이다. 도구 생산은 자연에 대한 인간의 행동 능력을 증가시켰고 욕구를 충족시켰을 뿐 아니라 외부 세계와의 새로운 정신 관계를 유발했다.

실제로 정신 기능과 연결된 수작업은 물질계를 의도적으로 변화시킨다. 예컨대 칼이나 화살촉을 통해 인간은 자기 권력을 인식할 수 있다. 인간이 만든 도구에는 자기 이미지를 비롯해 욕구, 활동, 정신에 대한 이미지가 담겨 있다. 인간은 하나하나의 손짓을 통해 내면의 삶을 공간과 시간에 투영하며 의도된 형태로 외부 사물에 투영한다. 의도된 형태는 인간 없이는 존재하지 않았을 것이고 연이은 여러 개의 작업을 계획한 끝에 확보한 것이다. 각 도구는 새로운 즐거움을 선사한다. 자신 안에 이미 존재하던 것을 자신의 외부에서 실현했다는 즐거움이다. 도구는 인간 고유의 대상이다. 인간은 거의 300만 년 동안 물질계를 변화시켰고 호모하빌리스의 후손인 인간은 자신 또한 스스로 변해왔다. 인간은 힘을 보여주며 더욱 강화했고 자의식을 심화했다. 이렇게 생물학적 진화의 결과인 인간은 점차 자기 활동의 결과가 되었다.

세 번째 사건은 완벽한 이족보행을 향해가는 과정에서 나온 결과이기도 하다. 분리해서 생각할 수 없는 척추 변형과 머리뼈 골격의 변형 사이에 모순이 점점 커지고 있다. 약 200만 년에 걸친 진화 동안 신생아의 몸과 머리뼈의 최대 지름이 증가하고 있는 데 반해 직립보행으로 척추가 곧게 펴지면서 분만 통로는 좁아지고 있다. 그 결과 만

삭 분만은 더욱 문제가 되어가고 이러한 현상을 '여성의 생물학적 비극'이라고 표현하게 되었다. 아기와 산모 사망이 증가함에 따라 미숙아가 필연적으로 늘어났다. 진화로 인해 체중이 늘어난 데 비해 임신 기간이 충분하지 않을 수도 있다. 포유류에서 체중과 임신 기간 사이의 관계를 관찰했는데, 체중과 임신 기간이 완벽히 비례하지는 않았으나 어느 정도 연관성은 있는 듯 보였다. 예컨대 고래는 임신 기간이 645일이고 소는 약 290일이다. 침팬지 원숭이는 인간보다 임신 기간은 약간 짧았지만 체중은 평균적으로 인간보다 훨씬 가벼웠다. 인간과 원숭이의 공통된 마지막 유인원 조상인 피에로라피티구스는 무게가 35kg에 불과했고 신장은 최대 1m였다. 진화하며 인간의 평균 체중이 변화했음을 고려했을 때 임신 기간 또한 점점 늘어났을 가능성이 매우 크다.

오늘날에도 여성의 평균 임신 기간은 출생체중에 따라 계산한다. 평균 출생체중에서 100g씩 초과할 때마다 임신 기간이 하루씩 늘어난다. 그러나 현재 인간은 오스트랄로피테쿠스와 호모에렉투스보다 키가 두 배나 크고 체중이 두 배나 무겁다. 인간의 사촌인 네안데르탈인도 마찬가지였다. 사실 모든 게 우리 시대 아기들이 미성숙한 채로 태어나는 상황을 설명한다. 예컨대 아기가 태어났을 때 보이는 머리의 숨구멍은 인간의 골격이 미완성됐음을 증명한다. 이 숨구멍은 출생 후 어느 정도 시간이 지나야 닫힌다. 뇌 또한 화학적으로 불완전하며 신경망 연결은 출생한 이후에야 수십억 배 더 복잡해진다. 신생아를 관찰하면 이러한 미숙함을 잘 볼 수 있다. 병아리, 바퀴벌레, 파리, 강아지나 고양이, 송아지는 태어나자마자 움직이고 영양을 섭취하고 먹이를 찾아가거나 산모의 젖을 향해가지만 신생아는 앞을 보지 못하고 걷지도 못하며 생존 본능이 없다. 그저 어렴풋이 젖을 빨 수 있고 탁자에 대고 거칠게 발을 차고 손가락으로 물건을 약하게 감을 수 있을 뿐이다. 살아남을 수가 없다! 심지어 이처럼 하찮은 본능적 시도는 매우 빨리 사라진다. 신생아는 단연코 모든 생명체 가운데 가장 무능하다. 이 무능함이 신생아를 정말 취약하고 의존적으로 만들지만, 역설적으로 무한하게 발전할 잠재 능력을 지닌 존재이기도 하다.

인간은 존재하는 것이 아니다

사실 인간의 뇌는 임신 중에 신경망 결합의 미세한 부분이 발달하긴 하나, 자궁 안에서 유전 계획에 따라 완성되지 않고 자궁 밖으로 나와야 완성된다. 장 자크 루소Jean-Jacques Rousseau가 발견한 '본능 결핍'이 여기에서 나온 것이다. 인간 뇌의 지각 능력, 운동 능력, 정서적 능력, 사회적 능력과 지적 능력은 모성의 자궁 밖에서 발달한다. 인간의 뇌가 '세상에 온다'라는 멋진 표현에서 세상은 말과 호의, 몸짓과 신념, 미학적 쾌락과 문화에 따라 달라지는 성적 본능, 관습과 수완, 지식과 의견에 둘러싸인 세상이다. 요컨대 주어진 문화 환경에서 인간의 뇌는 끊임없이 상호작용하고 모든 것을 자기 것으로 받아들여 표현함으로써 주변 환경을 변화시켜 스스로 변화한다.

인간의 특수성은 습득에 의해 습득 능력이 확대되고 행동에 의해 행동 능력이 확대된다는 점이다. 알베르 자카르Albert Jacquard의 표현에 따르면 인간은 태어났을 때 '인간이 되고 싶은 후보'와 같다. 즉 생물학적으로 인간으로 태어났지만 타인과의 상호작용을 통해 우리가 인간에게 기대하는 능력을 개발하게 된다. 인간은 죽을 때까지 계속 인간이 되어간다. 자갈은 자갈이고 탁자는 탁자이며 개는 개이고 삼각형은 삼각형이다. 그러나 인간은 인간이 아니다. 동일성 원리는 수학과 공통 논리에서 작용하는 원리로 다음과 같다. A는 A이고 B가 A와 다르면 A는 A이면서 B일 수 없다. 반면에 '나는 나다'라고 말할 수 있는가? 그걸 말하는 시간 동안 그리고 그것을 생각하는 시간 동안 이미 나는 더는 똑같은 생각을 하고 있지 않다. 나는 10년 전이나 1년 전뿐 아니라 심지어 며칠 전에도 지금과 달랐고 하루 뒤, 백일 뒤, 천일 뒤에는 확실히 달라져 있을 것이다. 나 자신을 그대로 유지하기란 엄연히 불가능하다. 이 영원한 변화가 바로 나다.

이 책의 7장에서 장 폴 사르트르가 한 이야기가 바로 이러한 개념이다. 사르트르는 《존재와 무》에서 다음과 같이 썼다. 내 행동 하나하나는 나에게서 벗어나려는 자유를 표현한다. 이 자유는 내 존재와 영원히 단절된 '나의 거죽'이다. 결과적으로 나는 본질이 있다고 할 수 없다. 즉 나를 정의하는 변함없는 특성이 있다고 말할 수 없다. 나의 행위 하나하나가 내 존재를 만들고 존재함으로써 나는 계속해서 나의 본질을 만들어간다. "끊임없이 만들어지고 정의에 갇히기를 거부하는 존재를 어떻게 설명할 수 있을까?"라고 사르트르는 묻는다. 따라서 나는 나 자신과 절대로 일치하지 않으며 "나는 끊임없이 타인이 된다." 그리고 나를 정의하는 정의는 없다. "인간이 자기 자신으로 존재한다는 것은 언제나 자신과 다르게 존재하는 것이다."

사르트르가 인간의 본질, 인간의 정체성에 대한 이념이 전체주의적이라고 덧붙인 이유가 거기에 있다. 인간의 현실 세계는 개인 차원에서뿐 아니라 한 민족 또는 인류 전체의 차원에서도 계속해서 끊임없이 구축되고 있다. 예컨대 '국가적 정체성'이란 오직 민족주의자와 외국인 혐오자의 환상 속에서만 존재한다. 각 민족은 끊임없이 자신을 변화시킬 만한 다양한 요소를 들여오고 내보냄으로써 계속해서 달라진다. 프랑스든 미국이든 또는 다른 나라든 각자 문화 속에서 우리는 연속되는 이민과 창조로 이루어진 역사를 발견한다. 그리고 그들이 공동의 미래를 끊임없이 수정하고 있음을 발견한다. 민족 안에서 개개인은 날마다 자신의 역사를 건설해 비로소 자기 자신이 되며 멈추지 않고 변화한다. 인간으로 산다는 것은 항상 현재 상태를 넘어서는 것이므로 존재하는 게 아니다. 인간은 존재하는 게 아니다. 또는 시인 랭보의 말처럼 "나는 타인이다". 핀다로스Pindaros의 뒤를 이어 니체가 자유 명령문에서 이렇게 요약했다. "너 자신이 되어라!"

그러므로 인간의 비겁함이나 게으름을 숨길 때 언급하곤 하는 인간 본성은 없다. 예컨대 전쟁, 지배와 착취의 논리, 불평등, 폭력과 같은 것들이 인간 본성에서 비롯된다…라고 말할 때의 인간 본성 말이다. 그런데 개인의 본성이 없는 만큼 인류 전체의 본성도 없다. 후천적인 기질은 유전되지 않으므로 후천적으로 문명이 발생했을 때 우리가 겪는 악행 또한 운명적이지 않다.

철학은 각자 본질적인 자유를 지향하도록 이끈다. 어떤 인간이 되고 싶은지 스스로 질문하게 만드는 데 철학의 유용성이 있다.

9장
디오게네스, 인간을 찾아서
우리는 여전히 인간인가?

시노페의 디오게네스는 코린토스Corinthe의 작은 광장에서 노예 경매용으로 설치한 단상 위로 끌려 나왔다. 도대체 무슨 생각으로 그리스를 여행했을까? 해적이 당신을 납치해서 노예로 판다. 당신은 물고기나 콩 한 자루처럼 묶인 채 노예를 사려는 사람들에게 둘러싸여 있다! 노예라는 생각에 머리부터 발끝까지 치가 떨리는 불행한 동지들이 옆에 있다…. 그들은 예전에는 주인이 없기에 자신이 노예가 아니었다고 생각했지만 사실 도덕의 노예, 돈의 노예, 작은 권력의 노예이자, 야만적인 관료사회에서 조금 더 높이 올라가려 아첨하며 이미 자기보다 강한 자들의 노예였지 않은가! 노예를 사려는 사람들이 오늘 열린 인간 시장을 구경하고 있다. 이런 상황을 좋아하는 디오게네스는 이 모든 광경이 우습다. 단상으로 올라가면서 디오게네스는 걱정하지 말라고 외치는 친구들을 보았다. 친구들은 디오게네스를 노예시장에서 사서 풀어주려고 왔다. 그러나 디오게네스는 친구들에게 어리석다며 그렇게 하지 못하도록 했다.

디오게네스는 차례를 기다리며 서 있다 지쳐 자리에 털썩 앉았다. 해적이 그를 혼내며 앉아 있지 못하게 하자 디오게네스는 일어나 군중에게 소리쳤다. "그게 무슨 상관이요! 물고기는 엎드려 누워 있어도 사지 않소?" 군중들은 웃음을 터뜨렸고 다른 노예들은 경외심으로 그를 바라봤다. 상인들은 자신이 누구를 상대하는 것인지 궁금해하기 시작했다. 그런 다음 상인들이 디오게네스를 팔 때가 되었다고 하자 디오게네스는 그들을 놀라게 했다. 디오게네스는 배우처럼 청중을 향해 나아가 스스로 입찰을 시작했다. "내가 무엇을 할 수 있는지 궁금합니까? 나는 인간들을 통솔하는 방법을 압니다! 지도자를 구하고 싶은 사람이 있습니까? 나는 당신들의 아이들과 당신뿐 아니라 당신의 모든 가족을 교육하고 나서 떠날 겁니다! 지도자를 사고 싶은 자, 누구입니까? 누구요?" 코린토스에 사는 제니아드Xeniad가 이 기이한 약속에 응답했다. 제니아드의 노예가 된 디오게네스는 즉시 제니아드에게 자신에게 순종해야 할 거라고 예고했다. 제니아드는 유머감각이 뛰어났을 뿐만 아니라 디오게네스를 데리고 집에 돌아갈 정도로 지혜로웠다….

디오게네스는 약속을 지켰다. 제니아드의 온 가족을 교육했고 아이들에게 과학, 승마, 활쏘기, 새총 쏘기, 창 던지기뿐 아니라 시도 가르쳤다. 디오게네스는 아이들 몸을 튼튼하게 만드는 훈련과 건강에 좋은 운동만 하게 하고 운동선수로 키우는 건 거부했다. 스스로 식사 차리는 방법을 가르쳤고 필요한 만큼만 먹고 물만 마시며 말을 아끼고, 간소하게 옷을 입으며 신발을 벗고 외출하라고 가르쳤다. 물론 자신의 냉소적인 철학을 가르치기를 주저하지 않았다. 아이들은 디오게네스가 죽을 때까지 그에게 충실했으며 디오게네스가 사망하자 그를 직접 땅에 묻었다. 사실 디오게네스는 죽음을 앞두고, 자신의 시체를 썩은 고기를 먹는 동물에게 주라고 부탁했지만 말이다. 노예 디오게네스는 주인들의 진정한 주인이었다. 디오게네스는 누구에게든 복종하기보다는 차라리 죽기를 택했을 것이다.

소크라테스나 훗날 에픽테토스처럼 자기 철학과 생각을 기록하길 거부하고 가난하게 살며, 아침부터 밤까지 동지들을 화나게 했던 이 방랑자들이 구현한 냉소주의 철학은 과연 무엇일까? 디오게네스는 땅에서 주운 것을 먹고 더러운 외투를 입었으며, 막대기를 짚고 어깨에 가방을 멨고 곡식용 항아리에서 잤다. 그러나 플라톤이 묘사했듯이 이 '미친 소크라테스'의 명성은 알렉산더 대왕의 제국에 다다를 정도로 대단했다. 알렉산더 대왕은 이렇게 공언한 바 있다. "내가 알렉산더가 아니었더라면 디오게네스가 되고 싶었을 것이다." 알렉산더는 세상을 소유했고 디오게네스는 자신을 소유했으니, 이 둘이 합친다면 모든 것을 소유한 셈이었다. 디오게네스는 자신 안에 그리고 자기 생각 속에 특별한 무엇인가가 있다고 믿게 만드는 능력이 있었다.

개의 인생

냉소주의는 소크라테스의 측근이었던 안티스테네스Antisthénès에 의해 아테네에서 발생했다. 애초에 궤변가 고르기아스의 제자였던 안티스테네스는 소크라테스에게로 돌아서서 제자가 되었고 그의 가르침을 받기 위해 매일 7km를 걸어갔다. 이후 안티스테네스는 소크라테스를 떠나 냉소주의를 만든다. 스승 소크라테스가 사망하자 안티스테네스는, 소크라테스가 유죄판결을 받도록 만든 아니토스가 추방령을 받게 하고 멜레투스는 사형에 처하게 했다고 전해진다. 안티스테네스는 아테네 사원과 궁전에서 멀리 떨어진 교외의 버려진 장소를 선택해 학교를 세웠다. 돌 더미가 쌓여 있던 곳이었는데 냉소적인 명칭인 '개'를 넣어 '개의 장소'라고 불리는 장소였다. 전설에 따르면 그곳에서 사제가 헤라클레스 신에게 고기 한 점을 바치는 동안 아름다운 하얀 개가 군중에서 빠져나와, 고기 한 점을 낚아채고 누구도 잡을 수 없도록 달아났다고 한다. 안티스테네스는 이 장소가 상징하는 바를 마음에 들어 했으며 '개의 장소'는 800년 동안 모든 냉소주의의 상징이 되었다! 이 학교에 오랫동안 제자들이 있었기 때문이다. 정치 경제의 권력자가 된 교회가 기독교도 사이에 이 학교에 대한 언급을 금지하기 전까지 말이다. 예수도 권세와 돈에 의지하기를 거부하고 성경 말씀을 중시하며, 지팡이를 짚고 수염을 기르며 헐벗지 않았던가?

안티스테네스는 부유함을 '행운의 토사물'이라고 하며 신중하라고 권했다. '신중은 가장 확실한 방어'이기에 후회할 만한 쾌락은 거부하라 권했고 정조 관념은 남성과 여성 모두에게 동일하다고 단언했다. 안티스테네스의 방법론은 돈, 권력, 과도한 쾌락, 타인의 시선에 대한 모든 의존을 제거해 자율성을 구축하는 데 있다. "현명한 사람은 자급자족한다." 망명을 선고받은 디오게네스가 아테네에 도착했을 때 만난 이가 바로 안티스테네스였다. 왜 강제로 망명했는가? 디오게네스는 당시 터키의 흑해 연안 시노페에 살았다. 디오게네스의 아버지 히세시오스Hicésios는 은행원이었다. 그는 디오게네스에게 화폐 위조를 부탁했고 디오게네스는 아버지와 함께 화폐를 위조했다고 한다. 어쨌든 돈은 그리스어로 관습을 의미하지 않는가? 이 일로 디오게네스는 망명을 선고받고 아테네로 가 안티스테네스를 만나게 된다. 확실히 말할 수 있는 건 학생이 스승을 능가했다는 점이다. 디오게네스는 냉소주의를 절정으로 이끌었다. 소크라테스는 자신을 침을 쏘는 말파리나 물속에서 탄환을 발포하는 어뢰에 비유했다. 철학자의 역할을 만족스러운 대답에 다시 질문을 제기하는 존재로, 그리고 혼란스럽고 불안정하게 만드는 존재로 정의한 것이다. 내가 충만한 순간에 철학자는 불쾌한 공허함을 불러일으켜 더 멀리 나아가도록 그리고 더욱더 깊이 탐구하도록 고통스럽게 강요한다. 바로 디오게네스가 체계화한 냉소주의의 실천 방법이다. 냉소주의자는 친구만 물어뜯는 숭고한 개다. 플라톤의 제안처럼 이론상으로 평생 지혜를 구하는 것과는 관련이 없다. 디오게네스가 말했듯 인생의 마지막 순간에 지혜가 무엇인지 깨닫는다면 지혜롭게 살기란 너무 늦기 때문이다! 그러므로 지체하지 말고 모든 말과 행동에서 곧바로 지혜를 실천하고 지혜가 의미하는 바를 타인에게 보여야 한다. 다른 삶이 가능하다는 걸 표면화하고자 스스로 질문하고 다른 사람들과 다르게 살도록 자극해야 한다. 만약 아테네인들이 다른 민족을 야만인이라 하며 자랑스럽게 주장하듯이, 아테네시의 가치와 관습에 따라 사는 게 인간이 되는 길이라면 그 말은 노예를 고문하고 여성을 가두며 전쟁에서 학살하고 부와 권력에 대한 이상을 키워야 진정한 인간이라는 뜻일 것이다.

만일 그것이 사실이라면 냉소주의자들은 차라리 인간이 되길 거부하며 개의 인생을 살고자 했다. 길에서 먹고 자며 남들이 보는 앞에서 육체관계를 맺고, 동네를 구걸하고 다니며 거친 외투만 있을 뿐 집도 없이 길바닥에서 자며, 수염을 자라게 내버려두고 남들이 뭐라 해도 개의치 않는다. 냉소주의자들은 개다. 그러나 고귀한 개, 자유로운 개, 이념뿐만 아니라 삶에서도 철학적인 개다. 혼동해서는 안 된다. 냉소주의자는 짐승이 아니다. 냉소주의자는 오로지 다른 사람들이 짐승이라는 사실을 보여주기 위해 그리고 그들이 더는 본질적으로 인간이 아니라는 사실을 보여주기 위해 개처럼 살았다. 연회에 모인 일부 부유한 아테네인들이 헷갈리는 척하며 지나가는 디오게네스에게 양고기 뼈를 던져주자, 디오게네스는 그들의 식탁으로 와서 소변을 누며 진짜 개라면 어떻게 할지 보여주었다! 지배 문명의 야만성에 반대하기 위해 그 문명의 원칙에 어긋나는 행위를 하며 저항했다. 저항하는 장면을 모두의 구경거리로 만들어 모두의 주변으로 저항을 전파했다. 디오게네스는 모두라고 했다. 따라서 이 실용적인 철학을 여성, 노예, 외국인과 아테네 시민권이 박탈된 모든 사람에게도 가르쳤다.

본질적으로 냉소주의는 기존 관습을 전복해 주변의 위선적인 가면을 무너뜨리고, 진정한 야만성을 세상에 드러내기 위한 무기다. 순수 이론적인 논증을 제외한 모든 것이다.

행동하는 철학

한 번의 행동으로 추상적인 논거에 기반한 체제 전체를 파괴하기에 충분할 때도 있다. 엘레아의 제논Zénon d'Élée의 제자가 움직임은 존재하는 게 아니라 가상일 뿐이라고 주장하자, 안티스테네스는 일어나 원을 그리며 회의장을 떠나는 걸로 만족했다. 반박할 필요도 없었다. 마찬가지로 진정한 행복이 사후에 온다고 말하는 사제에게 디오게네스는 칼을 들고 그 자리에서 스스로 목숨을 끊으라고 제안해 사제가 자신이 한 설교를 믿지 않는다는 걸 증명했다. 진리는 오로지 현실 세계에서만 표면화될 수 있고 지혜는 오로지 행동으로만 존재할 수 있다. 추상적인 개념은 가치가 없다. 일반적인 말馬이라는 건 존재하지 않는다. 다만 내가 직접 보고 탈 수 있는 개별적인 말만이 존재한다.

어느 날 플라톤은 냉소적 일관성에 정면으로 맞섰다. 어떤 것을 그 외의 것들과 구별해 정의하는 플라톤의 이분법적 방법론에 따라 플라톤은 많은 대중 앞에서 인간을 다음과 같이 정의했다. 인간은 반응이 없는 존재가 아니라 살아 있는 존재다. 살아 있는 존재 가운데 식물이 아닌 동물이다. 동물 중 네발 달리거나 기어다니는 동물이 아니라 두 발 달린 동물이다. 그리고 새가 아니고 깃털이 없다. 새가 아닌데 두 발 달린 동물을 만난다면 인간일 수밖에 없다. 따라서 인간은 '깃털 없는 두 발 달린 동물'로 정의된다. 디오게네스는 듣고는 자리에서 일어나 나갔다. 디오게네스를 알아본 플라톤은 걱정했다. 과연 걱정할 만했다. 디오게네스는 밖에서 뒹굴던 수탉을 붙잡아 회의장으로 돌아와서 산 채로 닭의 털을 뽑기 시작했고 사람들은 아우성쳤다. 당황한 청중과 플라톤의 적대적인 시선을 신경 쓰지 않은 채 디오게네스는 수탉의 털이 완전히 없어질 때까지 계속 털을 뽑았다. 그리곤 일어나서 플라톤의 얼굴에 닭을 던지며 소리쳤다. "플라톤, 내가 인간을 찾았소!" 피할 수 없었다. 깃털 없는 두 발 달린 동물은 여전히 인간이 아니다. 깃털이 난 인간이 새가 아닌 것과 마찬가지다. 플라톤의 정의는 큰 웃음을 자아내며 무너졌다. 플라톤이 아무리 자기 손가락을 바라보며 지적이고 심오한 분위기로 '그리고 손톱이 납작해야지!'라고 덧붙여도 소용이 없다. 플라톤은 디오게네스의 이 행동이 자신의 논증을 완벽히 무너뜨렸음을 알고 있었다. 디오게네스는 돌로 수탉의 손톱을 짓눌렀을 것이고 수탉은 여전히 사람이 되지 않았을 것이다. 디오게네스는 무엇도 글로 남기지 않았는데 우리는 이 에피소드를 포함해 수백 가지 다른 에피소드들을 어떻게 알게 되었을까? 답은 간단하다. 디오게네스의 이러한 도발은 많은 대중 앞에서 이루어져야만 교육과 전파 목적으로 의미가 있었기 때문이다. 실제로 지금까지 전해진 증언들은 셀 수 없이 많다.

그러므로 디오게네스의 냉소주의는 진정한 철학적 성찰의 기초가 되는 살아 있는 철학이다. 그러나 철학은 자신을 무의식적 의존관계에 가두는 것들에게서 벗어나려는 행동, 선택, 열정으로 구현될 때만 의미가 있다. 의존관계는 자신이 아니게 만들기 때문이다. 냉소적이기를 원해야 한다. 이는 의식적으로 계속해서 긴장하고 자기 내면과 싸우며 역량을 끊임없이 확인하는 것을 전제로 한다. 디오게네스는 겨울에도 얼음물로 몸을 씻었고 추위에서 벗어난 안락함을 느끼기 위해 아테네의 얼어붙은 동상에 벌거벗은 채로 몸을 기댔다. 여름에는 불타는 모래 속을 알몸으로 구르며 더위 자체와 투쟁했다. 현실 세계에 끊임없이 저항해 결국 현실 세계와 벗이 되는 것이다.

그러나 내적 자유는 다음 두 가지를 포기하는 것을 가장 근본적인 전제로 한다. 즉 타인의 시선과 사물 소유에 대한 의존이다. 타인의 시선에 대해서는 다음 장에서 다룰 예정이다. 냉소적이라는 것은 자기 욕구를 제한하는 것을 의미한다. 빈곤을 옹호한다거나 부유함을 도덕적으로 비난해 자기 욕구를 제한하는 게 아니라 자신의 의존성을 최소한으로 제한해 스스로 충분히 자율성이 있음을 깨닫기 위해서다. 어떤 사람이 가장 부유한 사람이냐는 질문에 디오게네스는 이렇게 대답했다. "자기 스스로 만족하는 사람이다." 이것이 몇 세기 후 스토아학파에 어떤 반향을 불러일으켰는지는 앞서 살펴보았다. 디오게네스는 무엇도 소유하지 않았다. 단지 코트와 막대기, 분수에서 물을 마실 작은 그릇을 포함해 몇 가지 잡동사니가 든 가방뿐이다. 어느 날 디오게네스가 그 작은 그릇을 사용하려는데 아이가 가까이 와서 손으로 물을 받아 마셨다. 그러자 디오게네스는 그릇을 던져버리고는 "내가 졌다. 이 아이는 나보다 더 단순하게 사는구나!"라고 말했다.

모든 인류의 역사는 사실 자연과 인간 사이를 연결하는 사물을 생산하는 과정이다. 필요를 충족하기 위해 인간은 자연을 지배하고 제압하며 편의대로 자연을 처분한다. 자연과 인간 사이에 끼어 있는 이 사물들은 매개체다. 인간이 자연과 직접적인 관계를 유지하게 된다면 인간에게는 자원이 오로지 벌거벗은 몸밖에 없어서 도저히 살아남을 수 없기 때문이다. 그래서 300만 년 전 최초의 도구 사용 이후 인간은 자연에 대한 의존에서 벗어났지만 매개체에 대한 의존도, 다시 말해 문화에 대한 의존도는 점점 높아졌다. 오늘날 수십억 개의 매개체가 인간과 인간 활동의 흔적이 곳곳에 남아 있는 자연 사이에 끼어 있다.

기계, 에너지, 교통, 방송이나 업무를 볼 때뿐 아니라 물 한 잔을 마시고 채소나 고기 조각을 먹고 이동하고 악천후로부터 보호하고 의사소통할 때도 모든 곳에 매개체가 있다! 우리는 어린 시절부터 아이를 죽게 만들던 것이나 인간을 고통스럽게 만들던 것 그리고 이러한 고통이 초래하던 불행에서 많은 부분 해방되었으나 반면 끊임없이 새로운 것을 요구하는 감옥에 더욱 강력하게 속박되고 있다. 전기 없이 노트북 없이 난방 없이 자동차 없이 살 수 있는가? 한때 가능했던 것이 이제 더는 가능하지 않고 이러한 매개체를 가지지 못한 수십억 인간은 과거에 없던 불행을 겪게 되었다. 새로운 욕구는 필연적인 진정한 욕구가 되었으며 만족감이나 행복감을 느끼지 못한 우리는 이 불만족에서 새로운 불행의 원인을 무한히 끄집어내고 있다. 예컨대 새로운 기계나 새 자동차를 사거나 단순히 수돗물을 마시는 것은 일상생활에 자리 잡아 쉽게 취득할 수 있게 되어버렸기에 더는 특별한 즐거움을 주지 않는다. 그러나 기계나 자동차가 고장 나거나 수돗물이 끊기면 우리의 의존은 좌절과 불행한 감정을 유발한다. 이렇게 우리의 전 생애는 의존적이다. 그리고 대부분 일상은 의존을 유지하고 의존을 더욱 증가하기 위한 행동으로 구성된다.

의존 정도는 약했지만 고대 그리스에서도 마찬가지였다. 디오게네스가 소유를 거부하며 평생을 투쟁했던 논리도 이것이었다. 진정으로 세상에 있으려면 무엇도 소유하지 않는다. 재미는 재미있다고 하고 행복은 행복하다고 하는 데에는 그럴 만한 이유가 있다. 디오게네스는 소유가 없는 삶의 광경을 보여줌으로써, 부, 권력, 명예에 대한 열정에 완전히 사로잡혔던 아테네인들을 자극하고자 했다. 외부에 존재하는 부, 권력, 명예가 삶을 지배하게 된다면 더는 자신이 될 수 없고 더는 자유롭지 못하며 더는 완전한 인간이라고 할 수 없다. 이를 사람들의 이목을 끌면서도 조롱하는 방식으로 표현하고자 했던 디오게네스는 대낮에 횃불을 켜고 광장으로 가서 지나가는 사람들에게 인간을 찾을 수 있는 곳을 알려달라고 간청했다. "예, 예, 아테네에 인간이 있

다고 들었습니다! 자, 이제 어디에 있는지 알려주세요!" 디오게네스가
불빛으로 인간을 찾는 척했던 건 겉보기에 부조리한 이 수색에 대해
깊이 생각해보도록 하기 위해서였다.

태양과 나 사이에는 아무것도 없다

이상적인 냉소주의는 자연과 자신 사이에 끼어 있는 것을 가능한
한 제거하는 데에 있다. '가능한 한'이라고 하는 이유는 완벽히 제거하
기란 엄밀히 말해 불가능하기 때문이다. 기후가 온화하고 천연자원이
손에 닿은 거리에 풍부하게 있다 해도 마찬가지다. 디오게네스의 좌
우명은 다음과 같았다. "태양과 나 사이에는 아무것도 없다!" 보편적
원리와 나라는 유일한 사람 사이에는 아무것도 없다. 돈도 사물도 통
치권도 그 무엇도 없다. 냉소주의자는 어떤 권력도 갈망하지 않으므
로 권력자에게 아첨하려 하거나 맘에 들고자 노력하지 않는다. 결과
적으로 냉소주의자는 자신 외에는 그 누구에게도 순종할 이유가 없
다. 냉소주의자를 죽일 수는 있어도 복종하게 만들 수는 없다.

시라쿠사의 폭군인 디오니시우스Dionysios가 정의로운 사회를 구현
하도록 그를 설득하기 위해 플라톤이 시칠리아로 간 적이 있었다. 어
느 날 플라톤은 디오게네스가 상추를 씻고 있는 광경을 봤다. "당신
이 디오니시우스를 교육했다면 상추나 씻고 있지는 않았을 텐데!"라
고 플라톤은 내뱉었다. 디오게네스는 이렇게 대답한다. "당신이 상추
를 씻었더라면 디오니시우스를 교육하지 않았어도 됐을 거요!" 디오
게네스는 권력자에게 아첨하지도 복종하지도 않고 목숨을 잃을까 두
려워하지도 않았다. 그리고 추상적인 원리가 자신을 위한 것이 아님

을 삶을 통해 증명했다. 지상 최고의 권력자 알렉산더 대왕은 디오게네스를 잘 알았다. 앞서 인용한 유명한 명언인 "내가 알렉산더가 아니었더라면 디오게네스가 되고 싶었을 것이다"는 알렉산더의 아버지인 마케도니아의 필리포스 2세 왕의 일화에서 영감을 얻은 듯하다.

338년 마케도니아가 그리스군을 무찌른 카이로네이아 전투 이후 포로로 잡혀 있던 디오게네스가 필리포스 2세 왕을 만나게 되었을 때였다. 왕은 그가 누구이며 거기서 무엇을 하고 있는지 물었다. 디오게네스는 고개를 높이 쳐들고 "당신의 탐욕을 지켜보고 있소!"라고 대답했다. 솔직함과 용기에 놀란 왕은 디오게네스를 풀어주라 명했다. 필리포스 2세가 아들에게 이 이야기를 했던 것일까? 지상 최고의 권력자가 된 알렉산더가 디오게네스를 자신과 동급으로 여길 정도로, 알렉산더가 디오게네스에 대한 존경심을 숨기지 않았던 그 이유를 이해할 수 있다. 그리고 일어나야 할 일은 반드시 일어나고야 만다. 알렉산더 대왕은 어느 날 위대한 디오게네스를 만나기로 약속했다. 그리고 만남이 이루어졌다. 그런데 디오게네스가 정복자 앞에서 취한 태도의 의미를 진정으로 이해하려면, 알렉산더가 누구인지, 평소 알렉산더가 마케도니아어로 분노할 때 어떠했는지, 알렉산더가 행한 잔혹한 행위는 무엇이었는지를 몇 마디로 상기해보면 좋겠다. 훌륭한 학자이자 도시 계획가이자 교육을 많이 받은 알렉산더 대왕 역시 대규모 학살자로 알려졌기 때문이다.

페르시아와 인도를 정복하는 동안 알렉산더는 경이로운 도시 바빌론에 머무르는 것을 행복해했다. 그러나 알렉산더는 바빌론과 마찬가지로 경이로웠고 알렉산더를 환대하던 도시 페르세폴리스Persepolis

를 불태운다. 그리고 원정 중에 자신의 끝없는 호전적인 모험에 조금이라도 주저하는 사람이 있다면 가장 친한 친구였던 장군들뿐 아니라 누구라도 무참히 처형했다. 마찬가지로 그리스 도시 테베Thíva가 마케도니아의 지배를 거부하자 알렉산더는 도시를 파괴하고 불태웠으며 6천 명을 학살하고 3만 명을 노예로 삼았다. 오직 시인이었던 핀다로스Píndaros의 후손만이 살아남았다. 핀다로스는 교양 있는 왕족에게 시를 낭독하던 최고의 시인이었고 아리스토텔레스의 제자였다.

그런 이유로 알렉산더는 어느 날 아리스토텔레스에게 지식인을 보내달라고 명한다. 아리스토텔레스는 알렉산더와 함께 교육했던 자기 조카 칼리스테네스Callisthène를 보낸다. 그러나 칼리스테네스가 알렉산더 앞에서 조아리길 거부하고 알렉산더의 행위에 대한 찬사를 적는 데 시간을 할애할 수 없다고 하자, 알렉산더는 칼리스테네스를 앉지도 눕지도 못하는 철창에 가두어 말 뒤에 매달아 끌고 다니게 했다. 이러한 시련은 9개월 동안 지속되었으며 칼리스테네스가 죽음의 문턱에 설 때마다 치료를 해주었다. 그의 시련과 고통이 가능한 오래 지속되어야 했기 때문이다. 칼리스테네스에게 죽음이란 끝없는 고문으로부터의 해방이었다. 알렉산더가 평소에 하던 행동은 이러했고 모든 이가 공포에 떨었다. 사실 거의 모든 이들이라고 해야겠다. 모두가 알렉산더에게 죽임을 당할까 봐 두려워 떨고 있을 때 디오게네스는 평온함을 유지했기 때문이다.

이제 할 이야기는 진정한 철학적 교훈을 담고 있다. 알렉산더는 궁정 대신들과 함께 군대를 이끌고 아테네로 갔다. 그가 왔다는 소식은 공포를 불러일으켰다. 알렉산더가 도착하자 디오게네스가 당시 코린토스Korinthos에 머물고 있다고 알렸다. 거대한 군대를 이끌고 인도까지 원정을 다녀온 적 있는 알렉산더에게 80km가 조금 넘는 거리는 그리 먼 거리가 아니었다. 그래서 알렉산더는 코린토스로 갔다. 작은 도시는 길이 좁아 알렉산더의 부대가 접근하기 불편했다. 성문에 다다랐을 때 디오게네스가 중앙 광장 한 켠에 있는 석판 위에서 낮잠을 자고 있다는 소식을 들었다. 알렉산더는 디오게네스를 데려오라고 명령하지 않았다. 디오게네스가 이렇게 사소한 일로 이동하지는 않을 것임을 알고 있었기 때문이다. 알렉산더는 디오게네스를 존경하고 있었고 이 냉소주의자 디오게네스는 명성을 얻을 만한 자격이 충분했다. 그래서 알렉산더는 군대를 이끌고 광장으로 이동해야 했다. 광장에는 호기심 많은 군중이 불안에 떨며 모여 있었고 디오게네스의 제자들은 스승을 보호하려고 싸울 준비를 하고 있었다. 알렉산더는 디오게네스가 자는 척하는 것을 발견하고는 그도 모른 척했다. 알렉산더는 거대한 말을 타고 이후 목격자들이 보는 가운데 말의 그림자가 디오게네스를 완전히 덮을 때까지 홀로 전진했다. 사람들이 디오게네스를 깨웠고 알렉산더는 디오게네스의 소원이 무엇이든 들어주겠다고 군중들에게 선언했다. "정말이오? 무엇이라도요?"라고 디오게네스는 의심스러운 눈초리로 물었다…. "그래, 알렉산더의 서약이네!" "그렇다면… 햇볕을 가리지 말고 비켜주시오!"라고 디오게네스가 외쳤다. 알렉산더는 자신의 아버지가 그랬듯 감탄했다. 디오게네스는 자신의 좌우명인 "태양과 나 사이에는 아무것도 없다"를 보여준 것이다. 아무것도, 심지어 알렉산더도 없다. 그래서 알렉산더는 말을 한 걸음 뒤로 물러나게 하고는 다시 태양이 디오게네스 몸에 쏟아지도록 했다. 알렉산더는 디오게네스에게 자신의 궁정에 와서 살라고 제안했다. 그렇게 되면 알렉산더는 식탁에서 그와 얼굴을 맞대고 식사할 수 있는 독점적인 특권을 갖게 될 것이다. 그러나 디오게네스는 그렇게 되면 더는 자신이 식사 시간을 선택할 수 없고 알렉산더가 배고픈 시간에 자신이 맞춰야 한다는 생각에 제안을 거절했다.

그곳에 있던 모든 사람이 알렉산더가 디오게네스를 죽일 것이라 생각했다. 그러나 알렉산더는 이 철학자에 대해 자신이 생각했던 바를 확인할 수 있었고, 자신을 완벽하게 소유한 인간 디오게네스에게 어느 때보다 더 감탄하며 매우 행복하게 돌아갔다. 디오게네스는 진정한 인간이었다.

인간이라 칭하려면 실제로 자율적으로 행동하고 이 귀중한 자율성을 조심스럽게 보존할 수 있어야 한다. 당장의 이익에 반할 수 있음을 안다 해도 말이다. 승리의 희망이 없는 고립된 개인의 행동조차도 타인에게 멀리, 오래도록 빛을 비출 수 있다. 예를 들면 1989년 6월 5일 평화로운 시위대에게 끔찍한 탄압을 가했던 베이징 천안문 광장 사건이 생각난다. 광장에서 800m 떨어진 곳에 흰 셔츠와 검은 바지를 입은 연약한 중국 청년이 17대의 탱크 행렬을 마주하고 홀로 서 있던 장관을 떠올린다. 탱크는 시위대를 진압하기 위해 천안문 광장으로 향하고 있었고, 탱크 앞에서 아주 작아 보였던 그 청년은 탱크의 움직임에 따라 좌우로 움직이며 앞길을 가로막고 서서 잠시나마 탱크의 행렬을 멈추었다. 그 장면을 영원히 간직하고 있는 비디오에서 그 청년은 첫 번째 탱크에 기어 올라가 점령군들에게 외친다. "떠나시오!" 그리고 사복 경찰 세 남자가 낯선 이들의 시선을 피해 청년을 끌고 간다. 그리고 탱크 행렬은 험악한 행진을 재개했다. 이 중국인 디오게네스가 그 이후 어떻게 되었는지는 알 수 없지만, 그의 단순한 행동은 보편적인 상징이 되었다. 이러한 상징과 더불어 인류가 마침내 산을 옮길 수 있는 것이다.

인간 위에 아무것도 없다

디오게네스의 공적 중 하나는 인간이란 무엇인가라는 질문을 근본적으로 제기했다는 점이다. 인간이 되려면 깃털 없이 두 발로 걷거나 이성을 소유하는 것만으로 충분하지 않다. 이성을 소유하면서도 시대의 잔인함에 적응해, 타인에게 미치는 영향에 상관없이 자신의 이익만 챙기고 대학살에 성공할 수도 있기 때문이다. 또한 교육을 많이 받고 특출나게 영리해도 동족의 운명에 완벽히 무관심할 수도 있다. 인간이 된다는 것은 식물이든 동물이든 다른 어떤 생명체도 구축할 수 없는 무엇인가를 구축하는 것이다. 다시 말해 자율성과 자유를 구축하는 것이다. 그래서 인간이 되는 게 쉽지 않다. 이해관계, 사회적 열정, 당대의 관습, 조롱에 대한 두려움, 잘 보여야 한다는 근심에 사로잡혀 우리는 언제 스스로 결정하는가? 언제 자신과 스스로 일치를 이룬다고 확신하는가? 무엇이 옳고 무엇이 선하고 무엇이 아름다운지 무엇이 지혜로운지를 정의하는 개념 능력을 키우는 순수이론 철학으로는 타인의 판단에 자신을 맡기는 어리석은 감정을 통제할 수 없다. 어느 시대에나 전쟁과 식민화를 정당화하며 빈곤한 이들의 운명에 관심 없는 철학자들이 있었다. 그러나 디오게네스는 이념과 행동을 결코 분리하지 않았다.

2천여 년 후 장 자크 루소는 《인간 불평등 기원론》에서 권력관계와 부의 불평등으로 파괴된 인간의 사회적 자유를 재건하는 데 있어 이성이 필수지만 동시에 이성은 타인과 자발적으로 상부상조하는 감정을 억누른다고 주장했다. 부당한 방식으로 조직된 사회에서 각자는 타인에게 해를 끼쳐야만 이익을 챙길 수 있어서 이성은 "인간에게 자신을 돌아보게 만들고 철학은 인간을 고립시킨다". 철학자는 위대한 보편적인 질문에 관해 이야기하지만, 인간은 "아무렇지도 않게 자신의 창가에서 다른 인간의 목을 벨 수 있다". 모든 인간은 사회적 열정의 회오리바람 속에서, 자신이 아닌 채로 살며 부에 집착하고 심지어는 극히 사소한 권력과 군중의 눈에 보이는 가상에도 집착한다. 결과적으로 인간은 더는 아무것도 아니고 자신이 아무것도 아니라는 것조차 모르는 노예다. '맹목적으로 복종하며' 무엇이 옳은지 더는 생각하지 않고 소수에게 모든 권력을 양도해 더는 정치하지 못하게 된 노예다. 인간은 본래의 자연 상태에서 스스로 벗어나려고 노력하고 발명한 결과, 권력이 법이고 민중이 자신의 운명을 결정할 수 있는 모든 자유를 상실한 문명의 정점에서 새로운 자연 상태로 돌아갔다. 이렇게 인간은 존재하지 않게 되었으며 인간 고유의 문화적 재능을 상실했다. 따라서 루소는 더는 인간이 없다고 하면서 다음과 같이 결론을 내렸다. "디오게네스가 인간을 찾지 못한 이유는 더는 인간이 존재하지 않던 시대에 동시대인들 사이에서 인간을 찾으려 했기 때문이다."

　루소는 이렇게 점진적으로 인간이 소멸하는 현상이 모두의 노력으로 일부가 풍요로워지는 사회구조와 관련 있다고 했다. 저서 《정치경제론》과 《코르시카 헌법 초안》에서 루소는 모든 것이 돈에 의존하는 지배구조에서 돈이 하는 역할을 강조했다. 그런 면에서 루소는 아리스토텔레스와 이론상 같은 계보에 속한다. 《정책론Les Politiques》에서 아리스토텔레스는 화폐교환이 인간의 욕구 충족을 목표로 하므로, 두 가지 유용한 생산품 사이에 끼어 교환을 쉽게 해주는 돈이 '자연에 부합'한다는 사실을 최초로 밝힌 바 있다. 한편 돈은 물물교환 외에 다른 용도도 있다. 예컨대 대출해주고 이자가 붙는 경우다. 돈이 있는 사람은 돈이 부족한 사람에게 돈을 빌려주고 빌린 사람은 더 많은 돈을 갚아야 한다. 여기에 돈은 더는 인간의 욕구 충족을 목표로 하지 않고 부유해지기 위한 수단이 된다. 이런 때 한 인간의 욕구는 다른 인간이 부를 축적하는 수단이 된다. 더는 인간이 목적이라거나 돈을 통해 이룰 수 있는 인간의 욕구가 목적이 아니라, 타인의 욕구 덕분에 벌어들이게 되는 돈 자체가 목적이 된다. 아리스토텔레스가 '특별한 목적 없는 부의 축적'이라고 했던 이러한 교환 형태는 '타인을 희생해' 얻을 수 있으므로 '자연에 반한다'라고 할 수 있다. 바로 이 논거에 근거해 가톨릭과 이슬람교는 재정적 이익을 비난했다. 수 세기 동안 모든 교황은 가톨릭 회칙에서 인간 존엄성의 이름으로 재정적 이익을 유죄로 규정했다. 21세기 초 거의 전 세계 경제체제에서 수십억 인류가 재정적 이익을 취하고 있으며 아리스토텔레스도 디오게네스도 루소도 상상할 수 없었던 극적인 결과를 초래하고 있다.

모든 민족에게 적용되는 본질적인 문제가 발생할 때마다 그러하듯이 이번에도 철학자들은 마음을 사로잡을 만한 지적 도구를 제안했다. 그런 맥락에서 18세기 말 독일 철학자 임마누엘 칸트는 형이상학적인 도덕 체계 내에서 이론을 정립했다. 도덕적 문제가 심각하게 다뤄진 경우는 드물었다. 도덕적 문제를 다룰 때는 선과 악을 정의한 다음 선을 행했을 때 얻을 수 있는 이점과 특히 악을 행했을 때 위협적인 제재가 무엇인지를 열거했다. 그렇게 해서 예컨대 아이에게 불법 행위를 저지르면 곧바로 보복받거나 경찰에 잡혀 감옥에 갈 거라고 예고했다. 종교에서 누구는 천국에 가고 누구는 지옥에 간다고 예고하는 방식이기도 하다. 그러나 이렇게 하면 사람들이 신중해지긴 하겠지만 계산적이며 비윤리적으로 변모한다. 더구나 만약 잡히지 않을 게 확실하다면 무엇이든 허용되고 지옥을 믿지 않는다면 무엇이든 할 수 있다. 과속 단속 카메라에 접근하거나 경찰이 보일 때만 속도를 늦추고 나서 바로 속도를 올리는 과속 운전사와도 비슷하다. 잡히지 않는 악당에 대한 존경심이 다른 사람에 대한 존경심보다 더 널리 퍼진다. 이러한 방식으로 도덕을 이해한다면 해롭고 위선적인 행동을 퍼뜨리는 셈이며 결코 미덕이 아니다.

칸트는 도덕에 대해 진지하게 이야기하고 싶다면 '…하지 않는 한 거짓말하지 말아라', '…하지 않는 한 살인하지 말아라'와 같은 특정 조건이 없는 원칙에 따라야 하고, 모든 상황에서 나를 포함한 모든 사람에게 유효하고 구속력이 있는 원칙에 따라야 한다고 지적했다.

따라서 칸트는 두 가지 유형의 명령을 구별했다. 가언적 명령이 그 첫 번째다. 어떤 조건 내에서 목적을 달성하게 하는 명령이다. 예컨대 '진실을 말하는 것이 고통을 유발할 수 있는 때가 아니라면 거짓말하지 말라', '감옥에 갈 위험을 감수하고 싶지 않다면 도둑질하지 말라'와 같은 경우다. 보편적인 방법 논리다. 즉 '못을 박고 싶다면 망치를 들어라', '오믈렛을 만들고 싶다면 달걀을 깨라'와 같다. 이러한 명령들은 외부 목적을 달성하는 방법을 제안한다. 그리고 이러한 명령은 고문과 살인, 폭격, 거짓말을 가능하게 한다. 이때 고문은 물론 다른 생명을 구하려고 행해지고 살인은 전쟁 중 복종해야 하기에 행해진다. 민중을 폭격하는 건 당연히 폭정으로부터 민중을 구하기 위해서며 거짓을 말하는 건 대의를 위하거나 국가에 해를 끼치고 싶지 않아서다. 칸트는 이러한 유형의 가언적 명령이 도덕과 아무 관련이 없다고 밝혔다. 그러므로 도덕은 다른 유형의 명령인 정언적 명령에 기초해야 한다. 다시 말해 순간의 감정이나 상황, 선의와 관련 없는 계율에 기초해야 한다. 거짓말하지 말고 살인하지 말고 도둑질하지 말고 진실을 말하며 공정하라. 이 모든 것은 그 자체로 가치가 있다.

　명령의 내용은 어떻게 정하는가? 정언적 명령이란 모든 상황에서 만인이 지키길 바라는 명령이다. 그런데 가령 내가 거짓말을 하면서 상대방은 내가 진실을 말하는 걸로 믿고 있다고 가정한다면, 만인을 위한 진리의 법칙을 내세우면서 나를 예외로 두는 것이다. 그러므로 이러한 행위는 보편화될 수 없다. 모순에 빠지지 않은 채 만인에게 진실을 말하도록 요구하는 것이 정언적 명령이다. 만일 내가 도둑질하거나 살인하거나 간음했다면, 내가 타인에게 저지른 행동을 내가 당하는 건 싫으므로 자기모순에 빠지게 된다. 그래서 나만을 위한 법칙에서 벗어나 만인을 위한 법칙을 따르게 되는 것이다. 이것이 선과 악을 정의하는 절대 기준이자 기초가 된다. 칸트는 정언적 명령을 다음과 같이 표현했다. "당신이 원하면서도 보편적인 법칙이 되는 규범에 따라서만 행동하라." 천국에 가거나 좋은 평판을 얻는 등 보답받으려고 선을 행하는 게 아니라, 그 행위가 선하기에 그리고 그 자체가 행위의 목적이기에 선을 행하는 것을 말한다. 이때 나를 지배하는 건 이성이지 열정이나 성향이나 관심이 아니다. 그런 의미에서 도덕과 자유는 하나다. 그리고 우리는 여기에서 방법론은 매우 다르지만 자율성 추구에서는 디오게네스나 에픽테토스와 동일한 내적 투쟁을 발견한다.

그러나 여전히 매우 추상적이다. 일상생활에서 도덕적 문제는 이런 이론적 형태로 나타나지 않는다. 나는 타인과 마주할 때 여러 행동 사이에서 머뭇거린다. 내 이익을 위해 다른 사람에게 거짓말한다면 상대방은 내 이익을 위한 순수한 수단이 된다. 예컨대 환자가 의사에게 자신의 질병에 대한 진실을 물을 때 의사는 환자의 근심을 덜어주려고 거짓말을 하고 싶다고 해보자. 이때 환자는 더는 진실을 들을 수 있는 존재로 여겨지지 않고, 그저 의사가 하기 곤란한 말을 피하게 되는 수단이 된다. 내가 정언적인 보편성 원리에 모순될 때마다 상대는 나를 위한 수단이 되고 더는 나를 위한 진정한 목적이 아니게 된다. 그러나 칸트에게 인간은 도덕성을 지닌 유일한 이성적 존재로서, 인간만이 우리가 생각할 수 있는 유일한 목적이다. 이러한 이념에 기초해 정언적 명령의 새롭고 실질적인 공식이 나왔다. "사람을 대할 때 자신에게 좋으면서 타인에게도 좋은 방식으로 대하라. 타인과 자신을 항상 동시에 목적으로 대하되 절대로 단순한 수단으로 대하지 말라."

물론 너무 형이상학적인 이 도덕철학은 베냐민, 헤겔, 니체 그리고 많은 이의 분석적인 비판과 비난을 받았다. 그러나 도덕철학은 18세기 말에 노예제나 식민주의를 비롯해 여성을 남성을 위한 순수한 수단으로 여기는 관습을 근본적으로 비판하도록 지지한 공로가 있다.

도덕철학은 매우 현실적인 문제이며 오늘날에도 여전히 문제를 제기한다. 또한 도덕철학은 아리스토텔레스 이후로 허용할 수 없다고 간주해온 이념을 재조명했다. 즉 인간이 특정 목적을 위한 단순한 수단으로 전락하는 걸 용납하지 않았다. 칸트는 루소를 읽고 이 본질적인 질문에 대해 동의했다. 그런 의미에서 칸트의 관점에서 봤을 때, 타인의 작업으로 이익을 취한다면 그 자체로 부도덕하다.

이러한 생각의 결과로 예컨대 프랑스에서는 혈액이나 장기 판매를 금지했고 돈을 받고 아기를 대신 낳아주는 대리모를 금지할 수 있었다. 미국처럼 혈액이나 장기 판매는 물론 살인 도구의 자유 판매가 허가되는 것과는 대조적이다. 프랑스나 대부분의 유럽에서 혈액이나 장기는 기부나 기증을 한다. 인간의 신체는 상품이 될 수 없다. 바로 이러한 인본주의를 통해 디오게네스, 아리스토텔레스, 루소, 칸트와 같이 서로 다른 사상의 철학자들이 세상에 고통을 주는 모든 만행으로부터 인류를 해방하는 수많은 도구를 후대에 남겼다.

냉소주의는 휴머니즘이다

사회적 체재의 희생자들은 지배자 앞에서 무력감을 느끼지만 사실 이러한 지배는 바로 피지배자의 무력감에 기반을 둔다. 바로 이 무력감이 권력을 만든다. 인본주의자가 된다는 건 물론 고통받는 희생자들에게 연민을 가지고 그들을 돕고 상처를 치유하는 것이다. 그러나 무엇보다도 체념적 숙명론에 굴복하지 않고 모든 개인이 저항할 수 있도록 지원하며 저항 가능성을 구현하는 것이 중요하다. 디오게네스는 이러한 의지를 가장 잘 구현한 철학자 중 하나였으며 쉬운 길에 절대로 굴복하지 않기 위해 자신과 투쟁했다. 그리고 또 다른 철학자가 있다면 바로 장 폴 사르트르다. 사르트르는 이론적이고 낭만적이며 연극적인 작품을 통해 인간이 의미하는 바를 그 자체로 투쟁의 대상으로 삼았다. 사르트르는 《존재와 무》에서 다음과 같이 썼다. "원하는 것만으로는 충분하지 않다. 원하길 원해야 한다." 우리는 1970년 10월 불로뉴 비양쿠르Boulogne-Billancourt의 르노 자동차 공장 앞 드럼통 위에서서 노동자들에게 연설하는 사르트르의 상징적인 이미지를 기억한다. 사람들이 사르트르를 괜히 디오게네스와 비교하는 게 아니다. 이 사건은 사회참여 원칙을 구현하려고 사르트르가 고의로 연출한 행동이었다. 같은 해 6월 프랑스 정부가 모택동주의 신문 〈민중의 신조La Cause du peuple〉를 금지하자 파리 시내 한가운데에서 이 신문을 경매로 판매한 것도 같은 이유에서다. 사르트르는 식민주의와 고문에 반대하며 알제리 국민을 위한 대변인으로도 참여했다. 그 때문에 사르트르는 거주하던 아파트에 두 차례나 공격당했고 프랑스 극우파는 "사르트르를 사살하라!"라고 소리 지르며 시위했다. 이러한 참여의 중요성은 다른 철학적 선언과 함께 공개적으로 주장되었다.

참여 행위는 철학적 실천이었기 때문이다. 사르트르는 인간 고유의 속성은 각자의 의식 속에 있다고 생각했다. 상황, 열정, 과거가 어떠하든 무의식적 충동이나 받은 교육이 어떠하든 마찬가지라고 했다. 자신을 형성했던 과거와 단절하고 자신을 현실에 내던짐으로써 의식은 인간에게 행동할 수 있는 능력을 부여한다. 인간은 현재 상태를 초월하고 한층 더 인간이 되고자 끊임없이 자기 자신에게서 벗어난다. 나는 나 자신인 동시에 나 자신으로부터 끊임없이 멀어진다. 물론 우리는 인간의 자유가 무엇인지 결코 정의할 수 없을 것이다. 인간의 자유가 무엇인지에 대한 가설 없이는 무엇도 의미가 없고 모든 것이 예외가 되고 모든 것이 허용된다. 그러나 이러한 가설은 전형적으로 이론상 증명할 수 없다. 인간의 자유는 행위 하나하나를 통해 표면화한다. 인간은 '자기 행위의 총합일 뿐이며 즉 자기 삶의 총합이다'.

의외라고 생각할 수도 있지만 실제로 디오게네스, 루소, 사르트르 사이에는 공통점이 있다. 이 철학자들은 자기 삶 자체가 언어로 표현하는 철학이었고 이들의 철학은 무엇으로도 굴복시킬 수 없는 인간의 특정 이미지를 변론했다. 인본주의의 멋진 정의다.

10장
크라테스^{Crates}와 히파르키아^{Hipparchia}
타인의 시선을 무시할 수 있을까?

어떤 실화

히파르키아의 부모와 오빠 메트로클레스^{Metrocles}가 사는 호화로운 저택에 오늘 분위기가 심상치 않다. 모든 불행은 메트로클레스가 철학에 전념하기로 한 무모한 결에서 시작되었다. 부유한 아버지를 둔 후계자 메트로클레스는 전부터 철학에 호기심이 있었다. 마로네아^{Maronée}의 트라키아^{Thrace}에서도 이미 부자였던 메트로클레스의 가족은 알렉산더가 군대를 이끌고 그리스를 횡단한 뒤 아테네로 이주했고 훨씬 더 부자가 되었다. 그런데 메트로클레스는 디오게네스의 제자이자 냉소주의자인 크라테스의 제자가 되었으며 게다가 크라테스를 누이에게 소개하기 적합하다고 생각했다. 누이 히파르키아는 아테네에서 가장 아름답고 가장 부유한 처녀였다. 도시의 훌륭한 청년들 모두가 결혼하고 싶어 하는 여성이었다. 부모님은 당연히 호화로운 결혼식을 기대하며 즐거워하고 있었다. 그런데 히파르키아는 길거리 개처럼 인생을 사는 크라테스와 사랑에 빠진다. 크라테스에게는 '문 여는 자'라는 별명이 있었다. 사람들 집에 가서 문을 벌컥 열고는 그들의 생활 방식에 대해 큰 소리로 호통을 쳤기 때문이다. 놀라운 건 사람들이 크라테스의 행동에 만족하는 듯했고 그를 잘 대접하고 음식까지 제공한다는 점이었다. 오늘 히파르키아의 부모는 크라테스의 방문을 기다리고 있다. 크라테스는 강제로 문을 열 필요가 없다. 다들 그를 기다리고 있기 때문이다. 그러나 최악의 상황도 기다리고 있다. 크라테스는 과연 히파르키아에게 청혼할 것인가?

크라테스도 한때 장래가 유망했다. 아버지에게서 큰 재산을 물려받았지만 디오게네스는 크라테스에게 모든 걸 포기하라고 설득했다. 크라테스는 자신 소유의 토지와 양 떼들을 버리고 나머지 재산을 모두 서민들에게 나누어주면서 모두가 들을 수 있도록 크고 분명하게 말했다. "크라테스의 재산이 크라테스를 지배하지 않도록 크라테스는 재산을 처분한다!" 그 뒤 크라테스는 거친 천으로 만들어진 외투를 입고 지팡이와 가방을 들고 어슬렁거렸다. 그렇다, 냉소주의자다. 자식이 생긴다고 해도 아무것도 물려주지 않을 생각이었다. 자식들이 평범한 삶을 산다면 무엇도 남겨줄 가치가 없을 것이고 철학자가 된다면 지혜로 충분하여 다른 무엇도 필요하지 않을 것이기 때문이다. 이 개가 히파르키아와 결혼할 것인가?

아버지자 거부하자 히파르키아는 자기 삶을 끝내겠다고 맹세했다. 그러자 아버지는 크라테스에게 딸을 설득해달라고 부탁했다. 크라테스가 곧 도착할 예정이다. 여기 있는 모든 이는 크라테스가 역대 이 집에 온 사람 중 가장 중요한 사람인 양 그를 기다리고 있다. 사실 필

리포스 2세가 마로네아에 왔을 때 친히 이 집을 방문했었는데도 말이
다! 드디어 크라테스가 도착했다. 크라테스는 연인의 온 가족을 마주
하고 있다. 얼핏 보기에 연인을 포기시키려고 온 건 아닌 듯하다. 다
들 크라테스가 말하기를 기다렸다. 크라테스가 갑자기 옷을 벗는다.
모든 사람 앞에서 완전히 알몸이 되어 선 뒤, 히파르키아에게 이렇게
말했다. "이것이 당신의 미래요. 그리고 이게 내가 가진 전부요. 연인
사이에 무엇을 더 줄 수 있겠소? 그러니 이것을 보고 마음을 정하시
오. 당신도 내 삶의 방식대로 살지 않는다면 내 동반자가 될 수 없을
것이오!" 그러자 놀란 청중 앞에서 이번엔 히파르키아가 옷을 벗고
크라테스르를 향해 걸어갔다. 이렇게 두 연인은 알몸으로 아테네 거
리로 나갔다.

시선에 대한 시험

냉소주의자 부부는 사람들 입에 오르내렸다. 히파르키아는 아테네
에서 남편이 어디를 가든 따라다니는 유일한 여성이었으며, 심지어
철학 연회에도 동행했고 그 자리에서도 히파르키아는 빛났다. 아들
하나 딸 하나를 낳은 이 부부는 아테네 관습과는 상관없는 자신들의
원칙에 따라 자식을 양육했다. 크라테스와 히파르키아가 사람들 입
에 많이 오르내린 이유는 특히 거리에서 사람들 앞에서 사랑을 나눴
기 때문이었다. 노출증과는 전혀 관련이 없었다. 히파르키아는 오히
려 정숙한 여인이었지만, 좀 의외이긴 해도 효과적이었던 철학적 교
수법을 따랐다. 물론 거리에서 사랑을 나누는 모습을 보면 사람들이
모여들어 항의하고 모욕을 퍼부으며 공공장소에서 이런 추한 짓을 하

는 자신을 부끄럽게 여겨야 한다고 소리쳤다. 그럴 때 히파르키아는 사람들에게 돌아서서 다음 중 가장 추악한 게 무엇인지 묻는다. 전쟁에서 학살하는 것? 노예를 고문하는 것? 여자의 출입을 금지하는 것? 돈을 좇으며 인생을 다 허비하는 것? 이 모두는 아테네인들이 자랑스러워하는 것들이었다. 그런데 아름다운 부부가 함께 가장 아름다운 일을 하고 있는데 추하다니? 부끄럽다, 아테네인들이여! 부부는 초라한 외투를 다시 입고 웃으며 떠났다.

그러나 이 정도까지 하려면 훨씬 더 본질적인 것을 전제로 해야 한다. 바로 모든 시선에 맞서겠다는 굳건한 의지다. 모든 사람은 아주 어린 시절부터 타인, 부모, 친구, 권력자 그리고 마주치는 낯선 사람의 시선을 받으며 성격이 형성된다. 이들의 시선은 나를 위로할 때도 있고 괴롭힐 때도 있으며 우쭐하게 만들기도 하고 창피하게 만들기도 한다. 자신을 바라보는 타인과 자신을 동일시하게 되면 타인의 마음에 들고 타인을 안심시키고자 가상의 모습을 만들어 행동하게 된다. 타인이 나를 바라보는 시선은 그 어떤 지도자나 선생님보다도 내 성격 형성에 크게 영향을 미친다. 그러나 내 눈에 비친 타인이 비열하고 우스꽝스럽거나 심지어 흉악하다면 그자의 시선에 어떻게 반응해야 할까? 그자의 맘에 들려고 애쓴다면 그의 흉악함을 받아들이는 것과 같다. 나치에게 긍정적으로 보이기를 바란다면 나치의 협력자가 되는 것이다. 저항하는 자는 나치의 마음에 들 수 없다. 그렇다고 저항하기를 포기하고, 목숨 걸고 싸우는 존재가 있다는 걸 보여주기를 중단해야 하는가? 이것이 그리스 냉소주의의 딜레마였다. 비합리적인 사람들에 맞서 싸운다는 건 상대의 눈에 터무니없는 행동을 대담하게 하는 것이었으며, 또한 의지를 굳건히 해서 자신의 지혜를 강화하는 것이었다.

2000년 뒤 라 로슈푸코La Rochefoucauld는 "혼자서 지혜로워지고 싶어 하는 건 대단한 광기다"라고 말하긴 했으나, 냉소주의자들은 블레즈 파스칼의 다음과 같은 진술을 받아들였다. "이성만을 따르고자 하는 사람은 평범한 인간의 판단에 미쳐버릴 것이다." 그리고 냉소주의자들은 이성만을 따르기로 결심했고 주변의 미친 사람들이 보기에 냉소주의자들은 우스꽝스러웠다. 아테네인들의 광적인 관습을 따른다는 건 아테네인들과 함께 미쳐버리는 걸 의미했다. 이러한 관습에 정반대 태도를 보이며 아테네인들을 충격에 빠뜨리는 것이야말로 진정한 지혜가 시선에 저항하며 스스로 승리하는 것을 뜻했다. 미친 사람들에게 지혜가 무엇인지 물어야 하는가? 이것이 크라테스와 히파르키아가 한 행동의 심오한 의미이며 플라톤이 디오게네스를 '미친 소크라테스'라고 정의한 이유다.

타인의 시선에 맞서는 시험은 냉소주의자가 되는 입문에 속했다. 디오게네스는 공공장소에서 자위했고 그 행동에 분노한 이들에게 모든 욕구가 이렇게 쉽게 충족된다면 굉장할 것이라고 간단히 대답했다. 여기에서도 노출증이나 음란성은 아무 관련이 없다. 야만적인 관습이 당연하고 유일한 방법인 양 받아들여지는 사회에서 타인을 자극하고 개처럼 물어뜯어서, 주변에서 자신에게 충격을 주는 것과 충격을 주지 않는 것에 대해 자문하도록 만들기 위해서다. 냉소주의자들의 철학에서 기억해야 하는 건 이러한 교육적 목적이다. 그리고 냉소주의자들의 행동 가운데 오늘날에도 여전히 우리를 충격에 빠뜨리는 것은 무엇인지, 그리고 더는 충격을 주지 않는 것은 무엇인지 살펴 보자. 타인의 시선을 마주하는 방식을 보면 노예적인 수동성이 있는 지 또는 깊고 강한 신념을 지녔는지를 알 수 있다. 그래서 함께 철학 에 입문하길 요청한 사람들에게 디오게네스는 모든 다른 시험을 통과 한 것과 동일한 가치가 있는 다음 시험을 제안해 지혜와 자율성을 평 가했다. 디오게네스는 후보자에게 끈에 매달린 청어를 주고는 광장 에 가서 개에게 말하듯 청어에게 말하면서 청어를 산책시키라고 요 청했다. 이러한 행동은 당연히 군중의 조롱거리가 되고 비웃음거리가 되었다. 심지어 모욕당하는 때도 있었다. 디오게네스는 후보자가 그 의 가르침을 받을 자격이 있는지 알아보고자 행동을 관찰하고 당혹감 을 측정했다. 청어를 끈에 매달아 끌고 다니면서 조롱당하는 걸 두려 워한다면 나중에 냉소적인 삶의 방식이 끌어낼 타인의 시선을 절대로 견딜 수 없기 때문이었다.

따라서 크라테스와 히파르키아는 이러한 디오게네스의 논리를 극 단으로 밀어붙였다. 그런데 이 부부의 나체가 부유한 아테네인들의 화려한 옷보다 더 충격적이었을까? 13세기 초에 아시시Assise의 어떤 프랑수아도 부유한 삶을 포기하고 모든 재산을 나누어준 뒤, 단출한 튜닉을 입고 가난하게 살기로 하고는 형제들과 함께 알몸으로 아시 시에 가서 설교했다. 프랑수아는 설교로 도시 전체를 강한 충격에 빠 뜨렸고 성인 칭호를 받게 되었다. 아마도 오늘날까지 어떤 교황도 감 히 프랑수아라는 이름을 붙이지 않은 이유가 여기에 있을 것이다. 공 공장소에서 나체로 있는 것과 극도로 화려한 교회 중 무엇이 더 충격 적이었을까? 크라테스와 히파르키아는 의심할 여지 없이 아테네에서 가장 현명한 부부였을 것이다. 아테네는 남자들이 볼까 봐 또는 심지어 가족이 볼까 봐 여자를 평생 집에 가두어두는 도시였다. 정복당한 민족의 운명은 말할 것도 없고 여성과 노예에게 주어진 운명이란, 이성적인 존재가 보기에 그보다 비인간적이고 비정상적이며 비도덕적이고 불명예스러운 건 없었다.

자기 외부에 있는 인간

루소는 타인의 시선을 사회적 숙명론으로 헤아렸다는 지점에 그 공적이 있다. 사람들은 타인의 시선에 맞춰 살아가며 공공의 부당행위가 지속되도록 동조한다. 바로 루소가 《인간 불평등 기원론》에서 보여주고자 했던 바다.

인간에게 자연 상태가 있었는가? 오늘날 우리는 자연 상태가 현대인이 출현하기 전에 실제로 존재했음을 알고 있지만, 루소는 자연 상태가 있었다고 믿지 않으면서도 자연 상태를 인류 최초 도구 사용 이전의 가상 상태로 설정했다. 그런데 이론상의 자연 상태를 생각하면 인간은 오직 자기애에 따라 살 수 있었다. 즉 자연과 직접적인 관계를 맺으며 동물적 보존 본능과 인간의 필수 요구 사항을 충족하며 살 수 있었다는 말이다. 자연 상태에서는 타인의 시선이 존재하지 않았으나 인간 고유의 능력이 생기면서 타인의 시선이 등장하게 되었다. 타인이 자신을 바라보는 시선은 자아의식과 타인에 대한 의식이 발달한 존재만 느낄 수 있다. 루소는 자기애를 이기심과 혼동되어서는 안 된다고 하며 이기심은 '사회 속에서 만들어진 인위적이고 상대적인 감정'이라고 설명했다. 이기심에는 상대방이 인정해주길 바라는 자아상이 있다. 인정받지 못하면 모욕감과 경멸감을 느끼며 보복 욕구가 생긴다. 공개적으로 뺨을 맞으면 따귀 자체보다는 타인의 눈앞에서 내 이미지가 깨진다는 사실이 훨씬 더 아프다. 공격자가 나에 대해 가지고 있는 이미지를 표면화했다는 사실에 더 큰 상처를 받는다.

루소는 문화의 출현과 함께 사회적 유대관계가 발달했고 사랑이라는 감정이 나타나고 나서야 자존감이 발생했다고 생각했다. 사랑이라는 감정은 특정 존재에게 성적 본능을 투영하는 것이며 선호하는 감정이 생겨 질투와 고통을 느끼고 상호적인 욕망이 생기는 것이다. 이러한 인간화의 문화적 과정은 허영심, 경멸, 수치심, 시기심을 불러일으켰다고 루소는 덧붙였다. 각 인간은 타인의 존중과 배려를 바라며 각자 바랄 만한 자격이 있다고 주장했다. 결국 인간은 타인의 눈에 인정받을 만한 가상의 자질을 만들어냈고 그런 이유로 '존재와 출현, 두 가지가 완전히 달라졌다.' 루소의 놀라운 분석이다. 루소는 피해자들이 사회질서에 자발적으로 복종하는 것일 수도 있다는 가능성을 보았다. 이렇게 인간은 인간이기를 멈추게 된다. "항상 자기가 아닌 외부의 모습으로 살아가는 사교적인 사람은 오직 타인의 의견 속에서만 살게 된다. 다시 말하자면 타인의 판단에 따라서만 자신의 존재를 느낀다." 18세기 중반에 쓰인 글이다. 그러나 인터넷에서 '친구'와 좋아요, 팔로워가 많은 것을 자랑스럽게 생각하고 텔레비전에 나오기를 꿈꾸며 유행하는 음악을 앞다퉈 듣고 현대적이라고 여겨지는 패션과 여론의 흐름을 지지하는 수백만 명의 현대인에게 쓴 글이라고 생각해도 과언이 아니다.

다음은 기 드보르Guy Debord가 1967년 《스펙터클의 사회》의 도입부에 작성한 내용이다. "현대적 생산조건이 지배하는 모든 사회에서 삶 전체는 여러 스펙터클의 거대한 축적물로 나타나고 직접적으로 삶에 속했던 모든 것은 표상으로 물러난다." 이제 지구 전체에서 현실이 된 말이다. "스펙터클은 단순히 이미지들의 집합이 아니라 이미지들에 따라 매개되는 사람들 간의 사회적 관계다." 그리고 이렇게 뒤집힌 세상에서 실재는 거짓된 순간이 된다. 이러한 가상이 독점한 사회에서는 수동적 관조만이 군림한다.

오늘날 인류가 직면한 모든 위기의 중심에 이러한 현상이 있지 않은가? 디오게네스와 루소에 이어 기 드보르는 존재에서 출현으로의 전환에 뒤이어 존재에서 소유로 전환이 일어나고 있다고 고발한다. 소비, 착취, 지배, 소통의 논리가 하나가 되고 소유와 출현의 소용돌이 속에서 존재가 그 어느 때보다 대가를 치르고 있다. 형식적이지 않은 존재가 되려면 디오게네스, 크라테스, 히파르키아가 필요하다. 예술, 웃음, 일탈 형태의 반순응주의가 시급하며 타인의 시선에 기대지 말고 저항해야 한다.

그런데도 의문이 남는다. 타인의 시선이 자기 자신이기를 포기하고 세상에 적응하라고 끊임없이 초대하는 것이라면, 타인의 시선이 없어야만 인간이 될 수 있을까? 외부에서 바라본 나의 존재가 없어야 인간이 될 수 있는가? 분명히 나이긴 하지만 나와 다르기도 한 존재로만 인간이 될 수 있다는 것인가?

타인의 시선

타인의 시선에서 완벽히 벗어나는 건 당연히 어려울 뿐 아니라 거의 불가능하다. 이른바 '야생아'라고 불리는 아이들은 어린 시절부터 인간 사회로부터 격리되어 자연에서 살거나 찬장이나 지하실에 갇혀 살지만, 여러 복잡한 이유로 타인의 시선에서 해방되는 잠재력을 개발하지 못한다. 오랫동안 갇혀 있는 인질들도 타인의 시선에서 해방되기에는 너무 다양한 것들을 겪는다. 이에 대해 미셸 투르니에Michel Tournier가 낭만적이고 철학적으로 연구해 쓴 장편소설 《방드르디, 태평양의 끝》을 살펴보자.

주인공 이름은 로빈슨이다. 대니얼 디포의 소설 《로빈슨 크루소》의 주인공 이름에서 따온 것이다. 로빈슨은 산호초와 폭풍우에 휩싸여 버지니아 호가 침몰했을 때 유일한 생존자였다. 그는 파도에 휩쓸려 외딴섬에 홀로 던져졌다. 로빈슨은 그곳에서 몇 년 동안 살다가 마침내 어떤 선박이 그를 발견하는데, 결국 그는 섬에 남기로 한다. 그럼 폭풍우에 휩쓸려와 모래사장 위에서 잠이 깬 순간으로 돌아가보자. 깨어난 뒤 여러 날이 지나갔다. 이 섬에 사람이 살고 있는지 아닌지 모르지만 로빈슨은 나무 사이에서 누군가 자신을 관찰하고 있다는 느낌을 받았다. 확신할 순 없었지만 충분히 가능한 일이었다. 로빈슨은 마치 타인의 시선 아래 있는 양 행동한다. '처음에는 무의식적 자동 현상에 의해 관찰자가 있을 수도 있다고 생각하며 행동했다'라고 적혀 있다. 단순히 가능성이 있다는 사실만으로 부끄럽고 수치스러워진다. 디드로가 《맹인에 관한 서한》에서 선천적 시각장애인에 대해 언급했듯이 '선천적 시각장애인은 부끄러움을 느끼는 때가 거의 없다'. 타인의 시선을 느낄 수 있는 능력이 없는 시각장애인은 타인의 시선 아래서 자기 모습을 상상할 수 없다. 로빈슨은 누군가가 지켜보고 있는지 아닌지 몰랐지만 감시당하고 있다는 느낌을 받는다. 가능한 일이므로 그 가능성은 모든 행동에 적용된다. 카메라가 설치되었는지 의심된다면 화장실에서 알몸으로 편안하게 있을 수 있을까?

섬 전체를 둘러본 로빈슨은 이제 이 섬이 무인도라는 것, 즉 이 섬에서 자신 외에 다른 사람을 볼 수 없음을 확실히 알게 되었다. 로빈슨은 '인류의 고아'라고 느낀다. 이 절대 고독은 '환경이 부식하듯 나에게 천천히 작용한다'. 그전까지 로빈슨은 버지니아 호에 다른 생존자가 있을 수도 있고 그 섬에 사람이 살고 있을 수도 있다고 생각하며 지냈다. 이 두 가지 생각이 파괴되자 세상은 이제 오로지 로빈슨만의 시선으로 축소되었다. 로빈슨은 타인의 시선에서 해방되며 점차 자신이 비인간이 되어간다는 걸 느낀다. 주변 사물에 대해 다른 주체의 승인 없이 자기 혼자만 본 것에는 믿음이 가지 않았다. 로빈슨의 눈앞에 보이는 게 실재인가 아니면 환상, 환각, 환영, 망상인가? 어느 날 로빈슨에게는 자신을 향해 배가 다가오는 광경이 보인다. 배의 난간에 어린 소녀가 기대어 있다. 해안을 따라 오는 배를 향해 달려갔다. 큰 손짓을 하며 눈으로 따라가다 보니 더는 배가 보이지 않는다. 사실 배는 없었다. 그 누구도 로빈슨의 시선을 확인해주거나 부정할 수 없었다. 이러한 조건에서는 지각한 것이 실재가 되고 자신과 세상과의 관계는 뒤틀리며 자기 눈에 보이지 않는 게 여전히 존재하는 건지 누구도 말해줄 수 없다. 타인의 시선이 존재하지 않기 때문이다. 로빈슨의 내재성은 자신의 외부에 있는 모든 것보다 우위에 있다.

그렇기에 누군가가 타인의 시선에 영원히 갇혀 살아간다면 그 감옥은 사실 자신 안에 지니고 있는 '습관, 반응, 반사, 메커니즘, 걱정,

꿈, 모순들이 복합적으로 불안정하게 축적'된 것이기도 하다. '타인은 내 우주의 중심…'이라고 로빈슨은 노트에 적었다. 비인간화하지 않기 위해 자신이 하는 모든 일을 기록하는 노트였다. 자기 자리를 잡고 살아가려면 자신과 세상을 바라보는 다른 시각이 필요하다. 시선의 감옥에서 살아야 하는데 이 감옥이 없으면 나는 살 수가 없다. 칸트가 말했듯이 공기의 저항이 없으면 더 빨리 날 수 있지만 공기의 도움이 없으면 날 수 없는 새처럼 말이다.

질 들뢰즈Gilles Deleuze는 이 소설에 대해 '타인이 없는 상태에서 의식과 그 대상은 하나가 된다'라고 썼다. 세상은 내가 지각한 것으로 축소된다. 장 폴 사르트르의 말을 인용하자면 사르트르는 《존재와 무》에서 '타인에 대한 최초의 위대한 이론'을 만들었다.

나를 바라보고 있는 것

사르트르는 '매 순간 타인이 나를 바라보고 있다'라고 썼다. 이 말은 내가 계속 장면을 연출하고 있다는 의미도 아니고 타인이 나를 단순히 보고 있다는 의미도 아니다. 나를 보고 있는 건 타인의 눈이다. 다시 말해 두 안구의 시각 능력으로 이미지를 구성해 나를 본다. 이 눈은 시선의 유기적 실현 매체일 뿐이다. 시선이 느껴질 때 나는 단순히 눈을 인식하는 게 아니다. 눈을 전혀 생각하지 않을 수도 있고 눈을 쳐다보지도 않으면서도 '나를 바라보는 시선이 느껴진다', '누군가가 나를 보고 있다'라는 걸 알아챌 수 있다. 시선은 나와 나 자신의 관계를 형성한다. 아고라 광장에서 청어를 들고 산책하는 냉소주의자는 누군가 자신을 보고 있다는 느낌을 받는다. 다시 말해 자신이 우스꽝스러운 사람으로 여겨지고 있다는 걸 느낀다. 같은 행동을 방에서 혼자 했다면 그렇게 느끼지 않았을 것이다. 혼자서는 병이나 쓰레기를 숲이나 해변에 던지며 핑계를 대거나 다들 그렇게 한다고 생각할 수도 있다. 그러나 누군가가 나를 보고 있다면 나 자신도 무책임하고 무례한 환경오염 주범이라고 느끼게 된다. 누군가가 나를 보고 있을 때만 나는 부끄러움을 느끼고 내가 행한 일의 심각성을 스스로 인정할 수 있다. 내가 느낀 시선은 두 개의 안구가 아니다. 개가 두 눈으로 나를 보았다고 해도 나는 시선을 느끼지 않을 것이다. 내가 누구인지를 가르쳐주는 타자는 어떤 대상이 아니라 의식이다. 이 의식은 객관적으로 나를 파악하도록 하며 나쁜 신념을 가지지 않도록 해준다.

사르트르는 예를 하나 들었다. 내가 질투나 관음증이 있어서 복도의 열쇠구멍에 눈을 대고 모르는 사람들을 염탐하고 있다고 가정해보자. 나는 내 잘못이 아니라고 생각한다. 그럴 만한 상황이 있어서 염탐하는 것이지 특별히 부도덕해서 염탐하는 게 아니다. 예상대로라면 나는 혼자다. 그런데 복도 끝에서 발소리가 들린다. 아무도 보이지 않고 누가 있는 건지 확실하지 않지만, 발소리는 누군가가 나를 봤을 가능성을 열어준다. 나는 당황한다. 결국 아무도 나를 보지 않았다 하더라도 내 행동이 천박하다는 걸 더는 숨길 수 없다. 누군가가 나를 봤는지 여부를 누가 알겠는가? '타인은 나와 나 자체 사이의 매개체다'라고 사르트르는 말했다. 타인의 시선은 그때까지 내가 회피하고 있었던 나의 일부를 폭로한다.

따라서 크라테스와 히파르키아를 바라보던 아테네인들의 시선은 이 부부가 아테네의 규칙을 뒤엎었음을 객관적으로 확인해주었다. 반면 크라테스와 히파르키아가 자신들을 꾸짖고 분노하는 아테네인들을 바라보던 시선은 정말로 충격적인 게 무엇인지를 아테네인들에게 폭로했다. 아테네인들이 이 부부의 사랑 행위를 보고 분노했던 것과 마찬가지로 이 부부는 야만적인 관습에 동의하는 아테네인들을 보고 분노했다.

그러므로 모든 인간과 모든 시민은 각자 자신을 바라보고 있는 것에 관심을 가져야 한다.

11장
칸트, 창조적 자유와 구석기시대

사피엔스가 되는 기술

어떤 실화

티쉬발Tich'val을 찾아 멀리에서 왔다. 가파른 계곡을 세 개나 넘고 끝없이 긴 강기슭을 따라서 왔다. 얼어붙은 추위에 한 달 이상을 걸어왔다. 세 사냥꾼은 정말로 티쉬발을 만나고 싶었고 그들을 따라오라고 설득하고 싶었다. 티쉬발은 사냥꾼 중 한 명을 알고 있었다. 지난 겨울에 부족의 은신처를 우연히 들렀던 사람이다. 당시 백성들은 언 땅에 보존하고 있던 고기를 꺼내 구워주며 사냥꾼을 잘 대접해주었다. 사냥꾼은 좋은 옷을 입고 있었고 부드러운 순록의 힘줄로 꿰맨 곰 가죽 슬리퍼를 신고 있었다. 그 순록의 힘줄은 오랫동안 씹어서 만들었을 것이다. 사냥꾼은 매우 다정했다. 자신이 직접 불을 붙이겠다고 했다. 티쉬발의 일행은 그 사냥꾼에게 장식 동굴을 방문할 수 있는 영광을 주기로 했다. 기름 램프를 들고 땅 깊숙한 곳까지 오랫동안 걸었다. 수천 개의 빛나는 석순 사이를 지나 둥근 천장이 완벽하게 반사되는 두 개의 작은 웅덩이를 돌아갔다. 그런 다음 흰 벽에 최초의 매머드가 그려진 곳에 도착했다. 그다음 다른 벽화들을 지나 사자와 곰들이 그려진 벽화를 지나고 등을 대고 누워야만 들어갈 수 있는 동굴 끝의 납작한 구멍에 도달했다. 깜박이는 램프 불빛 속에서 날개를 쭉 뻗은 독수리 두 마리와 거의 투명한 연어 그리고 수백 개의 다른 천상 동물이 밝은색 바위에 그려져 있었다. 사냥꾼은 매료되어 말을 잃고 기분이 날아갈 듯했다. 그림이야 다른 곳에서 본 적도 있고 직접 그린 적도 있지만 이렇게 생생하고 표현력이 풍부하며 초자연적인 그림을 본 적은 없었다. 사냥꾼은 이 그림들을 절대로 잊지 못할 것 같았다. 사냥꾼은 티쉬발이 그린 것임을 알게 되었다. 자기 부족으로 돌아간 사냥꾼은 우주의 심장에 닿았던 이 경이로운 경험에 대해 계속해서 이야기했다. 사냥꾼은 만물의 의미, 다시 말해 영혼과 별, 삶과 죽음, 추위와 무리의 반복, 하늘의 불과 여자의 피의 의미를 파악했다는 확신에 찼고 강렬한 쾌감을 마음속 깊이 간직했다.

티쉬발의 부족민들은 눈을 크게 뜨고 티쉬발의 말을 경청했다. 그러곤 부족장, 무당, 수렵장과 선왕의 딸이 지배 계급만 들어갈 수 있었던 장식 동굴로 이동했다. 동굴에서 돌아온 그들은 전체 부족을 불러 모아 부족 회의를 시작했다. 사냥꾼이 동료 두 명을 데리고 티쉬발을 찾아오는 걸로 결정했다. 동굴벽화가 마침내 이 부족과 부족의 지배 계급에 걸맞은 명성을 얻을 수 있도록 하기 위해서다. 세 명의 사냥꾼은 이 부족과 함께 호화로운 연회를 즐길 수 있을 것이다. 지난 계절에 사냥한 새끼 사슴 한 마리를 통째로 얼어붙은 땅에서 꺼낼 만한 가치가 있는 상황이었다.

몇 달 후 티쉬발은 작업을 시작했다. 여러 사람이 암석의 세 개의 표면을 긁어 방해석을 제거하는 동안 티쉬발은 황토에 달걀흰자와 지방질을 섞어 가열한 뒤 노란색, 주황색, 빨간색 염료를 돌 그릇에 분리했다. 그리고 망간과 목탄으로 된 검은 색연필, 순록 가죽 패드, 속이 빈 뼈와 날카로운 부싯돌을 한곳에 모았다. 그런 다음 작업을 하기 위해서 기름 램프와 받침을 만들 나뭇조각을 들고 어두운 회랑을 오랫동안 걸어 들어갔다. 티쉬발은 세상의 정신이 돌에 깃들 수 있도록 온 머리를 작업에 집중했다. 이 모든 작업이 머지않아 자신에게서 나온다. 눈앞에 자신을 마주한다. 자신의 영혼이 내면에도 있고 외부에도 있어서 현기증이 난다. 그러곤 다시 작품으로 돌아가 작품의 한 곳을 긁어 발의 방향을 바꾸거나 눈을 빛나게 하거나 작은 황토 반점으로 등의 윤곽을 덮었다.

이런 종류의 초인적 섬망은 예전 작품과는 완전히 달랐다. 티쉬발이 돌을 다듬는 모습을 보고 모든 부족이 감탄했다. 매우 날카로운 부싯돌을 이용해 돌을 다듬고는 작은 크리스털 부싯돌로 더욱 예리하게 마무리하고 나무 도구로 곡선을 완벽하게 만들었다. 처음엔 구멍을 뚫거나 절단하거나 긁기에 효과적인 몇 가지 도구를 다듬었다. 그러나 곧 다듬은 도구를 이용해 다른 것을 다듬기 시작했다. 도구들은 형태도 완벽하고 색상도 좋아서 도구 자체로 보존되었고 사람들 시선을 끌었다. 바라보는 것만으로도 기분이 좋아졌기 때문이었다. 처음엔 자갈에 조각하는 것부터 시작했다. 순록의 머리나 암컷의 윤곽 또는 큰 뿔 사슴의 등이나 그림에서 보고 마음에 들었던 윤곽을 조각했다. 매머드 상아를 이용해 여성의 윤곽을 예쁜 조각상으로 만드는가 하면 상아로 만든 어떤 조각들은 목에도 걸었다. 그러다가 곰이나 사자 이빨로 머리 장식용 구슬이나 목걸이를 만들었다. 그러던 어느 날 땅 깊숙이 동굴을 발견하게 된다. 깜박이는 화염의 불빛 속에 내벽이 있었다. 처음에는 매머드 다음에 말 머리, 암사자, 큰 뿔이 달린 아름다운 순록을 그렸다. 이전에 하던 작업과는 전혀 달랐다. 더는 유용하거나 유용할 것 같은 작업에 마음과 즐거움을 두지 않았다. 이 작업은 그 자체로 존재 가치가 있었고 그렇게 해서 세상과 생명의 정신을 끌어모았다. 자신의 영혼이 몸 밖으로 나왔고 이제 벽화 속에 자신이 보였으며 그렇게 세상과 하나가 되었다. 우리는 더는 기법에 관해 이야기하지 않았는데, 기법은 명백했고 새로운 쾌락 속에서 기법 같은 건 빨리 잊어버리기 때문이었다.

티쉬발은 놀라운 인간적 모험에 참여했다. 수천 년 동안의 활동으로 다양한 신념에 의해 형성된 모험이었으며 훨씬 나중에 우리는 이 인간적 모험을 예술이라고 이름하게 된다. 이러한 새로운 유형의 쾌락은 우리의 사촌이라고 할 수 있는 네안데르탈인에게서도 장신구, 장식품, 채색 도구 수집, 보석, 보디 페인팅과 같은 형태로 나타났다. 반면 우리 종인 호모사피엔스사피엔스만이 단순한 기법에서 멀어진 순전히 상징적인 작품에 연결되는 쾌락을 불러일으킬 수 있었다.

어디에나 있고 어디에도 없는 예술

예술이란 무엇인지에 대해 서로 다른 개념을 가지고 있다고 해도 모두가 인정하는 사실이 있다. 지금보다 약 4만 5천 년에서 1만 2천 년 전 후기 구석기시대 동굴에서 발견된 유물들은 확실히 정교한 기술과 뛰어난 관찰력이 있었음을 증명하고 매우 정교하고 복잡한 분류에 대해 인식했을 뿐 아니라 마술적이고 샤머니즘적인 믿음과 관습이 존재했음을 보여준다. 무엇보다도 미적인 쾌락의 출현을 명백히 보여준다. 20세기 예술가들도 인정한 사실이고 구석기시대의 유물을 이미 완성된 예술로 여겼다. 구석기시대의 예술은 피카소와 칸딘스키는 물론 파울 클레Paul Klee, 니콜라 드 스탈Nicolas de Staël, 루이즈 부르주아Louise Bourgeois, 피에르 술라주Pierre Soulages, 장 뒤뷔페Jean Dubuffet, 니키 드 생팔 Niki de Saint Phalle, 안토니 타피에스Antoni Tàpies, 호안 미로Joan Miro를 비롯해 다른 수백 명의 예술가에 이르기까지 서로 다른 여러 예술 유파에 큰 영감을 주었다. 그러나 동시에 조상들이 지금과 같은 방식으로 예술을 영위하는 건 불가능했다. 당시는 필연적으로 강한 신앙과 연결되어 있었다. 그러한 현상은 수천 년 동안 지속되었고 18세기 말에 이르러야 예술의 특수성에 관한 질문이 비로소 처음으로 명확하게 제기되었다.

18세기 이전에도 모든 민족은 전 대륙에서 창조적인 예술 능력을 표출했다. 역설적으로 예술은 곳곳에 보편적으로 존재했으나 예술적 의식은 실질적으로 존재하지 않았다. 예술은 일상의 모든 의례와 모든 신앙과 함께했지만, 특별한 문화 활동으로 인식되지 못했다. 간단하고 명확하게 설명해주는 예를 살펴보자. 수십 년 전 민족학자 루이스 마운트포드Lewis Mountford는 원주민이 사냥하기 전에 자갈 위에 동물을 그리는 장면을 목격했다. 그전에 다른 사냥꾼도 마찬가지였다. 그래서 사냥을 하기 전에 그림을 그리는 이유를 물었다. 원주민은 겁을 먹었다. 그런 질문에 대해 생각해본 적이 없었기 때문에 할 대답이 없었다. 그래서 그는 믿을 수 없다는 표정으로 루이스 마운트포드에게 묻는다. "사냥할 동물을 그리지 않고 사냥하러 가는 게 정말 가능한가요?" 이 증언은 매력적이다. 원주민은 우리의 놀라움에 놀랐다. 이 사냥꾼에게 사냥 기술이란 영혼 포획에 대한 믿음과 그림 그리는 행위에 대한 믿음을 당연히 포함했기 때문이다. 어떤 이유로 연관성이 있는지 묻는 건 이 사냥꾼에게 전혀 의미가 없다. 이러한 유형의 그림 외에도 우리 종의 수만 년에 걸친 최고의 예술 작품은 미적 쾌락과 신앙을 동시에 표현해왔다. 떼려야 뗄 수 없는 관계였다.

　신성 숭배, 수확기, 계절의 변화, 탄생과 죽음, 전쟁과 결혼…에는 음악과 춤, 조각과 그림, 노래와 관례 행위가 있어야 했다. 그런데 이런 행위들은 식민 지배의 편견, 불평등과 인종차별적 편견 속에 오랫동안 멸시받고 은폐되어왔다. 이러한 예술 개념에 반대하여 반 고흐에서 피카소에 이르기까지 그리고 라벨Ravel에서 모네에 이르기까지 현대예술가들은 비문명인의 작품에서 예술적 걸작의 진정성을 감지했고, 서구 전통과 단절된 예술 속에서 재창조할 무언가를 전 20세기에 걸쳐 찾았다. 예술은 분명 유용하면서 마술적인 것으로 경험되었다. 고대와 중세 시대에도 마찬가지였다. 당시 예술가들은 주문받아 작업했다. 종교 예식을 위해서나 지배 귀족의 명예를 위해서 또는 무도회나 다양한 의식을 위해 특정 집단의 기준에 따라 작품을 만들었다. 그 외의 나머지는 대중의 삶 전체에 흩어져 있던 보잘것없는 창조물이었다. 여기서 일반 대중과 장인 겸 예술가를 구별하기로 한다. 장인 겸 예술가는 기술적으로 재능이 뛰어나고 창작물이 독창적이어서 유명하고 인기 있던 자들을 말한다. 기술 훈련을 해주는 조직 덕분에 부족 사회에서 뿐만 아니라 고대와 중세 사회에서도 기법이 잘 전달

될 수 있었다. 시간이 지나면서 어떤 작품은 재조명해야 했고 재조명한 결과는 다음 세대에도 영향을 미쳤다. 아마도 선사시대의 예술이 여기에 해당할 것이다. 예컨대 라스코 벽화 양식과 같은 특정 양식은 뒤늦게야 빛을 발하고 있으며 앞으로 수천 년 동안 빛날 것이다. 우리는 추상적 기호나 신화, 종교 이야기의 의미를 가르치듯이 부싯돌 연마하기 또는 염료 제조 기술을 가르칠 수 있다. 그런데 쇼베Chauvet의 사자나 라스코의 수사슴을 그린 양식 또는 조반니 벨리니의 양식이나 세잔의 양식은 어떻게 가르칠 수 있겠는가? 마찬가지로 여기에 황소가 있고 저기에 금성이 있고 다른 곳에 성모마리아가 있다는 걸 알아볼 수 있지만, 이런저런 작품이 불러일으키는 특정한 감정을 말로 표현하기란 어렵다. 모든 물질 생산이 장인에 의해 수행되는 동안에는 기술적 기량과 독창성은 실용품에서나 예술 작품에나 혼재해 존재했다. 마찬가지로 두 경우 모두 장인의 의식과 대중의 의식 속에서 작품을 효용성과 연관 지어 생각했다.

오랜 역사에서 물려받은 예술 개념을 지금도 고수하는지 확인하려면 예컨대 박물관에서 사람들이 하는 대화를 들어보면 된다. "하나도 안 닮았네, 괴상하다", "이걸로 무얼 하려는 거지?", "작가의 의도는 말이지…", "옛날엔 예쁜 그림을 그리려면 엄청난 기술이 필요했대!", "안 예뻐. 난 별로야!", "취향은 논할 수 없지." 라스코 동굴벽화 전시나 루브르 박물관에서와 마찬가지로 퐁피두 센터의 현대미술관에 가면 이런 대화를 들을 수 있다. 특히 고전적인 조화를 벗어난 현대미술이나 현대음악의 경우 항상 들리는 소리다. 이러한 작품들은 우리의 감수성을 벗어난 듯 보인다. 멀리 떨어진 문명의 작품에 대해서도 오랫동안 그렇게 경험했듯이 말이다. 그런데 우리가 잊어버리거나 무시한 사실이 있다. 우리가 보편적으로 '아름답다'라고 생각하는 작품 대부분은 처음엔 거부되고 멸시되었으며, 기존 취향에 부합하고 즉각적인 즐거움을 주는 작품에 비해 열등하다고 여겨졌던 작품들이라는 사실이다. 예컨대 베르메르Vermeer, 반 고흐, 모차르트, 피카소 그리고 인상파 화가들…처럼 전통을 깨고 근본적으로 혁신하려면 반드시 당대 지배적인 미적 감수성과 충돌해 예술적 쾌락을 얻고자 애써야 한다.

그런데 어떤 작품이든 지속해서 혁신할 수 없다는 문제와 무의식적으로 취향이 진보하기를 강요할 수 없다는 문제가 남아 있다. 어떤 작품에는 특별한 무엇이 있어서 다른 예술가 무리의 창의성을 키우고 점점 더 많은 대중의 마음에 드는 반면, 과거에 성공했던 작품들 대부분이 잊히고 사라졌다. 그래도 사람들은 호머Homere를 여전히 읽고 몰리에르나 셰익스피어를 여전히 공연하며 바흐나 모차르트를 계속해서 연주한다. 그리고 여전히 그리스 신전이나 아메리카 원주민 토템, 구석기시대 예술 또는 레오나르도 다빈치의 작품 앞에서 문명에 대한 황홀경에 빠진다. 예컨대 모네나 마티스의 작품처럼 당시 시대적 판단을 거스르는 작품들을 처음 보자마자 걸작으로 알아본 사람들은 더 선구적인 판단력을 지녔다고 할 수 있다. 그런데 우리는 이러한 선구자들의 의견을 거부할 수 있는가? 예술에서는 모든 게 상대적이고 취향은 논의할 수 있는 게 아니며, 모든 작품은 평등하고 작품을 논하는 건 속물이나 하는 행동이고 유행 문제라고 단언할 수 있는가?

이 모든 과거와 현재에 관한 질문은 18세기 말 독일 철학자 임마누엘 칸트가 처음으로 감지했다.

칸트의 탁월한 면모

18세기 말 인간의 물질 생산 전반에 걸친 격변이 선포되었다. 1784년 와트Watt가 증기기관 특허를 취득한 사건은 이러한 사회 혁명을 예고했다. 특허 내용의 도입부에서 볼 수 있듯이 수동 생산 작업과 생산자의 주관적이고 개별적인 개성의 표현은 기계적 대량생산으로 신속하게 대체되어 주관성을 제거했고 생산품을 표준화했다. 장인이 죽으면 기술은 이어질 수 있었지만 장인의 고유 양식은 살아남지 못한다. 그러나 산업 노동자는 죽어도 제품은 변함없이 균일하게 계속 증가한다. 그러자 기술적인 부분은 순수하게 기술로 나타나고 독창적인 창의성에 해당하는 부분이 장인 고유의 것이 되었다. 작품에서 예술적 차원에 해당하는 부분이다. 이렇게 작가는 가장 독창적으로 창작하는 사람으로서 마침내 작품의 유용성과 상관없이 독특한 개성을 발휘할 수 있게 되었다. 임마누엘 칸트의 공적은 1790년부터 《판단력 비판》에서 이 격변의 모든 철학적 교훈을 처음으로 끌어냈다는 점이다. 격변이 막 선포된 후였는데도 말이다. 칸트는 과연 무엇을 발견해 우리를 계몽했을까?

칸트의 첫 번째 사상은 기술과 예술을 구분했다는 점이다. 물론 기술 없이는 어떤 예술가도 진정으로 창작할 수 없다. 음표, 색상, 모양뿐 아니라 목소리와 악기 그리고 신체의 숙련에 이르기까지 이 모든 건 배우고 가르칠 수 있다. 가르치는 게 가능하다는 뜻은 모든 기술에 규칙이 있음을 의미한다. 다시 말해 모든 사람에게 공통 레시피이며 관행에 의해 이미 존재하는 레시피가 있다는 말이다. 생산에 필요한 작업 과정이나 어떤 사물의 존재가 사전에 알려지지 않아서 의식 속

234
불안사회 생존철학

에 존재하지 않는다면 우리는 테이블이나 컴퓨터 하나도 만들 수 없다. 반면 생산 규칙이 알려지면 누구라도 작업을 재현할 수 있다. 목공이든 음악이든 수학이든 모든 규칙은 가르치고 배울 수 있다. 이것이 칸트가 말하는 '모방의 정신'이다. 칸트는 뉴턴을 예로 들었다. 만유인력의 법칙을 처음 공식화한 사람은 뉴턴이지만 일단 이 법칙을 배우고 나면 누구든 뉴턴이 한 것처럼 중력의 새로운 문제를 해결할 수 있다. 반면 호머의 모든 시를 암기할 수는 있겠지만 호머처럼 시를 새로 지을 수는 없다고 덧붙였다. 예술가는 뒤에 레시피를 남기지 않는다. 창조한다는 건 모방하는 게 아니기 때문에 가르칠 수 없다. 칸트는 예술가의 작품을 모방하는 건 예술이 아니라 '원숭이 시늉'이라고 설명한다. 일부 장인에게도 이러한 예술적인 차원이 있을 수 있으며 예술적인 장인의 작품은 공업의 대량생산과 구별된다. 예술가의 활동을 무엇보다도 근본적으로 규정하는 게 바로 이 지점이다.

칸트의 첫 번째 사상에서 이어지는 두 번째 사상은 다음과 같다. 모든 예술 작품은 독창적이다. 즉 이전에 있던 모든 예술 작품과 다르기에 작품은 작품을 만든 사람에게서 유래한다. 예술가는 자기 작품을 모방할 수 없고 다른 예술가의 스타일을 모방할 수도 없다. 여러 영향을 받아 창작한다고 해도 마찬가지다. 예술 작품을 창작하는 동시에 자기 스타일이 만들어져야 예술가다. 다시 말해 전례 없는 독창적인 제작 방식을 창조해야 예술가라고 할 수 있다. 이전 어디에서도 보거나 들은 적이 없는 작품을 통해 그를 알아볼 수 있게 했을 때만 예술가다. 이렇게 우리가 클로드 모네나 피카소, 모차르트 또는 라벨을 알아보았다. 예술가의 개별 작품은 서로 다른데도 누구의 작품인지 알아볼 수 있다. 따라서 모든 예술 작품에는 각 예술가에게 특정한 규칙이 있지만, 일반적인 기술과 달리 이러한 규칙은 작업에 앞서 존재하지 않고 무의식적이고 자발적인 상태로 머물러 있다. 이를 이해하려면 각자 자신이 글을 쓰는 방식을 생각해보면 된다. 예컨대 나는 완벽히 독창적인 방식으로 문장을 형성하고 단어를 연결한다. 전문가가 쉽게 다른 사람들과 구별해 내 글을 알아볼 수 있고 내 주변 사람들도 쉽게 식별할 수 있는 양식이다. 내가 의식적으로 결정한 양식이 아니다. 나는 내가 발명하고 글을 쓰면서 발전시킨 규칙을 무의식적으로 사용한다. 이것이 모든 예술가가 끊임없이 스타일을 만들고 재창조하는 방식이다. 한 예술가의 스타일이 다른 예술가 무리의 수많은 작품을 통해 퍼져 그 결과 취향이 변한 많은 사람의 눈에 띄기도 한다. 이것이 칸트가 '천재적 기질'이라고 하는 것이며 다시 말해 독창적인 작업을 할 수 있는 능력을 뜻한다. 예술에 필요한 기술을 터득한 후에는 이미 존재하는 것에서 스스로 분리되어 독창적인 작품으로 기술들이 녹아들어야 비로소 예술이라 할 수 있다. 어린 피카소가 독창적인 창의성에 방해될 거라는 두려움 때문에 모든 가르침에서 물러난 이유다. 화가 파울 클레Paul Klee는 피카소의 그림을 보는 것조차 자신의 화법에 너무 많은 영향을 끼칠까 봐 두려워했다.

다시 선사시대로 돌아가보자. 각 시대에는 전 세계에서 유사한 기술로 만든 동일한 석기 도구들이 발견된다. 선사인들이 기술을 재생해 동일한 결과를 얻은 것이다. 반면 구석기 예술에는 쇼베 양식, 라스코 양식, 알타미라 양식, 페흐 멀Pech Merle 양식(프랑스 선사시대 동굴 벽화 유적지 중 하나—옮긴이) 등이 있는데 이러한 양식들은 회화적 기법이 매우 유사하긴 해도 각각 독창적이다.

독창적이라면 모두 예술이라는 뜻인가? 모든 그림, 모든 짧은 선율, 모든 일련의 문장은 엄격하게 독특하고 독창적이므로 예술적이라고 말할 수 있는가? 어떤 명목으로 한 작품을 다른 작품보다 더 아름답다고 결정짓고 내가 좋아하는 게 다른 사람이 좋아하는 것보다 덜 '아름답다'고 결정짓는가? 취향이나 피부색은 논하는 게 아니라 하지 않았는가? 어떤 작품이 다른 작품보다 우월하다는 생각은 취향 문제거나 똑똑한 척하는 것이거나 심지어 타인을 배타하거나 경멸하는 것 아닌가?

칸트는 마음에 드는 것과 아름다운 것을 혼동하지 말라고 권한다. '이 작품이 내 마음에 들었다'라고 말할 때는 단순히 이 작품 앞에서 기분이 좋다는 의미다. 그러므로 나는 작품이 아니라 나에 대해, 나에게 일어나는 일에 대해 이야기하는 것이다. 같은 작품이 다른 사람에게 불쾌감을 주거나 관심을 끌지 않을 가능성이 충분히 있다. 그러므로 작품이 내 마음에 든 사실과 다른 사람의 마음에 들지 않은 사실을 동시에 말하는 건 모순되지 않는다. 마음에 든다는 건 각자의 취향에 따라 상대적이기 때문이다. 반면에 '이 작품이 아름답다'라고 말할 때 아름다움이란 작품 자체에 내재하는 특성이다. 따라서 작품이 나에게 아름답다면 그건 필연적으로 모두를 위한 것임을 암시한다. 이 경우 나는 과학에서 논증하는 방식을 이용해 예술에서 추론한다. 즉 과학에서 '나한테는 종의 진화가 있었다'라고 해봐야 아무 의미가 없다. 그러한 진화가 있었다면 모두를 위해 일어난 것이기 때문이다. 각자 그것을 믿든 말든 상관이 없다. 아인슈타인이 발견한 시공간의 상대성

이론은 10% 미만 사람들만이 받아들이지만 모든 사람, 즉 보편적으로 적용된다.

이 보편성은 만장일치와 아무 관련이 없다. 예컨대 지동설에 관한 투표를 했다면 아마도 갈릴레이가 1% 미만의 득표를 했을 테지만 이 진리는 보편적이었다. 다시 말해 누구든지 필요한 교육을 받고 갈릴레이의 논증을 따라 실험한다면 동일한 결론에 도달할 것이다. 칸트는 미적 아름다움에 대해서도 똑같이 말했다. "특정한 개념 없이 보편적으로 사람들의 마음에 드는 건 아름답다." 과학에서 명제를 입증할 때 사용하는 개념적 방법이 없어도, 취향을 가질 만한 인생을 살아온 모든 인간은 바흐를 듣거나 레오나르도 다빈치를 묵상하거나 프루스트를 읽으면서 기분 좋게 느낄 것이다. 그러므로 이 쾌락은 개인적인 취향에 의한 즉각적이고 민감한 쾌락이 아니라 문화적 수단이 주어진다면 누구나 접근할 수 있는 보편적인 쾌락이다. 아름다운 게 있다면 모든 사람에게 아름답다. 그러나 아름다운 게 없다면 모든 게 가치 있고 모든 게 예술이라 무엇도 특별히 아름답지 않으므로 예술에 관한 이야기를 그만두는 게 낫다. 칸트의 아름다움에 대한 이념이 오늘날엔 형이상학적이고 시대에 뒤떨어져 보일 수도 있지만, 이러한 이념이 관람자의 시선과 예술 세계를 포함하게 되면 예술로 여겨질 수 있는 작품과 예술이 아닌 작품을 구별하는 타당성을 지니게 만든다.

어떤 작품은 보편적으로 사람들 마음에 든다는 사실을 인정하자. 그런데 내가 경험할 수도 없고 증명할 수도 없다면 이 보편성은 무엇에 기초한 것인가? 예컨대 현대 미술관에서 많이 들리는 대화들을 보면 보편적으로 현실과 닮게 그리면 '아름답다'라고 말하는 걸로 가정할 수 있다. 현대 미술관에서 파블로 피카소나 루시안 프로이트Lucian Freud가 그린 여자들 모습을 보고 '하나도 안 닮았네, 괴상하다'라고 하면서 여성의 형태에 대해 농담하는 건 흔한 반면 루브르 박물관에서는 다양한 고전화의 사실주의에 감탄하기 때문이다. 여기서 아름다운 그림은 아름다운 걸 충실하게 재현하는 작품일 것이다. 많은 사람이 아름다운 일몰을 영원히 간직하기 위해 카메라를 들이대는 것과 같다. 아름다운 사진을 남길 수 있겠다고 상상하며 말이다. 이는 예술 작품과 사실성의 관계에 대해 보다 보편적인 질문을 제기한다.

칸트는 예컨대 그림에 대한 나의 판단은 '사적 관심을 벗어난다'라고 강조한다. 사적 관심은 있는 그대로의 사물에 대해 느끼는 만족감이다. 사과와 오렌지는 이 과일을 좋아하고 배가 고프면 나의 관심을 끈다. 반면에 사과와 오렌지를 싫어하면서도 사과와 오렌지를 그린 세잔의 그림을 마음에 들어 할 수 있다. 베르메르의 〈진주 귀걸이를 한 소녀〉를 바라볼 때와 마찬가지로 고야의 〈수프를 먹는 두 노인〉을 바라보며 미학적 쾌락을 느낄 수 있다. 〈진주 귀걸이를 한 소녀〉는 사랑스러워서 살면서 나를 즐겁게 해주겠지만 〈수프를 먹는 두 노인〉은 해골에 가까운 끔찍한 두 가난뱅이가 뒤틀린 손에 나무 숟가락을 들고 있어서 내가 실제로 그들을 만난다면 정말 무서울 듯한 그림이다. 두 경우 모두에서 화가의 천재적 기질 덕분에 나는 기쁨을 누릴 수 있다. 화가의 천재적 기질은 그림에 등장한 현실에 대한 강한 감정을 나에게 유발한다. 내가 그림 내용을 실제 삶에서 좋아하든 좋아하지 않든 상관없다. 여기에서 다음과 같은 칸트의 사상이 나온 것이다. 아름다움이란 아름다운 어떤 것을 표현하는 게 아니라 어떤 것을 아름답게 표현하는 것이다. 보편적인 유형의 쾌락을 창조하는 건 바로 예술가의 표현 방식이다. 현대미술에서 흔히 볼 수 있듯 작품이 아무것도 재현하지 않더라도 말이다. 이렇게 나는 하나의 주관적인 존재로서 나와는 매우 다른 주체가 만든 예술 작품 속에서 나를 인식할 수 있다. 그 작품이 없었더라면 발견하기 힘들었을 내 안의 무언가를 그 작품에서 찾을 수 있다. 이는 그림, 음악, 시, 춤, 소설, 조각 또는 사진에 이르기까지 모든 형태의 예술에 적용된다. 예술 작품은 그 무엇과도 다르다. 그 작품을 통해서만 볼 수 있는 것을 표현하기 때문이다.

자연 모방하기?

따라서 선사시대의 미술에서 현대미술에 이르기까지 자연을 그대로 모방한 시대를 찾기는 힘들 것이다. 심지어 대부분 작품을 보자마자 그 작품의 지리적 뿌리를 알아차릴 수 있다. 각자의 문화나 배경 지식 또는 신앙에 따라 동일한 것을 보더라도 동일한 방식으로 보지 않게 된다. 에른스트 곰브리치Ernst Gombrich는 1960년 《예술과 환영》에서 수많은 예를 통해 이를 증명했다. 예컨대 1635년에 어떤 건축가는 대성당 중앙에 노트르담 가로 회랑을 배치했는데 사실 가로 회랑이 성당 중심에서 벗어나 있었다. 1836년 다른 건축가는 샤르트르 대성당이 로마네스크 양식이었는데도 고딕 양식으로 재현했다. 예술가의 구상적 야망이 무엇이든 그러한 작업이 의식적이든 무의식적이든 작품은 모방이 아닌 예술가의 주관적 표현이다. 플로베르가 "마담 보바리는 사실 나다"라고 말한 것이나 세잔이 생트 빅투아르 산montagne Sainte-Victoire은 "그림을 그리기 위한 핑계였다"라고 말할 것도 이와 일

맥상통한다. 모든 예술은 모방이 아니라 창조다.

예술이 모방이 아니라는 건 특히 고대 그리스 시대에 발전했던 이상이다. 전통 사상에 대비되는 대결을 했다는 다음과 같은 유명한 일화가 이를 증명한다. 기원전 5세기에 두 그리스 화가 제우크시스Zeuxis와 파르하시우스Parrhasius는 트롱프뢰유, 즉 자연을 완벽하게 모방한 그림을 가장 잘 그릴 수 있다고 자랑했다. 심사위원 앞에서 각자 커튼 뒤에 숨어 작품을 완성했다. 제우크시스가 자신의 커튼을 열자 배와 포도가 담긴 과일 바구니를 묘사한 그림이 보였고 배와 포도가 실제와 너무 흡사해, 새가 그것들을 쪼려고 날아오다 벽에 부딪혀 기절했다. 제우크시스는 새를 완벽하게 속이며 승리를 거머쥘 듯 보였다. 심사위원들은 파르하시우스가 커튼을 들어 올리기를 오랫동안 기다렸지만, 그는 여전히 자리에 앉아 있었고 패배를 인정하는 듯 보였다. 작품을 보여달라는 요청에 파르하시우스는 이 커튼이 자기 작품이라고 말했다. 결국 파르하시우스는 새보다 한 수 위인 인간들을 속였고 모두들 파르하시우스의 승리를 인정했다.

19세기 초에 발표된 《미학 강의》에서 헤겔은 고대에 일어났던 이 일화를 통해 예술이 자연을 모방한다는 당대의 견해를 비웃었다. 자연을 모방한 작품이 우리가 경험하는 현실에 무엇을 더하는지 알 수 없을 뿐 아니라 이러한 모방은 '인생의 회화화'일 수밖에 없었다. 예술이 이 '보잘것없는 결론'으로 축소되고 "예술이 모방에 그친다면 예술은 자연과 경쟁상대가 되지 못한다. 마치 지렁이가 코끼리를 닮기 위해 기어가는 것과 같다!" 사실 예술은 표상을 감각적으로 재현하려는 데 목적이 있는 게 아니라 감각을 정신에 동화해 그 정신의 표상을 창조하는 데 목적이 있다. 헤겔이 말하는 바는 예술 작품이 하나의 생각에서 출발해 물질과 색상과 소리 등으로 해석되어야 한다는 의미가 아니다. 이는 광고의 접근 방식이거나 예술 창작에 대한 지극히 단순한 교육 개념 또는 이데올로기적 개념에서 나온 방법론이다. 주관성과 객관성을 일치시키는 과학과 달리, 다시 말해 알고 있는 생각과 알고자 하는 대상을 일치시키는 과학과 달리, 또는 순전히 주관적이고 내면적인 확신으로 존재하는 종교와 달리 예술은 믿음도 실증도 아닌 감각적 표상을 만들어내지만, 이 감각적이고 객관적인 표상에만 존재하는 진실을 드러낸다.

따라서 헤겔에게 '아름답다'라고 하는 건 '이념의 감각적 표현'이거나 '감각적 형태의 진실'이다. 예술가가 자신이 하는 일을 엄밀한 의미에서 모르는 이유가 여기에 있고 관람객이 미적 쾌락을 경험하는 이유를 모르는 이유가 여기에 있다. 그러나 소설이나 영화, 오페라나 전시회를 보고 나면 우리는 세상과 자신의 본질적인 무엇인가를 파악했다는 확신이 든다. 예술만이 우리가 말로 표현하기 어려운 것, 주변과 소통하기 어려웠던 '느낌의 확실성'을 얻게 하고 지각과 이성적 사유에서 벗어나려는 자아의 일부와 세계의 일부를 파악하게 해준다는 걸 인정해야 한다. 1933년 《모방의 힘Sur le pouvoir de l'imitation》이라는 제목의 글에서 철학자 발터 베냐민은 이를 '무감각한 유사성'이라고 했다. 즉 세상에 실재할 때는 전혀 감정을 불러일으키지 않던 어떤 것이 예술 작품에서는 감수성을 자극한다는, 예술 작품만의 기이한 특성을 나타낸다. 30년 뒤 모리스 메를로 퐁티Maurice Merleau-Ponty는 예술 작품이 '보이지 않던 것을 보이게 한다'라고 말했다.

'자연을 모방하라. 자연만을 모방하라!'라는 모토를 가진 예술의 저속한 사상에 반대하며 보들레르는 1846년과 1859년 살롱에서 예술가들에게 본성에 진정으로 진실할 것을 요구했다. 보들레르에게 있어 모방은 정말이지 예술의 적이었다. 발자크도 《미지의 걸작》에서 같은 내용을 호소했다. "예술의 사명은 자연을 모방하는 게 아니라 자연을 표현하는 것이다." 그리고 여성의 손을 완벽하게 모방해 그리거나 석고로 만들고자 한다면 '끔찍한 시체'만 얻을 것이라고 덧붙인다. 생명이 없고 영혼이 없는 번식이며 '어떤 것이 영혼이고 어떤 것이 육체의 겉가죽에 흐릿하게 떠 있는 것인지 알 수 없는' 삶의 표상일 뿐이다. 거기에는 '아무것도 아닌 게 부족하지만, 이 아무것도 아닌 게 사실 전부다'.

그러나 위대한 로댕은 자신이 '자연을 맹목적으로 충실하게 따르며' 조각하고 실재가 자연적으로 제공한 것을 엄격하게 준수한다고 주장했다. 1911년 미국 저널리스트 폴 그셀Paul Gsell은 흥미진진한 인터뷰를 통해 로댕을 자기모순에 빠지게 하는 데 성공했다. 로댕은 '자연을 모방'하는 것 외에는 무엇도 하지 않는다고 선언했기에, 완벽한 복제품을 얻기 위해 모델의 석고 본을 뜨는 것이 로댕의 최선인지 물었다. 로댕은 다음과 같이 답했다. "석고 본을 뜨는 건 외부만 재현하기 때문에 나의 조각품보다 덜 현실적이다. 나는 표면만이 아니라 진실 전체를 본다. 내가 해석한 영적 상태를 가장 잘 표현해주는 윤곽을 조각으로 강조한다." 그리고 무릎을 꿇고 간절히 청하고 있는 청년 조각상을 예로 들었다. 고통을 표현하기 위해 근육을 돌출시키고 힘줄을 강조했다고 했다. 기자가 그것은 자연을 모방한 게 아니라고 지적

하자 로댕은 자신이 눈으로 본 것을 감정이 무의식적으로 수정했다고 대답했다. 따라서 로댕은 자신이 본 것을 재현했지만 예술가는 다른 사람들처럼 보지 않고 예술가의 눈은 마음에 연결되어, 더 잘, 더 깊이 볼 수 있다는 의미다. "감정은 내면의 진실을 표상으로 드러낸다." 그래서 로댕은 자연에서 본 것을 모방했고 더는 한 것이 없지만, 로댕은 실재에 대한 주관적인 해석을 본 것이다.

따라서 마르셀 프루스트가 《잃어버린 시간을 찾아서》에서 말했듯이 예술에는 우리가 사는 좁은 세상에서 '자신을 벗어나게 해주는' 특별한 방법이 있어서 '우리가 사는 실재와는 다른 실재'를 인식시킨다. 사실 우리는 이 실재를 안고 살아가지만, 그 실재를 의식해서 보지 못하고 '실제 경험에서 오는 것이 아닌 온갖 부정확한 표현의 사슬'만 간직하며 살아간다. 작가의 작업은 바로 이러한 장애들로부터 실재의 삶을 추출해, 돌연 자기 내면에서 진리를 인식해 진정한 삶을 내밀하게 재발견하도록 하는 데 있다. 프루스트가 "진정한 인생은 마침내 발견되고 밝혀진 인생이다. 그러므로 진정으로 살았던 유일한 인생은 문학이다"라고 선언한 이유다. 이러한 인생이 예술가에게처럼 우리에게도 있지만 우리는 보지 못하고 몇 가지 피상적이고 거짓된 진부한 표현에 집착한다. 예컨대 회화는 '불경스러운 시각으로 보이지 않는다고 믿던 것을 보게 해준다'라고 모리스 메를로 퐁티는 《눈과 마음》에 썼다. 소설, 음악, 시, 회화, 조각, 영화 등과 같은 예술 작품은 우리에게 생명을 불어넣는다. 따라서 예술이 제공하는 쾌락은 오락거리나 기분전환, 즉 삶을 잊게 만드는 활동과는 아무 관련이 없다. 반대로 이 쾌락은 세상을 발견하는 쾌락이자 자신을 발견하는 즐거움이다.

인간이 되는 기술

후기 구석기시대 이후 예술은 어떻게 이러한 존재로 인식되었는가? 논증이나 이성적 논리나 분별력을 통해서는 아니었다. 예술 작품은 감각적이며 무개념적이기 때문이다. 그러나 감각을 통해서도 아니었다. 감각은 가상의 관점으로만 세상을 이해하게 만들어 세상에 대한 진실과 우리 자신에 대한 진실을 단절하기 때문이다. 18세기 말에 프리드리히 실러Friedrich Schiller는 《인간의 심성교육》에서 이 질문에 관해 연구하며 다음과 같이 말했다. 감정적 존재로서의 인간은 시간의 흐름 속에 머물며 무한히 다양한 사물 속에서 존재하고 동물과 마찬가지로 자신을 주체로 삼지 못해 인간 고유의 사고를 하지 못한다. 반면 이성적 존재로서의 인간은 우리를 이러한 흐름과 다양성에서 벗어나게 해 시간을 없애고 다양성을 안정된 단위로 되돌리며 변하는 것들 사이에 무엇이 머무는지 파악해 불변의 법칙을 만들어 자기 자신을 불변의 자아로 받아들인다. 루소의 뒤를 이어 실러는 감수성만으로는 사유하는 인간이 될 수 없지만, 관념적인 사유를 할 수 있도록 하는 이성 또한 독특하고 변화하는 현실로부터 우리를 단절시킨다는 점을 분명히 알고 있었다.

세상을 이러한 두 형태로 이해하는 건 인류에게 필요하지만, 우리 내면에서는 두 형태가 끊임없이 대립해 한쪽이 다른 쪽을 희생하며 발전할 수밖에 없다. 예컨대 내가 이성적으로 사유할 때는 이성을 일반화해 감정적 존재이길 멈춘다. 통계는 사망자, 난민, 실업자를 관념적인 숫자의 형태로 알려주어 우리를 매일 괴롭히고 이 통계 수치는 나의 감정을 동원하지 못한 채 인간성 일부를 잃게 만든다. 반면에 고통받는 사람 앞에서 나를 사로잡는 공감이라는 감정은 나를 즉시 고통스럽게 하고 사건의 원인이나 도울 방법 등에 대해 이성적으로 판단하지 못하게 만든다. 이 두 가지 인간의 본능을 어떻게 동시에 그리고 무한히 발전시킬 수 있을까? 실러는 이를 예술의 역할이자 '미적 감각'의 역할이라고 했다. 예술의 역할은 '내면의 모든 것을 외부화하고 외부의 모든 것을 형태화'하는 데 있다. 온전한 인간이 되기 위해 '영혼에 이르는 길은 마음을 통해야 한다'. 그러나 오직 마음만 있다면 우리는 즉각적인 감각에 갇힌 미개인 또는 바보 상태에 머물게 된다. 반대로 오직 이성만 있다면 우리는 인간의 운명에 둔감하고 비인간적 지성인이자 야만인이 된다. 21세기에 이 두 성향 사이에서 사회가 분열되고 극도로 불평등해지는 과정을 보지 않았는가? 어떤 사람들은 금융 통계로 사람들을 가난에 빠뜨리고 자유와 역사의식이라는 미명하에 전쟁을 일으켜 수많은 희생자를 낸다. 어떤 이들은 지각없이 무질서해서 위협적인 방식으로 반란을 일으키고, 과거의 교훈을 무시하면서 미래가 없다는 건 보지 못한 채 이성적 사유의 여지를 남기지 않는다.

최소한 미개인에게는 지식이나 합리적인 도구에 접근할 수 없었다는 핑계라도 있다. 반면 야만인 또는 엄격한 이성적 사유 끝에 식민화하거나 학살하는 문명인은 아무런 핑계가 없다. 목적을 달성하기 위해 타인과 공유하는 감정을 억제하기 때문이다. 그런데 실러는 인간이 아닌 상태에서 벗어나 완전한 인간이 되는 유일한 방법은 우리 존재를 구성하는 두 경향을 공동으로 발전시키는 미적 능력을 기르는 것이라고 했다. 예컨대 콘서트에서 음악을 듣고 훌륭한 영화를 보고 고상한 안무와 화려한 전시회를 보며 엄청난 미학적 쾌락을 타인과 공유할 때, 우리는 가장 보편적인 걸 함께 공유한다고 느끼며 '개인적으로 그리고 인간으로서' 즐겁고 아름다움 안에서 하나가 된다. 감각과 느낌의 세상 속에서 우리는 세상과 자신을 보편적인 형태로 이해하게 된다. 예술 작품을 통해 진리에 이르는 이러한 접근은 칸트가 말했듯이 예술 작품이 '개념 없이 보편적으로 우리의 맘에 들 수' 있다는 걸 설명한다. 또한 헤겔이 말했듯이 예술 작품이 '감각적 형태의 진리'를 우리에게 전달할 수 있음을 드러낸다. 예컨대 이것이 모차르트의 오페라 〈티토 황제의 자비〉 또는 〈마술 피리〉에서 감동적인 화해의 장면에 보편적인 평화를 느끼는 이유이며 넬슨 만델라가 전 세계 모든 민족의 열광을 불러일으키는 이유일 것이다. 과학기술에 의한 지배와 생산성 지상주의 및 이기적인 이윤을 과도하게 추구하는 현상은 관념적 계산에 따라 감정을 억압했을 때 발생할 수 있는 극적인 피해를 잘 보여준다.

제2차 세계대전이 한창이던 때 찰리 채플린은 영화 〈모던타임즈〉에서 대량 산업 현장에서 노동자에 대한 광적인 착취가 벌어지는 상황을 통해 인간의 전적인 복종이라는 비인간성을 철저히 분석했다. 후속편 〈독재자〉에서는 실러의 영향을 받은 듯한 톤으로 다음과 같은 '인간에게 보내는 청원서'로 결론짓는다. "풍요를 가져다준 기계화는 우리에게 욕망을 남겼다. 우리의 과학은 우리를 냉소적으로 만들었다. 우리의 지성은 우리를 거칠고 잔인하게 만들었다. 우리는 너무 많이 생각하고, 충분히 느끼지 않는다."

구석기 예술은 감정과 이성의 불균형이 아직 존재하지 않던 세계를 표현했다. 당시 인간의 문화적 능력은 감정과 이성을 하나로 만들었고 이는 평화롭게 생존하기에 충분했기 때문이다. 그러나 지금은 감정과 이성이 불균형해 무서운 결과를 초래했고 우리를 불균형의 한계에 대항하게 했으며 자신과의 화해나 타인과의 화해를 어렵게 만들었다. 정치가 화해에 이르려고 고군분투하는 이유는, 아마도 예술이 이 길에 중요한 역할을 할 수 있다는 사실을 더는 진지하게 받아들이지 않기 때문일 것이다. 우리가 인간이 되었기 때문에 예술을 발명한 것이 아니다. 바로 예술을 발명함으로써 인간이 되는 것이다.

4부
자신을 유지하기

Vivre et penser dans l'incertitude
: Ces philosophes indispensables notre temps

이제 정치는 본질적으로 권력과 동의어가 되었다. 정치를 한다는 건 권력에 접근해 권력을 취하거나 잃는 것을 뜻하고 권력에 복종하거나 뒤엎는 것을 의미한다. 마치 권력이 가장 중대한 문제가 되어버린 듯하다. 사실 인류 역사에서 대부분 동안 권력은 존재조차 하지 않았다. 반면에 권력이 없던 역사는 결코 무시할 수 없다. 그 역사 속에서 인간 공동체는 스스로 규칙을 만들고 과제를 공유했으며, 공동체원 사이에 활동을 배분해 필요와 욕구를 충족시켜 인간 고유의 모든 실존을 결정지었다. 그러므로 바로 그 지점에서 정치의 본질을 찾아야 한다. 가장 문명화된 국가들이 지구 전체를 폭력적으로 정복했을 때 살아남은 고대 사회 전체와 부족 집단을 관찰하면 이러한 정치의 본질이 명백하게 드러난다. 아리스토텔레스가 인간을 '정치적 동물', 즉 사회에서만 살 수 있는 존재로 정의한 건 바로 이런 의미였으며 이는 인간 사회의 수십만 년 전 기원인 이른바 원시 사회를 규명하기에 충분하다. 토지 사유권과 불평등이 함께 비약적으로 발전하고 과도한 종속 관계와 특권층이 나타나 공동체 상위층에 권력을 출현시키려면 많은 사건과 급격한 변화 그리고 환상이 있어야 했다. 이러한 권력은 업무를 조정하고 규칙을 존중하며 관습과 신앙의 영속을 보장하던 다양한 책임을 대신해 만들어졌다.

따라서 수천 년 동안 권력 문제가 정치의 원리이자 본질인 듯 보였다. 사실 인류 역사는 끊임없이 공동선과 사회 정의를 부정하고 지배 관계를 증식하며 내전을 벌이고 치명적인 갈등으로 이어지는 권력투쟁을 중심으로 조직되어 왔다. 이 모든 것이 자연스러운 양 여겨졌으며 인간 사회에서 유일하게 가능한 세계인 듯 전개되었다.

가장 추악한 시스템 중 하나인 남아프리카의 인종차별 정책은 만델라가 주도하던 아프리카민족회의의 화해를 통한 투쟁에 항복해 폐지되었고, 그 후에야 정치의 본질이 다시 나타났다. 다시 말해 수백만 사람들이 공동선을 추구하며 구상한 민주주의가 가능해진 것이다. 화해를 통한 투쟁은 선진국이 만든 헌법이나 권리장전 또는 인간 해방 사상가의 이론에서 영감을 받은 게 아니라 남아프리카의 우분투 Ubuntu라는 고대 부족 사회의 원칙과 관습에서 영감을 받았다. 만델라의 방식은 공개 토론의 본질적인 부분과 민중의 힘을 회복시켰다. 이에 따라 남아프리카공화국이 낙원이 된 것은 아니지만 남아프리카공화국은 정치를 실천하는 새로운 방식, 제도와 보편 가치를 결합하는 새로운 방식, 인민에 의한 자치 시민권이 있는 효과적인 국가를 건설하는 새로운 방식의 가능성을 상징하게 되었다. 우분투 전통의 원칙인 '우리가 존재하기 때문에 내가 존재한다'라는 말은 정치의 과거와 미래 사이에 흥미로운 다리를 놓는다. 시민의식 속에 우리에게 좋은 것이 나에게 좋은 것보다 우선해야 한다.

나에서 우리로 가는 방법에 앞서 인간의 사회적 본질을 이해할 때 제기되는 새로운 문제는 개별 인격의 자율성 문제다. 사실 고대 문명에서 개인은 전체 중 일부일 뿐이었으며 집단생활에서 개인의 자율성은 생각할 수 없었다. 그러나 최근 수 세기 동안 이루어낸 가장 소중한 업적 중 하나는 이론으로나 실제로나 개인의 자유와 권리를 인정하게 된 것이다. 개인은 더는 전체 중 일부가 아니며 전체의 논리와 진화의 주체가 되어야 하고 또 그렇게 될 수 있다. 이를 민주주의라고 한다. 민주주의에서는 각 시민이 절대적인 권리를 가지며 시민이 함께 집단 형태의 조직을 결정할 수도 있다. '우리가 존재하기 때문에 내가 존재한다'라는 말로는 더는 충분하지 않다. '우리는 화합한다. 나는 우리가 누구인지에 관심이 있기 때문이다'라고 덧붙여야 한다. 개인의 사적 관심은 공동선을 파괴할 가능성이 있다. 우리 사회가 증명하듯이 말이다. 그러나 개인의 자율성을 희생시키면 공동선은 절대로 불가능하다. 이 긴장 상태가 제3천년기(그레고리력으로 2001년 1월 1일부터 3000년 12월 31일까지를 뜻한다—옮긴이)의 시작을 알린다. 정치적 선택을 자유경제와 전체주의 사이의 대안으로 전락시키지 않으려면 개인은 전체를 위해 행동해 자신을 유지해야 한다.

이 문제는 이른바 대표 민주주의가 있는 선진국에서 발생한다. 일단 대표자에 의한 대표 민주주의 원칙이 정해지고 나면 개인 의사를 표현하지 않는 게 당연해지고, 대표자는 한두 번의 선거로 선출된 뒤 민중의 의견을 묻지 않거나 심지어 민중에 반대하여 모든 것을 결정한다. 그렇기에 현재의 민주주의는 내 인생이 어떻게 될지 결정해줄 사람들을 임명하는 형태다. 이렇듯 사회와 함께 살아갈 필요가 있다는 사실은 개인의 자율성 유지와 모순된다. 이 모순은 건전한 모순이기에 모두가 수용하고 대처해야 한다. 오늘날 개인은 자기 자신을 유지하면서 공공의 요구에 잘 비켜설 줄 알아야 한다. 이른바 정치의 위기와 대표 민주주의의 위기에서 나타나는 현상이다. 물론 위기는 예컨대 건강의 위기처럼 삶을 위협할 수 있다. 그러나 사춘기의 위기에서처럼 잠재적으로 더 충만한 미래를 위한 예고일 수도 있다.

이어지는 장에서 이러한 질문들을 살펴보고자 한다.

12장
만델라, 법 너머의 정의
정치의 본질

1988년 12월이다. 25년 동안의 투옥, 고된 노동, 굴욕, 온갖 고통을 겪은 뒤 넬슨 만델라는 케이프타운에서 약 50km 떨어진 예쁜 마을 팔Paarl 근교 감옥에서 편안한 공간에 보호되어 있다. 둘러싼 벽의 꼭 대기에 철조망이 없었다면 일견에 감옥이라고 생각하지 못할 수도 있다. 만델라는 이렇게까지 고립되어 갇힌 적이 없었는데 이 모두 그가 행복하게 생활할 수 있도록 배려한 것임이 분명했다. 만델라는 태어날 때부터 이런 생활을 경험한 적이 없었다. 어린 시절 내내 마른 소똥 위에서 잤고 벌거벗은 몸에 핀으로 고정한 초라한 포목을 걸치고 살았다. 그런데 여기 공간은 넓었고 수영장이 있었으며 케이프 산 고급 포도주도 한 궤짝 만델라를 반기고 있었다. 사람들은 만델라에게 여기가 석방 전 마지막 체류지이며 남아프리카공화국 정부와 시작된 협상을 계속 진행하기에 가장 적합한 장소라고 설명해주었다.

석방은 실제로 1990년에 거행되었고 만델라의 석방은 세계적인 사건이 되었다. 감옥 안뜰에서 사슬에 묶인 채 자갈돌을 부수던 어제의 죄수가 1991년 아프리카민족회의 회장이 되고 1993년 노벨평화상을 받으며 생애 처음으로 투표한 뒤 1994년 마침내 남아프리카공화국 대통령으로 선출된다. 다시 1988년으로 돌아가보자. 현재 만델라는 새로운 감옥이 너무 편안해 적응하기가 쉽지 않다. 로벤섬Robben Island 의 더러운 감옥에서 20년을 보내고 보안이 엄격한 폴스모어Pollsmor의 교도소에서 3년을 보낸 뒤 케이프타운에 있는 보크스 병원에 격리되어 3년을 보낸 이후라 더한 듯하다. 이제 넓은 공간에서 25년 넘게 만나지 못했던 가족들과 친구들뿐 아니라 아프리카민족회의 대표단까지 접견할 수 있다.

만델라가 설거지와 침대 정리를 스스로 하길 원한다는 소식에 매우 놀란 스와트Swart 보좌관은 훌륭한 솜씨를 지닌 요리사를 추가로 보내주었다. 스와트는 만델라를 기억한다. 만델라는 스와트에 대해 전혀 기억하지 못하지만 말이다. 어느 날 스와트 보좌관은 자신이 로벤섬 교도소 간수였으며 만델라와 동료들을 운송 차량에 태우고 채석장으로 데려간 사람이 바로 자신이었다고 털어놓았다. "부끄럽습니다, 만델라 님, 부끄럽습니다…. 당신들이 더 불편하도록 일부러 팬 곳이 많은 도로로 운전했었습니다…." 만델라는 그 때문에 멍이 들었던 것이 기억났으나 미소로 용서했다. 대신 옥수수죽이나 콩과 현미 등으로 만든, 어린 시절에 먹었던 요리를 해달라고 했다. 점심과 저녁으로 만델라에게 차려지는 맛 좋은 요리와 대비되는 가난한 요리였지만 인생 초기에 겪었던 단순한 즐거움을 다시 느끼게 해주었다. 만델라는 친구들이 자신을 만나러 오는 게 우정 때문인지 여기서 함께 먹는 식사가 좋아서인지 모르겠다고 농담했다.

보복해야 할 천 가지 이유

인종차별이 심했던 남아프리카가 폭력 없이 다양한 색채의 남아프리카로 발전하게 된 놀라운 사실에 대해 헤아려보려면, 그 전에 만델라와 국민에게 어떤 고통이 있었는지 간략하게나마 환기해볼 필요가 있다.

만델라는 1962년에 처음으로 자유를 박탈당했다. 파업을 선동했다는 죄명으로 5년형을 선고받았고 1964년에는 종신형으로 바뀌었다. 더욱 놀라운 사실은 사형도 계획되어 있었다는 점이다. 체포영장도 없이 자식들 앞에서 가혹하게 체포된 만델라는 동료들과 함께 로벤섬의 교도소로 끌려갔다. 간수들은 배에 탄 죄수들에게 쇠고랑을 채운 뒤 그들에게 오줌을 갈기며 놀았고 추운 날씨에 교도소 마당에서 죄수들을 벌거벗겼으며 화장실 구실을 하는 더러운 구멍에 죄수들의 옷을 던진 뒤 냄새나는 옷을 건져 입도록 했다. 만델라는 차갑고 축축한 1.8m 크기의 감옥에서 알몸으로 잤다. 덮고 잘 모포를 얻는 데 2년이 걸렸고 20년 이상 한 번도 세탁해주지 않았다. 화장지는 없었고 음식에서 심한 악취가 났으며 그나마 양도 모자랐다. 모욕당하고 호송 차량에 실려 끝없이 끌려다녔으며 사슬로 죄수들을 서로 묶어놓았고 모든 죄수는 양동이 하나를 변기로 써야 했다. 그리고 채석장에 끌려가 흰 돌에 반사된 햇빛에 눈도 못 뜨며 먼지에 뒤덮여 자갈을 부쉈다. 방문객도 없었고 편지도 거의 없었으며 그나마 온 편지라도 검열되고 문구가 삭제되었다. 이 모두 죄수를 번호로 축소해 인간성을 박탈하기 위해서였다. 고문은 이미 행해졌다. 타인에게 가해지는 고통 외에는 무엇도 존재하지 않았다. 이러한 체제가 두 진영 사이에 증오의

벽을 쌓았고 그 벽이 더욱 확고해졌을 것임을 상상할 수 있다. 그리고 증오 자체를 없애는 데 얼마나 많은 힘과 지혜가 필요했는지 헤아릴 수 있다.

이례적으로 겪을 법한 이런 일을 사실 흑인 대부분이 당했다. 흑인들의 고통은 엄청났다. 감옥 밖이라고 자유로운 게 아니었다. 1652년 식민지배가 시작된 이후 남아프리카 흑인들은 가장 잔인한 형태로 지배를 받았다. 노예제도는 네덜란드, 독일, 프랑스 그리고 스칸디나비아의 자국민들이 남아프리카로 오면서 시작되었다. 기독교 신의 이름으로 흑인들은 가장 야만적인 인종차별을 겪었다. 1815년 영국 식민지배와 함께 노예제도가 폐지되었지만 금광과 다이아몬드 광산의 노예에게는 계속해서 차별이 유지되었다. 마찬가지로 19세기 말의 어느 날 간디는 백인이 아니라는 이유로 마차에서 쫓겨났다. 남아프리카에서 20년을 보내는 동안 간디는 아프리카민족회의 창립에 참여하고 비폭력주의 철학을 유산으로 남겼다. 이후 인도에 돌아가 비폭력주의 철학을 최종 확립한다. 그러나 1948년에 남아프리카의 공산당과 노동당의 반대에도 불구하고 극단적인 인종차별 정책이 200개의 인종차별적 법률과 함께 시작되었다.

백인 전용 상점, 버스, 기차, 해변이 생겨나 흑인은 출입이 금지되었다. 백인과 흑인 사이의 결혼이나 성관계 또한 금지되었다. 흑인은 이동이 제한되었으며 이동하려면 패스를 소유해야 했다. 300만 명의 흑인을 보호 구역에 몰아넣기 위해 대규모 인구 추방이 실행되었다. 흑인이 일구던 토지가 비옥해지면 흑인은 다시 질 나쁜 농지로 징집되었고 백인 농부에게 비옥한 농지를 줬다. 마을 전체가 백인을 위해 정비되었다. 안전장치가 없는 광산 밑바닥에서 흑인 수만 명이 사망했다. 수천 명의 흑인 여성이 불임 수술을 받아야 했다. 당연히 참정권은 백인에게만 있었다. 결국 투옥과 징역형을 통해 극도로 폭력적인 억압 방법이 일반화되었고 학생들의 집회를 포함해 흑인들의 사소한 항의 집회에서도 총격을 가했다. 70명이 학살된 샤프빌Sharpeville 사건 또는 한 번에 600명이 사망한 소웨토Soweto 사건은 전 세계적으로 악명이 높다. 그리고 남아프리카공화국의 극단적 인종차별 정책의 종식을 준비하고자 정부와 협상하는 동안에도 만델라에게 압력을 가하려는 목적으로 흑인과 아프리카민족회의에 학살이 저질러졌다.

인간적인, 너무도 인간적인

우리는 백인 권력에 의한 야만적인 만행이 수년 동안 지속된 뒤 많은 흑인이 강력한 복수심을 느꼈으리라 생각한다. 복수심은 기계적이고 즉각적인 감정이다. 간신히 의식하지만 깊은 성찰을 거치지 않은 감정이다. 내 아이를 죽인다고? 그럼 난 살인자를 죽이고 정의로 되돌려준다! 누가 이렇게 본능적이고 즉각적으로 반응하지 않을 수 있겠는가? 피해자들이 복수했을 때 그들의 분노에 쉽게 감정 이입하게 되는 이유가 여기에 있다. 복수의 감정이 즉각적이기에 복수를 소재로 하는 소설이나 연극 또는 영화가 넘쳐나는 것이리라. 자신을 피해자에 감정 이입해 괴로운 복수심을 공유하고 가해자에게 행해지는 처벌을 즐긴다. 고통은 증오를 낳고 증오는 다시 고통을 되돌려주며 악행으로 악행을 바로잡는 걸 정당화한다. 고대부터 우리는 복수가 정의 구현의 수단인 양 복수를 승화하는 작품을 셀 수 없이 보았다. 정의의 수호자가 정의로 되돌려준다는 식이다. 영화에서는 흔하지 않지만 코넬리에의 연극 〈르 시드〉나 셰익스피어 연극 〈베니스의 상인〉과 같은 작품에서 복수가 지닌 복합적인 양상을 보며 우리는 자기모순에 빠지고 반성한다. 반면 예컨대 얼마나 많은 서부 영화와 탐정 영화가 악당들을 죽이는 걸 응원하게 만들고 '모든 게 잘 끝났다'라는 환희에 찬 인상을 주는가? 주로 어린이를 대상으로 하는 작품들이 이렇게 신중하지 않다니 놀라울 따름이다.

한편 우리는 복수를 비난하고 용서를 택하는 철학적 문학작품인 빅토르 위고의 《레미제라블》이나 처벌 거부를 예찬하는 모차르트의 오페라 〈티토 황제의 자비〉에 칭찬을 아끼지 않는다. 또 다른 한편으로 청소년을 위한 작품 가운데 소설 《몬테 크리스토 백작》과 여러 버전의 영화에도 찬사를 보낸다. 알렉상드르 뒤마Alexandre Dumas의 《몬테 크리스토 백작》은 과도한 보복을 열렬히 지지하며, 잔혹한 복수의 장면을 봤을 때 저항하기 힘든 환희를 느낀다는 사실을 넌지시 드러냈다. 사실 발자크의 《피의 보복La Vendetta》이나 마르셀 파놀Marcel Pagnol의 《마농의 샘》 또는 프로스페르 메리메Prosper Mérimée의 《콜롱바》에서 등장하는 복수의 감정은 정당성과 상대성을 동시에 드러내지만, 뒤마는 끝부분에 단지 몇 마디로 영웅이 저지른 범죄에 대해 약간의 회의를 제기하는 데서 그친다. 각자의 판단에 맡기는 것이다.

물론 《몬테 크리스토 백작》에서 에드몽 단테스Edmond Dantès는 터무니없는 누명을 쓰고 이프 성Château d'If에 있는 암울한 감옥에 투옥된다. 에드몽의 약혼녀를 흠모해 결국 결혼하고야 마는 페르낭Fernand, 대위직을 노리고 결국 대위가 되는 당글라르Danglars 그리고 왕에 대항해 음모를 꾸민 아버지를 지키려는 빌포르Villefort의 음모였다. 우리는 불의에 항의하고 감방에서 14년 동안 겪은 단테스의 고통에 감정 이입하며 정의 실현을 꿈꿀 수밖에 없다. 그러나 단테스가 실행한 냉정한 복수의 결과들을 어떻게 정당화할 수 있는가? 페르낭은 자살로 내몰리고 당글라르는 파멸하며 그의 딸은 죄수와 결혼하게 된다. 빌포르는 미쳐가고 그의 아내는 시댁 식구들을 모두 독살한 뒤 아들과 함께 자살하고 카데루스Caderousse는 아내를 죽이고 노예선을 탄다…. 간단히 말하자면 모든 게 잘 끝났고 대중은 기뻐했으며 단테스는 사랑하는 노예와 함께 동양으로 떠나며 양심의 가책을 조금 느낀다. 단테스가 정말로 신을 대신해 악당을 단죄할 이유가 있는지에 관한 질문은 피상적으로 다뤄졌을 뿐이다. 이렇게 복수를 크게 지지한 적이 있었던가? 그리고 우리는 어떤 신을 말하는 것인가? 성경과 코란은 복수의 원리 자체를 극단적으로 강요한다. 고대부터 시작된 유대교의 토라에서 모세는 '눈에는 눈, 이에는 이'라는 유명한 보복법을 규정한다. 그러나 당시 유일한 정의 구현 방법이었던 보복법은 복수를 지지하는 게 아니었다. 적절히 상황에 맞게 행동하라고 권유하며 신체는 건드리지 말고 찔린 눈에 다른 눈을 찔러 답하는 게 아니라 현물로 보상받고 악에서 벗어나라고 권유했다.

일신교는 용서를 지지한다. 빅토르 위고가 《레미제라블》에서 보여준 용서나 간디가 '눈에 눈으로 맞서면 이 세상에는 장님만 남게 될 것이다!'라고 선언한 것처럼 말이다. 또는 '인류는 침략과 복수를 거부해 갈등에서 벗어나야 한다'라고 한 마틴 루터 킹의 말처럼 말이다.

우리 현대인은 일관성이 없어서 만델라, 루터 킹, 간디의 용서에 박수를 보내지만, 현실을 상기하려는 듯 《몬테 크리스토 백작》을 읽으라 한다. 민족 전체를 말살하면서 평화와 자유의 이상을 찬양하는 식이다. 마치 복수하지 않으려면 범죄자를 아예 처벌하지 않아야 하고 살인자들을 치명적인 관행에 맡겨야 한다는 듯 말이다. 예컨대 사형을 범죄라 여기며 사형을 거부하면 범죄자를 처벌하지 않아야 한다는 듯이. 그런데 인류는 사형 대신 잘못된 대안을 발명했다.

복수하지 않고 심판하기

　물론 모든 인간이 보편적인 선과 정직을 꿈꾸며 그 이상을 현실로 구현한다면 매우 간단할 것이다. 당신의 기분을 상하게 한 사람을 용서하는 건 당신의 영혼이 확실히 위대하다는 증거다. 《레미제라블》에서 도둑이 된 장 발장이 그러하다. 사제의 물건을 훔쳤으나 사제는 장 발장을 용서한다. 사제의 용서는 전염되고 장 발장을 평생 긍정적으로 변화시킨다. 불행히도 현실에서는 살인자와 도둑이 풀려나면 다시 살인하고 훔치는 경향이 있다. 피해자와 측근들은 직간접적인 희생자로 고통받을 뿐 아니라 악행이 처벌되지 않고 자신들의 고통이 무시되며 자신들을 괴롭힌 자들이 구원받는 과정에서 또 다른 고통을 받는다.

　루소가 말했듯이 복수심을 불러일으키는 이중적인 고통 때문에 인류 초기에 법이 만들어졌다. 시작은 악행에 의해 받은 고통이었다. 다시 말해 부당한 느낌에서 시작되었다. 헤라클레이토스Hérákleitos가 '부당함이 없었다면 우리는 정의의 이름조차 몰랐을 것이다'라고 말했듯이 말이다. 나에게 불리하게 저울이 기울어지면 다른 접시에 무게를

달고 싶은 욕구가 생기고, 내 눈앞에서 구부러진 건 다시 바르게 펴고 싶은 욕구가 생긴다. 이런 의미로 법이 생겨났으나 법은 때론 그 이상을 바라는 보복과 혼동되기도 한다. 그렇다면 저울 사이의 균형을 회복하는 것이 목표인지 아니면 저울이 반대편으로 기울어져 보복하고 싶은 분노까지 가라앉는 게 목표인지가 문제다. 만약 후자가 목표라면 정의심은 복수심과 혼동되어 악에는 악을, 불의에는 불의를 더할 것이며 결국 항상 불의로 마무리될 것이다. 이런 때면 두 가지 부당한 행동 가운데 선택하게 될 것이다. 즉 나쁜 놈들을 도망가게 두어 만인에 대한 만인의 전쟁 가능성을 열어두고 결국 모든 사람이 악을 행하게 되거나, 또는 개인적으로 복수하거나 제도적 형태로 보복해 악에서 더 큰 악으로 영원히 확대될 가능성을 열어두거나 둘 중 하나다. 결국은 둘 다 같은 결과를 낳는다. 이러한 절망스러운 양자택일을 피하고자 정의를 만들어야 했고 보편적인 법과 재판관이 생겨났다.

사람들이 정의에 대해 어떻게 생각하든, 특히 내가 당한 악행에 대해 정의를 주장할 때 정의는 나를 위해 복수해주려고 존재하는 게 아니다. 원칙적으로 정의는 복수의 논리와 큰 차이를 보인다. 헤겔이 《철학적 교육학Propédeutique philosophique》에서 보여주었듯 복수할 때는 내가 재판관이자 배심원이다. 그때 나는 심사하지 않고 반응한다. 격분해서 주관적으로 받은 고통에 대한 개인적인 느낌에 따라 반응하는 것이다. 외부에 있는 그 어떤 존재도 내가 느낀 고통을 가늠할 수 없다. 나에게 고통을 가한 사람은 자신의 고통이 아니기에 필연적으로 나의 고통을 과소평가하게 된다. 나를 때리고 모욕한 사람에게 그건 단지 주먹질과 말일 뿐이다. 그러나 나에겐 그 이상으로 인격에 대한 부정이고 내 존재에 대한 공격이며 참을 수 없고 역겨운 부당함이다. 그래서 분노한다. 그리고 받은 만큼 되돌려주자고 생각하면서도 복수할 때는 더 큰 악으로 돌려주게 된다. 따라서 나를 공격했던 사람은 이번에는 자신이 공격받았다고 느끼게 되고 불가피한 경쟁이 격화되어, 악은 악을 더할 뿐만 아니라 매번 더욱 큰 악행이 저질러진다. 이 과정은 그 자체로 한계가 없으며 결코 정의로운 답을 찾지 못한다. 그러므로 악행을 대할 때는 주관적이고 감정적인 보상 요소를 억제하는 게 필요하다. 그러려면 두 가지가 필요하다. 첫째는 모두에게 유효한 객관적인 처벌의 적당한 선을 정의하는 것이고, 둘째는 분쟁의 외부에 있어서 감정적 편견에 이끌리지 않을 제삼자가 처벌하게 하는 것이다. 그래서 법과 재판관이 필요하다.

재판관에게는 보복할 필요가 없고 어떤 재판관도 비슷한 판단을 할 것이기에, 처벌받는 사람은 재판관을 개인적으로 비난할 수 없다. 피해자는 보복하지 않더라도 최소한 자신이 피해자로 인정받았다는 사실과 저울이 더는 자신에게 불리하게 기울어지지 않았다는 사실에 만족한다. 이것이 현행법에 근거한 법적 처벌의 역할이며 피해자에 대한 금전 보상의 역할이기도 하다.

물론 어떤 재판관도 절대 중립을 지키며 완벽하게 '객관적'일 수는 없다. 재판관에게도 삶이 있고 자신이 조사해야 하는 사건과 유관한 일들을 겪어 의식적이든 무의식적이든 피고인이나 피해자에게 조금이라도 감정 이입을 할 수도 있다. 재판관이 겪은 일들이 사건을 판단하는 데 중요한 영향을 미친다면 재판관은 재판을 포기하거나 거부할 수 있다. 예컨대 아내나 딸이 강간당한 경험이 있다면 성폭행범으로 추정되는 사람을 어떻게 법으로만 판단할 수 있겠는가? 자신이나 사랑하는 사람이 폭행당한 적이 있다면 폭행 가해자를 객관적으로 판단할 수 있겠는가? 일반 대중으로 구성된 배심원단이 재판에 개입할 때도 문제는 여전히 발생한다. 예전에 배심원이 600명까지도 가능했던 고대 그리스의 배심원단 제도와 마찬가지로 배심원은 중립을 지킬 수 있도록 추첨으로 선택되며 일부 배심원은 양 당사자가 이의를 제기할 수 있다. 예컨대 배심원단이 남성 대다수로 구성된 경우와 여성 대다수로 구성된 경우 강간에 대한 판결이 같을 수 있을까? 미국의 특정 주에서는 사형수 대다수가 흑인이지만 배심원 대다수는 백인이라는 사실이 잘 알려져 있다. 공개적으로 인종차별적인 분위기에서 얼마나 많은 무고한 사람이 처형되었는지 셀 수 없을 정도다. 나치즘하에서든 나치 점령에서 해방된 때든 스탈린주의나 남아프리카공화국의 극단적 인종차별 정책하에서든 정복자가 피정복자나 피지배자를 심판할 때 그 재판을 어떻게 신뢰할 수 있는가? 이러한 극한 상황을 제외하고는 지금까지 완벽하지 못하더라도, 사건 외부에서 재판관을 선택하고자 온갖 노력을 기울이고 있다.

헤겔은 양 당사자가 법의 결정을 받아들이는 건 한 명 또는 여러 명의 제삼자로 이루어진 재판관과 배심원 덕분이라고 덧붙였다. 임마누엘 칸트가 《법이론》에서 '보편적 자유의 법칙'이라고 한 바에 따르면 양 당사자는 같은 법을 따른다. 왜 자유라고 하는가? 자유를 막는 모든 제약을 부당하다고 하기 때문이다. 도둑질은 나에게 속한 물건을 마음대로 사용할 나의 자유를 막는다. 따라서 도둑질을 못 하도록 막아야 한다. 강간, 신체 폭력, 모욕, 위협은 나의 자유와 품격과 온전한 인격 유지를 막는다. 따라서 그렇게 하지 못하도록 막아야 한다. 타인의 자유를 제한하는 모든 행위는 부당하며 법에 어긋난다고 칸트는 말했다. 그러므로 자유를 막는 것을 막는 것은 정당하다. 처벌은 자유를 회복시킨다. 정의는 인간의 자유를 제한하는 게 아니라 타인의 자유가 제한되는 것을 막는 것이다.

헤겔은 이를 자신의 기본 사상으로 받아들였다. "우리는 누구에게 그 무엇도 강요할 수 없다. 다만 타인에게 강요한 걸 철회하라고 강요할 때를 빼고는 말이다." 이 명제는 어떤 법에 대해 의견을 정해야 할 때 발생하는 많은 난관을 해결해준다. 예컨대 새 법률 제정을 논의할 때 불필요하게 복잡한 상황이 발생하곤 한다. 프랑스에서 1974년 낙태한 여성을 감옥에 가두던 법을 폐지하고 여성에게 자발적인 낙태를 허용하는 건 정당할까? 프랑스의 낙태 허용법은 여성에게 개인적 신조에 반해 낙태하라고 강요한 법이 아니라 극적인 조건에서의 낙태를 허용한 법이다. 낙태는 그 어떤 자유도 억압하지 않을 뿐 아니라 극적인 상황에 처한 여성의 고난을 방지한다. 그러므로 다른 사람에게 속박을 강요하는 자들은 바로 개인적인 신념을 보편 법칙이라 착각하고 있는 낙태 허용법 반대파이다. 프랑스의 토비라 법에도 같은 논리를 적용할 수 있다. 토비라 법은 동성애자 간 혼인 허용법으로, 자유를 막는 것을 막는 법이다. 이 사상은 다른 자유를 침해하지 않으면서 새로운 자유의 영역을 여는 모든 법률에 적용되며 앞으로도 항상 적용될 것이다.

어떤 자유는 지배와 폭력을 허용해 다른 자유와 모순에 빠질 수 있다. 예컨대 아동 착취, 매춘 알선, 장기나 혈액 판매, 대리모 등의 사안이다. 사실 경우에 따라 보편적으로 정당한지 부당한지 식별하기가 그리 간단하지 않아서 공개 토론과 집단적 숙고가 필요하며 극도로 주의를 기울여야 한다. 수 세기 동안 철학은 매우 중요한 문제에 대한 답을 찾는 데 유용한 정신적 도구를 많이 제시했다. 그러나 불행히도 종교적 정치적 사상에 의한 논쟁은 매우 현실적인 문제들을 모호하게 만들어버렸다.

그러므로 피해자를 무장해제 시키는 지나친 관용주의와 피해자가 또 다른 피해자를 낳는 복수 사이에서 선택해서는 안 된다. 그렇다면 일단 법이 제정되고 법률의 적용 조건이 정해지면 문제가 쉽게 해결될까?

법 아래와 법 위에

현행법이 공정한 판단을 보장하기에 충분하다면 재판관과 배심원이 더는 필요하지 않게 되고 법 조항을 읽는 것만으로도 정확하고 명백한 판결이 나올 것이다. 작은 컴퓨터 한 대로 모든 재판관을 실질 실업 상태에 빠뜨릴 수도 있다. 그러나 그렇게 되면 도둑질로 상당한 재산이 있는 자가 더 부유해지려고 은행을 터는 경우와 자녀를 홀로 키우며 분유가 없어 도둑질하는 실업자 여성에게 동일한 논리를 적용하게 된다. 또한 장기간 계획한 강도 사건, 불륜을 목격하고 발생한 치정 사건, 또는 행위에 책임이 없다고 인정되는 정신 질환자나 아동이 저지른 범죄를 구별하지 않게 된다.

법은 일반적으로 살인이나 절도를 처벌한다. 그러나 재판관은 개별 사건을 다룬다. 다시 말해 단일 상황에서 단일 행위를 저지른 단일 개인을 마주하는 것이다. 어떤 법도 모든 사건을 예측하고 포괄할 수는 없다. 개별적 특수성을 고려하지 않고 형벌을 정하면 분명 법을 따르는 것이어서 합법적일 수는 있겠으나 법의 정신에 모순되고 따라서 공정하지 않다. 입법자들이 이런 경우를 고려한다면 법에 무엇을 포함해야 할까? 이것이 재판관이 공정한 판결을 위해 스스로 물어야 하는 질문이라고 아리스토텔레스는 《니코마코스 윤리학》에서 우리 시대보다 400년 앞서 주장했다. 한결같이 보편적인 법을 구체적으로 적용할 때 재판관의 개입이 절대적으로 필요한 이유가 여기에 있다. 재판관의 업무가 그토록 복합적이고 어려운 이유이기도 하다. 물론 모든 판결은 결코 완벽할 수 없다. 그러나 판결의 가혹함이나 지나친 관용을 끊임없이 비판하는 건 부당할 뿐 아니라 위험하다. 법률에 책임이 있는 게 아니라 시민에게 책임이 있다. 입법자들이 더 공정한 법률을 채택하게 하는 건 시민에게 달려 있다! 그러나 공정한 법이라는 단순한 구절에도 여전히 난해한 문제가 있다.

어떤 물체가 1m인지 1kg인지 확인하려면 모두가 동의하는 기준이 필요한데, 법의 정당성 여부를 누가 말할 수 있는가? 그러한 판단의 기준은 무엇인가? 어떤 우월한 원칙이 현행법의 정당성 여부를 말해줄 수 있는가? 공정하려면 재판관이 법 아래 있어야 하는데 그렇다면 법 위에도 원칙이 있는가? 당연히 법은 항상 합법적이다. 그러나 법이 그 정도로 정당한가? 누구도 법을 무시해서는 안 되며 법은 모든 사람에게 적용된다. 그렇지 않으면 법은 쓸모가 없거나 자의로 해석하게 된다. 그러나 다시 말하면 어떤 법이든 존재하는 그대로의 법에 복종해야 우리가 정의로울 수 있다는 걸 의미한다. 이 질문은 새로운 질문이 아니다. 소포클레스Sophocle는 기원전 5세기에 《안티고네》에서 이미 이러한 질문을 했다. 안티고네는 크레온의 법에 복종하며 오빠의 운명을 희생해야 하는가? 아니면 법보다 더 높은 정의의 원칙에 복종해 법에도 크레온에게도 불복종하여 정의를 실현하기 위해 목숨을 잃는 대가를 치러야 하는가?

이 질문은 추상적인 질문이 아니며 극장이나 책에서만 일어나는 일도 아니다. 예컨대 만델라는 인종차별 정책에 대항해 시민 불복종 캠페인을 주도하며 이 질문을 실행에 옮겼다. 1955년 12월 미국의 어느 한 버스에서 백인 남성에게 자리를 양보하기를 거부한 흑인 로사 파크스Rosa Parks도 이를 구현했다. 로사 파크스의 행위는 불법이었지만 스스로 자신의 행위를 정당하다고 여겼다. 파크스에게 유죄판결이 내려진 사건은 마틴 루터 킹이 조국에서 인종차별에 맞서 싸우는 출발점이 되었다. 이러한 때 시민은 법을 알지만 법의 정당성을 인정하길 거부한다. 따라서 우리는 법 위에 있는 더 높은 정의 원칙의 이름으로 법을 준수할지 말지 결정할 수 있다. 예컨대 나치 점령하 프랑스에서나 알제리 전쟁의 학살 당시와 같은 가혹한 체제이거나 전체주의 체제에서 많은 사람이 문제를 제기했던 내용이다. 이러한 상황에서는 어떻게 행동할지가 각자의 양심에 따라 결정된다. 즉 법이 요구하는 대로 유대인과 저항 운동가를 비난해야 하는가? 궁지에 몰린 불법체류 난민을 도와야 하는가 아니면 경찰에 넘겨야 하는가? 공동체에 심각한 영향을 끼칠 수 있는 정보가 공개 금지된 정보라면 혼자만 알고 있어야 하는가? 루소는 이미 적법한 법에만 준수의 의무가 있다고 했다. 여기서 적법한 법이란 보편적 원칙에 따라 공동체 집단이 직접 유효성을 인정한 법이다. 따라서 초대 기독교도들은 종교의 보편적 원리라는 명목으로 로마법을 거역했고, 다른 많은 사람도 보편적 민주주의와 인본주의 원칙이라는 명목으로 집권 교회의 완고한 법을 준수하길 거부했다.

우리는 칸트와 헤겔이 보편 기준이 있는 원칙을 남기고자 노력했음을 안다. 기준이 가장 중요하다. 각 시민이 정의에 대해 서로 다른 개인적인 개념을 가지고 있다는 구실로, 국법에 복종하지 않을 권리가 있다고 주장하는 건 상상할 수 없기 때문이다! 원칙이 법보다 우월하고 더 자유로우며 보편적이라는 정당성을 주장할 수 있어야 원칙이 현행 법률 위에 있다고 인식될 수 있다. 정의의 문제에서 무엇도 동등하지 않고 무엇도 전적으로 상대적이지 않다. 그리고 법보다 우월한 원칙을 찾는 것은 모든 철학자는 물론 모든 시민의 의무다.

우리가 명확히 하고자 하는 모든 이론 요소 사이에는 사실 연결고리가 있다. 즉 보복을 막고 불의에 대항하며 무력의 사용을 막는 방법에 대한 관심이다. 피해자는 있는 그대로 피해를 인정받아야 하고 피해자의 고통에 귀 기울여야 하며 범인을 가려내고 처벌할 수 있어야 한다. 모든 판단은 정의, 형평성, 정당성의 요구 사항을 존중해야 하며 그 목적은 처벌 그 자체에 있는 게 아니라 가능한 한 시민을 더 나은 사람으로 만들어 사회질서를 확립하는 데 있다. 즉 법은 그 자체에 목적이 없다. 시민이 서로 더 우호적이고 시민답게 존중하는 관계를 이룰 수 있도록 기여하는 때에만 의미가 있다. 법의 이러한 목적은 불의의 피해자에게 죄인에 대한 형벌을 포기하고 용서하게 할 수도 있다. 정의 실현의 필요성을 잊거나 부정하는 게 아니라 오히려 정의의 깊은 의미를 더욱 진실하게 내면화하기 위해서다.

법을 넘어서

정의가 상황에 따라 법을 넘어설 수 있는가? 진정한 정의가 이미 확립된 정의를 개의치 않는다는 게 가능한가? 앞서 용서와 관용의 원칙을 언급했다. 또한 용서와 관용이 개인 차원에서 그리고 도덕성이 높은 이들 사이에서만 가능하고, 그렇지 않은 때라면 순진함으로 사회에 재앙을 초래할 수 있다고 두려워하는 이유에 대해서도 언급했다. 그러나 정의가 법을 넘어서는 게 전체 공동체 구성원을 위해 합당해지는 상황들도 있다. 그러한 상황이 우리 시대에도 일어났는데 우리가 알고 있는 남아프리카공화국에서 일어난 사건의 여파로 그 뒤 몇몇 다른 국가로도 번졌다. 그러나 과거에는 정의가 법을 넘어서는 상황이 여러 민족 대부분에게 더 널리 발생했다.

2014년에 출간된 《실행된 철학, 만델라Mandela, une philosophie en actes》와 2019년 출간된 《지네의 발언: 어려운 민주주의La Parole du mille-pattes: Difficile démocratie》에서 나는 갈등 당사자 간 화해를 위해 넬슨 만델라가 착안한 현대 정책들을 연구하여 보복을 넘어서는 고대 전통을 이해하고자 노력했다. 사실 우리가 잊어버리곤 하지만, 인류는 수천 년간 공개적이고 진실한 화해를 요구하는 방법을 고심해왔다. 개인적 보복이라는 논리를 잔혹하고 억압적인 방법으로 극복하는 건 주로 선진문명에서 시행된다. 고문하기, 산 채로 화형에 처하기, 팔다리 자르기, 피부 가죽 벗기기, 끓는 기름 뿌리기, 능지처참하기, 전기의자로 지지기 및 기타 교묘한 고문 방법들은 기본적인 국가 형태를 갖추고 기술과 문화 수준이 높으며 불평등이 증가하는 사회에서 보편화되어 있다. 사랑과 자비의 신이 있는 종교에서도 마찬가지다. 이렇게 하여 불법으로 괴롭히고 죽인 사람들을 합법적으로 괴롭히고 죽이는 게 정상인 양 인식되었다.

앞으로 어떻게 전개될지 궁금할 수도 있고 고문과 범죄가 도덕적으로 용인되는 이유가 무엇인지 의아할 수도 있다. 사실 수천 년 동안 개인 폭력에 대응하는 국가의 폭력은 범죄나 복수를 줄어들게 한 적이 없었다. 사법제도의 목적이 인간관계를 더욱 돈독하게 만들고 안보를 더욱 견고하게 하는 것이었다면 실패를 인정할 수밖에 없다. 분명 범죄 행위는 그 정도가 다를지라도 도처에 재앙으로 남아 있다. 반면 형벌을 완화하고 민주주의가 발달한 지역에서는 범죄가 점점 감소하고 있다.

그렇다고 인류의 오래전 과거를 미화해 평화롭고 순수한 낙원과 같은 이미지를 주자는 말이 아니다. 전쟁은 토지의 사적 소유가 가능해지고 초기 국가들이 형성되면서부터 증가했지만 특정 형태의 내외부 부족 간 폭력은 늘 존재했다. 반면에 갈등과 보복의 정신을 극복하고자 집단 민주주의적 형태를 창조했던 고대 문명의 창의력과 집념은 잊을 수 없을 것이다. 가장 오래된 관습을 보존하고 있기로 유명한 두 부족, 탄자니아의 하자베 부족과 아마조니아의 아추아르 부족은 여성을 포함해 모든 부족과 함께 모든 것을 공유하고 모든 것을 단체로 결정한다. 모든 대륙이 식민지가 되거나 도시화했는데도 전통의 필수 원칙을 보존한 부족의 공통점은, 공유와 평등을 중시하고 집단의 동의 없이 결정하는 추장을 거부하며 화해의 과정에 관심을 가지고 복수를 거부한다. 예컨대 아프리카의 반투족은 화해의 식사를 하고 가나의 탈렌시족은 동물을 희생하며 우간다의 호텐토트족과 바통가족은 부족이 함께 보상 방법을 결정하고 분쟁 중인 양 당사자에게 쓴 물약을 마시도록 했다. 그뿐만 아니라 멜라네시아Mélanésie, 뉴칼레도니아, 인도네시아 또는 북미의 수족과 크로족에서도 마찬가지였다. 마르셀 모스Marcel Mauss는 이미 20세기 초에 여러 대륙에서 이루어진 이러한 화해 관행을 연구했다. 예컨대 함께 점심을 먹기 전에 적수들 사이에 서로 놀리거나 농담을 주고받는다. 이를 농담관계라고 한다. 오늘날에도 그 효력을 유지하고 있는 이 고대 관습은 보복을 대신해 대화를 제안한다. 공동체가 참여한 가운데 얼굴을 맞대고 저지른 잘못을 인정하며 가해자와 피해자가 고통과 피해를 극복했다고 동의할 때까지 대화하는 것이다. 이렇게 화해하는 토론을 르완다에서는 가츠카gacaca, 코트디부아르에서는 투크페toukpè, 말리에서는 시닌쿠냐sininkunya, 부르키나파소에서는 라키레rakiré, 아프리카 다른 지역에서는 가히kahi, 마씨르massir 또는 덴드리아갈dendiraagal이라고 한다.

남아프리카에서는 이 방법론을 우분투ubuntu라고 한다. 만델라는 어린 시절 내내 우분투를 체험했다. 만델라가 위대한 미래를 가진 정치 형태를 착안할 수 있었던 건 조상의 이러한 전통에서 영감을 얻었기 때문이다. 사람이 정말로 가혹하고 끔찍한 지옥에 있다가 나오게 되면 고통이 축적되어 이전에 자신을 학대했던 사람에 대한 증오가 더욱 불어난다. 고통을 역으로 되돌려주고 싶다는 억제할 수 없는 욕망을 느낀다. 충동적인 보복 행위가 대부분 그렇게 일어난다. 보복은 때론 군대식으로 조직되기도 하고 판결을 예측할 수 있는 매우 특수한 법원을 통하기도 한다. 예컨대 나치즘으로부터 해방된 뒤 프랑스에서도 법원 안팎으로 그러한 보복이 있었고 소련군이 히틀러의 독일을 격퇴해 2천만 명이 사망했을 때도 마찬가지였다. 알제리 사람들이 프랑스 식민주의를 물리쳤을 때도 그랬다. 예전 지배자와 내통자를 박살 내는 건 피해자를 언제나 기쁘게 만든다. 수많은 무고한 이들이 대가를 치르더라도 말이다. 문제는 이렇게 하여 정의가 이루어지고 상처를 아물게 했느냐에 있다.

아무것도 하지 않거나 희생자의 고통이나 저질러진 악행을 잊는 건 상황을 더 악화한다. 프랑코Franco 장군 독재 치하의 스페인이나 칠레에서 암살자를 사면한 사례는 장기적으로 고통과 모순을 지속하는 결과로 이어졌다. 남아프리카공화국과 같은 인종차별적 억압을 겪은 모잠비크나 짐바브웨에서는 권위주의적이고 고압적인 대전환이 거행되었다. 이는 내전과 독재에 이어 역대 가장 심각한 빈곤을 겪게 했을 뿐이었다. 르완다나 캐나다에서 상처가 치유되기 시작한 건 공개적인 화해 과정 덕분이었다. 암살자와 독재자들은 잘못을 인정했고 희생자들은 자신들의 고통이 부당하다는 사실을 모두에게 알렸다. 이러한 과정은 남아프리카에서 만델라와 동료들이 시작했던 방법론에서 영감을 받았다.

남아프리카공화국의 극단적인 인종차별 정책을 절대 인권에 반하는 '반인륜적 범죄'라고 선언한 유엔 결의에 근거해 수천 명의 백인 살인자, 경찰, 농부, 광산 고용주, 군인, 공무원, 재판관, 정치인 등을 재판할 수 있었다. 또한 그들에게 유죄판결 내리고 재산을 몰수해 약탈당한 흑인들에게 분배하고 흑인들의 권리를 정립했으며, 모든 지배층과 지휘관 지위에 있는 다양한 책임자들을 쫓아낼 수 있었다. 국제법이 허용했고 민주주의가 적법성을 부여했다. 권력을 쥔 새 정부의 인원은 다수였고 끔찍했던 인종차별 체제에 가담했거나 동의했던 자들은 소수였으니 새 정부에게 이보다 더 수월한 일은 없었다. 피로 물든 판결문을 모두가 승낙하거나 못 본 척할 수도 있었다.

그러나 그런 상황은 일어나지 않았다. 아프리카민족회의는 창립 이래 줄곧 백인에 대한 폭력, 복수, 식민지 개척자들에 대한 강제추방 사상을 거부했으며 모든 형태의 인종차별주의에 맞서 싸웠다. 학대당했으나 아프리카민족회의는 계속해서 백인과 흑인이 연합하는 남아프리카를 원했고, 그리하여 권리의 보편성을 지닌 보다 평등한 사회를 건설하고자 했다. 모든 불의와 학살이 자행된 뒤 이러한 목표는 이상적이고 무력해 보일 수 있다. 우분투의 전통을 빼고 생각한다면 말이다. 우분투 전통은 식민주의의 억압과 남아프리카공화국의 극단적 인종차별 정책 덕분에 보존되었다. 인종차별 정책은 사회, 도시, 대학, 법정, 언론, 정치에서 흑인을 강력하게 배제해 흑인이 백인의 풍습을 모른 채 자기 관습에 따라 살도록 강요했고 이에 따라 백인과 흑인 간 차이를 더욱 공고히 했다. 우분투는 살아남았다. 그렇다면 우분투란 무엇인가?

우분투는 일종의 '나는 생각한다, 고로 나는 존재한다'이다. 우분투를 요약하면 다음과 같다. "우리는 존재한다, 고로 나는 존재한다." 공동의 이익과 개인적인 이익이 서로 완벽히 양립할 수 없다면 공동의 이익이 늘 앞서야 한다는 의미다. 언제나 타인의 인간성을 존중하는 건 물론 모든 상황에서 타인의 생명을 존중하고, 언제나 처벌보다 피해보상을 선호하며 원수를 포함해 모든 타인의 이해를 구하고, 언제나 보복보다는 화해를 추구하라고 권한다. 이러한 절대 원칙에 근거해 만델라는 새 헌법을 만들기도 전에 케이프타운 대주교인 데스몬드 투투Desmond Tutu와 함께 17명의 위원으로 구성된 '진실과 화해 위원회'를 설립했다. 위원회는 피해자와 가해자의 진술을 듣고 남아프리카공화국의 극단적 인종차별 정책하에 시행된 행위의 심각성을 평가했고 사면 요청에 대해 결정할 책임이 있었다.

따라서 위원회는 먼저 피해자들의 동의를 얻어 범인을 사면할지 조사하는 데 집중했다. 보통 인류 역사에서는 이러한 경우 가해자를 유죄 처벌하거나 피해자를 무시하는 것으로 일관해왔다. 그랬기에 위원회는 현대사회에서 전례 없던 무엇인가를 착안해야 했다. 과거를 잊지도 미래를 침범하지도 말아야 했다. 결국 가해자와 희생자를 연결하는 다리를 건설하는 데에 양측을 참여시켰다. 3년 동안 생방송에서 서로 얼굴을 마주하고 증언하도록 한 것이다. 그렇게 양측이 함께 치유되고 그들과 함께 온 국민이 치유될 수 있었다. 이런 방법으로 수천 명의 사면이 결정되었고 백인뿐만 아니라 아프리카민족회의에 불복종했던 특정 범죄에 대한 흑인의 투옥도 결정되었다. 이렇게 고통을 정치에서 분리하고 고통을 치유하는 데 집중했으며, 과거를 절대 잊지 않은 채로 과거로부터 해방을 이끌었다. 심지어 만델라는 반인륜적 범죄 몇 건까지 사면하며 국제법을 아주 제대로 무시하기도 했다! 화해는 극단적 인종차별 정책을 폭넓은 민주주의로 경이로울 만큼 평화롭게 전환시켰다. 이렇듯 화해는 법을 초월한다. 만델라의 말처럼 가해자와 희생자 모두를 치유함으로써 악행을 극복하게 만드는 전례 없는 방법이었다. 예전에는 미래의 새로운 갈등에 대비하고자 할 때 두 가지 방법만 선택할 수 있었기 때문이다. 하나는 과거를 잊고 진실을 무시한 채 고통을 경멸하는 것이었고, 다른 하나는 복수와 악행에 더 큰 악행을 더하고 희생자를 가해자로 만들어 결국 모든 인간성을 말살하는 악순환으로 가는 길이었다.

인간이 타인과 진심으로 화해하려면 내면에서 자기 자신과의 화해 작업을 깊이 있게 수행해야 한다. 그렇지 않으면 법에 어떤 특성이 있든 재판관이 얼마나 탁월하든 간에 사법권은 인간을 개선할 수 없다. 여기에서 정치의 가장 고귀한 본질에 도달한다. 인간은 개체로서 개인의 이익과 욕망에 따라 행동하지만 사회를 벗어나 존재할 수 없으므로, 결국 모두에게 무엇이 좋은지를 질문하게 된다. 앞서 언급했듯이 윤리적인 이유와 정치적인 이유로, 나는 내면에서 서로 대립하는 두 힘을 끊임없이 조정하고 또 조정해야 한다. 정의로운 사회에서만 진정으로 자유로울 수 있다. 그리고 이 정의는 개인에게도 달려 있으며 개인의 일상생활뿐 아니라 시민 생활과도 관련 있다. 또한 누구도 나를 대표한다는 가당치 않은 명목으로 내면의 화해 작업을 대신해 줄 수는 없다.

13장
루소, 자유에 대한 열망
누군가가 나를 대표할 수 있는가?

어떤 실화

1776년 10월 24일 장 자크 루소는 점심을 맛있게 먹고 아내 테레즈와 함께 머물던 파리의 플라트리에르 거리Rue des Plâtrière에서 시작하여 홀로 긴 산책을 나섰다. 대로를 따라 바스티유까지 걸어간 뒤 바스티유를 오른쪽에 두고 생앙투안 포부르 거리Rue du Faubourg Saint Antoine를 따라 계속 걷다가 샤론 거리Rue de Charonne를 따라 파리 밖으로 나갔다. 봉스쿠르Bonsecours 마을의 노트르담 성당을 지나 루소는 풀밭에서 머뭇거리다가 자신의 식물 표본관에서 사라진 희귀 식물 두 개를 발견하고는 기뻐했다. 이어 포도밭을 따라 걸으며 수확이 잘 끝났는지 확인했다. 샤론 성을 지나 포도밭을 가로질러 메닐몽탕Ménilmontant 지역을 향해 난 왼쪽 길을 따라 오르는데 아이들이 포도밭에서 바닥에 떨어진 포도를 줍고 있었다. 15년 동안 박해받았는데도 매우 기분이 좋았다. 루소는 메닐몽탕 지역까지 올라갔다가 주황색과 붉은색 단풍으로 물든 다른 길로 돌아가기로 했다. 내려가는 길은 더 쉬웠고 머지않아 파리였다. 다시 인파가 늘어났고 루소는 자신을 향해 과속으로 달려오는 마차 소리를 들었다. 행인들이 옆으로 비켜주었다. 루소는 자신을 향해 달려오는 커다란 개를 보았으나 피할 수가 없었다. 루소는 개가 가랑이 사이로 지나가길 바라며 뛰어올랐으나 헛수고였다. 개는 루소의 다리에 부딪혔고 동시에 허공에서 떨어져 포장도로에 머리를 박았다. 루소는 기절했다.

루소가 의식을 되찾았을 때는 이미 밤이었다. 눈을 떠 별을 보자 극도로 행복했다. 머리에서 흐르는 피조차도 이 순간을 방해할 수 없었다. 청년 네 명이 자신을 부축하며 부드럽게 말을 걸고 있음을 깨닫는다. 청년들이 마차를 불러 루소가 탈 수 있도록 도와주자 그는 눈물을 흘리며 감사 인사를 전한 뒤 자기 주소를 외치고 집으로 돌아갔다. 루소를 본 테레즈는 너무 놀랐다. 테레즈가 루소를 안아 가까이에 놓인 의자로 데려가자 그는 테레즈에게 낮에 주운 식물을 건네며 산책과 사고에 대해 이야기했다. 이 사고를 언론에서는 '메닐몽탕의 사고'라 명명하게 된다. 며칠 뒤 루소가 죽었다는 소문이 돌자 언론은 볼테르가 증오에 찬 마음으로 비웃으며 내뱉은 가시 돋친 언사를 보도했다. "잘 죽었군!"

현재로서는 누구도 아무것도 모르고 있다. 그리고 누구도 루소를 알아보지 못했다. 테레즈는 놀라서는 루소의 초상화가 유럽 전역에 깔렸다고 알렸다. 그러나 루소는 1753년 캉탱 드 라 투르Quentin de La Tour가 그린 초상화 외에는 어떤 그림이나 판화도 자신을 있는 그대로 표현하지 않았다고 대답했다. 루소는 볼테르가 익명의 글에서 자신을 거짓말쟁이이자 살인자로 묘사한 뒤로 화가들이 자신의 초상화를 끔찍하고 사납고 사악하게 그렸다고 말했다. 사실 루소를 있는 그대로 보면 사람들은 그를 선하고 온유하다고 느꼈으며 루소의 운명에 감동해 그를 도와주었다. 루소는 그림으로도 경제에서도 정치에서도 한 인간을 어떠한 표상으로 대표할 수는 없다는 진실을 다시 한 번 확인해주었다.

이미지와 글

루소는 모든 영역에서 표상이 대상과 주체를 왜곡한다며 표상을 항상 의심했지만, 자신의 첫 번째 초상화만은 매우 마음에 들어했다. 루소는 친구였던 디드로가 뱅센의 지하 감옥에 갇혀 있을 때 함께 토론했던 주제를 가지고 1750년에 《과학과 예술에 대한 담론Discours sur les sciences et les Arts》을 발표했다. 이 책이 디종 아카데미 상을 받자 캉탱 드 라 투르는 루소에게 아르메니아 의복을 입은 초상화를 그려주며 존경을 표한다. 1753년 살롱에 전시된 이 파스텔화는 너무나 성공적이어서 사람들이 사본을 주문했고 캉탱 드 라 투르는 사본 세 개를 더 그려야 했다. 이 파스텔화는 루소의 정직함과 선량함을 잘 표현했으며 평생 루소가 흡족해한 유일한 초상화다. 루소는 1770년에 오로지 이 작품으로 만든 판화만 배포를 허락한 뒤 '나를 닮게 그린 화가는 라 투르뿐이다'라고 썼다. 그리하여 판화들이 무더기로 쏟아졌으나 루소가 보기엔 모두 원본의 왜곡으로 보였다. 1763년에는 리트레Littret, 카트린Catherin, 베르차리지Vercharizi, 샤를 에티엔 고셔Charles-Étienne Gaucher의 판화가 있었으나 이 판화들은 루소의 언급에 따르면 '전혀 닮지 않았다'. 1765년에는 빌레리Villerey, 피케Ficquet 그리고 미셸Michel

의 판화가 있었으나 '유사점을 많이 찾지는 못했다'. 1766년에는 램지Ramsay, 장 밥티스트 르모인Jean-Baptiste Lemoyne, 미제르Miger, 와틀레Wattelet의 판화가 있었으나 램지의 판화는 루소가 싫어했고 미제르의 판화는 루소가 보기에 흉측했으며 와틀레의 판화는 루소가 음흉하고 냉소적인 미소를 띤 것처럼 표현했다. 1769년에 데이비드 마틴David Martin은 루소의 판화를 야비한 표정을 지닌 외눈 거인처럼 묘사했다.

어쨌든 루소는 작품 출판 시 자신의 초상화 삽입을 금지했다. 그러던 중 1762년 뒤셴 서점에서 루소에게 책의 머리글에 루소의 초상화를 써달라고 제안했다. 이에 루소는 라 투르의 그림이 화가의 통제하에 판화로 새겨지는 데 동의한다. 판화 아래에 자신의 이름을 적지 않고 단지 델포이 신전과 소크라테스를 연상시키는 '너 자신을 알라'는 좌우명을 써넣었다. 그러나 이 모두가 시간 낭비였다. 1763년《에밀》이 출판될 때부터 유럽 전역에서 작가 루소의 초상화가 함께 인쇄되었기 때문이다. 결국 루소는 항복한다. '내 모습을 넣는 것은 중요하지 않다고 생각한다'라고 하며 '참된 나를 사랑하게 만들려면' 오직 진실에 대한 사랑만이 중요하다고 했다. 그리고 이 참된 나는 오로지 글로만 표현할 수 있다. 루소가 '내면의 초상'이라고 하는 것은 오로지 글을 통해서만 전달할 수 있다. 마치 몰리에르의 희극《인간혐오자》에 등장하는 알세스트의 대사를 듣는 것만 같다. 그리하여 루소는 이 모든 초상화가 자신에게 부여한 사악함을 글을 통해 뭉개버리려고 했다. 이에 루소는《고백록》,《루소, 장 자크를 판단한다Rousseau juge de Jean-Jacques》,《고독한 산책자의 몽상》을 비롯해 다른 몇 개의 글을 발표했다. 이미지와 글 사이의 전쟁은 루소가 1778년 사망할 때까지 겪어야 했던 끔찍한 박해의 한 단면을 보여준다. 16년 동안 루소는 박해에 시달리다가 이성을 잃을까 봐 두려워했다.

일부 주장과는 달리, 루소가 겪던 건 편집증적인 망상이 아니었다. 루소의 유일한 광기는 자유에 대한 열정이었다. 생각해보자. 《사회계약론》과 《에밀》은 공개 장소에서 불태워졌고 1762년 금지되었다. 그는 체포되었다가 스위스 베른으로 도피한 뒤 다시 뇌샤텔Neuchâtel로 도피하고 암살, 독살, 강간, 절도, 방탕, 선동, 살인 교사 등 혐의로 공개 수배되었다. 볼테르는 루소의 모든 범죄뿐만 아니라 무신론과 거짓말에 대해 비난하는 소책자를 익명으로 발간했다. 볼테르는 루소에게 광기가 있으므로 가둬달라고 요청했다. 루소는 답변을 작성했으나 출판이 금지됐다. 사제들은 루소에게 대항해 광적으로 반대 운동을 벌였고 루소가 피신해 있던 비엔느 호수의 섬에 있던 집이 돌로 공격받았을 정도였다. 이에 루소는 파리로 피신한 다음 또다시 베를린으로 피신해야 했다. 영국 철학자 데이비드 흄David Hume이 루소를 보호해주겠다고 했을 때 볼테르는 루소를 런던에서 쫓아내려고 새로운 소책자를 출판했다. 루소는 피해망상에 빠질까 봐 두려웠다고 고백했다. 이런 상황에 누구를 믿을 수 있었겠는가?

루소는 장 요셉 르누Jean Joseph Renou라는 가명으로 파리에 돌아올 수밖에 없었다. 본인의 머리글자를 유지하고 장모의 성을 빌려 만든 가명이었다. 루소가 플라트리에르 거리에 테레즈와 함께 정착했을 때 커다란 개와의 어처구니없는 사고가 닥쳤다. 디오게네스가 환생한 개였을까? 루소가 자신의 사망 후 1781년 파리 살롱에 전시된 장 미셸 모로Jean-Michel Moreau의 그림을 보았다면 분명 맘에 들어했을 것이다.

모로는 샹젤리제에 도착하는 루소를 그렸다. 소크라테스, 플라톤, 몽테뉴, 호메로스 그리고 몇몇 다른 사람들이 루소를 장엄하게 환영하는 와중에 횃불을 끄려던 디오게네스가 마침내 루소를 발견하고 기뻐하는 장면이었다.

루소에게 남은 일은 자신이 받은 모든 비방에 대해 후세를 위해 글로 답하는 것이었다. 《루소, 장 자크를 판단하다Rousseau juge de Jean-Jacques》는 집필에 4년이 걸렸다. 이 작품은 장 자크와 루소 그리고 프랑스인 간의 놀라운 대화로 구성된다. 여기서 프랑스인은 모든 비난을 재개하고 루소는 그 비난에 합리적으로 대응한다. 4년간 쓰고 여러 개의 사본을 작성했다. 사본을 작성한 이유는 해결하기 어려운 문제가 있었기 때문이다. 바로 누구에게 원고를 맡겨야 하는가 여부였다. 더는 어느 출판사도 루소의 책을 출판하는 위험을 감수하지 않았고 루소 또한 누구도 신뢰하지 못했다. 디드로는 루소를 배신했고 콩디야크는 루소에게 무관심했으며, 플라트리에르 거리에서 루소는 자신에 대한 가십거리를 수집해 신문이나 잡지에 제공해 비방에 가담하려는 자들에게 시달렸다.

신이 남았다. 1776년 2월 2일 루소는 자신의 책 사본을 파리 노트르담 대성당 제단에 두기로 결심했다. 그렇게 하면 왕의 관심을 끌 수도 있었고 신에게 작품을 구원해달라는 의미도 있었을 것이다. 불행히도 36년 동안 드나들던 옆문이 닫혀 있어 다른 문으로 들어갔는데, 철책이 잠겨 있어 제단에 접근할 수 없음을 알았다. 징조가 나쁘다. 그래서 루소는 전단을 작성해 라탱 지구에서 행인에게 배포하기로 했다. '여전히 정의와 진실을 사랑하는 모든 프랑스인'에게 보내는 글이었다. 사람들은 이 문구를 읽고 아무도 전단을 가져가지 않았다! 그래서 루소는 자신을 지지하는 젊은 영국 시인에게 책의 도입부를 맡긴 뒤 주변 사람들에게 자기 책을 읽어주며 글이 후세에 전해지기를 바랐다. 이렇게 해서 루소의 글들이 우리에게 전달되었고 오늘날 곳곳에서 캉탱 드 라 투르의 루소 초상화를 볼 수 있게 된 것이다. 이미지와 글이 작가의 사후에 결합했다. 그리고 플라트리에르 거리는 현재 장 자크 루소 거리rue Jean-Jacques Rousseau가 되었다.

실물경제에 맞서는 돈

인간의 회화적 표상을 비판하는 건 장 자크 루소의 철학과 분리되지 않는다. 어떤 것도 그 무엇으로도 대표할 수 없다. 부재를 인위적인 가상으로 대체한다고 해서 부재한 것이 존재하게 되는 게 아니기 때문이다. 예컨대 진정한 부는 인간이 노동으로 생산한 것이 화폐 기호로 변환되며 만들어지는데, 결국 이는 화폐에 자율성을 부여하고 필연적으로 진정한 부의 주체인 인간을 해치게 된다. 장 자크 루소는 이 비판에 대해 아리스토텔레스보다 훨씬 더 깊숙이 들어갔다. 분명 루소가 돈의 역할 증가와 불평등 증가 사이의 관련성을 더 잘 인식할 수 있는 시대에 살았기 때문일 것이다.

《인간 불평등 기원론》에서 루소는 이 문제에 본격적으로 관심을 가진 건 아니었지만, 존 로크의 《시민 정부론의 제2논문》에 대해 극단적으로 비판했다. 자유주의 사상가였던 존 로크는 화폐 형태로 부를 축적하면 부패하기 쉬운 상품을 낭비하지 않을 수 있어서 사회적 불평등에 대한 자연적 한계가 제거된다고 단언했다. 로크는 '주조된 화폐, 즉 내구성이 있어서 부패할 염려 없이 오랫동안 보관할 수 있는 것'을 사용하게 되었다고 했다. 이에 루소는 자신의 책을 통해 돈, 불행, 불평등 사이의 연결 관계를 정립하고 정렬했다. 그래서 루소는 《사회계약론》에서 '이윤 일부를 매각하며 쉽게 이윤을 불리고자 할 때 국가는 파멸에 가까워진다'라고 지적했다. "돈을 줘라, 그러면 당신은 곧 돈의 노예가 될 것이다."

  루소는 《코르시카 헌법 초안le Projet de constitution pour la Corse》에서 이 분석을 더욱 발전시켰다. 이 헌법 초안은 파스칼 파올리Pascal Paoli와 마튜 부타포코Matthieu Buttafoco의 요청으로 1764년에 쓴 것이다. 루소가 스위스의 모티에Môtiers에 망명했을 때 군주 마샬 경이 중개자 역할을 해 코르시카 문제에 관심을 가지게 된 듯하다. 당시 코르시카섬은 제노바인들에게 승리한 이후였고 프랑스령으로 승인되기 전이었기에 독립 상태였다. 정치 경제적 백지라는 흔치 않은 상황에서 어떤 헌법을 채택해야 할까? 루소는 돈에 관한 문제에 대해 파올리가 관심 가지길 원했다. "사람들이 자유를 얻고자 돈을 사용한다면 돈은 '인간을 노예로 만드는 도구'가 될 것이다. 반면 농업은 인간이 '통치하는 데 필요한 재능'을 개발하게 해준다." 노동의 생산물을 화폐로 전환하게 되면 욕구 충족이 돈의 지배를 받게 된다. 그리고 루소는 자신이 잘 알고 있는 스위스의 예를 들었다. "스위스에서 가난이 무엇인지 느껴지기 시작한 때는 돈이 돌기 시작한 다음부터다." 즉 불평등이 증가하면서부터였다. 그리고 수익성 좋은 직업이 발전하면서 돈이 가장 필요한 사람이 가장 적은 보수를 받게 되고, 세금은 늘어났으며 시골의 인구는 줄어들고 불행이 증가했다. "소비 물품을 돈으로 환산하게 되자 모든 강탈과 독점을 비롯해 온갖 사기 행위가 가능해졌다."

이것이 루소가 파스칼 파올리에게 다음과 같이 조언한 이유다. '모든 사람이 잘살고 누구도 부자가 되지 않기 위해' 그리고 모든 사람이 풍요의 혜택을 누리기 위해 돈의 역할을 최소한으로 줄이고 교환가치를 보장할 '이상적인 통화'를 채택하라고 조언했다. 루소는 '화폐는 기호일 뿐 아니라 분배의 불평등이 없다면 실질 효과가 없는 상대적 기호이기 때문'이라고 단언했다.

여기서 21세기 초 세계적인 규모로 일어난 비극적인 불균형에 대해 어찌 생각해보지 않을 수 있겠는가? 이 불균형의 원인은 자본의 자유로운 유통과 공정한 교환 관계를 현대적으로 추구한 데 있지 않은가? 그리고 2008년 국제 금융위기를 어떻게 생각하지 않을 수 있는가? 금융위기 직전에는 전 세계적으로 상품 생산에 의한 실물경제가 금융거래의 1.6%에 불과하지 않았던가? 금융위기와 함께 루소의 분석이 확실하게 재조명되었고 그때까지 경제학을 금융경제로 축소했던 이들이 갑자기 '금융경제가 실물경제에 등을 돌렸다'라며 자신들의 예전 이론과 모순되는 표현을 사용하기 시작했다. 판화가 루소를 실제로 대표할 수 없었듯, 돈도 생산된 부를 대표할 수 없다는 루소의 말을 인정한다는 의미였다.

자신에게 복종하라

루소는 화폐의 표상에 대해 비판할 때마다 노예제, 불평등, 불경기, 주권 포기에 대해 이야기했다. 루소가 장황하게 대표 민주주의에 대한 비판을 폭로한 이유이기도 하다. 당시 루소가 살던 프랑스에서는 대표 민주주의가 없었고 영국에서 오직 차별적인 형태로만 존재했다. 루소가 대표 민주주의에서 공격하는 것 또한 표상의 원리다. 루소는 그리스 고대와 아테네의 민주주의 도래 이래 민주주의의 긴 역사를 분석해 현대화했다.

4세기와 7세기 사이에 끊임없이 개혁하던 민주주의 체제의 세부 사항들을 살펴보지 않더라도 우리는 귀족들이 보편적 참정권을 주장하며 양원제의 의원을 선거로 선출하자고 요구했다는 사실을 기억한다. 보편적 참정권이라 했으나 사실 아테네 시민권을 소유한 남성들만의 투표였다. 한편 민주당원은 피선거권이 있는 시민들 명단에서 제비뽑기로 뽑았으며 1년간 당원 자격을 유지했다. 그렇게 한 이유는 간단했다. 예컨대 투표에 의해 선출되면 개인적인 자질과 의견에 따라 선택되었다고 생각하기 때문에 전쟁, 제도, 세금 등에 대해 자신을 선출한 사람들을 대신해 결정하는 걸 정당하다고 생각하게 된다. 당선인은 유권자를 대표할 자격이 있다고 느끼므로 유권자들은 더는 주권을 행사하지 않게 된다. 반대로 제비뽑기로 기회가 와서 의석에 자리를 차지한다면 대표할 권리를 주장할 만한 이유가 없다. 따라서 오로지 국민이 제안할 만한 사항들을 생각하며 정부의 통치에 참여하게 된다. 대표자를 투표로 선출하는 것이 비민주적이라는 건 아리스토텔레스가 《정책론Les Politiques》에서 다음과 같이 증언했듯이 자명했다. "집정관이 추첨으로 할당되는 것은 민주적이나, 집정관을 투표로 선출하는 건 과두정치다(과두정치는 소수가 사회권력을 독점하는 정치체제를 일컫는다—옮긴이)."

아리스토텔레스의 이러한 사상은 오랫동안 정치적으로 당연한 것으로 인식되며 유지되었다. 르네상스 동안 이탈리아 도시도 같은 방식으로 정치했고 몽테스키외는 《법의 정신》에서 논쟁할 필요조차 느끼지 않고 제비뽑기로 의원을 선출하는 방식을 채택했다. 실제로 어떤 개인을 대표해야 했던 경우는 그 인간이 너무 미성숙하거나 정신적 기능을 상실해서 대신 결정해야 하는 상황이었다. 대표 민주주의에 대해 말할 때 국민을 미성숙하거나 정신병자로 보는 것과 같다는 것을 시사한다. 실제로 현재 대표 민주주의 국가에서 선출된 권력자들은 선거가 끝난 뒤 다수의 국민이 등을 돌리자, 권력이 길거리에 있지 않다고 주장하며 인민주의를 탄압하고 몰지각한 민중에 비해 자신이 옳기에 더욱 가르쳐야 한다고 주장하는 경향이 있다. 현대사회에서 유일하게 스위스 연방만이 통치자의 결정을 국민이 발의해 국민투표로 무효화할 수 있다. 스위스는 200년 전부터 국민투표를 진행했으며 인류전 역사에서 행해진 국민투표의 절반 이상을 진행했다! 그리고 루소는 스위스 사람이었다.

루소가 엄청난 박해를 받았던 이유는, 부의 불평등에 대한 비판을 비롯해 민주주의에 대한 그의 요구 사항들 때문이었음을 알 수 있다. 여기서 말하는 민주주의는 모든 민중이 정치에 참여하는 고대의 직접 민주주의가 아니라 오늘날의 민주주의를 의미한다. 루소는 민주주의를 어떻게 분석했을까?

루소의 출발점은 근대 인류학 연구들과 연결된다. 초창기의 모든 고대 부족들은 민주적이었고 부족 전체의 토론 이후 모든 결정이 내려졌다. 부족장은 어떤 실질적인 권한도 없이 임명되었고, 그의 역할은 누군가 지배자의 위치를 점령하지 못하도록 선택한 규칙이 지켜지는지 토의를 감독하는 데 있었다. 루소는 부족 구성원이 각자 이러한 책임에 지쳐 자기 일에 몰두하다가 소유의 불평등이 출현하는 데 관심을 보였다. 그러한 긴 과정 끝에 부족 구성원 중 한 명 또는 여러 명에게 '위험한 공권력을 기탁'하는 데 동의하게 된 것이라고 보았다. 따라서 특정 지역에 권력이 나타난 때는 인류 역사에서 그리 오래되지 않은 일이다. 권력은 부유한 사람들에게 주종관계를 수립할 수단을 마련해주었고 국민은 주권을 권력을 가진 자에게 양도하게 되었다. 이렇게 정당하지 않은 순수한 권력관계가 법의 이름으로 확립되었다. 신의 의지 또는 자연법칙에 근거한다고 주장되는 이 체제는 불평등을 무한히 확장했고 최대 다수의 불행을 허용했다. 권력관계는 무력에 의해 보호되었고 모든 문명화된 사회에서 강요되었다. 피해자들은 그것만이 유일하게 가능한 세계라고 여기며 권력관계를 받아들였다. 루소는 이러한 권력관계에서 벗어날 길을 찾고 인간 사회를 조직하는 다른 방법을 구상하는 데 전념했다.

토머스 홉스나 존 로크가 말했듯 사회질서의 기초를 암묵적이든 명시적이든 국민과 국가 사이의 계약이라고 생각한다면 이건 사기 계약이다. 계약 기간 동안 국민은 주권의 자유를 국가에 양도한다. 국가는 자칭 드높은 정당성과 신성한 안보의 이름으로 모든 것을 결정하고, 규칙에 대립하거나 불복종하는 국민을 주저 없이 억압한다. 국민이 결정한 규칙도 아닌데 말이다. 루소에게 있어 정당하다고 할 수 있는 계약은 국민 간에 표결을 거친 계약뿐이었다. 개인의 의지를 합친 결과인 만인의 의지는 예컨대 투표로 표현된다. 물론 국민이 잘못된 선택을 할 수도 있다. 그러나 국민은 오로지 자신의 실수이기에 실수를 감내하고 다른 선택을 할 만한 능력을 보유할 것이다. 자신의 자유와 민주적일 수 있는 수단을 간직한 채로 말이다. 반면 수천 년 동안 부와 권력을 쥔 소수의 실수와 잔학한 행태로 고통받아온 국민은 다른 길을 선택하기를 바랄 수조차 없다. 각 시민은 불안정한 만인의 의지를 지지하는 데 만족할 게 아니라 끈기 있게 일반의지를 추구해야 한다. 루소는 '일반의지란 국민이 자신에게 무엇이 좋은지 완벽히 알고 있을 때 바랄 수 있는 것'이라 정의했다. 일반의지는 끊임없이 추구되어야 하는 이념이며 누구도 일반의지가 있다고 주장할 수 없고 누구에게도 일반의지를 강요할 수 없다. 일반의지는 모든 시민의 사고방식이며 루소가 《사회계약론》을 집필하며 공헌하려 애썼던 이념이다.

그렇다면 무엇을 정립해야 하는가? 법률 제정을 허용하는 협회의 형태를 정립해야 한다. 법률은 시민들이 선택해야 하고 자유로운 복종의 대상이 되어야 한다. 자유란 무법이 아니며 복종이란 자신에게 복종한다는 뜻이고 주어진 규칙을 준수한다는 의미다. 스포츠 경기에서 규칙이 없으면 더 자유롭다고 할 수 있는가? 만약 심판에게 경기 도중 알아서 규칙을 정하고 수정할 권한을 부여한다면 더 자유롭다고 할 수 있는가? 그러나 많은 사람이 정치 논쟁을 이 터무니없는 양자택일로 몰아버린다. 예컨대 기존의 부당한 질서와 내전 가운데 하나를 선택하도록 하는 경우다. 그래서 루소는 일단 규칙이 대다수 국민에 따라 채택되면 규칙의 적용과 준수를 위임할 필요가 있다고 보았다. 권력을 가진 지배자에게 위임하는 게 아니라 책임을 맡은 정부에 위임해야 한다. 집단적 결정을 적용하는 데 전념하는 위원들에게 위임해야 한다는 말이다. 시민들은 투표하고 정부는 투표 내용을 준수하되, 선거가 실권을 양도하지 않는다는 가정하에 가능하다. 예컨대 오늘날 스위스처럼 말이다! 이렇게 할 때 국민은 주권을 국가에 양도하지 않고 결정의 효율성도 상실하지 않으며 국가의 혜택을 받을 수 있다. 이러한 맥락에서 루소는 정치의 본질 문제를 제기했다. "국민을 대표하는 것이 가능한가?"

당선인과 유권자

이 질문은 루소 사상의 중심에 있다. 오늘날 많은 민족의 관심사 중심에 이 질문이 있듯이. 많은 민족이 국민의 희망을 끊임없이 배신하는 대표 민주주의의 굴레에서 벗어나 새로운 정치 형태를 만들어 국민의 힘을 되찾고자 애쓰고 있다. 예컨대 스페인의 포데모스Podemos에서 프랑스의 '노란 조끼Gilets jaunes'에 이르기까지 그리고 여러 다른 나라에서 다양한 방식으로 말이다. 루소 이후에도 기대를 넘어서는 대표 민주주의는 아직 존재하지 않지만, 루소는 이 어려운 문제에 대해 생각해볼 이론적 도구를 제공했다는 데에 그 공로가 있다.

이러한 성찰의 출발점은 '입법권은 국민에게 있으며 국민에게만 속할 수 있다'라는 간단하고 명확하며 거부하기 어려운 원칙에 있다. 이 원칙을 무시하는 사람은 합당한 의미의 민주주의를 거부하고 군주제나 독재 체제를 지지하는 것과 같다. 그러나 인구가 아주 적은 사회를 제외하고는 모든 민중이 모여 토론하고 모든 것을 결정하는 데 대부분 시간을 바치는 건 상상할 수 없다. 따라서 어떤 형태로든 정부의 임무를 일부에게 위임하는 게 필요하다. 배에서와 마찬가지로 일단 방향이 정해지면 누군가는 방향을 잡기 위해 키를 붙들고 조종해야 한다. 그렇다고 해서 키를 조종하는 사람이 다른 사람의 승인 없이 방향을 선택하고 원하는 대로 변경할 권한이 있다는 의미는 아니다. 다시 말해 배를 조종하는 사람은 결정을 내려야 하는 순간에 모든 승선객을 대표한다고 할 수 없다. 오히려 결정된 배의 진행 방향을 지키는 한에서만 승선객을 대표한다.

정확히 루소가 말한 지점이다. "주권은 대표될 수 없다. 주권이 양도될 수 없는 것과 같은 이유다." 루소는 이렇게 덧붙인다. "의지는 표상으로 대표될 수 없다." 여기서 우리는 대표 민주주의 국가에서, 대표자가 국민의 이름으로 결정을 내리고 국민이 그 결정을 거부하는 즉시 대표자가 빠른 속도로 민심을 잃는 이유를 이해할 수 있다. 대표자들은 국민을 대표하지 않는다. 예컨대 국민투표와 같은 방법으로 국민의 참여권을 회복시키면 국민은 대표가 정한 결정을 주로 철회하기 때문이다. 대표 민주주의에서 국민투표가 적은 이유는 대표자가 대표할 수 있는 권한이 언제든 사라질 수 있기 때문이다. 그래서 권력을 가진 자들은 국민의 부재를 선호한다.

루소는 지금도 여전히 다음과 같은 말로 지배적인 논리를 혼란에 빠뜨린다. "대표자들은 국민을 대표하지 않으며 무엇도 확정적으로 결론 내릴 수 없는 위원일 뿐이다." 명시적으로든 암묵적으로든 국민이 승인하지 않는 한 합법적인 법은 존재하지 않는다. 국민이 어떤 법에 대한 거부를 표명하면 그 법은 모든 합법성을 상실한다. "국민이 스스로 대표하기를 포기하는 순간 국민은 더는 자유롭지 않으며 더는 존재하지 않게 된다." 이어서 루소는 국민과 권력 사이의 계약이라는 이념으로 대표 민주주의를 반박했다. 예컨대 계약이라는 명목으로 나는 소유한 재산을 돈에 양도한다. 이때 재산은 더는 내 소유가 아니지만 계약 조건이 지켜지지 않으면 나는 재산을 회복할 수 있어야 한다. 대표 민주주의의 개념은 국민이 자신의 운명을 결정할 자유를 양도해, 대신 결정해줄 소수에게 위임하는 계약을 전제로 한다. 그러나 대표 민주주의에서 국민은 이런 식으로 자유를 양도하는 동시에, 계약 조건이 존중되지 않았을 때 자유를 회복할 권리마저 잃게 된다! 자유는 교환, 양도, 포기할 수 없는 유일한 것이다. 그렇기에 루소는 운명을 대표에게 맡기면 국민은 더는 존재하지 않게 된다고 단언했다.

자발적 복종

루소는 지배자가 되어버린 정부에 대해 시민들은 불평할 자격이 없고 시민 자신을 탓할 수밖에 없다고 주장했다. 다시 말해 시민은 대표자에게 모든 권한을 위임해 모든 책임감을 떠맡겼으니 동시에 자신의 운명을 결정할 자유를 요구할 수는 없다는 것이다. 정부의 필요성과 지배자에 의한 통치를 혼동한 나머지 국민은 복종에 익숙해져버렸고 자신 스스로 결정하지 못할 거라는 생각을 받아들였다. 그래서 민중은 마음대로 자유를 양도한다. 그러나 자신들이 내버려둔 것이므로 스스로 되찾을 수 있다.

이러한 생각은 새로운 게 아니다. 16세기 중반 보르도에서 부당한 세금에 반대하는 대중의 반란이 맹렬히 진압되었을 때 한 18세 청년이 그 사건을 훌륭하게 폭로한 사례가 있었다. 1548년 에티엔 드 라 보에티Étienne de La Boétie는 《자발적 복종》을 쓰기 시작했다. 이후에 몽테뉴의 절친한 친구가 되는 라 보에티는 다음과 같이 적었다. 동물은 사로잡히면 손톱, 뿔, 부리로 저항하고 갇히면 계속해서 불행해하지만, 인간은 별 미련 없이 전제군주에게 복종한다. "인간은 태어날 때의 자연 상태를 그대로 받아들인다." 그런데 인간들은 예속 상태로 태어나 복종하도록 교육받았다. 민중은 이 순종을 자랑스럽게까지 여기게 되었고 "그런 민중을 보면 민중이 자유를 잃은 게 아니라 예속을 얻었다고 할 정도다." 그러므로 민중의 복종에 대해서는 민중을 지배하는 전제군주의 힘으로 설명할 수 없다. 어떤 전제군주도 민중을 복종시킬 만큼 강하지 않다. 전제군주는 운명적이고 자연스럽게 복종이 내면화되어버린 상황의 덕을 본 것이다. 심지어 피지배자 중 일부에게 다른 민중을 지배하라고 시킬 수도 있다. 전제군주는 피지배자로부터 권력을 얻는다. "전제군주는 백성을 이용해 다른 백성을 노예로 만든다." 예컨대 근위병은 전제군주에게 고통을 받지만, 근위병은 다른 사람들에게 더 큰 고통을 줌으로써 자신이 받은 고통을 보상한다.

에티엔 드 라 보에티는 이러한 지배 체계를 다음과 같이 분석했다. 선출 여부는 본질적인 사항을 바꾸지 않는다. 전제군주가 권력을 얻는 데에는 세 가지 방법이 있다. "어떤 이들은 백성이 선택해 왕국을 얻고 어떤 이들은 무력으로 권력을 얻으며 또 다른 이들은 종족 계승으로 권력을 얻는다." 세 경우 모두 백성은 노예가 되고 모든 주권을 잃는다는 원칙은 같다. "그리고 전제군주는 자신이 다른 사람들보다 우위에 있음을 느끼고 사람들이 자신에게 위대하다고 아첨하는 순간 그 자리에서 꿈쩍도 하지 않기로 마음먹는다." 이 문장은 1548년에 작성되었다. 그러나 지금과도 관련성이 보이지 않는가? 물론 지금은 상황이 진보했다 해도 말이다. 라 보에티의 진단은 잔인했다. "백성은 스스로 복종해 자기 목을 베며 농노가 될지 자유인이 될지 선택할 수 있으면서도 자치권을 버리고 속박되며 악행에 동의하거나 악행을 추구한다." 그래서 우리는 예속 상태를 불평하는 시민들에게 다음과 같이 대답한다. 전제군주는 백성이 부여한 권력만을 가진다. "그리고 전제군주 혼자서는 백성을 해칠 힘이 없다. 다만 백성이 전제군주를 견딜 힘이 있을 뿐이다." 일반적인 표상과 달리 권력은 위에서 발생해 아래로 작용하는 것이 아니라 아래에 있는 백성이 맹목적으로 복종해 권력자에게 자신을 지배하고 억압할 힘을 주는 것이다.

부당하고 불합리한 사회질서가 지속 가능한지를 이해하는 데 필수적인 이러한 사상이 바로 장 자크 루소가 《인간 불평등 기원론》에서 재발견한 것이다. 소수의 부자가 대다수 희생자를 지배하고 착취하며 때로 억압하는 게 육체적 힘에 의해서가 아님은 분명하다. 부자들은 사방에서 위협을 받자 루소가 다음과 같이 '인간의 마음에 들어온 가장 사려 깊은 계획'이라고 한 말을 생각해냈다. "자신을 공격한 자들의 힘을 자신에게 유리하게 사용하라. […] 상대편을 자신의 지지자로 만들어라." 부자들은 모든 소유가 신성하고 부 앞에서 평등할 권리가 있다고 주장하면서 진정한 평등에 대한 환상을 만들어냈고, 부자들에게만 이익이 되는 체제를 일반화했다. 부자가 아닌 이들은 자유를 보장받는다고 믿으며 철장을 향해 달려갔다. 언제나 자유의 이름으로 지배가 정당성을 획득했고 국민은 언제나 자유롭게 자신의 주권을 권력에 영구적으로 양도했다. 권력이 정확히 무엇을 의미하는지에 관한 질문을 제기하는 지점이다.

권력이란 무엇인가?

지금까지 살펴본 내용은 권력이란 무엇인가에 대해 흔히 단순하게 해석하던 걸 넘어서 생각해보게 한다. 첫 번째로 자명한 사실은, 권력을 가진다는 것이 곧 힘을 소유하는 건 아니라는 점이다. 예를 들어보자. 누군가에게 내 앞에 엎드려 절하라고 했을 때 그가 거절했다고 치자. 결국 몽둥이로 때려 엎드리게 만들라고 시킬 수 있다. 이 경우 나에게는 전혀 권력이 없고 강요할 수 있는 수단만이 있을 뿐이다. 저울을 한쪽으로 기울게 만들 때 들어가는 물리적 힘에 비교할 수 있다. 반면 내가 엎드려 절하라고 요청했을 때 그가 절을 할 수도 있다. 이는 나의 권력에 대한 그 사람의 복종 관계를 나타낸다. 절을 하게 만든 건 힘이 아니라 그 사람이 지닌 특정한 감정, 즉 궁극적으로 복종의 원인이 된 의무감이 있었기 때문이다. 나치가 저항군을 총살했을 때 저항군은 복종하지 않고 강제로 총살당했다. 그러므로 저항군을 죽인 자들은 저항군을 통제할 어떤 권력도 없었고 그저 무력이 있었을 뿐이다. 저항군은 자발적으로 굴복하지 않았다는 점에서 영원히 자유로운 존재로 남는다. 나치는 영원히 자유롭게 남을 존재를 죽인 것이다.

강압적이지 않은 권력, 즉 자유로운 권력에만 예속될 수 있다는 생각은 상식을 벗어난다. 보통 권력이 자유를 말살시키는 것과 관련 있다고 생각하기 때문이다. 이는 시민들이 스스로 지배 관계를 만드는 데 동참하고 있음을 부정하는 방법이다. 미셸 푸코는 모든 저서의 큰 틀을 여기에 두며 시민들이 생각하는 바의 정반대를 증명했고, 수십 편의 기사와 인터뷰를 《말과 글Dits et écrits》의 제3권과 4권에서 재구성했다. 푸코는 다음과 같이 썼다. "권력 행사는 '지침을 따르게 만드는 것'과 '타인의 가능한 행동 영역을 구조화하는 것'으로 이루어진다." 다시 말해서 여러 지침과 여러 행동 가운데 선택할 수 있는 자유로운 주체에 의해 권력이 행사될 때만 권력에 대해 말할 수 있다는 의미다. 그렇지 않으면 권력은 없고 외부의 물리적이고 기계적인 제약만 있을 뿐이다. 적절한 의미의 권력은 어떤 행동을 다소 쉽게 만들어 그 행동을 장려하고 제한하고 때론 금지한다. 이렇게 권력은 지침을 따르게 만든다.

정부나 부모, 교사, 사업가는 다양한 기술과 전술로 지침을 따르게 하려고 시도한다. 이러한 지침을 규율이라 하며 규율은 모든 사회적 구성원의 일생에 걸쳐 존재한다. 이러한 의미에서 미셸 푸코는 '본질적으로 권력의 기능은 금지하는 데에 있지 않고 무엇인가를 초래하는 데에 있다'라고 말했다. 즉 권력의 기능이 복종과 연관된 특별한 즐거움을 이끌어내는 데에 있다는 뜻이다. 자학적인 즐거움이 아니라 반복과 관습이 무의식적으로 규율과 연결되는 즐거움이다. 반복과 관습이 그로 인해 포기해야 하는 모든 것과 연결되는 즐거움이다.

국가의 권력 자체가 권력관계의 본질이 아닌 이유가 여기에 있다. 각 개인은 일상생활의 모든 영역에서 긴밀한 권력관계에 있다. 미셸 푸코는 이러한 긴밀한 권력관계를 탐구하는 데 모든 작품을 바쳤다. 광기나 질병을 고려하는 방식부터 공간, 병원, 성적 본능, 행동 감시, 업무, 부부 관계, 처벌 논리, 감옥 등을 조직하는 방식에 이르기까지에 존재하는 권력관계를 연구했다. 어린 시절부터 각 개인은 권력관계 속에 살고 있고 이러한 권력관계가 없었다면 국가권력은 아무런 효과가 없었을 것이다. 푸코는 이를 두고 '사회는 서로 다른 권력의 집합체'라고 요약했다.

그러므로 법과 제도에 관해서만 연구하면 정치권력의 심오한 논리를 이해할 수 없다. 예속의 과정을 구체적으로 분석해야 한다. 다시 말해 권력의 아주 미세한 기제에 기반해 권력을 하향식으로 분석해야 더 적절하다. 작품의 성격은 완전히 다르지만, 여기에서 에티엔 드 라 보에티와 장 자크 루소와의 공통된 중심 이념을 발견한다. 즉 권력의 힘은 인민에서 국가로, 아래에서 위로 이동할 때만 이해될 수 있다. 이를 미셸 푸코는 '모세관현상'이라고 했다.

모세관현상이란 어떤 의미일까? 물을 부으면 위에서 아래로 떨어진다. 그러나 같은 물리적 공간에서 천 조각을 물에 담그면 신기하게도 머리카락처럼 가는 미세한 모세혈관을 통해 물이 아래에서 위로 올라가는 현상을 관찰할 수 있다. 권력관계도 마찬가지다. 국가에 예속된 사람들을 서로 연결하는 권력관계를 통해 국가는 권력을 얻는다. 사람들은 위에서 물을 공급받거나 아래에서 물을 댈 때 동일한 힘의 논리를 내면화한다. 권력에 반대한다고 주장하는 사람들이 정당, 노동조합, 협회 등의 조직 내에서뿐만 아니라 직장이나 가정에서도 마찬가지인 질서 관계를 유지하는지 살펴보면, 확립된 질서를 영속시키는 데에도 천 가지도 넘는 방식이 있음을 확인할 수 있다.

미셸 푸코는 라 보에티에, 스피노자, 루소, 마르크스 그리고 권력이 무엇인지 진지하게 연구하는 모든 이의 발견을 그 누구보다도 열심히 탐구하고 증명했다. 푸코는 '위에서 아래로의 움직임이 있으려면 동시에 아래에서 위로 모세관현상이 있어야 한다'라고 했다. 이렇게 대표 민주주의가 자유를 지닌 사람들에 의해 자유로운 권리 양도로 이루어진다. 따라서 이는 진정한 양도다. 그러나 양도는 자유로운 성격을 지녔기에 언제든 집단의 동의하에 다시 자기 것으로 되돌릴 가능성을 열어둔다. 21세기 초에 많은 국가에서 시위와 대규모 기권과 투표의 양극화를 비롯해 상당한 이론적 진보를 통해 목격하고 있는 건, 바로 이러한 유형의 길고 복잡한 역사적 과정일 것이다.

선출된 대표가 국민을 대표하는 건 돈이 부를 대표하고 미디어를 통한 이미지가 시대의 진실을 대표하는 것 이상의 의미는 없다. 예컨대 이미지에 대한 비판적 교육을 하지 않는다면 정치나 사회생활에서 더는 정의롭거나 인간적인 일들은 나타나지 않을 것이다. 장 자크 루소는 정치적 표상과 금전적 표상에 대한 비판을 자신의 초상화에 대한 비판과 연결하며, 나름의 방식으로 대표 민주주의의 의미를 간파했다….

14장
파스칼, 불가능한 고립
사막에서 도망쳐야 하는가?

　장 자크 루소의 삶과 모든 저서는 다음과 같은 신념을 중심으로 했다. "이 정도로 발전된 사회에서 인간을 움직이는 건 이기심과 가상 그리고 불의한 사회에서 생긴 열정뿐이다." 인간은 자신과 인간종을 보존해주던 동물적 본능을 잃었다. 루소는 이를 자기애라고 했다. 인간 존재에 관한 관심은 소유와 보여주기에 관한 관심으로 바뀌었다. 인간은 각자 노예가 되는 데 동의하며 차례로 주인이 될 기회를 남겨둔다. 사회적 불평등으로부터 미래의 언젠가 이득을 얻으려는 희망은 정의에 대한 열망을 억눌렀고, 각자의 이익을 계산하며 인간을 지금까지 살아남게 해준 연민의 감정을 잃었다. 인간은 '자연적인 선'과 '선한 자연인'은 절대로 없다고 반복해 말하고 있다. 선과 악의 개념이 자연의 삶에서 알려지지 않았기 때문이다. 반면 인간은 이해가 상충하는 논리 속에서 사회가 인간을 어떻게 경쟁시키는지를 보았고 엄중히 분석했다. 타인의 악행으로 자신의 선행을 달성하기가 더 쉬웠기에 인간은 만연한 사회적 악덕을 내면화했고, 악덕이 인간 본성에서 나온다고 믿게 되었다. 우리는 이러한 악덕을 진정한 미덕으로 여기게 되었고, 복종하고 노예가 되어 필요에 따라 가장 덜 적법하고 가장더 역겨운 법을 수용하는 것을 지혜라고 선언하게 되었다. 그리하여돈과 권력을 위해 경쟁하고 지배와 위선적인 가상에 애착을 갖는 것이 자연과 신의 뜻에 따라 사는 모든 문명인의 덕목이 되어버렸다. 볼테르도 그렇게 선언하지 않았던가? 루소가 인정하지 않은 것을 책망하며 말이다.

고독한 산책자

인간은 오로지 대중의 평가와 타인의 시선 그리고 소유물에 의존하며 자기 외부에서 진정한 자신이 아닌 모습으로 살게 되었고, 더는 자기 자신으로 살기를 멈추었다. 이런 면에서 루소는 대낮에 등불을 켜고 인간을 헛되이 찾던 디오게네스와 유사하다. 루소는 여러 번 디오게네스에게 경의를 표했다. 루소는 자신의 인본주의 사상과 양립할수 없는 관습으로 이루어진 세상에 살기보다는 열정의 침묵 속에서진심으로 사고하고 글을 쓰며 살았고 최소한 자신을 보존하려 노력했다. 루소는 끊임없이 도시에서 떨어진 곳을 찾아 자연으로 갔다. 1756년과 1762년 사이에 루소는 '자연에서 맞이한 아내'인 테레즈와 처음으로 자연 속에 고립된다. 이후 정식 결혼을 했고 죽을 때까지 읽기와 쓰기를 제대로 배운 적 없는 테레즈와 함께했다. 몽모랑시에서 마담 데피네Mme d'Epinay는 이 부부를 환영하는 의미로 자연 한가운데에정자를 지어주었다. "나의 곰이여, 여기가 당신의 피난처입니다!"라고다정하게 말하며 부부를 환영했다. 그러나 1년 뒤 루소가 자기 시누이를 맘에 들어하자 질투에 휩싸인 마담 데피네는 이 부부를 쫓아냈고, 루소 부부는 멀지 않은 몽루이Mont-Louis로 이사한다. 몽모랑시에 머물던 시절 루소는 숲속을 혼자 거닐며 식물 표본관을 완성했고 《에밀》과 《신 엘로이즈》 그리고 《사회계약론》을 썼다. 추후 공공장소에서 불태워졌고 루소를 죽는 날까지 박해받게 했던 세 권의 걸작은 이렇게 도시의 소음과 음모에서 멀리 떨어져 구상되었다. 루소는 이러한 고립에 감사했으며 파리를 떠날 때 많은 논쟁과 가십이 있었기에 파리에서의 삶을 아쉬워하지 않았다. 다만 팔레 루아얄 광장의 카페 드라 레장스café de la Régence의 거울과 샹들리에 사이에서 가장 친한 친구인 디드로와 뷔퐁과 함께했던 체스 게임이 그리울 뿐이었다. 경건하고 고요한 넓은 카페에서 체스 말을 움직이는 작은 소리만이 들렸더랬다. 이는 루소 자신을 고립시키는 또 하나의 방법이었다.

그러다 기분 나쁜 그날이 왔다. 루소의 가장 친한 친구인 디드로가 막 출판한 책《자연의 아들Le Fils naturel》을 받은 날이었다. 그 책에서 다음과 같은 문장을 발견한 루소는 끔찍한 기분이 들었다. "선인은 사회에 있고 악인만 홀로 있다." 루소를 두고 한 말이었다. 심술궂은 자들이 모여 있던 파리 전체가 이 인신공격에 찬사를 보냈다. 디드로가 여러 번 편지를 보내고 간청했으나 근본적인 의견 대립 탓에 루소와 디드로의 우정은 버틸 수 없었다. 그때부터 믿을 수 없을 정도로 박해가 이어졌다. 볼테르는 강단에서 거짓말이 적힌 소책자를 나눠주며 루소를 중상모략했고 루소를 가두라는 청원서에 이어 경찰 영장이 발부되었으며, 사람들은 루소에게 돌을 던졌고 파리와 제네바의 공공장소에서 루소의 책을 불태웠다. 루소는 이 마을에서 저 마을로 쫓겨 다니다

데이비드 흄이 초대하는 영국까지 가게 되고 추후 다시 가명으로 프랑스에 돌아왔다. 각자 자신의 방향을 정했고 무엇도 루소를 구할 수 없었다. 디드로도 루소의 박해를 비난하는 데 자신의 인기를 이용하지는 않았다.

루소는 콘티 왕자prince de Conti 덕분에 평화를 되찾는다. 최근 로마네Romanée에서 유망한 지역의 지주가 된 콘티 왕자는 트리에 성에 루소를 보호해주었다. 루소는 식물 연구를 다시 시작했고 숲에서 오랫동안 고독하게 산책하며 식물 표본 상자를 더욱 보완할 수 있었다. 가명으로 파리에 돌아온 뒤 루소는 다시 그르노블Grenoble 주변으로 옮겨 속세와 고립되어 머물고자 했으나, 곧 그곳도 떠나야 했다. 위대한 사람에게 다가가기 위해 아첨하는 지역 유명인들에게 포위되었기 때문이다. 그래서 루소는 다시 파리로 돌아갔고 사람들의 공격이 이어졌으며 테레즈는 괴로워했고 루소의 건강은 악화했다. 루소의 인생이 막바지에 다다랐을 무렵 르네-루이 드 지라르댕René-Louis de Girardin 후작이 그를 철학자의 진정한 낙원인 에르메농빌Ermenonville의 토지로 맞이했다. 지라르댕 후작은 평생 루소를 지지했고 장차 혁명가가 되는 인물이다. 에르메농빌의 정원은 영국 스타일로 조경되어 자연 그대로를 구현했고 루소는 그곳에서 영감을 얻는다. 배 한 척이 연못 위에 있다. 《신 엘로이즈》에서 줄리와 상 프루SaintPreux의 재회를 떠올리게 한다. 그리고 지라르댕이 '사막'이라고 했던 이 광대한 공간에 바다가 내려다보이는 오두막은 홀로 고립해 명상하는 시간을 상징했다. 루소가 그랬듯이 말이다. 지라르댕 후작은 《에밀》의 가르침에 따라 아이들을 키웠고 아이들이 자신의 땅을 경작하는 농부들과 어울리도록 격려했으며 지역 귀족들로부터 아이들을 보호했다. 에르메농빌에 도착하던 날 루소는 환호성을 질렀다. 인생에서 가장 행복한 날이 몇 주밖에 남지 않았다는 사실을 모른 채 말이다. 루소는 다시 식물을 재배했고 지라르댕의 아들 중 한 명에게 식물에 관한 지식의 기초를 가르쳐주었다.

루소는 오두막으로 이어지는 길을 따라 걸으며 '사막'을 내려다보았다. 그러곤 낮은 벽을 따라 놓인 벤치에 앉았다. "사막…사막", "사막에서 도망쳐라"… 갑자기 몰리에르의 문장이 떠올랐다. "때로 나는 갑자기 움직인다. 인간의 접근을 피해 사막으로 도망치기 위해서."

《인간혐오자》에서 인간을 혐오하는 주인공 알세스트는 루소와 가장 닮은 가상 인물이며 루소의 인생을 가장 잘 보여준다. 알세스트처럼 루소는 가혹한 사회에 적응하며 변해가는 동시대인들을 혹독히 질책했다. 그리고 가장 친한 친구 필랭트가 알세스트를 비웃었듯이 루소도 친구들에게 조롱과 박해를 받았다. 《인간혐오자》에서 필랭트는 다음과 같이 말하며 조소했다. "너무 지혜로우면 비난받을 수 있어. 완벽히 이성적이면 모든 극단적인 걸 피하지. 그래서 절제하며 지혜롭기를 바라는 거라네."

여기서 '절제'란 타인의 광기를 공유하는 데 타협한다는 의미가 아닌가? 지혜로운 자가 과연 이러한 '절제'를 견디겠는가?

인간혐오자는 누구인가?

타인의 인정을 받으려고 노력하는 건 사실 자기 삶을 외부에서 지배하도록 내버려두는 것이다. 진심도 아니고 그럴 의도도 없이 자율성을 희생시키면서 말이다. 우리가 거기에 있었음을 타인에게 알리기 위해 어딘가를 갔던 때가 얼마나 많은가? 산 정상에 올라 멀리 있는 도시를 내려다볼 때 눈앞에 보이는 것을 눈으로 담고 기억에 남기는 대신, 타인에게 보여주기 위한 사진을 찍는 데 시간을 보내는 사람이 얼마나 많은가? 〈모나리자〉 앞에서 그림에 등을 돌린 채 셀카를 찍으려고 루브르 박물관에 가는 사람이 오늘날 얼마나 많은가? 운 좋게 만델라를 만날 수 있었던 사람 중 어떤 이들은 오직 만델라와 함께 찍은 사진만을 꿈꾸었다. "나는 거기에 있었다"라고 사진과 함께 글을 남기는 행위는 어느 장소에 존재함을 증명하는 가장 좋은 방법이 되었고, 결국 인간이 존재하는 최선의 방법이 되었다. 집에는 꼭 읽어야 하는 다양한 책들이 있고 꼭 가야 하는 다양한 장소가 있다. 그 어느 때보다 지금 우리는 자신의 이미지를 돌봐야 하고 좋은 이미지를 줘야 하며 대화 속에서 교양을 보여야 하는 시대에 살고 있다.

디오게네스는 자아가 상실된 인위적인 행동을 밝혀내는 방법을 알고 있었다. 어느 날 디오게네스는 세속적인 철학자 아낙시메네스Anaximenes가 많은 청중을 모아놓고 하는 강의를 들으러 갔다. 디오게네스는 한가운데에 앉아 강의를 듣다가 끈에 매달린 청어를 꺼내서는 아무 말 없이 머리 위로 빙글빙글 돌렸다. 뒤에 있던 사람들이 보고 웃기 시작했다. 옆에 앉아 있던 이들도 고개를 돌려 보고는 웃음을 보탰다. 디오게네스 앞에 앉아 있던 이들이 웃음소리를 듣고 뒤를 돌아봤다. 얼마 되지 않아 더는 말을 못 잇고 겁에 질린 아낙시메네스의 눈앞에 모든 청중이 배꼽을 잡고 웃고 있었다. 디오게네스는 청어를 코트 주머니에 넣고 군중에게 큰 소리로 외쳤다. "아주 작은 청어 한 마리가 아낙시메네스의 강의를 방해했습니다!" 그러곤 일어나서 강의실을 떠났다. 모든 사람이 디오게네스가 방금 증명하려 한 바를 이해했으며 그중 아낙시메네스가 가장 먼저 깨달았다. 아낙시메네스의 강의가 청중에게 정말로 흥미로웠다면 디오게네스의 행동은 거북하게 받아들여졌을 것이고 청중은 아낙시메네스의 강의를 계속 듣기 위해 디오게네스를 쫓아냈을 것이다. 그러나 이 청어를 보고 누구도 아낙시메네스의 말을 듣지 않게 되었다면 아낙시메네스의 강의에 진정으로 관심이 없었기 때문이며, 모두가 오로지 보여주기 위해서만 거기에 왔기 때문이다. 타인의 시선 아래 지키고 싶은 가상만 존재할 뿐이었다.

루소가 옳았다. 타인의 시선에 관한 질문을 《인간혐오자》에서 몰리에르만큼 천재적으로 연출한 적은 아마도 없을 것이다. 만약 극장에서 연극 《인간혐오자》을 보고 관중이 웃으면서 알세스트를 어리석다고 여긴다면, 연출가가 《인간혐오자》를 제대로 이해하지 못했기 때문이며 그는 몰리에르가 비난했던 사회적 위선의 공범자라는 의미다. 줄거리를 기억해보자. 알세스트와 필랭트는 세상에서 가장 친한 친구이며 서로에게 우정을 맹세한 사이다. 그런데 길에서 만난 한 남자가 필랭트의 목을 껴안으며 우정을 선언했고 필랭트는 우정을 나누겠다고 답했다. 그 친구가 누구냐고 묻는 알세스트에게 필랭트는 모르는 사람이라고 대답하면서, 사회에서는 타인이 기대하는 가상대로 해주는 게 적절하며 '같은 대가로 지급해야 해'라고 답했다. 즉 제안받으면 제안으로 돌려주고 맹세를 받으면 맹세로 돌려줘야 한다는 것이다. 이것이 인간 사이의 관계를 지배하는 예의이며 이렇게 할 때 관습이 요구하는 가상을 보여줄 수 있다. 필랭드는 그렇지 않고 마음에 있는 것을 숨기지 않으면 웃음거리가 되므로, 절제하며 지혜로워야 한다고 덧붙인다. 삶을 꿰뚫는 모든 철학 문제가 이 몇 마디 안에 있다. 그러나 예의나 관습은 실제 인간관계와는 아무 관련이 없다. 누가 '안녕하세요'라고 말할 때 진심으로 상대방이 안녕하기를 바라면서 물어보는가? 관습은 군대의 규칙과 같은 가치를 지닌다. 즉 내가 장교에 대한 존경심을 나타내지 않으면 장교는 나를 참호에 빠뜨릴 것이다. 그래서 나는 발뒤꿈치를 탁 소리 나게 모으며 장교에게 경례한다.

알세스트는 필랭트에게 이런 상황에서 말은 '쓸모없게 된다'라고 대답한다. 말은 '정직한 사람과 거들먹거리는 사람을 똑같이 다루기' 때문이다. 그런데도 사회에서 시행되는 예의범절에 따라 인간관계를 관리해야 한다면 보편적 인간만을 고려하게 되고 누구도 개별적으로 존중하지 않게 된다. "모든 사람을 존중한다는 건 아무도 존중하지 않는 것과 같아."

알세스트는 디오게네스가 부인하지 않았을 억양으로 계속한다. "나는 우리가 인간이 되기를 원해." 그런데 필랭트의 철학을 따른다면 인간이 되는 건 어려워진다. 필랭트의 철학은 인간을 있는 그대로 받아들이는 것이어서 누구도 타인과 자신의 진정한 감정이 무엇인지 알 수 없기 때문이다. '절제하는' 지혜가 진정한 지혜라면 알세스트는 미친 사람으로 취급되는 걸 선호한다며 다음과 같이 말했다. "내가 보기엔 모든 사람이 다 가증스러워. 그들 눈에 내가 지혜롭게 보인다면 정말 불쾌할 거야!"

따라서 인간혐오자가 되려면 두 가지 방법이 있다. 필랭트도 그랬고 필랭트 동시대인 대부분이 그랬던 것처럼 누구도 특별히 사랑하지 않거나, 또는 일반적인 의미의 인류를 좋아하지 않는 것인데 여기서 말하는 인류는 추상적이므로 결국 존재하지 않는다. 그리고 알세스트는 이러한 추상적 인류애를 경계해야 한다고 말한다. 실제로 존재하는 독특한 인간을 사랑하고 싶다면 말이다. 몰리에르의 희곡에서 알세스트는 인간이기를 포기한 인류를 떠나 스스로 사막에 고립하고 싶어 했을 정도로 진심에 대한 열정이 강했다. 그리고 그 열정 때문에 모든 걸 잃는다. 연극은 우정의 관계 속에서, 그리고 예술 작품을 판단하기에 앞서 또는 법원 앞에서 그리고 낭만적인 관계 속에서 이 비극을 발전시킨다. 우습게 망가지고 배신당하며 버려진 알세스트는 자신의 신념과 말과 행동을 일치시키려는 열정에 이끌려 여정을 계속 이어간다. 몰리에르의 의도가 무엇이든 간에 알세스트는 분명 가장 숭고한 인간으로 극의 중심에 존재한다. 그리고 다른 모든 등장인물은 우리 주변 사람들, 즉 사회적 가상과 이해관계 속에 사는 죄수와 같다.

디오게네스가 그랬던 것처럼 알세스트는 보편적 인류와 갈등을 겪는다. 알세스트는 삶에서 고유한 인간적 특성을 나타내는 독특한 존재에 대해서만 사랑과 우정을 느끼기 때문이다. 몰리에르의 이 희곡에서 독특한 존재들은 거의 없었기에 알세스트는 독단적이고 위선적인 관습에 따라 행동하고 말하는 여성과 남성에 둘러싸여 누구와도 마주할 기회를 얻지 못한다. 알세스트는 대낮에 진심에 비추어 인간을 찾으려 애쓴다. 이것이 장 자크 루소가 알세스트를 인간적이고 철학적인 쌍둥이 형제라고 느낀 이유다.

루소는 희곡《인간혐오자》를 높이 평가했지만 알세스트가 인간혐오자냐고 물으며 작품의 제목에 대해서는 비판했다. 《달랑베르에게 공연에 대해 보내는 편지Lettre à M. d'Alembert sur les spectacles》에서 루소는 작품이 무대에서 연출되고 연기된 방식을 보고 그랬음이 분명하지만, 작품의 핵심이 알세스트를 조롱거리로 만드는 데 있다고 느끼고는 몰리에르를 책망했다. 알세스트가 '바르고 진실하며 존경할 만한 사람'이고 '동료를 사랑하기에 […] 세기의 관습을 싫어하는' 것인데도 몰리에르가 알세스트를 우스꽝스럽게 표현했다는 것이다. 루소는 몰리에르가 필랭트를 현명한 사람으로 표현했다고 생각했다. 필랭트는 '무엇도 나아지지 않는 것이 자신에게 이익이기에 늘 모든 게 괜찮다고 생각하는' 사람이었다. 따라서 루소는 그 작품이 매우 정치적이라고 생각했고 몰리에르의 천재성으로 작품이 작가의 의도를 넘어섰다고 간주했다.

루소의 의견에 대해 어떻게 생각하든 몰리에르는 필랭트뿐만 아니라 알세스트를 통해서도 자신을 구현했을 가능성이 있다. 어쩌면 셀리멘을 통해 자신을 구현했을지도 모른다. 우리는 사회적 존재로서 양측 사이에서 발생하는 긴장을 모두 받아들여야 하기 때문이다. 플로베르가 '마담 보바리는 사실 나다'라고 말했듯 몰리에르는 '이 모든 캐릭터는 사실 나다'라고 말할지도 모른다. 반면 장 자크 루소는 '알세스트는 사실 나다' 그리고 '필랭트와 셀리멘은 내가 아니다'라고 말할 것이다. 루소는 문학작품 속 가상의 존재가 아니라 펜을 든 살아 있는 존재로서 정말 알세스트처럼 살았다. 다만 극의 마지막에서 알세스트는 '명예로운 사람이 될 자유가 있는 외딴곳을 찾으러' 가는 반면 필랭트와 엘리안테는 알세스트에게 사막을 포기하고 자신들에게 돌아오라고 설득하려고 알세스트를 찾아 떠난다. 사실 현명한 사람에게는 선택의 여지가 없다. 인간에게 근본적인 고립은 불가능하기 때문이다. 카를 마르크스는 1857년《정치경제학 비판 입문서》에서 아리스토텔레스의 유명한 말을 인용해 다음과 같이 썼다. "인간은 있는 그대로 정치적 동물이며 사회적 동물일 뿐만 아니라 사회 안에서만 고립될 수 있는 동물이다." 그렇다면 지혜를 포기하고 사람들과 사회를 있는 그대로 받아들여야 하는가? 거기에서 빠져나올 방법이 없기에? 진정한 자신이 되는 걸 포기해야 하는가? 아니면 타인 사이에 머물면서 자신으로 존재할 수도 있는가?

머리 앞에 두는 생각, 머리 뒤에 두는 생각

우리는 우리와 닮은 사람들과 함께 살도록 선고받았다. 함께 사는 건 공통 규칙, 명시적이거나 묵시적인 관습, 최소한의 관습, 상호 관계와 같은 것들 없이는 생각할 수 없기에 무엇도 이런 종류의 제약을 완전히 없앨 수 없다. 제약을 도덕이나 선과 구별짓는 건 우리가 이러한 제약을 진심으로 새길 필요도 없이 무의식적으로 제2의 자연인양 받아들였다는 점이다. 사실 '안녕하세요'라고 인사할 때 대부분은 상대방이 안녕한 하루가 되기를 온 마음을 다해 바라는 인본주의적인 마음을 동반하지는 않는다. 블레즈 파스칼이《팡세》에서 필연적인 '끈', 피상적인 가상, '진심이 아닌 표정'이라고 했던 것의 일부다. 단지 관습이나 습관일 뿐이며, 오직 우리의 상상에 따라 근거가 있는 듯 여겨지게 된 것이다.

따라서 사회생활은 진정성이 결여된 터무니없는 행동을 하게 만든다. 이런 의미에서 몰리에르가 알세스트의 입을 통해 "이건 우리한테 아무것도 알려주지 않아"라고 말했듯이 우리는 쓸모없는 행동을 하게 된다. 그러나 이를 무시하면 가상 뒤에 언제나 숨어 있는 사회적 압력과 제약의 힘에 노출된다. 왕, 재판관, 군인, 경찰의 옷을 보고 누구나 비웃을 수 있다. 만약 이 비웃음으로 인해 우스운 겉모습을 찢고 겉모습이 상징하는 권력, 감옥, 무기를 나타나게 만들 위험이 없다면 말이다. 모든 가상 뒤에는 매우 실제적인 힘이 있으며 오로지 나의 상상 속에만 있는 것에 집착한다면 어리석다.

오늘날 주위를 둘러보자. 대통령과 장관, 상원의원, 하원의원들이 지나가는 동안 공화당 근위대의 깃털 장식, 곧게 뻗은 군도, 트럼펫 소리에 순진한 존재들만이 감탄한다. 다른 이들은 진심이 아닌 표정으로 공상에 빠져 겉모습만 남아 있다. 현명한 사람들은 이 모든 것이 자의적이지만 구속력이 있음을 알기 때문에 존중하고, 어리석은 사람들은 이 모든 것이 자연이나 이성에 근거한다고 믿기 때문에 존중한다. 파스칼은 현실에서는 '의견이 아니라 힘이 세상에서 여왕 같은 존재다'라고 단언하며 사회구성원 간의 존중 관계를 '필연적인 끈'이라 하고 나머지는 '상상의 끈'이라고 했다. 따라서 우리가 법을 존중해야 하는 건 법이 정당해서가 아니라, 법이 힘으로 제정되고 유지되기 때문이다. 파스칼은 프랑스를 통치하던 신권 군주제에서 첫째아들에게 권력을 상속하던 관습을 예로 들었다. 파스칼은 감히 그것이 불합리하다고 말했고 그런 식으로 배의 선장을 선택하지는 않을 거라며 반박했다. 그러나 그것이 정해진 규칙이었다.

현명한 사람은 그것이 옳기 때문이 아니라 규칙이기 때문에 순종한다. 그러나 어리석은 사람은 그것이 정당하다고 믿기 때문에 순종한다. 차이점은 순종하는 이유에 있다. 철학자에게는 앞에 두는 생각이 있어서 그러한 생각은 말로 표현하지만, 뒤에 두는 생각은 자신을 위해 간직했다가 실제로 판단을 내릴 때 이끌어낸다. 그래서 파스칼은 환상에서 벗어나 무질서와 내전을 피할 수 있었다. 파스칼에게 꽤 통찰력이 있다고 말할 수는 있지만 신성한 권리를 지녔던 절대 군주의 기반이 파스칼 때문에 흔들릴 수 있었다고 말할 수는 없다. 파스칼 같은 사람 수백만 명으로는 1789년의 프랑스혁명이 불가능했을 것이다. 그러나 파스칼이 힘과 정의의 관계에 대해 정밀하게 분석하지 않았더라면 혁명적 사상은 무력한 유토피아에 빠지지 않았을까?

이 책 2부의 시작 부분에서 파스칼에 대해 살펴보았다. 파스칼은 우리가 끊임없이 '우리 것이 아닌 시간 속에서' 살며 결코 현재에 살지 않는다고 했다. 현재만이 우리의 생각과 욕망을 희망, 기억, 후회로 새겨주는데 말이다. 인생과 죽음에 대해 생각하지 않으려고 우리는 오락 활동에 머문다. "따라서 우리는 살아가는 것이 아니라 살기를 희망하고 있을 뿐이다." 항상 바쁘고 더는 존재하지 않을 정도로 늘 자신의 밖에 있다. 파스칼은 이런 생각을 디오게네스와 공유한다. 이후 루소가 자기 생각을 디오게네스와 공유했듯이 말이다.

스스로와 일치하는 건 필요와 욕망이 증가함에 따라 점점 더 어려워진다. 파스칼의 이 문장을 다시 인용해보겠다. "인간의 모든 불행은 한 가지에서 온다. 즉 방에서 휴식을 취하지 않는 데서 온다." 루소는 이 고통스러운 고립 속에서 자신의 사상 가운데 가장 위대한 사상들의 소재를 발견했다. 넬슨 만델라 또한 탁월한 정치적 창의성을 펼치기 위해 필수적인 요건들을 28년 동안의 감옥 생활에서 발견했다.

소크라테스가 인용한 고대 델포이 신전의 '너 자신을 알라'는 본질적인 인간의 요구 사항을 잘 요약한다. 만델라가 소크라테스의 계율을 지지했고 루소도 동일한 계율을 자신의 것으로 만들었다는 사실을 기억해야 한다. 소크라테스는 이 어려운 계율을 끝까지 유지했다. 아테네에 결코 만족하지 않았지만 아테네를 존중했으며 항상 아테네 시민들과 함께 살면서도 자신과의 대화를 쉬지 않았고 죽을 때까지 자신을 유지했다. 소크라테스의 죽음이 철학 전체를 요약한다.

이것이 소크라테스와 함께 결론짓는 이유이며, 생각을 절대로 멈추지 않고자 결론 내리기를 거부하는 이유다.

15장
소크라테스, 결론을 내리지 않기 위하여

어떤 실화

아테네 시민 이오아니스Ioànnis는 신성한 길을 따라 아고라 광장으로 가고 있다. 아테네 최고 법원의 배심원으로 뽑힌 후 이오아니스의 명성은 더욱 높아졌다. 내일은 처음으로 대규모 심판에 참여하는 날이다. 심판받아야 할 사람은 유명한 소크라테스다. 이오아니스는 6월의 타오르는 태양 아래를 걸으며 땀을 흘린다. 성스러운 길이라 하는 이 대로에는 그늘이 없지만 몇 걸음만 더 가서 왼쪽 골목으로 접어들면 그늘진 작은 길이 나온다. 법정에 가지 않는 날은 매일 여기 있는 가게 일곱 군데를 돈다. 숙련된 노예 노동자들이 바쁘게 일하는 가게들이다. 이 정도 품질의 방패를 생산하기란 쉽지 않다. 방패는 200드라크마(아테네의 화폐단위로 일꾼의 일당이 약 0.5~1드라크마로 알려져 있다—옮긴이) 정도 했으며 부유한 중장보병만이 그 방패를 살 수 있었다. 이 가격에 살 수 있었던 방패는 청동으로 덮인 원형 나무 방패로 가운데에는 페가수스나 고르곤 해파리 또는 돌고래가 두 마리가 새겨 있었고 손잡이가 단단했으며 어깨끈이 있었다. 이오아니스는 방금 네 번째 가게를 살펴보았다. 나머지 세 곳을 더 방문하려면 아고라 광장을 돌아서 좀 더 걸어야 한다. 가는 길에 모여 있는 군중이 그의 주의를 끈다. 이오아니스가 가까이 가자 사람들이 그가 착용하고 있던 배심원 배지를 알아보고 투표에 참여하라고 청한다. 공중 보건 의사를 선출하는 중이었는데 후보 카토스Katos가 3라운드에 걸쳐 연설 결투에 나선 모양이다. 권투 시합처럼 말이다. 이오아니스는 '나는 의학에 대해 아무것도 모르는데'라고 생각했다. 다른 배심원들도 마찬가지였지만 시민을 치료할 사람은 시민이 결정해야 한다. 침묵이 흐르고 결투가 시작됐다.

첫 번째 라운드에서 카토스에 대결하는 자는 예언가였다. 이 예언가는 히포크라테스파 사람들을 증오하기로 유명했다. 히포크라테스파가 질병의 원인과 회복 면에서 신의 능력에 의문을 제기했기 때문이다. 이번 결투의 문제는 흉막염과 뇌출혈을 치료하는 방법에 관한 것이었다. 예언가는 앞으로 나가 영감을 받은 듯 숨을 들이마시며 눈으로 군중을 훑고는 오른팔을 치켜올려 군중을 주목시킨 뒤 치료법을 선언했다. "여러분, 여기 있는 모든 사람은 훌륭한 의사인 에피메니데스Epimenídês가 재앙이 닥쳤을 때 가장 먼저 델포이 신전에 의논하러 갔다는 걸 기억하고 있습니다. 그게 제가 할 일입니다. 에피메니데스가 했듯이 이 골목에 흰 양 여섯 마리와 검은 양 여섯 마리를 풀어놓고 여러분 모두에게 양을 따라오게 할 것입니다. 양이 잠들 때마다 여러분은 칼로 양을 희생시켜 가장 가까운 사원에 가서 신에게 양을 제물로 바칠 것입니다. 바로 이것이 제가 공중 보건 의사가 된다면 하고 싶은 일입니다. 에피메니데스가 그랬듯이 흉막염과 뇌출혈을 없애겠습니다." 예언자는 계속해서 한동안 청중의 비위를 맞추며 자신의 상식과 경험 그리고 도시의 신들에 대한 존경심을 미화했다. 예언가의 웅변술에 감탄한 시민들은 탄복하며 박수 치기 시작했다. 예언가는 시민에게 인사를 하고는 카토스에게 이어서 연설하라고 손짓으로 권했다. 카토스는 대결이 불공정하리라 생각했다. 이렇게 과장된 웅변을 한 다음인데 질병에 대한 생리적인 설명과 환자를 낫게 해줄 약품을 제안하면서 어떻게 청중을 유혹하겠는가? 카토스는 스승 히포크라테스에게 배운 내용으로 자신감 없이 연설을 시작했다. "여러분은 흉막염과 뇌출혈, 이 두 질병이 콧물, 기침, 흉통, 두통처럼 겨울에 생기는 질병이라는 걸 경험을 통해 알고 있습니다. 날씨가 따뜻해지면 이러한 질병들은 사라지지요. 신들이 전지전능하다면 왜 계절의 리듬에 굴복하는 걸까요? 상대측은 신을 이용해 장막과 성벽을 쳐서 자신의 무지를 숨기고 있습니다. 저 예언자는 여러분을 치료할 방법을 모르기 때문에 여러분에게 양을 죽이라고 시킬 것입니다. 저자는 말을 잘하지만 저는 위대한 히포크라테스의 제자입니다! 저를 의사로 삼으십시오!"

이오아니스는 주위를 둘러보고 방금 카토스가 언급한 질병이 무엇인지 묻는다. 아무도 몰랐다. 그리고 이름을 들어보긴 했는데 히포크라테스는 훌륭한 의사인가? 신에게 의지하는 걸 왜 조롱하는가? 시민들은 투표했고 예언자는 환호받으며 쉽게 이겼다. 민중이 예언자에게 투표한 것이다.

두 번째 라운드에서 카토스는 안과 질환을 치료하는 방법을 놓고 체조 교사와 겨루었다. 체조 교사는 전에 아스클레피오스Asclepiu(그리

316
불안사회 생존철학

스신화에 나오는 의술의 신—옮긴이)가 했던 방법을 제안했다. 아스클레피오스는 환자의 눈 위에 베일을 씌우고 베일 아래로 뱀을 두 마리 집어넣어 환자의 눈꺼풀을 핥게 했었다. 이것이 안과 질환을 치료하는 방법이라고 체조 교사는 결론지었다. 카토스는 웃음을 터뜨리며 크세노폰Xenophon의 희곡이 생각난다고 대답했다. 그 희곡에서 공중 보건 의사 후보자가 시민들에게 이렇게 말했다. "아테네 시민들이여, 저는 의술을 배운 적도 없고 의사를 스승으로 삼고자 한 적도 없습니다. 저는 의사들에게 아무것도 배우지 않으려고 의사들을 경계했을 뿐만 아니라, 의술을 연구한 것처럼 보이지 않으려고 항상 조심했습니다. 그래도 의사라는 직업은 맡겨주세요. 저는 전적으로 여러분의 위험부담으로 의술을 배우려고 노력할 것입니다." 카토스의 연설에 매료된 청중은 크게 웃으며 손뼉을 쳤고 카토스의 손을 들어주었다. 결투는 치열했다. 각 라운드는 시민 심사위원을 웃게 만든 사람이 승리했다. 그러나 세 번째 라운드에서는 아테네에서 일하는 동료 의사가 현장에 나온다.

등장하자마자 이 의사는 우렁찬 박수를 받았다. 카토스는 앞에 있는 시민 중에 저 의사의 환자가 많다고 생각했다. 이번 결투는 척추 변형을 치료하는 방법에 관한 것이다. 현직 의사는 질문이 쉽다고 생각했지만 카토스에게 먼저 대답하라고 제안했다. 카토스는 마사지, 연고, 스트레칭, 체조에 대해 오랫동안 이야기했다. 상대방은 카토스의 연설을 중간에 자르고는 청중을 향해 말했다. "이건 현대 의학에 해당하지 않습니다! 병원에서 나와서 환자를 사다리에 거꾸로 단단히 매달아 테라스로 들어올려야 합니다. 그런 다음 밧줄을 따라 사다리를 수직으로 떨어뜨려 지면에 강하게 부딪치게 합니다. 이 치료 방법은 정말 장관이지요! 이 장면을 보기 위해 300여 명이 제 병원 주변에 몰려든 걸 봤습니다! 카토스, 이것이 아테네에 정착할 가치가 있는 의사가 나아가야 할 길이오!" 큰 박수가 이어졌다.

카토스는 사다리를 던지는 것으로는 누구도 치료할 수 없고 지루한 인생을 사는 무지한 자들을 만족시키는 구경거리일 뿐이며, 사다리를 던지는 것은 대부분 질환을 가중하고 사다리를 던지는 사기꾼처럼 행동하는 걸 부끄러워해야 할 것이라고 배심원들에게 외쳤다. 그러나 시간 낭비였다. 배심원단은 압도적 다수로 카토스에 반대표를 던졌다. 카토스는 3라운드에서 패해 아테네에서 치료 활동을 할 수 없게 되었다. 이오아니스도 카토스에게 반대표를 던졌는데, 의학에 대해 아무것도 모르는 자신이 왜 이런 선택을 했는지 막연하게 스스로 의문이 들었다. 이오아니스가 다음 날 소크라테스를 심판할 때 어떻게 결정하게 될까?

멜레토스, 라이콘Lycon 그리고 아니토스의 고소

소크라테스는 배심원 501명과 마주하고 있다. 배심원은 시민들이 뽑아 아테네가 임명한 자들이다. 대부분 가난하고 고령에 민주주의를 굳게 믿었고 민주주의의 실제 기능과 부패에 대해 그리 의심하지 않았다. 그들은 때에 따라서는 민주주의에 대한 비판에 크게 웃었으며 아리스토파네스Aristophane(고대 그리스에 정치풍자로 유명했던 극작가—옮긴이)의 연극에 요란하게 갈채를 보냈지만, 그렇다고 해서 아테네 시민으로 사는 삶에 어떠한 변화를 주지는 않았다. 소크라테스는 배심원들을 경멸하는 시각으로 바라보진 않았으나 그래도 그들에게 자신을 제대로 판단할 능력이 있는지 자문했다. 그리고 대중이 보편적으로 철학자에게 가진 편견, 특히 자신에 대한 편견에 정면으로 마주하는 게 조금 두려웠다. 501명의 배심원은 고소인과 피고인의 변론을 일출부터 일몰까지 듣게 된다. 그런데 재판이 6월이었으므로 재판 시간이 아주 길어지리라 짐작했다. 날씨가 더워지기 시작했고 공기가 점점 뜨거워졌다. 배심원들은 지치겠지만 처음부터 마지막 투표까지 세심한 주의를 기울일 것이다. 배심원들은 그날 추첨에 뽑힌 것을 자랑스럽게 생각했다. 사소한 도둑이나 사악한 암살자를 상대하는 것이 아니라 막연하게나마 들은 바 있는 훌륭한 지식인을 다루는 재판이기 때문이다. 배심원들은 유명한 철학자 소크라테스를 심판해야 했다. 그리고 끝없는 토론으로 청년들을 타락시키고 아테네의 신들을 공경하지 않았다는 이유로, 소크라테스를 중대 범죄로 유죄판결 내리게 된다.

형편없는 시인이던 멜레토스가 기소 발언을 하며 소크라테스에게 사형을 요구했다. 멜레토스는 어리석고 보잘것없으며 허세나 부리는 존재였다. 라이콘 의장이 쓴 고소장을 멜레토스가 읽었다. 그러나 이 두 사람 뒤에는 앙심을 품은 위험 인물 아니토스가 있었다. 아니토스는 뇌물을 주기도 받기도 하는 타락한 자였으며, 유죄판결을 면하기 위해 이미 배심원에게 돈을 먹인 전력이 있는 인물이었다. 아니토스는 너무 겁쟁이여서 직접 소크라테스를 고소하지는 못했다. 만약 소크라테스가 유죄로 판결받지 않으면 자신이 무거운 벌금을 물게 되기 때문이다. 그래서 아니토스는 멜레토스를 매수했다. 멜레토스는 다른 사람들보다 논증에 더 뛰어나다고 주장하는 철학자 소크라테스를 상대로 무대 전면에 나선다는 생각에 잔뜩 거들먹거렸다. 물방울이 한 방울씩 떨어지며 시간을 재는 물시계에 맞춰 멜레토스는 저명한 소크라테스와 동등한 시간 동안 연설하게 된다. 소크라테스는 배심원을 유혹하는 방법을 아는 연설가에게 글을 부탁하지 않고 오직 논증으로 스스로 변호하기로 했으며, 배심원의 동정을 사고자 가족을 옆에 두는 인습을 따르지 않고 홀로 재판에 나섰다. 소크라테스는 옳고 그름을 이유를 들어 밝히고 철학적으로 사고했으며 혐의를 부인했다. 또한 아테네의 법률을 존중하지만, 생각과 행동에 영향을 미치는 건 이성에 달려 있다는 자신의 확신을 부인하지 않았다. 소크라테스는 아테네의 법을 자신에게 적용하라고 청했지만 모든 혐의를 부인했다. 오히려 자신이 시민 가운데 최고의 상을 받아야 한다며 만약 유죄판결을 받게 되어도 형을 피하기 위해 어떤 수단도 사용하지 않겠노라 선언했다. 배심원들이 감히 자신을 죽이려 한다면 미래 세대는 아테네의 정의 자체에 소송을 걸고 기어이 유죄판결을 내리게 될 것이라고도 했다.

이후 어떻게 되었는지 우리는 알고 있다. 소크라테스는 유죄판결 후 사형선고를 받았으며 망명을 거부했고 독약을 마셨다…. 삶을 사상과 완벽히 일치시켜 살다가 죽음을 삶과 완벽히 일치시키는 데 성공했다. 소크라테스의 죽음이 그 죽음만으로도 철학의 상징이 된 이유다.

소크라테스는 누구인가?

역설적이게도, 어떤 진리도 없다고 주장하던 소크라테스 이래로 철학은 250년 동안 진리 탐구를 추구하고 있다. 진리를 탐구하는 데 있어서 철학은 처음부터 진리가 아니라 탐구였다. 철학이라는 명칭의 어원은 다음과 같다. 철학은 지혜가 아니라 지혜에 대한 열망을 의미한다. 따라서 철학자는 현자가 아니라, 현자가 아님을 알기에 현명해지고자 하는 사람이다. 또 다른 역설은 다음과 같다. 소크라테스는 그의 삶보다도 죽은 방식 때문에 철학의 보편적인 상징이 되었다. 물론 소크라테스는 기록을 전혀 남기지 않았기 때문에 진짜 소크라테스는 우리 손이 닿지 않는 곳에 남아 있다. 소크라테스가 아무것도 쓰지 않은 철학적 이유는 나중에 논의하기로 한다. 아리스토파네스 또는 크세노폰은 플라톤의 대화에 등장하는 소크라테스와는 약간 다르게 소크라테스를 묘사했다. 그러나 바로 플라톤이 말하는 소크라테스가 모두가 생각하는 소크라테스이며 전체 철학사에 결정적으로 남아 있는 소크라테스이므로, 여기에서는 플라톤의 소크라테스에 대해 논의하겠다. 어떤 의미에서 소크라테스는 전체 철학적 방법론을 요약하는 인물이라고 볼 수 있다.

소크라테스는 기원전 470년에 태어났다. 아버지 이름은 소프로니스쿠스Sophronisque였는데 그에 대해서는 알려진 바가 많지 않다. 소크라테스는 유명한 산파였던 어머니 파이나레테Phaenarete를 영혼이 세상에 나올 수 있도록 돕는 사람이라고 표현했다. 근대 철학 사상의 진정한 창시자인 소크라테스는 분명 지식인이자 사상가였지만, 소크라테스를 표현해놓은 몇몇 고전화에서처럼 우아하게 주름 잡힌 옷을 입고 하늘을 바라보는 모습을 상상해서는 안 된다. 소크라테스는 가난했고 옷도 대충 입었으며 못생긴 외모로 유명했다. 머리는 헝클어진 채로 큰 막대기를 손에 들고 맨발로 돌아다니며 행인을 붙잡아 세워놓고 대화했다. 춤을 추고 칠현금을 연주했으며 육체적 욕구를 숨기지 않았고 좋은 음식과 포도주를 거부하지 않았으며 게다가 잘 취하지도 않았다. 플라톤의 《향연》에서 연회가 끝날 무렵 소크라테스는 손님 중 유일하게 식탁 밑으로 굴러떨어지지 않는 자였고 이른 아침에 자지도 않고 목욕탕에 갔다고 적혀 있다.

소크라테스는 거리에서 행인들과 토론했을 뿐 아니라 아테네에서 마주칠 수 있는 모든 위대한 학자들과 대화했다. 아테네 시민이 아닌 학자들도 모두 아테네로 몰려들었기 때문에, 생각하고 글을 쓰고 조각하고 자연과 역사를 연구하고 창조하는 사람 대부분과 대화했다고 볼 수 있다. 소크라테스는 대화하고 질문하는 것 말고는 아무것도 하지 않았다. 소크라테스는 독실했고 아테네의 신들을 존경했으며 정치에 적극적으로 참여하지는 않았지만 아테네 시민으로서 법과 관습을 존중했다. 무엇도 가르치지 않았으므로 통솔력 있는 지도자는 아니었다. 권력자들이 왜 그런 인물을 처형하고 싶어 했는지 이해하기 어렵다. 게다가 어떻게 유명해져서 모두에게 존경받는 인물이 되었는지도 이해하기 어렵다. 간단히 말해서 동시대인이 인간은 정의로워야 한다고 말하면 소크라테스는 이렇게 물었다. "정의롭다는 게 무엇입니까?" 독실해야 한다고 말하는 자들에게 소크라테스는 "독실한 게 무엇입니까?" 정조, 행복, 지식에 대해 말하는 사람들에게 "정조를 지킨다는 건 무엇입니까? 행복이란 무엇입니까? 지식은 무엇입니까?"라고 물었다. 소크라테스는 질문했고 대답을 들었으며 상대방이 생각보다 어려운 문제라는 걸 인정하고 자신의 무지를 인정할 때까지 더 많은 질문을 던졌다. 따라서 대화가 중단되어도 나중에 계속 이어가는 경우가 많았다. 중요한 건 다음 소피스트의 문장이 요약하는 내용을 깨닫는 데에 있었기 때문이다. "모르면서 안다고 믿는 것, 그것이 바로 내가 두려워하는 것이고 우리 생각을 지배하는 모든 오류의 원인이다." 이런 의미에서 소크라테스는 자신을 감전시키는 물고기나 고통스러운 독침을 쏘는 곤충에 비유하길 좋아했다. 우리가 당연해 보이는 대답을 하고 만족해할 때 소크라테스는 우리를 자기모순에 빠지게 만들고 질문과 불안한 공허함을 남겼다. 소크라테스는 진리를 가르치거나 무엇이 옳은지를 가르친 게 아니라 자기 삶의 방식과 행동을 통해 가치 있는 것으로 나아가는 길을 구체화했다. 우리에게 지혜로워지라고 요구하는 소크라테스의 행동하는 철학은 냉소주의자 디오게네스에게 영감을 주었고, 디오게네스도 소크라테스처럼 행동과 말로 된 증언만을 남겼으며 스토아학파 에픽테토스나 최근의 넬슨 만델라에게까지 다양한 영감을 주었다. 그리고 21세기에 우리에게 가장 부족한 것도 분명 행동하는 철학, 다시 말해 진정한 대화나 모범적인 삶 그리고 소유나 겉모습보다 존재에 관한 관심이다.

그렇다면 소크라테스식 대화는 어떻게 이루어졌을까? 《고르기아스》부터 시작해 몇 가지 예를 들어보겠다. 늘 그렇듯 진부한 이야기로 시작한다. 소크라테스는 시장에서 친구와 대화가 길어져 강연장에 늦게 도착했다. 소크라테스가 막 도착했을 때 유명한 소피스트 고르기아스는 자신에게 모든 답이 있다며 강의를 마치는 중이었다. 마침 잘

되었다. 소크라테스는 고르기아스에게 그가 누구인지 무엇을 가르치는지 그가 가르치는 기법의 목적이 무엇인지에 대해 몇 가지 질문을 하고 싶었기 때문이다. 소크라테스의 질문에 고르기아스는 수사학 변론술을 가르친다고 답했다. 소크라테스가 다시 물었다. "수사학의 목적은 무엇입니까?" "담론이지요." "모든 것이 담론을 기반으로 하는데 어떤 유형의 담론입니까?" "설득할 힘이 있는 담론이지요." "그러면 어떤 설득을 의미합니까? 산술도 설득을 목표로 하지 않습니까?" "의회 앞에서 설득하는 기술입니다." "그러면 지식이나 믿음을 근거로 설득합니까?" "믿음을 근거로 설득합니다." "이 기술을 배우면 의학 문제에 대해 의사보다 더 잘 설득할 수 있습니까?" "네, 실제로 의사들이 공중 보건의로 선출되기 위해서는 설전 결투에서 대결해야 하는데 이 기술로 잘 설득하는 걸 보았지요." 소크라테스는 되받는다. "그건 대중이 의학에 대해 무지한 때에만 가능합니다. 의사들로 구성된 의회를 그런 식으로 설득할 수는 없기 때문입니다!" 고르기아스는 인정했다. "그러므로 당신은 무지한 사람들 앞에서 이기는 방법을 가르치고 있군요! 따라서 수사학은 전투의 기술이지 진실 추구가 아닙니다." 소크라테스는 계속해서 질문했고 고르기아스는 대답을 거듭하며 스스로 옳고 그름을 밝혔다. 소크라테스는 상대방을 이기려 하지 않았고, 상대방이 애초 스스로와 싸우던 논제를 끌어내도록 했으며 자기모순에 빠지도록 해 스스로 새로운 질문을 하게 했다. 따라서 소크라테스와의 대화는 생각을 움직이게 하는 과정이었다.

《라케스》도 마찬가지였다. 라케스와의 대화는 일상적인 상황에서 시작됐다. 소크라테스는 우연히 간 체육관에서 니키아스Nicias와 라체스라는 두 장군이 아들들에게 무기 기술을 가르치는 게 유용한지 펜싱 교사에게 묻고 있는 광경을 보았다. 니키아스와 라체스는 무기의 과학이 용기의 미덕을 가르친다는 점을 인정하면서도 아들에게 무기 기술을 가르쳐야 하는지에 대해서는 서로 의견이 달랐다. 소크라테스는 대화에 끼어들었고 논리적인 방식으로 두 장군이 먼저 용기가 무엇이고 미덕이 무엇인지 자문해야 한다는 데 동의하게 했다. 이러한 방식이 확실하게 결론을 내려주지는 않았지만, 적어도 처음 했던 질문이 더 구체적으로 복합적인 모습을 드러내도록 했고 각자 질서 있게 분석하는 경험을 하도록 했다.

《대 히피아스》도 동일한 방식이었다. 소크라테스는 소피스트 히피아스를 우연히 만났다. 히피아스는 변론술 수업으로 수익을 창출하려고 아테네를 떠났던 인물인데 아이러니하게도 소크라테스에게 고대 현자들이 할 수 없었던 일을 이루어냈다며 축하를 전했다. 그런 다음 아름다움을 주제로 대화가 이어졌다. 히피아스는 아름다움이 실질적이라고 가정했다. 질문에 질문을 거듭하며 히피아스는 아름다움을 적절한 것, 그다음에는 이로운 것, 유용한 것, 강력한 것, 좋은 것으로 차츰 동화시키면서 아름다운 것과 좋은 것이 별개의 개념임을 인식하게 되었다. 이렇게 히피아스는 자기모순에 사로잡혀 소크라테스와 한 대화 전체를 '사소한 말싸움', '껍질 벗기기' 그리고 '조각으로 찢어진 말다듬기'로 규정하고 소크라테스에게 '바보 취급받고'싶지 않으면 이렇게 사유하는 걸 중단하라고 조언했다. 소크라테스는 결론을 내리지 않고 '아름다운 것은 어렵다'라는 속담을 더 잘 이해했다고 말하는 걸로 만족했다. 그리고 그들은 헤어졌다.

《알키비아데스》에서도 대화는 예측할 수 없이 시작되었고 결론은 없었다. 알키비아데스는 소크라테스가 자신과 대화하려 들자 짜증이 났다. 그러다 전쟁과 평화에 관한 대화를 시작했다. 정당한 것과 정당하지 않은 것에 대해 깊이 생각하게 만드는 질문이었으며 소크라테스에게는 가장 중요하고 본질적인 문제였다. 여기서 다시 확증에서 확언에 이르기까지 알키비아데스는 끝없이 자기모순에 빠졌고 그러면서도 이 모든 확언을 바로 자신이 말했다는 사실 또한 인정하게 되었다. 따라서 아테네 시민 집회에서 이러한 문제에 대해 조언해야 하는 자신이 매우 무지한 상태임을 인식하게 된 것이다. 소크라테스는 침착하게 이렇게 말했다. "친애하는 동료여, 당신이 어리석었던 건 모르는 것을 가르치려 하고 배우기를 소홀히 한 것뿐이오."

마지막으로 《에우튀프로》도 같은 방식임을 알 수 있다. 에우튀프로는 신성한 것들에 관한 지식을 갖고 있다고 주장하던 유명한 예언자였는데, 아테네 왕실 현관에서 소크라테스와 만나 대화하고는 놀라게 된다. 사실 그들은 소크라테스가 불경죄로 사형을 선고받는 재판 직전에 대화하기로 되어 있었다. 그들은 경건함에 관해 대화했는데, 에우튀프로가 불경죄로 기소당한 소크라테스를 뉘우치게 하는 데 가장 적합하다고 생각되었기 때문이다. 불경한 것은 항상 불경하며 바꿀 수 없다고 소크라테스가 제안하자 예언자는 그것을 인정했다. 그리고 이 불경함은 신들이 말하는 것에서 비롯되어야 한다. 그러나 신들은 무엇이 옳은지, 무엇이 아름다운지, 무엇이 선한지 선하지 않은지에 대해 서로 다른 의견을 내놓는다. 그러니 무엇이 경건한지 어떻게 단언하겠는가? 소크라테스는 "경건한 것이 신들에게도 경건하다고 인정되는 것입니까, 아니면 신들이 인정했기에 경건하게 된 것입니까?"
에우튀프로는 함정에 빠졌다. 이 질문을 이해하지 못하는 척했지만,
에우튀프로는 경건함과 정의로움에 대해 신들에게 단순히 복종할 수
없기에 인간이 이성으로 무엇이 경건하고 정의로운지를 결정하게 되
었음을 분명히 알고 있었기 때문이다. 소크라테스는 대화 중에 한 에
우튀프로가 한 모든 주장이 서로 모순된다는 것을 인정하게 했다. "조
금 전에 우리가 함께 틀렸었거나 지금 우리 주장이 거짓입니다." 그러
나 에우튀프로는 자신의 무지를 인정할 수 없었다. 유명한 예언자였
기 때문이다. 그래서 그는 달아났다. "소크라테스, 다음에 이야기합시
다. 지금은 급해서 가봐야 합니다."

　　플라톤의 초기 담화론들은 후기 작품보다 소크라테스의 방법론을
잘 설명하고 있다. 플라톤의 후기 작품은 자기 생각을 중점적으로 발
전시키며 대화가 때로는 가식적인 독백이 되기도 하기 때문이다. 사
람들은 소크라테스를 무엇 때문에 비난했는가? 바로 소크라테스가
법을 준수하며 아테네의 신들을 존중해야 한다는 사실을 인지했지만,
순순히 복종한 것이 아니라 이성적 사유에 의해 인식했다는 데에 있
다. 이후 모리스 메를로 퐁티는 《철학 예찬Éloge de la philosophie》에서 '소
크라테스가 순종하는 방식은 저항하기 위한 방식이었다'라고 했다.
소크라테스를 법정으로 끌고 가 사형을 선고받도록 만든 이유다.

대화란 무엇인가?

　　대화를 위해 함께 이야기하는 걸로 충분하다고 생각할 때가 많다.
그러나 이는 대화와 대면을 혼동한 것이며 진실 추구와 이기려는 노

력을 헛갈린 것이다. 대답을 정당화할 논거와 올바른 질문을 찾을 방법론을 혼동한 것이다. 대화와 대면의 공통점은 말을 대면하게 한다는 것이다. 즉 서로 다른 살아 있는 생각의 표현이 연속으로 반응한다는 사실이다. 여러 명이 함께 사유하는 과정은 소크라테스에게 필수적이었고 플라톤이 《일곱째 편지》와 《파이드로스》를 비롯한 여러 작품을 통해 끊임없이 소크라테스의 대화를 다룬 이유이기도 하다. 소크라테스는 글쓰기를 그림에 비유했다. 두 경우 모두 삶의 가상만 있을 뿐이다. 글쓰기란 '생각이 말에 생기를 불어넣었다고 믿을 수도 있지만, 실은 작가의 여러 말 가운데 하나를 명확히 밝힐 의도로 글을 쓰는 것이며 작가는 단 하나를 알렸다는 사실로 만족한다. 그리고 그 하나는 언제나 똑같다!' 글은 일단 대중에게 전달되면 학식 있는 사람에게든 무지한 사람에게든 모두 같은 방식으로 전달된다. 오로지 저자만이 독자 각자에게 야기되는 질문과 논거에 답할 수 있다. 서로 다른 생각을 대면하게 하는 대화는 생각을 움직이지만, 글로 적혀 있는 모든 생각은 고정되어 있다. 글쓰기를 통해 생각을 있는 그대로 기억에 새길 수는 있으나, 진리 추구의 순간처럼 생각을 영혼에 새기는 것은 불가능하다.

그러나 반대되는 말을 대면시킨다고 해서 실제 대화가 이루어지지는 않는다. 우리는 매일 가짜 대화를 경험한다. 공개된 정치 토론에서든 직접 토론에 참여하든 대화는 대부분 서로 동의하지 않는다는 전제하에 시작되며 각자 자신의 의견을 설명하려 애쓴다. 다시 말해 자신의 결론을 설명해, 상대방이 틀리고 자신이 옳다는 걸 상대방이 인지하고 입 다물게 만들려고 노력한다. 대화에 논쟁의 여지는 없어야 하므로 토론은 끝을 봐야 한다. 각자의 목표는 자기 의견을 고수해 생각한 그대로를 거의 그대로 유지하는 것이다. 자기 생각을 평가하거나 의문을 제기하려는 목적이 아니다. 예컨대 이것이 아테네에서 의회를 설득하는 방법을 가르치는 소피스트, 수사학의 대가, 웅변술 교수의 야심이었다. 그들은 당시 '대화기술 고문'이었는데 민주주의를 선동의 통치로 바꾸었으며 대다수 사람이 비판적 성찰과 지식에 접근하지 못하도록 막는 것을 목표로 삼았다. 무슨 수를 쓰든 반드시 토론에서 승리자가 나오도록 했다. 소크라테스는 이러한 진행 방식을 '전투의 기술', 즉 '논쟁'이라고 규정했다. 소피스트는 '담론의 운동선수'였으며 투쟁 기술의 도매상이었고 '젊은 부자들을 노리는 사냥꾼'이었다. 소피스트는 지식을 가르치는 게 아니라 말하는 방법을 가르쳤다. 청중을 현혹하고 상대방을 침묵시키기 위해, 모든 것에 대해 모든 것을 알고 있는 듯한 환상을 심어주는 방법을 가르쳤다. 이런 식의 토론에서는 진실이 무엇인지에 대한 문제가 아니라 누가 토론의 승자가 되는지가 문제였기 때문이다. 우리도 일상의 대화에서 이런 성향이 없다고 진심으로 단언할 수 있는가? 오늘날 우리는 아테네에서 공중 보건 의사를 선출하는 방식을 비웃을 수 있다. 그러나 생각을 대하는 방식에서 우리에게도 이러한 부조리함이 있지 않은가? 우리 주변에도 선거운동에서든 일상의 대화에서든 소크라테스가 말하는 논쟁이 지배하고 있다.

소크라테스가 대화라고 부르는 것은 논쟁과 관련이 없다. 대화는 각자 자신의 의견에서 시작해 상대방이 자신의 의견을 흔들거나 반박하기를 기대하며 더 나은 생각을 할 수 있도록 호의를 베풀어 서로 돕는 과정이다. 상대는 내 생각을 비판적 사고로 이끌어 내가 생각을 움직일 수 있도록 도와야 한다. 나는 상대에게 친절을 베풀어 상대방 의견에 똑같이 해주어야 한다. 우리는 적이 아니라 파트너다. 타인의 도움을 받아 자기 자신을 스스로 이기는 것만이 진정한 승리다. 그렇게 함께 진실을 향해 나아간다. 타인의 말과 진술, 질문과 성찰 속에서 나는 분명히 안다고 생각했던 걸 돌연 뒤집는, 명백한 무엇인가를 인식하게 된다. 내가 스스로 인식했기에 알던 것을 새롭게 알게 되는 것이므로, 새로운 생각은 어떤 식으로든 내 안에 있었다고 할 수 있다. 즉 내 생각의 일부에서 새로운 생각을 발견한다. 그러나 타인이 없었다면 나 자신에게서 새로운 생각을 발견할 수 없었을 것이고 상대방 또한 내가 없었다면 자신에게서 새로운 생각을 발견할 수 없었을 것이다. 어머니가 산파였던 소크라테스에게 있어 대화란 육체적인 출산처럼 영혼이 세상에 나오는 과정을 의미했다. 아기는 이미 산모의 몸 안에 있지만 아기를 태어나게 하려면 산파의 도움이 필요하다. 산파가 신생아를 낳는 건 아니지만 산파는 생명체가 빛을 볼 수 있도록 개입한다. 소크라테스가 지식을 가진 건 아니지만 자신의 마음에 비추어 타인에게 진실이 나타날 수 있도록 개입했다. 소크라테스가 '산파술'이라고 하는 것은 이처럼 영혼을 낳는 기술이다. '그러므로 나 자신은 전혀 지혜롭지 않고 전혀 의외인 존재가 아니며 나의 영혼은 스스로 태어나지 못한다'라고 플라톤은《테아이테토스》에서 말했다. 소크라테스와 대화하러 오는 사람들은 확실히 더 현명해지고 지혜를 쌓고 떠난다. "그러나 그들이 나에게서 배운 게 없음은 분명하다. 그들 스스로 내면에서 아름다운 생각을 풍요롭게 구상했으며 스스로 발견하고 밝혔다는 건 명백한 사실이다."

대화를 통해 상대방은 나를 변화하도록 이끈다. 그리고 그 과정은 항상 고통스럽다. 마치 아이를 낳을 때와 같다. 소크라테스와 대화하는 사람들은 고통스러웠다. '출산하는 여성들보다 훨씬 더 고통스러웠다. 그러나 나의 기법에는 고통을 일으키고 가라앉히는 힘이 있다'라고 소크라테스는 말했다. 이런 고통은 어디에서 오는가? 처음에는 누구나 스스로 아는 게 많다고 안도하고 만족하며 편안하게 자신의 의견에 몰두한다. 대화를 통해 상대방이 나의 자기모순을 깨닫게 해주고, 내가 생각했던 걸 포기해야 한다는 것과 현실은 상당히 다르다는 사실을 깨닫게 만든다. 내가 가득 찬 느낌을 받고 만족하고 있을 때 대화는 공허함을 유발하고 공허함을 채울 무엇인가에 대한 욕망을 불러일으킨다. 알고자 하는 욕망은 결함을 알리는 고통인 동시에 쾌락을 약속한다. 모든 쾌락은 욕망을 채울 때 느껴지기 때문이다. 대화는 놀라움을 유발한다. 놀란다는 것은 확실하게 무엇인가를 기대한다는 의미이며 기대하지 않았던 것에 실망한다는 의미이기도 하다. 놀라게 해 설명할 여지를 남기고 그 설명을 스스로 찾도록 만든다. 따라서 지식이 있다고 믿다가 무지를 발견하면 이 무지에서 벗어나고 싶다는 욕망이 밀려온다. 이것이 아리스토텔레스가 《형이상학》에서 다음과 같이 쓴 이유다. "최초의 사상가들을 철학적 사색으로 몰아넣은 것은 놀라움이었다." 그리고 인류 지식의 역사를 통해 아리스토텔레스의 '모든 과학은 경이로움에서 시작된다'라는 주장이 입증되었다.

사실 갈릴레이는 《천문대화》에서 처음으로 자연과학을 시작했다. 디드로, 흄 또는 루소가 계몽주의 철학을 최고 수준으로 끌어올린 것 또한 수많은 대화를 통해서였다. 내 오래된 의견의 폐허 위에 새로운 진실이 태어나려면 타인이 필요하지만, 궁극적인 목표는 자신과 대화하는 방법을 알고 자기 의견을 스스로 파괴해 새로운 생각을 낳는 것이다. 그러한 맥락으로 플라톤은 《소피스트》에서 '영혼이 자신과 나누는 대화'에 대해 이야기했다.

따라서 소크라테스의 방법론은 본질적으로 해방적이며 아테네 도시의 질서와 신에 대한 존경을 파괴하는 사상이 결코 아니다. 그러나 소크라테스는 기소되었고 사형을 선고받는다.

소송

소크라테스의 소송을 잘 이해하려면, 아테네가 도시의 명성을 떨어뜨린다든지 전통을 뒷받침하는 종교의식이나 전례의 절대성을 잃게 만드는 모든 걸 매우 심각하게 여겼음을 알아야 한다. 불경죄나 지적 모독죄는 엄중히 처벌되었다. 예컨대 아낙사고라스Anaxagoras는 태양과 달의 신성을 모독한 죄로 처벌받았고 프로타고라스Protagoras 그리고 다른 많은 이가 비슷한 이유로 고통스러운 경험을 했다. 그런데 소크라테스는 인간의 모든 생각과 행동에 대한 합리적인 근거를 끝없이 찾고 있다. 더욱이 소크라테스에 대한 고소장을 제출할 당시 아테네는 스파르타Sparte와의 전쟁에서 막 패하고 그로 인한 내분으로 분열된 상태였다. 소크라테스가 아테네 도시의 엘리트들을 논리적으로 공격하고 소크라테스와 대화했던 청년들이 극단적인 질문들을 도시에 퍼뜨리자 자연스럽게 소크라테스에게 공격을 가하게 된 것이다. 소크라테스의 재판은 아테네가 전쟁에서 패한 수치심을 지식인들에 대한 탄압, 특히 권위가 높았던 지식인에 대한 탄압으로 전환한 것이었다. 따라서 소크라테스는 젊은이들을 타락시키고 불경한 혐의로 기소되었으며 배심원들은 소크라테스에게 사형을 내리게 된다.

고소의 배후에는 민주주의 회복에 매우 적극적인 민중 지도자 아니토스가 있었다. 아니토스는 전에 배심원에게 뇌물을 먹여 10년 형의 유죄판결에서 벗어난 적이 있는 인물로, 매우 비겁해서 스스로 고소장을 접수하지도 못했다. 피고인이 무죄판결을 받으면 고소장을 제출한 이가 벌금형에 처해졌기 때문이다. 그래서 보잘것없는 존재인 멜레투스가 집정관 왕에게 고소장을 제출하고 연설가였던 라이콘이 고소장을 작성하게 된다. 절차에 따라 집정관은 이 사건을 조사했고 재판받을 만한 사건이라고 승인했다. 고소장은 양측이 참석한 가운데 낭독되었고 양측은 진실만을 말할 것을 맹세했다. 아테네 최고 법원이 이 재판을 주재했다. 소크라테스 사건에는 501명의 배심원이 참석했다. 배심원은 매년 추첨을 통해 아테네시에서 임명하는데, 재판에 따라 수천 명이 참석할 수도 있었다. 배심원은 고소인과 피고인의 두 연설을 들은 뒤 결정을 내렸다. 각 측의 연설은 대략 두 시간 정도였으며 시간은 물시계로 측정되었다. 재판은 하루종일 진행되었고 형을 선고하는 것으로 재판이 끝났다. 우리는 앞서 소크라테스가 기존 질서와 종교 및 전통에 반하고 인간의 이성에 기인했다는 사실이 문제가 되는 건, 소크라테스가 한 활동 자체와 무관하게 엄격히 정치적인 사안임을 살펴보았다. 여기에 배심원 501명에 대한 사실들을 덧붙이자면 그들은 늙고 가난했으며, 민주주의 신봉자여서 소크라테스에 대한 고발에 극도로 까다로운 자들이었다.

기원전 399년 6월 소크라테스는 70세였다. 자신의 철학적 방법론에 따라 재판에서 스스로 변론하며 연설문도 작성하지 않기로 했다. 또한 배심원의 마음을 흔들고자 아내와 아이들을 피고인 옆에 앉히는 관습이 있었는데, 소크라테스는 이를 거부했다. 그저 이성만으로 논증하고자 했다. 플라톤은 《소크라테스의 변론》에서 소크라테스의 연설을 재구성했다. 소크라테스는 먼저 배심원단에게 '진술이 사실인지 아닌지'만 물어보라고 요청했다. 소크라테스는 자신을 비방하는 자들조차 고소장의 내용을 믿을 수 없을 거라고 했다. 소크라테스가 아무것도 가르치지 않는다는 사실과 아무것도 모른다는 사실을 그들도 잘 알고 있고, 정치 문제뿐만 아니라 심지어 자기 일도 신경 쓸 여유가 없어 그토록 가난하게 살고 있다는 것 또한 잘 알고 있기 때문이다. 그러므로 소크라테스는 젊은이들을 타락시킬 수가 없다. 비록 많은 젊은이가 소크라테스를 찾아와 지혜를 구하기는 했으나 소크라테스 자신은 오로지 신을 섬기는 데에만 시간을 바친다고 했다. 게다가 연설 내내 소크라테스는 여느 때와 같이 신들에게 기도하기를 멈추지 않았다. 소크라테스는 자신이 고소당한 사건에 대해 결백하며 '내가 진실을 말하기 때문에 적들이 생긴다'라고 이어 말했다. 그런 다음 소크라테스는 멜레토스와 대화와 논증을 번갈아 하며 고소인 측의 모든 주장을 무너뜨렸다. 배심원단에게 자신을 비난하는 사람들이 '아테네 도시에 수치를 안기는 것'이라고 말하며, 소크라테스는 비합리적인 방법으로 배심원단을 설득하고 간청하고 빌고 마음을 흔들려고 애쓰지 않았다. 전통적으로 그러하듯이 배심원단에게 관용을 베풀어달라고 요구하지도 않았다. 소크라테스는 오직 공정하게 법을 적용해달라고 청했다. 그렇게 오로지 이성이 이끄는 의로운 태도를 보였다. 소크라테스는 그렇게 함으로써 자기 행동이 고소 내용과 전혀 일치하지 않기에, 자신이 확립한 철학자의 이미지가 민중 민주주의자들을 암묵적으로 더욱 공격적으로 만든다는 사실 또한 잘 알고 있었다. 이러한 조건에서 놀랍게도 281표 대 220표라는 작은 차이로 배심원단은 소크라테스를 유죄로 판결했다.

멜레토스가 사형을 요청했지만 아직 결정된 바는 없었다. 판결을 확정하려면 배심원단 앞에서 새로운 토론 대결을 거쳐야 했기 때문이다. 그리고 형벌을 제안해야 하는 사람은 죄수였다. 여러 상황을 통해 배심원들이 가능한 한 소크라테스의 형량을 줄여주고자 했음을 예상할 수 있다. 그러나 소크라테스에게 지혜 외에 다른 열정은 없었다. 물론 소크라테스는 자신이 멜레토스가 제시한 사형을 당할 이유가 없다고 주장한다. 그렇다면 어떤 형벌이 적당한가? 만약 소크라테스가 가장 약한 형벌을 요구했다면 아테네에 해를 끼쳤다는 걸 인정하는 것과 다름없었기에 철학자로서의 삶을 부정하는 것과 같았다. 그런데 소크라테스에게는 진리를 추구하며 이성을 발전시키는 것이 가장 중요했으므로, 그는 자신의 공로를 인정해달라고 요구했다. 올림피아의 승자와 아테네의 다른 영광스러운 인물들이 누리는 특권을 죽는 순간까지 맛보게 해달라고 했다. 올림피아의 운동선수는 '당신들에게 가상의 만족을 주지만 나는 당신들을 정말로 행복하게 만든다!'라고. 또한 사형선고를 받은 사람에게는 벌금을 많이 부과하는 게 관례였다. 그래서 소크라테스는 가장 적은 금액인 1므나(그리스 화폐단위─옮긴이)를 제안했다. "무엇을 원하는가? 나에겐 돈이 없다." 그러자 친구들이 소크라테스에게 30므나를 주겠다고 제안했고 소크라테스는 삼십 므나의 벌금을 부과했다.

소크라테스는 특권은 고사하고 1므나든 30므나든 어떤 형벌도 신성 모독죄를 위한 형벌로 받아들여지지 않을 것임을 알고 있었다. 그러나 다른 형벌을 제안할 수도 없었다. 지혜롭게 사는 것이 범죄라고 인정하는 셈이었기 때문이다. 자신에게 가치 있는 모든 것을 파괴하며 목숨을 구하느니 차라리 죽는 게 나았다. "죽음에서 벗어나는 것이 사악함에서 벗어나는 것보다 쉽다." "죽음이 나쁘다는 생각은 착각이다."

이번에는 361표 대 120표로 사형이 선고되었다. 소크라테스는 독약을 마셔야 했다. 소크라테스는 그래도 절벽 꼭대기에서 던져지거나 죽을 때까지 판자 위에 전시되는 것과 같은 야만적인 사형은 피할 수 있었다. 이렇게 소크라테스는 독약을 마시고 스스로 목숨을 끊는다.

소크라테스의 죽음

이야기는 아직 끝나지 않았다. 아테네에서는 사형선고를 받았다고 해서 재판이 끝난 뒤 바로 집행하는 게 아니었기 때문이다. 전설에 따르면 테세우스는 델로스의 미로에서 미노타우로스의 희생 제물이었던 일곱 소년과 일곱 소녀를 배에 태워 구출하고 아테네로 의기양양하게 돌아왔다. 그 이후로 아폴론에게 맹세한 대로 매년 배 한 척이 델로스를 향해 순례를 떠났다. 배가 돌아올 때까지 도시를 순결하게 유지하기 위해 어떤 사형도 집행되지 않았다. 그러나 399년에 역풍이 배의 귀환을 방해해서 소크라테스는 독약을 마시기 전 30일 동안 감옥에서 지내야 했다. 그래서 죽기 전 소크라테스는 크리톤Criton과 최후의 대화를 나누게 된다. 크리톤은 소크라테스와 유년 시절부터의 친구로, 크리톤의 아이들은 소크라테스와 함께 철학을 했다. 플라톤이 《크리톤》에 서술한 대화가 바로 이 대화다.

크리톤은 부자였기 때문에 교도관에게 돈을 주고 소크라테스를 면회할 수 있었다. 델로스에서 돌아오는 배가 그날이나 그다음 날에 도착할 예정이었다. 이제 탈출해서 가족과 함께 아테네를 떠나 망명하여, 부당한 유죄판결에서 자신의 생명을 구할 때였다. 그래서 두 친구 사이의 논리적인 대화, 즉 소크라테스의 철학적 방법론을 요약하는 대화가 시작되었다.

크리톤의 주장은 몇 가지로 정리할 수 있다. 첫째로 소크라테스가 죽으면 소크라테스를 구하기 위해 친구들이 아무것도 하지 않았다고 사람들이 생각할 것이다. 소크라테스가 감옥을 떠나길 거부했다고는 누구도 믿지 않을 것이다. 그다음으로 소크라테스의 정의 원칙에도 모순된다. 불의를 피하려는 노력을 전혀 하지 않았기 때문이다. 마지막으로 소크라테스는 죽음을 받아들임으로써 아들들을 버리고 자녀교육을 포기하게 된다. 또한 크리톤은 고소되자마자 변호사를 고용해 재판을 피하고 망명할 수 있었다는 사실을 상기시켰다. 이러한 주장은 죽음이 임박한 상황에서 근거 없는 생각이 아니었다. 그러나 크리톤의 주장들은 의무감이 규정하는 바에 대한 성찰을 전혀 고려하지 않았다. 죽음에 직면한 소크라테스는 자신의 철학적 방법론을 완벽히 고수했다. 질문을 거듭하면서 크리톤에게 자신의 논증 모든 단계를 인정하게 했다.

첫째로 모든 판단이 평등하지는 않으며 공정한 판단도 불공정한 판단도 있고 판단 기준은 사람들이 말하는 기준이 아니라 진실에 부합하는 기준이라는 걸 인정하게 했다. "중요한 것은 사는 게 아니라 잘 사는 것이다." 따라서 토론의 질문은 '내가 아테네인의 허락 없이 여기를 떠나려고 하는 게 옳은지 여부' 또는 돈을 지급하고 감옥에서 탈출하는 게 옳은지 여부이다. 분명 소크라테스의 유죄판결은 부당했지만 '불의에 대해서도 결코 불의로 반응해서는 안 된다'. '악을 악으로 갚는다'라는 것이 옳다고 생각한다면 잘못이다. 그런 다음 플라톤은 법률과 크리톤, 소크라테스의 대화를 서술했다. 플라톤은 책에서 법률이 말을 할 수 있다면 뭐라고 이야기할지에 대해 썼고, 크리톤은 소크라테스의 생각 하나하나를 인정했다. 그리고 소크라테스는 법률이 말을 할 수 있도록 했다.

법률이 말하길, 판결이 존중되지 않으면 국가가 전복될 수 있으며 어떤 판결이든 유효하다. 소크라테스가 출생하고 부모가 결혼한 것은 아테네 시 덕분이며, 시민과 법률 사이는 평등하지 않고 개인과 개인 사이에 타격을 가하는 것도 부당하지만 개인이 아테네 시에 타격을 가하는 건 더욱더 부당하다고 법률이 덧붙였다. 소크라테스가 재판 결과에 복종하지 않는다면 태어나고 자라게 해준 도시에 대항해 반란하는 형국이 된다. 소크라테스가 법률을 복종하거나 법률을 바꾸도록 노력한다는 데 동의했었기 때문이다. 소크라테스는 아테네 시에 머물렀으므로 아테네 시를 마음에 들어 했던 것이고 이는 소크라테스가 아테네의 법률을 받아들이고 좋아했음을 의미한다. 따라서 불복종하고 도주한다면 소크라테스는 스스로 자신에게 불복종한 셈이고 자신을 떠나도록 도운 이들을 위험에 빠뜨리게 될 것이다. 더욱이 소크라테스는 평생 자신이 정의로움에 대해 말했던 모든 것을 파괴하게 된다. 자녀들 또한 더 나은 교육을 받지 못할 것이다. 소크라테스가 죽는다면 법률의 불의가 아니라 인간의 불의를 감내하는 것이지만, 만약 도망친다면 아테네의 법률뿐만 아니라 그 너머 세상의 법률 또한 어기는 셈이 된다. 소크라테스는 크리톤에게 이에 반대할 근거가 있는지 묻는다. "아닐세, 소크라테스. 나는 할 말이 없네."

이렇게 소크라테스는 단순한 복종이 아니라 옳고 그름을 따져 논증한 끝에 죽음을 받아들인다. 소크라테스는 배심원단에게 복종한 것이 아니라, 비록 부당하더라도 판결을 받아들이려는 자신의 이성에 복종한 것이다.

독약을 마시는 순간 최후의 철학적 교훈은 다음과 같다. 소크라테스는 아내 크산티페Xanthippe와 친구들에게 울지 말라고 부탁했다. 크리톤은 울음을 참지 못하고 자리를 떴는데 소크라테스는 크리톤에게 급하게 부탁할 게 있었다. 갑자기 자신에게 수탉을 준 이웃 아스클레피오스Asclépios에게 돈을 지급하지 않은 게 기억난 것이다. 이렇게 죽으면 정의롭지 않은 채로 죽게 된다. 그래서 소크라테스는 크리톤에게 아직 시간이 있을 때 빚을 갚아달라고 간청했다! 그는 그제야 독약을 마시고 정의롭게 죽었다. 크리톤은 친구의 눈을 감기고 그의 장례식을 준비했다.

보편적 유산

철학이 소크라테스와 함께 등장한 게 아닌 건 분명하다. 소크라테

스 이전에도 피타고라스와 탈레스Thalès를 비롯해 솔론Solon, 프리에네
의 비아스Bias of Priene, 린도스의 클레오불루스Cleobulus of Lindos, 미틸레
네의 피타코스Pittacus of Mytilene와 같은 현인들도 있었고 헤라클레이토
스와 파르메니데스Parmenídês, 아낙시만드로스Anaxímandros와 아낙시메네
스, 엠페도클레스Empedocles, 엘레아의 제논… 수많은 철학자가 있었다.
그러나 사상과 완벽히 일치하며 살아가는 방법, 사상을 끝없는 질문
과 자기반성으로 확장하는 방법, 철학적 활동에 결정적인 형태를 부
여할 수 있도록 타인을 깨우치는 방법과 연결된 보편적 사상을 구성
하는 방법은 소크라테스와 함께 등장했다. 소크라테스의 삶과 죽음은
오늘날까지도 철학적 태도를 상징한다. 고대 아리스토텔레스와 디오
게네스로부터 에피쿠로스를 거쳐 에픽테토스, 마르쿠스 아우렐리우
스, 세네카에 이르기까지 소크라테스에 대한 언급은 끊이지 않았다.
소크라테스와 함께 철학이 더는 어떤 특정 지식이 아니라 모든 지식
과 실천을 정당화하는 원칙과 토대를 추구하기 위한 문제를 제기하는
학문으로 인식되었다. 생각의 여지가 있는 곳에 이미 주어진 정답은
없다. 생각은 쉴 수 없으며 본질적으로 움직이고 오직 이성에만 복종
할 수 있다. 데카르트는 1646년 보헤미아의 엘리자베스에게 보낸 편
지에서 '소크라테스는 자신의 내면적 성향만을 따른다'라고 소크라테
스를 규정지었다. 헤겔도 《역사철학 강의》에서 '소크라테스가 도덕성
을 발명했다'라고 확언하면서, 소크라테스에게 결정이란 의식적인 주
체가 하는 것이며 지혜는 오직 사고에 의해 윤리적이고 시민적인 방
법으로 이루어지는 것이기 때문이다. 자신을 돌보는 이러한 방법보다
더 중요한 건 없다. 이것이 미셸 푸코가 1981~1982년 강연에서, 도시

를 위해 '자기 배려'가 중요하다는 발견을 소크라테스의 공적으로 돌리며 밝힌 바이다.

여기에서 소크라테스의 철학을 주장하는 모든 사상가를 검토하는 건 무의미할 뿐 아니라 지루한 일이다. 때문에 현대사에서는 유명하지만 철학에서는 잘 알려지지 않은 인물 한 명을 선택하고자 한다. 바로 지혜롭기로 만장일치를 얻을 만한 인물, 넬슨 만델라다. 앞서 만델라의 용기, 감옥에서 보낸 거의 28년간의 세월, 불의에 맞서 싸웠던 투쟁 정신, 복수 정신에 대한 승리, 국가 원수가 된 뒤 펼쳐 보인 민주주의 정신 등에 대해 두루 살펴보아 이미 잘 알고 있다. 그러나 만델라가 소크라테스의 철학을 어떻게 펼쳤는지는 아직 잘 모른다.

만델라는 소크라테스 철학을 통해 무엇을 말하고 싶었는가? 물론 만델라는 소크라테스와 마찬가지로 모든 복수를 거부했고 어떤 법보다 정의로운 법이 우선되어야 한다는 확신이 있었다. 즉 정의 보편적 원칙에 대한 확신이었다. 만델라가 감옥에서 연극을 무대에 올렸을 때 소포클레스의 《안티고네》를 선택한 건 우연이 아니었다. 정의 보편적 원칙과 크레온 왕의 법에 복종하는 것 사이에서 안티고네가 법에 불복종하기로 선택한 것은,《크리톤》에서 소크라테스가 한 논증과 모순되지 않는다. 반면 안티고네는 오빠의 영혼에 영생을 빌어주고 자신의 목숨을 내놓고는 크레온에게 은총을 구하지 않는다. 안티고네는 법에 따라 사형당하겠다고 한다. 마찬가지로 만델라는 남아프리카공화국의 극단적인 인종차별 정책의 부조리를 밝히고, 국민이 두려워해서는 안 된다는 걸 보여주고자 흑인 출입이 금지된 건물에 들어가 대규모 불복종 캠페인을 시작했다. 만델라와 동료들은 도망가지 않고 체포되고 투옥되어, 법률의 필요성을 부정하는 게 아니라 《크리톤》에서 법률이 제안한 대로 법률을 수정하는 데 기여하고자 했다. 그래서 만델라는 다른 수감자들 앞에서 죄수들과 함께 《안티고네》를 연기했다. 교도관과 경찰이 문화적 교양이 없어, 만델라가 이 연극을 선택한 의미를 전혀 이해하지 못했기에 가능한 일이었다. 만델라는 크레온 역할을 선택했다. 사형집행인의 경험을 직접 깊숙이 파고들어 그들과 더 잘 대화하기 위해서였다. 만델라가 주장하는 건 소크라테스식 대화였기 때문이다. 만델라는 평생 그 대화를 실천했다. 어떤 것도 대화를 방해하지 않도록 정곡을 찌르는 대화를 위해 인종차별 정책의 지배 계급에게 아프리칸스어를 배우기까지 했다.

로벤섬 교도소에서 만델라는 이처럼 다른 죄수들과 끊임없이 대화하여 미래에 백인과 화해할 수 있도록 이끌었다. 교도관과 교도소장은 물론 가장 인종차별이 심하고 가장 잔인한 이들과도, 온화하고 침착하지만 확고하고 합리적으로 대화했다. 교도소에서의 경험과 대화의 경험은 만델라 자신이 지닌 최고의 것을 찾게 해주었고 자기 내면을 깊이 들여다보도록 이끌었다. 우리가 알고 있는 바로 그 만델라 대통령이 탄생하는 과정에 이러한 경험이 필수적이었을 것이다. 만델라는 인간미의 단편을 타인에게서 찾으려 애쓰며 자신이 더욱 인간적으로 변화한다는 걸 인식했다. 체제에 대한 증오는 커졌지만, 체제를 돌아가게 하는 사람들에 대한 증오는 줄었다. 그 어떤 것도 이러한 대화 습관을 포기하게 만들 수 없었다. 만델라는 조국의 인종차별적인 통치자들과 협상하러 떠날 때 자신을 비우려고 노력했다. 만델라는 그 통치자들에게 감정을 이입해 통치자들이 흑인과 평등하다는 생각에 직면했을 때 어떤 공포를 느끼는지 경험하고자 했다. 대화를 이끌 때면. 만델라는 자신의 인본주의가 당연한 게 아니라고 스스로 설득했다. 그렇지 않으면 대화할 수 없기 때문이다. 응답에 응답을 거치며, 법적 평등이라는 이데아가 모든 대화 참여자의 의식 속에 유일하게 가능한 결과인 양 떠올라야 했다. 이 비어 있는 상태는 플라톤이 《테아이테토스》에서 소크라테스의 입을 통해 다음과 같이 언급한 내용과 정확히 일치한다. "당신이 비어 있게 되면 자주 만나는 사람들에게 부담을 덜 주고 너그러워질 것이다." 나의 대답이 모든 이에게 당연하다고 생각하지 말고 질문에 질문을 거듭하며 나아가라.

물론 만델라가 소크라테스의 계승자인지 또는 만델라와 소크라테스의 사상과 삶이 일치하는지 여부는 중요한 문제가 아니다. 그러나 아마도 만델라와 소크라테스를 구별 짓는 모든 요소는 소크라테스적 사유 방식이 얼마나 광범위한지 측정하게 해줄 것이다. 만델라는 결코 소크라테스가 될 수 없으며 다른 그 누구도 소크라테스가 될 수는 없을 것이다. 그러나 《에픽테토스의 인생을 바라보는 지혜》에서 볼 수 있듯이 모든 인간은 다음과 같은 부름에 응답하고자 노력할 수 있다. "당신이 아직 소크라테스가 아니라면 소크라테스가 되고 싶었던 것처럼 살아야 한다!"

에필로그
여성 철학자가 있는가?

이 책에는 남자만 등장했다. 물론 히파르키아가 잠깐 등장하긴 하지만 이야기를 끌고 가는 주체는 크라테스와 히파르키아 부부였고 엄밀히 말하면 철학이 아니라 디오게네스의 잔상이라고 할 법한 일화를 몇 개 다루었을 뿐이다. '여성 철학자가 있는가?' 이 질문은 여성 살해, 강간, 성추행, 다양한 남성우위 차별, 임금 불평등, 여성을 희생자로 삼는 주종관계의 역사적 비극이 폭로되는 요즘 같은 시기에, 여성에 대한 문제를 특이한 각도에서 제기하는 예사롭지 않은 질문이다. 이제 우리는 여성의 끔찍한 운명이 자연스러운 게 아니며 약 1만 년 전인 신석기시대 이후 전쟁, 노예제, 가부장제와 같은 문명이라는 것들이 탄생한 이후 발생했음을 안다. 또한 남녀불평등은 여성과 남성의 생리학적 차이와는 분명 아무 관련이 없으며 바로 조상 대대로 내려오는 사회 문화적 요소가 이러한 불평등을 조장하고 영속시킨다. 일반적으로 교육, 특히 지식과 창조 그리고 성찰에 관련된 모든 분야에서 남성은 여성을 배제해왔다. 이러한 불평등한 맥락에서 이 장의 제목인 '여성 철학자가 있는가?'라는 질문에 의미가 있다.

다시 질문으로 돌아가보자. '여성 철학자가 있는가?' 몽테스키외가 '어떻게 페르시아 사람이 되는가?'라며 빈정대던 질문과 비슷하다. 여성이 출판하는 풍부하고 다양한 철학 서적들을 두루 고려했을 때, 감히 21세기 프랑스에서 이러한 질문을 해도 되는가? 그러나 사실 자주 하게 되는 질문이다. 모든 철학 교과서와 철학사에 관한 대부분 서적의 목차를 보면 그 이유를 알 수 있다. 물론 20세기 여성 철학자 몇 명이 포함되긴 한다. 프랑스 대입 자격시험 면접고사 준비 목록에 한나 아렌트Hannah Arendt 단 한 명만이 소개되었다가 최근 시몬 베유Simone Weil와 시몬 드 보부아르가 추가되었다. 그러니까 철학자 83명 가운데 단 3명이 여성 철학자다. 그러나 20세기 전의 여성 철학자는 한 명도 포함되지 않았다.

이제 살펴보겠지만 철학이 존재한 이래로 여성 철학자는 계속 있었다. 역사적으로 봤을 때 실제로 여성 철학자가 드물었던 데다 역사를 복원하는 이들이 항상 남자였다는 점도 한몫했다고 생각한다. 소련이나 중국에서 퇴출당하거나 제거당한 전직 지배 계급의 얼굴들을 공식 사진에서 모두 지웠던 것처럼 말이다. 때론 사진 하단에서 발을 지우는 것을 잊어버리는 바람에, 결국 단체 사진에 남아 있는 얼굴 수에 비해 발의 수가 훨씬 많기도 했다. 이런 식으로 현실을 지우려고 머리를 자르는 방식을 보니 올랭프 드 구주의 운명이 떠오른다. 그가 누구인지 기억하는 것으로 시작해 여성 철학자에 관한 질문을 던지고 싶다. 올랭프 드 구주에게 비록 철학자라는 칭호는 없었다 해도….

억압받는 자들의 철학

올랭프는 1748년 프랑스 남서부 도시 몽토방Montauban에서 태어났다. 정육점을 운영하던 아버지를 둔 건 올랭프가 열일곱 살 어린 나이에 교양 없고 무지한 47세의 음식점 주인과 결혼한 사실과 무관하지 않아 보인다. 올랭프는 곧 아들을 낳았는데 아이 아버지는 출생 증명서에 서명하는 것조차 귀찮아했다. 남편은 다음 해에 죽었고 올랭프는 평생 재혼을 거부했다. 당시에는 어떤 여성도 남편의 동의 없이는 출판할 권리가 없었기 때문이다. 1770년에 아들과 함께 파리에서 살기 위해 떠난 올랭프는 1789년까지 고위 관리와 내연 관계로 편안한 삶을 살았고 수준 높은 교양을 갖춘 살롱에 드나들었다. 극단을 만들었고 1785년에는 희곡 《흑인 노예L'Esclavage des Noirs》를 썼다. 이 대담한 연극은 프랑스 국립극장 코미디 프랑세즈에서 공연되었으나 살해 위협을 받고 배우들에게 고소당했으며 올랭프는 바스티유 감옥에 수감되고 만다. 석방되자마자 올랭프는 《흑인에 대한 고찰Réflexions sur les hommes nègres》과 《노예시장Le Marché des Noirs》을 차례로 쓰고 출판했다. 사람들의 정신과 주머니를 가득 채운 노예제 이데올로기의 흐름에 반대하는 내용이었다. 프랑스혁명 기간에도 마찬가지였다. 모든 게 가능해 보였던 혁명기에 올랭프는 이혼과 혼외 출생을 인정해달라고 주장했고 산부인과 병동, 실업자를 위한 연수원, 빈민 보호센터를 설립하려고 투쟁했으며, 종교적 혼인을 폐지하고 내연관계를 위한 등본을 도입하고자 분투했다. 남녀평등을 위한 투쟁으로 유명세를 얻었지만, 올랭프는 남녀평등뿐만 아니라 사회정의를 추구하는 모든 전선에서 투쟁했다.

1791년 9월 14일 유명한 '인간과 시민의 권리 선언'이 발표된 바로 그날 올랭프는 '여성과 여성 시민의 권리 선언'을 발표했고 이 선언문은 왕비 마리앙투아네트에게 전달되었다. 감동적이고 신선하며 솔직한 문장으로 여왕의 지지를 구했다. 훌륭한 글이었다. 여성의 권리를 무시한 것이 국민이 불행한 본질적인 원인이라는 내용이었다. 텍스트에서 올랭프는 여성의 자유 그리고 남성과 동등한 권리를 주장했다. 여성에 대한 권리 제한이 '인간의 권리에 대항하는 끊임없는 폭정'이라는 것을 인식하고 여성에게 '모든 존엄한 일, 모든 지위 및 공적 고용'을 허가할 뿐만 아니라 '모든 허드렛일과 고통스러운 일'도 할 수 있도록 해야 한다고 주장했다. 그리고 인구 과반수인 여성이 법률 초안 작성에 참여할 수 없다면 모든 헌법이 무효라고 덧붙였다. 마지막으로 불길한 전조였으나 올랭프는 10번 조항에 다음과 같이 추가했다. "여성도 단두대에 오를 권리가 있다. 마찬가지로 여성은 의회의 연단에 오를 권리도 있어야 한다." 그러나 올랭프는 단두대에 오를 권리만을 갖게 된다. 올랭프가 처형된 이유는 프랑스대혁명을 더럽힌 학살과 공포정치를 규탄했기 때문이었다. 그리고 올랭프의 편지는 검열받고 있었는데, 그 편지들을 파리 벽보에 게시했기 때문이기도 했었다. 올랭프는 1793년 7월에 체포되어 다음 달 혁명재판소에서 재판받고 수도원 교도소에 수감되었다.

  교도소에 갇혀 교도관의 끊임없는 감시 아래 더러운 이불을 덮은 채, 치료해주지 않아 덧난 상처를 바라보며 올랭프는 자신이 무슨 죗값을 치러야 하는지 자문했다. 학살을 거부했기 때문인가? 흑인 노예제를 비난해서인가? 가장 억압받고 가장 가난한 사람들을 위해 한 행동들 때문인가? 아니면 여성을 억압에서 벗어나게 하기 위한 투쟁 때문인가? 물론 '인간과 시민의 권리 선언'에서 '인간'이라는 단어는 인류를 의미하며 여성도 포함한다. 그러나 구체적 현실에서는 혁명가들에게조차 여성이 자유롭고 남성과 동등한 권리를 갖는다는 건 말도 안 되는 일이었다. 그리고 '인간'이라는 단어가 문법적으로 여성을 포함한다고 하지만 사실상 여성이 배제된다는 걸 은폐하는 역할을 할 뿐이다.

올랭프는 굽히지 않고 교도소 안에서도 《혁명재판소 앞에서의 올랭프 드 구주Olympe de Gouges au tribunal révolutionnaire》와 《박해받은 애국자Une patriote persécutée》라는 제목의 새로운 게시글을 내놓았고 이 글들은 널리 배포되었다. 교도관들은 올랭프의 상처를 치료해주었지만 곧 파리 교도소 콩시에르주리에 가두었다. 나쁜 징조였다. 한번 들어가면 처형할 때를 제외하고는 누구도 다시 나온 적이 없는 곳이었다. 11월 2일 올랭프는 변호사나 증인도 없이 재판받았고 다음 날 단두대 처형을 선고받았다.

1793년 11월 3일 아침, 사람들이 올랭프의 감방으로 와 판결문을 읽었다. 올랭프는 거울을 달라고 했다. "괜찮아, 그리 창백하지 않아"라고 중얼거렸다. 프랑스혁명 전 구체제에서 30년 동안 죄수 수천 명을 단칼에 처형하고 루이 16세와 마리 앙투아네트를 단두대에서 처형한 사형집행자 샤를 앙리 상송Charles-Henri Sanson이 올랭프의 손을 등 뒤로 묶고 머리를 짧게 자른 뒤, 수레가 기다리는 콩시에르주리의 법원 건물까지 걸어가게 했다. 힘센 말 두 마리가 끄는 나무 수레였다. 상송은 올랭프를 먼저 수레에 타게 하고는 뒤쪽에 자리를 잡았다. 그리고 단두대가 설치되어 있는 콩코드 광장으로 출발했다. 올랭프는 자랑스럽고 위엄 있는 모습으로 군중에게 이렇게 외쳤다. "조국의 자녀들이여, 너희는 나의 죽음에 대해 복수하라!" 곧이어 올랭프는 단두대에 묶이고 목을 넣는 구멍이 닫히고 순식간에 칼날이 떨어졌다. 올랭프는 백여 편의 글과 수십 편의 희곡 그리고 아들을 남겼다. 아들은 자신을 보호하기 위해 어머니를 부인해야 했다.

광범위하게 영향을 미친 1789년의 프랑스혁명은 특히 여성 문제에서는 매우 복합적이었다. 예컨대 가스파르 쇼메Gaspard Chaumette는 파리의 검사이자 혁명가로 노예제에 반대하며 정교분리를 따랐고 과격 공화파의 대변인이었으나 처형을 기뻐하며 올랭프 드 구주를 '여자 인간'이라고 불렀다. '가정을 보살피는 걸 포기'함으로써 자연이 여성에게 바라는 바를 거부했다는 의미였다. 가스파르 쇼메도 1년 뒤 단두대에서 처형당했다.

체포되기 직전 올랭프는 일종의 정치적 유언장을 작성했다. "나는 내 마음을 조국에 바치고 내 성실함을 인간에게 바치며 내 영혼을 여성에게 바치고 […] 나의 철학을 박해받는 이들에게 바친다." 올랭프의 삶과 말은 억압받는 자의 철학을 효과적으로 요약했다. 틀에 박히고 개념적인 철학이 아니라 고대 냉소주의자나 넬슨 만델라처럼 행동하는 철학이었다. 이는 우리를 처음의 질문으로 되돌려놓는다. 여성은 남성에게 종속되지 않은 채 여성해방을 위한 여성의 철학이 아닌 진정한 철학을 표현할 수 있었는가? 그리고 그런 일이 일어났다면 그 기억은 어떻게 지워진 걸까?

수백 명의 여성 철학자

물론 오늘날 프랑스 같은 나라에는 철학을 가르치고 철학 서적을 출판하고 철학을 연구하는 여성이 매우 많기에, 여성 철학자가 있느냐는 질문이야말로 진정한 여성 혐오처럼 보일 수 있다. 그러나 이 질문이 여전히 제기되는 이유는 앞서 보았듯 프랑스 대입 자격시험 면접고사 준비용 철학자 목록에 실질적으로 여성 철학자가 없기 때문이다. 철학자 목록에 처음으로 이름을 올린 한나 아렌트도 스스로 이 질문을 제기했으나 명확한 답을 얻지 못했기 때문이기도 하다.

철학자 제네비에브 프레스Geneviève Fraisse는 《성별 논쟁La Controverse des sexes》에서 다음과 같은 한나 아렌트의 말을 인용한다. "언젠가는 여성 철학자가 있을지도 모른다." 한나 아렌트는 자신을 여성 철학자라고 생각하지 못했는데 이 부분은 분명히 잘못 생각한 것이다. 그러나 한나 아렌트와 같은 철학자가 이런 생각을 공식화했다는 사실만으로도 이 문제가 분명 엄청난 난제임을 드러낸다.

실제로 고대부터 수백 명의 여성 철학자가 있었을 것이다. 여성이 무능력하다는 믿음이 서기 5세기부터 지배적일 수 있었던 건, 일부 기독교가 철학 활동을 하던 여성들을 학살하며 기독교 교리를 강요했기 때문이다. 또한 역사는 남성이 쓴 것이기에 여성 철학자의 활동 흔적을 지웠거나 잊어버렸기 때문이기도 하다. 르네상스와 16세기에 들어서야 이것이 비정상이며 문제라고 인식되었고 일부 지성인이 이 문제를 밝히기 시작했다. 그렇게 1690년에 질 메나쥬Gilles Ménage의 《여성 철학자의 역사Histoire des femmes philosophes》가 출간된다. 이 대단한 책에서 저자는 알고 있는 모든 여성 철학자를 열거하려고 노력했다. '나는 고대 서적에서 65명의 여성 철학자를 찾았다'라고 질 메나쥬는 서문에 밝혔다. 65명의 지식인 가운데 일부를 살펴보기 전에 여성 철학자의 목록을 단순히 나열해보는 것도 가치 있는 작업이다.

피타고라스 학파 여성 철학자가 수십 명 있었는데 그중에는 테아노Théano, 다모Damo, 아리노트Arignote, 미아Myia, 마이카Mycha, 테미스토클레Thémistoclée가 있었다. 플라톤 학파에는 라스테니아Lasthénia, 아리아Arria, 제미나Gemina, 암피키아Amphichia가 있었다. 덧붙여 베레니스Bérénice, 팬필Panphyle, 클레아Cléa, 에우리디케Eurydice, 황후 줄리아 돔나Julia Domna, 마이로Myro, 소시파트라Sosipatra, 헤라클레이토스의 딸 에우도키아Eudocie, 성녀 카트리나sainte Catherine, 안나 콤네네Anne Comnène, 파니페르세바스타Panypersébasta 그리고 중세 시대에 유명했던 엘로이즈Héloïse가 있었다. 질 메나쥬는 또한 우리에게 좀 더 친숙한 이름이지만 자료가 많이 남아 있지 않은 세 명의 여성 철학자 아스파시아Aspasía, 히파르키아 그리고 히파티아Hypatia를 언급했는데, 이들에 대해 좀 더 살펴보기로 한다. 모습을 드러내지 않은 채 빛을 발해야 했던 것치고는 꽤 많은 여성이 철학 활동을 했다. 기원전 5세기 말 무렵 매혹적인 인물 아스파시아를 중심으로 페미니즘 사조가 발달했지만 기원전 5세기 초 히파티아를 학살한 뒤 오랫동안 사라진 듯하다.

먼저 아스파시아를 떠올려야 한다. 아스파시아는 밀레토스Miletus에서 태어났기에 아테네에서는 거류 외국인 신분이었다. 따라서 아테네 시민이 누리던 모든 권리를 박탈당했지만 아테네 여성이 겪어야 했던 감금 생활을 피할 수 있다는 이점이 있었다. 당시 여성에게 명예란 사람들 입에 절대로 오르내리지 않는 것이었다. 그러나 아테네 시민이

352
불안사회 생존철학

아니었던 아스파시아는 자신을 드러내고 이야기하고 교양을 쌓으며 아테네 여성 시민들보다 더 자유롭게 관습을 따를 수 있었다. 그리하여 아스파시아는 절제하는 생활을 하지 않았고, 5세기 내내 아테네에 깊은 영향을 미친 페리클레스의 정부이자 스승이 된다. 아스파시아는 페리클레스의 지적, 정치적 활동에 매우 중요한 역할을 했다고 알려져 있다. 아스파시아는 소크라테스와도 사적으로 만났고 그에게도 상당한 역할을 한 것으로 여겨진다. 사실 플라톤은 《메넥세노스》의 대화에서 소크라테스의 입을 통해, 밀레토스의 아스파시아가 한 장엄한 연설을 소개한다. 아스파시아의 연설은 대화에 참여한 이들을 감탄시켰고 소크라테스가 아스파시아를 '나의 스승'이라고 부르는 계기가 된다. 아스파시아가 재능 있는 철학자였음을 어찌 의심할 수 있겠는가? 근대적 의미의 철학사 기원에는 소크라테스가 아니라 여성 철학자 아스파시아가 있었을지도 모르겠다. 플라톤이 《향연》에서 소크라테스에게 디오티마Diotime라는 여성이 했던 연설을 낭독하도록 한 것은 우연의 일치였을까? 아마도 존재하지 않는 인물이었을 디오티마는 아스파시아의 새로운 잔상이었을까? 아니면 플라톤의 기억에 남아 있던 일반 여성 철학자의 잔상이었을까? 어찌 되었든 플라톤은 여성이 모든 영역에서 남성과 동일한 능력이 있다는 믿음을 감춘 적이 없다. 그래서 플라톤은 《국가》 제5권에서 소크라테스의 입을 통해 다음과 같이 말한다. "그러므로 나의 친구여, 도시 행정과 관련해 여성만 할 수 있거나 남성만 할 수 있는 상대적인 일은 없네. 자연이 준 재능은 여성과 남성에게 비슷한 방식으로 분배되었다네."

같은 시기에 극작가 에우리피데스는 여성 철학자를 찬양하는 작품인 《철학자 멜라니페Mélanippe la philosophe》를 공연했다. 여성의 모든 종속 관계와 주종관계를 거부하고, 여성의 자율성을 제한하는 모든 것을 거부한 작품이다. 여기서 볼 수 있듯이 수 세기 동안 철학 활동에서 여성을 배세했으나 언제나 배제할 수 있었던 건 아니다. 아스파시아는 타르겔리아Thargelia라는 등장인물의 모델이었다. 극 중 타르겔리아는 14번 결혼한 화류계 여자였으며 '아름답고 학식이 깊다'라고들 했고 모든 유력 인사들을 사로잡아 페르시아 왕 앞에 모이게 했다.

얼마나 아름다웠든 간에 타르겔리아가 행사한 매력에는 문화적 소양과 이론적인 능력이 결정적인 역할을 한 듯하다. 타르겔리아처럼 뛰어났던 여성 아스파시아의 연설은 칭송받았지만 직접적으로 전해 내려오는 아스파시아의 서적은 없다. 위대한 여성 철학자들에 대해 지금까지 전해지는 정보란 오로지 남성들의 말을 통해서다.

그런데 역사적으로 여성 철학자의 작품이 나오기 유리한 시기가 있었다. 냉소주의자 안티스테네스와 디오게네스가 아테네 교외의 키노사르게스Kynosarges 주변에서 노예와 외국인 그리고 여성을 가르치던 시기가 그러했다. 히파르키아라는 이름이 지금까지 몇몇 증언과 함께 전해지는 건 앞서 언급했듯 냉소주의자인 크라테스와의 낭만적이고 지적인 관계와 관련이 있다. 에피쿠로스와 에피쿠로스학파도 같은 방식으로 진행했는데 몇 명의 여성 이름만 전해질 뿐 그 내용은 전혀 알지 못한다. 그리스와 로마의 회의론자들도 마찬가지였다. 이러한 침묵의 장막을 통해 일부 여성들은 전혀 글을 남기지 못했고 일부 여성은 작품을 남겼으나 시간이 흐르며 사라지고 역사의 고통 속에서 소실되었다고 짐작할 수 있다. 그러나 소크라테스도 아무것도 쓰지 않았고 예수도 쓰지 않았으며 안티스테네스나 디오게네스도 2천 년 이상 구두로 전승된 그들의 행동과 말에 대한 증언만이 남았을 뿐이다. 그러나 광범위한 철학 사상을 낳은 게 확실했던 모든 여성 철학자들에게는 그렇지 못했다.

성차별을 의심한다면 히파티아의 경우가 설득력 있을 것이다. 히파티아는 4세기 피타고라스 학파의 여성으로 아버지는 2세기 전 프톨레마이오스 시대에 알렉산드리아 도시에 건설된 왕실 부속연구소를 운영했다. 히파티아는 연구소에서 철학 의장직을 맡으며 탁월한 성공을 거둔다. 수학자이자 철학자였고 새로운 유형의 천문 관측기구 발명가였던 히파티아의 명성은 매우 높아서, 사람들이 강의를 들으려고 무리 지어 몰려들 정도였다. 히파티아는 여러 철학 논문을 썼고 많은 제자가 그 논문들을 읽었다. 그 뒤 기독교 황제 테오도시우스 1세가 극단적 기독교로 개종하면서 왕실 부속연구소를 닫는다. 415년에 기독교도들은 히파티아를 이단으로 몰아 살해한 다음 몸을 작은 조각으로 잘라 불 속에 던졌다. 히파티아는 유명했고 여러 작품을 썼지만 연설과 저술 중 무엇도 남아 있지 않다. 히파티아의 죽음으로 여성이 철학에 전념하기가 조금 더 수월했던 시대가 끝났다. 여성의 복종과 자유사상의 금지를 기독교 교리의 절정으로 끌어올린 종교의 부상으로 알렉산드리아 도시의 지적 영향력은 사라졌다. 서로 직접적인 연관성을 보이지는 않지만, 창조적인 철학을 태동하고 번영하게 했던 800년이 아스파시아에서 시작해 히파티아로 끝났음을, 그리고 두 여성 철학자의 죽음은 널리 알려졌으나 전해지지 않았음을 기억했으면 한다.

여성에 대한 억압

 종교가 종교 외의 모든 걸 억압하는데 어떻게 철학 작품을 쓰고 철학 활동을 하겠는가? 중세 시대 전체는 풍부한 사상이 전개되었으나 교회가 설정한 한계 내에서 어찌 되었든 종교 안에서만 사상을 펼칠 수 있었다. 11세기에 아벨라르가 혁신을 일으켰지만 교회는 아벨라르의 논문들을 탄압했다. 12세기에는 마이모니데스와 아베로에스가 아랍 안달루시아 제국이 허용하는 범위 내에서 철학 작품활동을 펼쳤으며 다음 세기에 토마스 아퀴나스 그리고 바로 뒤이어 파도바의 마르실리우스가 활동했다. 그러나 교회 이론과 정치 의도에 따라 철학사상을 비판하는 일이 종종 있었기에 르네상스 이전에는 철학 사상 번성이 역사적으로 사실상 불가능했다. 여성이 이중 억압을 겪던 이런 시기에 여성 철학자의 출현을 어떻게 상상할 수 있었겠는가?

 여성해방의 열망은 종교 내부에서 나타났다. 엄밀히 말해 여성 철학자의 출현을 허용하는 조건은 아니었지만 말이다. 엘로이즈는 12세기 초에 상징적인 의미를 지닌다. 고대 철학을 배울 수 있었던 극소수 여성 중 한 명이었으며 철학자 아벨라르와 엘로이즈의 전설적인 사랑은 육체적 관계만큼이나 지적인 동반관계에 기반을 두었다. 엘로이즈는 아벨라르와의 관계로 인해 후대에 알려졌다. 그 관계를 통해 엘로이즈는 편지로 전달하는 글, 서간문학이라는 새로운 문학 장르를 창안했고 전에 없이 여성의 욕망을 탐구하는 진정한 걸작을 쓴다. 아벨라르와 결혼한 엘로이즈는 남편의 직업 활동을 뒷받침하기로 결심했고 결혼을 '여성의 매춘'으로 간주했다. 결국 엘로이즈는 수도회 창설에 전념했고 여성의 교육받을 권리를 적극 권장했다. 철학 작품을 쓰는 엘로이즈를 어떻게 상상할 수 있겠는가? 엘로이즈의 삶은 여성들이 남성에 의해 오랫동안 지배되었고, 여성을 부수적인 성으로 치부하는 사고방식과 제도에 오랫동안 갇혀 있던 여성들의 생각이 얼마나 억압되어 있었는지 잘 보여준다.

12세기 말에 베긴 교단의 여신도들이 했던 민중운동 또한 여성해방의 열망을 증명한다. 당시 너무 많은 독신 여성과 미망인이 들어가려고 하는 바람에 수녀원은 금세 자리가 찼다. 그래서 벨기에 신부인 로랑 베그Laurent Beggh가 평신도 여성의 종교 공동체인 베긴 교단을 만들게 된다. 사회에 머물며 수녀가 되는 이러한 방식은 프랑스에 널리 퍼져, 프랑스 왕 루이 9세가 베긴 교단의 여신도들을 위해 집을 지어줄 정도로 명성이 자자했다. 여신도들은 자주적으로 자유롭게 살았고 자선을 목적으로 일하고 물건을 팔았으며 사람들을 가르치고 돌보며 예술을 실천했다. 구속력 있는 규칙이 없었고 결혼하는 신도도 있었지만 남편의 동의하에 순결을 지켰다. 머지않아 부유한 여성들이 베긴 교단에 합류해 순결과 빈곤을 서약하고 남성우위 사상으로부터의 자유를 주장했다. 13세기 초에 교회는 공의회에 세 번 모여 베긴 교단의 여신도들을 유죄판결 했다. 베긴 신도 중 일부를 산 채로 불태웠으며 사회적, 종교적으로 배제할 정도로 박해를 가했다. 여기에는 프랑스 황제 루이 11세의 적극적인 도움이 있었다.

당시는 여성이 철학에 접근하는 걸 막았을 뿐 아니라 고대 전체에 걸쳐 철학을 실천했던 여성들의 흔적을 지웠고, 남녀가 동등하지 않다는 이념의 내면화를 지속해서 강화했다. 여기에 여성의 성 본능에 대한 당대 교회의 망상이 추가되었다. 교회는 여성에게 악마와 계약을 맺으려는 타고난 성향이 있다고 했으며 여성의 성 본능이 반박할 수 없는 그 증거라고 했다. 그래서 1486년 교황 인노첸시오 8세Innocent VIII는 유명한 마녀사냥을 시작한다. 마녀사냥은 신학자 하인리히 크레이머Heinrich Kramer와 야코프 스프렝거Jacob Sprenger의 보고서 《마녀 잡는 망치》에 근거를 두었다. 그 보고서에는 사탄이 여성의 악을 이용해 기독교에 대항하는 음모를 꾸미고 있다고 적혀 있다. 종교재판관에게 반응하는 여성의 사소한 몸짓과 말 한마디가 가학적이고 살인적인 광기를 불러일으켰다. 여성을 산 채로 피부 가죽을 벗기고 집게로 가슴을 찢었으며 물속에 담그고 눈을 뽑아 산 채로 불에 태웠다. 마침내 여성들은 악마와 계약을 맺었다고 공개적으로 인정하고야 말았다. 마녀사냥이 자행된 100년 동안 서유럽에서 교회가 고문하고 살해한 여성은 수십만 명에 달했다.

1563년이 되어서야 의사 요한 와이어Jean Wier가 《악마의 환상Desillusions des Demons》이라는 엄청난 책을 출간하며 비인간적인 대학살을 고발했다. 책에서 요한 와이어는 '마녀의 주술'을 '상상력이 풍부한 정숙한 여인'에게 환상을 일으키는 '기분 장애'로 해석했다. 이러한 해석에 프로이트는 찬사를 보낸다. 이 분석은 여성 학살을 종식하라는 요청이었다. 21세기를 사는 우리에게는 사소하게 여겨질 수도 있지만 당시에는 엄청나게 지배적이던 편견의 무게를 무시하는 행동이었다. 요한 와이어는 스승이던 아그리파 폰 네테스하임Agrippa von Nettesheim의 가르침 덕분에 편견에서 벗어날 수 있었던 게 분명하다. 아그리파는 남성과 여성의 능력이 동등하다는 사상을 가르쳤으며 1509년에 《여성의 고귀함과 탁월함De la noblesse et préexcellence du sexe féminin》을 출판하기도

했다. 사실 마녀사냥을 규탄하려면 페미니즘적 신념이 강해야 했다. 때문에 요한 와이어의 책은 개신교와 가톨릭에 의해 공개적으로 불탔고 마틴 델리오Martin Delrio와 같은 예수회 광신자뿐 아니라 장 보댕Jean Bodin과 같은 뛰어난 지식인에 의해서도 비판받았다. 인플레이션 법칙을 발견한 공화당 작가 장 보댕은 1580년에 《마법사들의 비경제학De la démonomanie des sorciers》을 출판하려 애썼다. 이 책에서는 요한 와이어를 '악마의 이중 대리인'이자 이단 그리고 '악마 마법사'로 취급하며, 한 장 전체를 요한 와이어에 대한 선동적인 비판에 할애했다!

여성들에게는 무서운 시대였다. 그러나 아그리파 폰 네테스하임과 요한 와이어는 여성에게 사회적 해방과 철학적 담론을 함께 다시 전유하기 위한 조건에 가까워지는, 매우 느리고 긴 과정이 있으리라 예고했다.

여성 철학의 르네상스

17세기에 여성이 출판한 최초의 철학 작품이 유럽에서 등장했다. 여기에서 역사 전체를 자세히 살펴보려는 건 아니지만 몇몇 이름은 언급할 가치가 있어 보인다. 첫 번째는 마리 드 구르네Marie de Gournay다. 1583년 18세의 나이에 몽테뉴의 《수상록》을 발견하고 5년 뒤 몽테뉴와 만났다. 그들은 사랑에 빠진다. 몽테뉴는 마리 드 구르네를 '양녀'라고 표현한 《수상록》 2권 17장에서 이 사랑에 대해 이야기했다. 몽테뉴가 사망한 뒤 몽테뉴의 부인은 마리 드 구르네에게 출간을 제안했으며, 마리 드 구르네는 부인이 전해준 주석 달린 사본을 바탕으로 《수상록》의 첫 번째 사후 판을 제작했다. 마리 드 구르네는 1622년 《남녀평등Égalité des hommes et des femmes》을 출판했고 4년 뒤 《여성의 불만

Grief des dames》을 출판해 남녀의 절대적 평등을 주장했다. 그리하여 마리 드 구르네는 철학 작품을 쓰게 되는 대부분 여성이 오랫동안 처하게 될 모순을 그대로 드러냈다. 즉 마리 드 구르네는 글을 쓸 수 있는 능력을 보여줬지만 이는 남성 철학자와의 관계 덕분이었으며 남녀평등의 원칙에 대한 성찰에 초점을 맞추고 있었다. 남성과 지적으로 평등하다는 걸 증명하면서 남성의 지속적인 우위를 인정한 셈이다. 여성과의 평등에 집중해 철학적 성찰을 하는 남성 철학자를 본 적이 있는가?

안나 마리아 반 슈르만Anna Maria van Schurman도 마찬가지였다. 안나 마리아 반 슈르만에게는 대학에서 수업을 들을 권리가 없었지만 위트레흐트 대학교의 교실 커튼 뒤에 숨어 수업에 참관했다. 1638년에 《과학과 인문학에 대한 여성 정신의 적절성l'Adéquation de l'esprit féminin à la science et aux humanités》에 관한 논문과 《송가Ode》를 출판하는데, 《송가》에서 슈르만은 대학 교육에서 여성이 배제된 것을 비판했다. 또한 국제적 영향력이 큰 작품을 성공적으로 출판하려면 여성의 지적 능력을 증명해야 한다고 느꼈다. 이미 설득력 있게 구현하고 있었는데도 말이다. 많은 여성 철학자에게 나타나는 또 다른 공통점은 지적인 삶을 위해 자발적으로 결혼을 포기하고 은둔해 생활하는 한편, 두 철학자 스웨덴의 크리스틴과 보헤미아의 엘리자베스와 서신을 주고받았다는 점이다. 보헤미아의 엘리자베스는 여성 철학자의 르네상스를 구현한 철학자다. 라이덴에서 교육을 받고 망명 중이던 왕자의 딸인 엘리자베스는 개신교 수녀원장이었으며 철학 작품을 출판하지는 않았지만 라이프니츠, 데카르트와 자주 교류했다. 데카르트와 주고받은 서신은 엘리자베스가 데카르트를 곤경에 빠뜨릴 정도로 예리한 이론적 토대와 정신을 지녔음을 증명한다. 데카르트가 《철학의 원리》를 엘리자베스에게 헌정할 정도였다. 엘리자베스 또한 남자 덕에 명성을 얻었고 결혼을 거부했다.

한편 스웨덴의 크리스티나는 1650년에 여왕의 자리에 올랐으나 권력을 혐오하고 자유를 갈망해 4년 뒤 퇴위했다. 보헤미아의 엘리자베스처럼 크리스티나는 데카르트와의 서신 교환 덕분에 이름을 후대에 남긴다. 데카르트는 중병에 걸렸을 때 추위에도 불구하고 크리스티나를 찾아와 그곳에서 죽는다. 크리스티나 또한 결혼을 거부했다. 퇴위후 크리스티나는 유럽 전역을 여행하며 수많은 남성은 물론 여성들과도 연애했다. 또한 데카르트, 파스칼, 가상디Gassendi, 스피노자 그리고 앞서 페미니즘적 작품이라고 언급했던 《여성 철학자의 역사》를 쓴 질메나쥬와도 철학적 관계를 맺었다. 마찬가지로 크리스티나도 결혼을 거부했다. 그러나 데치오 아졸리노Decio Azzolino 추기경과는 죽을 때까지 낭만적인 관계를 유지했다. 많은 여성 철학자에게서 찾아볼 수 있는 또 다른 특징은 여성성을 멀리하고 남성 옷을 입었으며 담배를 피웠다는 점이다.

여기에 영국 여성 마가렛 루카스 캐번디시Margaret Lucas Cavendish를 추가해야 한다. 마가렛 루카스 캐번디시는 루이 14세의 궁정에서 잠시 살았고 파리에서 데카르트와 홉스, 가상디, 메르센과 자주 어울렸다. 또한 에피쿠로스학파의 영감을 받은 생명론적 유물론과 토머스 홉스의 사상에 가까운 이론을 발전시켰다. 1666년에는 공상과학소설 《영광의 세계Le Monde glorieux》를 출간했으며 그 소설에서 여성의 권리를 옹호했다. 이처럼 17세기에 페미니즘이 깨어나기 시작한다. 몰리에르의 희곡작품《아내들의 학교》에는 이러한 분위기가 잘 드러나 있고 이와 방향을 같이하는 작품들이 등장할 만큼 페미니즘적 각성이 강력했다. 예컨대 1665년에는 '모든 면에서 여성이 남성을 능가한다는 것을 입증한다'라는 부제를 단 자케트 기욤Jacquette Guillaume의 작품《삽화의 부인들Les Dames illustrés》또는 1668년에 마거리트 뷔페Marguerite Buffet의《고대와 근대의 저명한 학자들의 찬사에 관한 논문Traité sur les éloges des illustres savantes, anciennes et modernes》이 있다. 페미니즘 운동을 일반화하고 대중화한 인물은 데카르트 철학을 신봉하며 페미니스트였던 한 남자, 풀랭 드 라 바르Poullain de La Barre였다. 풀랭 드 라 바르는 인상적인 제목의 책 세 권을 연달아 출간했다. 1673년에는《남녀평등에 관한 육체적 담론과 도덕적 담론, 편견을 없애는 것의 중요성을 인식하다De l'égalité des deux sexes, discours physique et moral où l'on voit l'importance de se défaire des préjugés》가 출판되었고 1674년에는《과학과 관습 속에서 지성으로 이끌어기 위한 부인 교육에 관하여De l'éducation des dames pour la conduite de l'esprit dans les sciences et dans les mœurs》그리고 1675년에는 성차별적 주장을 조롱하는 풍자적인 글《성평등에 반대하는 남성의 탁월함에 대해De l'excellence des hommes contre l'égalité des sexes》를 썼다. 풀랭 드 라 바르는 동시대인에게 '지성에는 성별이 없다'라고 하며 그들이 알고 있다고 생각하는 이 문제에 대해 다시 생각해보라고 권했다.

몇몇 여성과 남성이 16~17세기 여성들의 불합리하고 부당한 상황에 대해 알게 된 건 분명 해방 과정의 징후였다. 여성이 본성적으로 이러한 상황에 처한 게 아니라는 증거이기도 했다. 그러나 남성 우위와 의존관계를 크게 변화시키지는 못했다. 유명한 계몽사상의 시대를 포함해 철학에 입문한 몇 안 되는 여성들은 의존관계가 특징짓는 조건 내에서만 성공할 수 있었다.

여성에게 계몽의 빛이?

여기에서도 마찬가지로 18세기 철학과 여성의 관계를 총체적으로 연구하겠다는 의도는 아니다. 이전 세기의 몇 안 되는 페미니스트들이 노력한 결과 사회적 정신적 체제의 장애물이 무너져 효과적인 해방을 위한 길이 기적적으로 열렸으리라고는 상상할 수 없다. 물론 이 문제에 대한 논쟁이 더 보완되며 연구가 심화하는 건 사실이었으나, 일부 여성이 제시한 남성 독단에 대한 명백한 근거에도 불구하고 남성 지배는 계속되었다. 남성 지배를 입증하는 건, 여성 철학자들이 남성 철학자에게 의지하거나 여성성을 거부하거나 심지어 여성의 운명에 대해 온 정신을 집중할 때만 성공한다는 사실이다. 다시 한번 말하지만, 남성 철학자들은 여성에게 기대거나 남성성을 거부하거나 남성의 상황에 대한 고찰에 집중할 필요가 없었다.

에밀리 뒤 샤틀레는 이를 분명히 보여주었다. 리슐리외의 정부였던 에밀리 뒤 샤틀레는 이후 볼테르와 함께 15년 동안 살았고 볼테르는 샤틀레가 문화적으로 해방될 수 있도록 격려했다. 에밀리 뒤 샤틀레는 물리학과 수학에 전념하며 라이프니츠를 연구했고 모페르튀이, 오일러Euler, 레오뮈르Réaumur, 클레로Clairaut 또는 베르누이Bernoulli와 함께 금세기 과학의 정수에 대해 토론하곤 했다. 1756년에 클레로가 출판한 뉴턴의 《수학적 원리》를 번역한 사람도 샤틀레였다. 샤틀레에게는 분명 철학 작품을 쓸 만한 자질이 충분했다. 실제로 1779년에 일반적인 편견에 대한 철학 에세이인 《샤틀레 행복론》을 출판했다. 샤틀레는 자유로운 생활을 편견이 방해하기에 행복과 양립할 수 없다고 했고 미덕이 자유로운 삶을 이끈다고 했다. 미덕이란 '사회의 행복에 기여하는 모든 것이며 우리는 사회 구성원이기에 결과적으로 우리의 행복에 기여하게 된다'라고 했다. 아리스토텔레스와 에피쿠로스 그리고 흄과 디드로에 가까운 통찰력이 엿보인다.

그러나 에밀리 뒤 샤틀레의 목표는 문제 제기보다 좀 더 구체적인 차원에 중점을 두고 있었다. 샤틀레는 타인에게 의존하지 않고 오로지 자신에게 달린 열정이므로 학습이야말로 행복으로 이끄는 길이라는 결론에 이르렀다. 이것이 샤틀레의 주요 관심사였기 때문에 다음과 같이 덧붙였다. 여성은 학습에서 배제되었기 때문에 '명예'에서 제외되었다. "인류의 절반이 명예를 얻으려면 이 방법밖에 없다. 이 인류의 절반에게 교육이라는 수단을 빼앗아 심미안을 가질 수 없도록 만들었다." 여기에서 절반은 이해했다시피 여성들이다. 샤틀레는 계속해서 다음과 같이 덧붙인다. 명예를 얻는 방법이 무한히 많기에 남성은 여성보다 학습이 덜 필요하다. "우연히 고귀한 영혼을 가진 여성이 태어난다면 모든 것에서 배제되고 온갖 종속 관계에 처한 그녀를 오직 학습만이 위로할 수 있다." 18세기 프랑스 여성의 처지에 관한 예리한 통찰력이다. 비록 여기에서 해방의 길이 문화를 통해 개인의 행복을 추구하는 것으로 축소되긴 했지만 말이다.

샤틀레의 철학 성찰은 여전히 볼테르라는 남성의 격려와 지원으로 가능했다. 볼테르의 관심 영역은 여성 문제를 중심으로 구성되어 있었다. 여성 문제가 분명 그 시대에 가장 본질적인 질문이었을 테지만, 역사적으로 여성 철학자들의 이념은 자신들이 처한 조건 안에서만 구속되어 발전했다. 이에 대해서는 나중에 다시 살펴보겠지만 철학 활동을 하는 여성이 여성 철학자가 되기란 어려운 일이다. 특히 20세기 전까지는 더욱 그랬다.

동시대에 소피 폴란트Sophie Volland는 충분히 철학 담론에 이를 수 있었다. 연인이자 서신 교환 상대였던 폴란트를 디드로는 대단히 존경했다. 소피 폴란트의 본명은 루이스 헨리에타Louise Henriette였지만 디드로는 폴란트의 철학적 타당성에 경의를 표하고자 '소피'(프랑스어로 철학을 뜻하는 단어 '필로소피, philosophie'에서 따옴—옮긴이)라고 불렀다. 디드로가 소피에게 보낸 553통의 편지 중 187통이 보존되어 있다. 마치 우연인 듯 소피가 디드로에게 쓴 편지는 한 통도 전해지지 않는다. 어쩌면 상트페테르부르크 도서관 지하에서 언젠가 발견될지도 모른다. 러시아의 예카테리나 2세가 생활비를 대주려고 평생 소피에게 사들였던 책들을 도서관 지하에 흩어놓았기 때문이다. 소피 폴란트는 여성의 이념을 잘 상징하고 그녀 또한 남성을 통해 유명해지고 후대에는 잊혔다.

다른 프로필의 메리 울스턴크래프트Mary Wollstonecraft도 빼놓을 수 없다. 장 자크 루소를 읽고 많은 영향을 받았던 페미니스트 철학자이며 영국 여성이다. 메리는 프랑스혁명을 실제로 내부에서 겪기 위해 파리로 간다. 메리 울스턴크래프트는 올랭프 드 구주와 함께 호전적인 혁명가 여성의 모습을 예견했고 이는 다음 세기에 꽃피우게 된다.《여성과 시민의 권리 선언Déclaration des droits de la femme et de la citoyenne》을 발표하고 1년 뒤에 《여성의 권리 옹호》를 발표했다. 《여성의 권리 옹호》에서 메리 울스턴크래프트는 여성의 사회 문화적 열등감이 천성 탓이 아니라 교육 탓이라고 주장했다. 돌이켜보면 이러한 남녀평등 선언은 프랑스혁명과 함께 조화를 이룰 수 있었을지도 모른다. 그러나 사실 검사였던 가스파르 쇼메는 혁명가이자 노예제에 반대하며 정교분리를 따랐고, 과격 공화파의 대변인이었으나 올랭프 드 구주의 처형을 기뻐했고 여성을 가사노동으로 돌려보냈다. 프랑스혁명에 참여했던 대부분 혁명가 또한 여성에 대한 이러한 표상을 유지하고 있었다. 그래서 실뱅 마레샬Sylvain Maréchal은 《여성이 글을 읽을 줄 알면 안 된다 Il ne faut pas que les femmes sachent lire》라는 제목의 글을 1801년에 출판하고 여성에게 읽기를 가르치는 걸 금지하는 법안을 발표하기에 이른다!

메리 울스턴크래프트는 단두대에서 처형당한 것이 아니라 딸을 출산하다 사망했다. 그 딸이 바로 프랑켄슈타인이라는 가상 인물을 만들어 유명해진 메리 셸리Mary Shelley다.

'이성의 뮤즈' 또는 '여성들의 부알로(부알로Boileau는 프랑스 시인이자 비평가―옮긴이)'라는 별명을 지닌 콩스탕스 드 살름Constance de Salm은 《여성들에게 보내는 편지Épitre aux femmes》를 출간했다. 그 책에서 살음은 '다름은 열등한 게 아니다'라고 선언하는데, 이 책에 대해서는 그 이후 거의 아무도 거론하지 않았다. 외젠 수Eugène Sue는 콩스탕스의 결혼 전 성이었던 '피플렛Pipelet'에서 따온 '피펫'이라는 별명을 붙여주는데, 후손들은 콩스탕스를 '피펫'이라는 이름으로 기억했다. 콩스탕스 드 살름은 1801년에 《여성들에 대한 여성의 견해Opinion d'une femme sur les femmes》를 발표한 파니 라울Fanny Raoul과 교류했다. 콩스탕스는 너무 많은 여성이 자신들의 운명을 묘사한 글에서 자신을 알아보지 못하고, 여성의 열등감이 교육에서 기인한다는 사실을 모른다는 데 놀랐다. 올랭프 드 구주와 마찬가지로 파니 라울은 여성의 속박 상태를 흑인의 노예제도와 관련짓는다. 이 모든 지식인이 남녀평등을 위해 격렬한 투쟁을 벌였지만 그들이 살던 시대는 남녀평등에 대해 그리 민감하지 않았고 남성에 의해 쓰인 사상의 역사는 여성을 잊었다는 걸 확인할 수 있다.

그러나 계몽주의 철학은 여성이 겪던 남성우위의 사회 문화적 원인에 대한 성찰에 인색하지 않았다. 18세기 초 풀랭 드 라 바르 이후, 《위험한 관계》로 잘 알려진 피에르 쇼데를로 드 라클로Pierre Choderlos de Laclos는 《여성 교육에 대하여De l'éducation des femmes》를 출판했다. 이 책에서 그는 남성들이 여성을 노예로 만들었다고 비난한 뒤 여성에게 다음과 같이 가혹하게 말했다. "비참한 상황에 빠졌는데 당신은 이 상황을 즐기며 이것이 당신의 본래 모습인 양 여기고 있다." 마찬가지로 콩도르세Condorcet와 달랑베르d'Alembert, 엘베시우스Helvétius 그리고 라메트리La Mettrie는 양자택일로 축소되곤 하는 논쟁에 참여했다. 즉 여성의 열등함이 여성의 본성에서 기인하거나, 또는 본성과는 전혀 상관없이 모두 교육, 관습, 관례에 기인한다는 것이다. 첫 번째 경우 남성에 대한 여성의 의존은 타고난 운명이다. 이것이 사회에서 널리 지배적인 믿음이었으며 교회나 대다수 혁명가뿐 아니라 일부 지식인도 이렇게 믿었다. 두 번째 경우 여성의 의존관계는 인위적이고 관습적이어서 맞서 싸울 수 있다. 그러나 이 경우 남성과 여성의 차이를 부정하고 차이와 불평등을 혼동하며 여성해방이 여성성에 대한 부정을 전제로 한다고 믿는 경우가 허다했다.

의사이자 화학자인 가브리엘 프랑수아 베넬Gabriel-François Venel은 라부아지에Lavoisier와 디드로처럼 루엘Rouelle의 제자였다. 디드로는 《백과전서》의 수백 개 항목을 베넬에게 맡겼다. 베넬은 여성 문제를 조금 더 섬세하게 구별하자고 제안한다. 즉 문화적 여성성이 있다. 투쟁해 이겨낼 수 있는 여성성이다. 그리고 내면의 여성성이 있다. 모든 미덕을 포함하는 여성성으로, 남성은 교육을 꽃피워야만 발전시킬 수 있다. 이러한 발상은 루소와 디드로가 제시했던 것보다 조금 더 복합적이다. 여성성은 여성에게만 있는 게 아니라 남성도 나눌 수 있는 특유의 기운이다. 관습에 따라 남성우위가 구조화하면서 남성의 내면에서 여성성이 발전하지 못하게 되었고, 여성성을 본성으로 소유한 여성은 자신과 인류 전체를 위해 여성성의 영향력을 펼치지 못하게 되었다. 루소는 《에밀》과 《신 엘로이즈》에서 이 위대한 질문에 대해 시대가 강요하는 모든 모순을 고려하며, 다양한 방식으로 모색하고 탐구했다. 디드로가 《부갱빌 여행기 보유》에서 전개했던 바이기도 하다.

여성의 문화적 해방에 이르는 길을 조망한 인물과 작품이 이토록 풍부했지만, 한계 상황과 성 불평등의 무게는 여전히 무거워서 르네상스 시대부터 프랑스혁명까지 여성 철학자의 출현은 허용되지 않았다. 시몬 드 보부아르가 《제2의 성》에서 진술했듯이 20세기 중반에도 여전히 여성이라는 사회적 신분은 여성적 천재성을 꽃피우는 걸 방해했다. 이 질문이 집단적 질문이 될 때까지 기다려야 했으며 모든 여성과 남성이 이를 매우 정치적인 차원으로 받아들일 때까지 기다려야 했다. 프랑스혁명은 이 분야에서는 빛을 발하지 못했다.

평등의 실질적인 근거

콜레트Colette에게 헌정된 《여성 천재Génie féminin》 3권에서 철학자이자 정신분석가인 저자 줄리아 크리스테바Julia Kristeva는 여성해방 과정이 매우 다양한 흐름을 통해 세 시기를 거쳤다고 지적했다. 즉 정치적 권리 정복의 시기와 평등의 시기를 거쳐, 마침내 성별의 다름에 관한 연구가 가능한 시기에 이르렀다. 이러한 시기들이 나라마다 다른 속도로 얽혀 공존했다. 일부 여성은 모든 여성이 의존관계 속에 있는 시기에 천재성을 실현하는 데 성공했는데, 19세기와 20세기 초는 이런 과정을 잘 보여준다. 철학적 창조가 가능하려면 남성우위의 사회 문화적 조건에서 스스로 벗어나야 했다. 교육받을 수 있어야 했고 여성으로서가 아니라 보편적인 방식으로 철학적 탐구를 할 수 있어야 했으며, 남성의 도움 없이도 할 수 있어야 했고 여성으로서의 개인적 성취를 포기하지 말아야 했다. 해야 할 게 많았다. 그래서 여성들은 권리를 획득하기 위해 정치적인 집단 투쟁에 절대적인 우선순위를 부여해야 했다. 19세기는 이처럼 엄청난 역사적 과업의 무대였다.

19세기에 여성 철학자는 출현하지 않았지만 고위급 여성 정치가, 페미니스트, 여성 정교분리 활동가 그리고 보편적인 영향력을 지닌 최초의 여성 작가와 여성 과학자가 늘어난 이유가 분명 거기에 있다. 남성우위에 대한 투쟁이 너무 시급했다는 경험치가 쌓여, 철학적 창조를 상상하는 건 비현실적이라고 여겨졌을 것이다.

사실 전 세계에서 당대의 투쟁에 뛰어들어 탁월한 역할을 하는 여성들 수를 보면 놀랍다. 베르타 폰 주트너Bertha von Suttner는 1889년에 《무기를 내려놓으라!》를 출판한 뒤 노벨평화상을 받은 여성으로, 알

프레드 노벨의 파리 지사 비서였고 오스트리아의 평화주의자였다. 라스키나 부불리나Laskina Bouboulina는 오스만제국과의 싸움을 이끈 그리스 독립의 여성 영웅이었다. 야 아산테와Yaa Asantewaa는 가나에서 영국에 대한 반식민 반란을 주도했고, 칭시Ching Shih는 베트남에서 400척의 배와 7만여 명의 해적단을 이끌었던 중국의 해적이었으며, 나카노 다케코Nakano Takeko는 제국군에 맞서 여군을 이끌었던 일본 시인이고, 타레노러Tarenorerer는 태즈메이니아Tasmanie에서 반식민주의 반군을 이끌었던 원주민, 인도의 락슈미바이Lakshmibai는 1만 4000명의 여성 군대를 이끌고 대영제국에 대항한 1차 독립전쟁의 여성 영웅이었다. 마틴 루터 킹의 군사작전을 촉발한 로사 파크스Rosa Parks부터 당시 프랑스 식민지였던 코트디부아르의 대행진을 주도했던 앤마리 라기Anne-Marie Raggi에 이르기까지, 수천 명의 여성 노동 조합원, 여성 저항 운동가 그리고 의식을 일깨우는 여성들이 있었다.

다른 수많은 여성이 정치참여를 과감한 페미니스트 투쟁과 밀접하게 연결 지었다. 그 여성들을 모두 나열하기에는 너무 많고 자세한 분석을 하기에도 너무 방대하다. 여기에서 그중 일부 인물을 살펴보려고 한다. 영국 여성 제인 오스틴Jane Austen은 여성의 경제적, 사회적 의존에 맞서 싸웠다. 소저너 트루스Sojourner Truth는 열한 살에 노예로 팔려 다른 노예와 강제 결혼 당했으나 도망쳐 종교 공동체에 가입하고 노예제 폐지와 흑인 여성의 참정권을 위해 곳곳에서 설교했다. 링컨이 직접 소저너 트루스를 만나고 싶어 했을 정도로 커다란 반향을 일으켰다. 고아였던 엘리사 레모니에Élisa Lemonnier는 사회 개혁 주의자인 철학 교수와 결혼해 최초의 여성 전문교육 기관을 파리에 설립했다. 그 후 미혼모보호협회를 설립하고 알렉상드르 뒤마와 로스차일드Rothschild 가문의 지원을 받아 4개의 센터와 8개 학교를 설립했으며, 여성의 무지에 맞서 멈추지 않고 투쟁했다. 유명한 프리메이슨 페미니스트이자 파리 자치정부 의원이었던 루이즈 미셸Louise Michel은 이렇게 썼다. "지능이 떨어지는 성별이 따로 있다는 걸 절대 이해하지 못하겠다." 나탈리 르멜Nathalie Lemel은 외젠 발린Eugène Varlin과 함께 혁명적인 활동가였으며 파리 자치정부 의원이었고 루이즈 미셸과 함께 뉴칼레도니아로 추방되었다. 나탈리는 죽을 때까지 남녀의 임금 평등과 페미니즘을 위해 투쟁했다. '흑인 여성 모세'였던 해리엇 터브먼Harriet Tubman은 미국에서 노예제 반대 운동을 하고 노예들의 도주를 계획했으며 여성 참정권을 위해 활동했다. 수전 B. 앤서니Susan Brownell Anthony는 루시 스톤Lucy Stone과 함께 투쟁했다. 루시 스톤은 교사였는데 남성 교사 월급의 절반을 받았으며, 높은 학력에 교양을 갖추었지만 공공장소에서 강의하는 것이 금지되어 있었다. 이에 금지사항을 어기고 노예 폐지론자가 된다. 조르주 상드George Sand는 평생을 여성, 노동자, 가난한 사람들을 위해 그리고 계급 없는 사회를 위해 싸웠다. 마리 바시키르체프Marie Bashkirtseff는 모파상과 서신을 교환했으며 잡지 〈여성 시민La Citoyenne〉에 페미니스트 기사를 기고했다. 위베르틴 아우크레트Hubertine Auclert는 빅토르 위고와 함께 이 잡지를 창간했으며 여성 참정권과 피선거 자격, 교육권, 이혼, 프랑스 단어의 여성화를 위해 활동했다. 위베르틴은 1908년 '여성 학대에 대한 반란'에 관한 책《여성 투표Le Vote des femmes》를 출판했다. 클레망스 오귀스틴 로이어Clémence Augustine Royer는 스위스 로잔에서 '여성철학 입문'을 가르치고 찰스 다윈의

《종의 기원》을 번역해 프랑스에 진화론을 알렸던 프랑스 철학자이자 학자다. 마리아 데라이스Maria Deraismes는 프랑스 최초의 여성 프리메이슨이었으며 루이즈 미셸의 친구였다. 계몽주의 철학에서 영감을 받아 여성의 시민권, 정교분리 그리고 여성 교육을 위해 조직 활동을 확대하고 강연을 늘려갔다. 넬리 루셀Nelly Roussel도 프리메이슨이었는데 피임, 여성을 위한 성교육, 낙태권을 주장했고 '영원한 여성성'을 '영원한 희생'과 동일시했다. 평화주의자, 페미니스트 의사이자 자유 지상주의자였던 프리메이슨 마들렌 펠르티에Madeleine Pelletier도 언급해보자. 마들렌은 하지도 않은 낙태 때문에 정신병원에 갇히게 된다.

영국 여성 해리엇 테일러Harriet Taylor는 그 자체로 여성 인권운동의 모든 모순을 집약한 인물이다. 남편 존 스튜어트 밀John Stuart Mill이 주요 작품인 《자유》와 《여성의 종속》을 해리엇과 공동 저술했다는 데 다들 동의한다. 남편도 계속해서 그렇게 주장했고 책 표지에 아내의 이름을 나란히 써달라고 요청했다. 정작 해리엇이 이를 거절했고 작품이 모두 남편 덕이라고 반복해 말했다. 주변 지인들 모두 이 부부가 작품에 나온 내용을 온종일 토론했으며 둘 중 누가 그 책에 쓰인 생각들을 내놓았는지 말할 수 없을 정도로 의견을 함께 나누었다고 증언했다. 온 힘을 다해 자신을 지웠던 해리엇 테일러의 이름을 누가 알고 있는가?

20세기 초에도 이러한 기세는 계속되었다. 여성 참정권을 위해 활동한 페미니스트 철학자 세실 브로스비크Cécile Brunschvicg는 여성 참정권을 획득하지는 못했으나 레옹 블룸Léon Blum 덕분에 프랑스 정부의 첫 여성 의원이 되었다. 페미니스트이자 평화주의자인 러시아의 아나

키스트 엠마 골드만Emma Goldman은 실업자들이 반란을 일으키도록 부추겼다는 이유로 2년 동안 감옥에 수감되었다. 시인 로즈몽드 제라르Rosemonde Gérard는 시인 에드몽 로스탕Edmond Rostand의 아내이자 알렉상드르 뒤마Alexandre Dumas fils, 르콩트 드 리슬Leconte de Lisle, 장 마세네Jean Massenet와 가까이 지냈으며 1930년에 《페미니즘Le Féminisme》을 출판했다. 그리고 인도의 독립운동가 비카이지 카마Bhikaiji Cama는 프랑스로 망명해 여성참정권과 남녀평등을 위해 투쟁했다. 알렉산드라 데이비드 넬Alexandra David Néel은 여성의 경제적 독립을 위해 투쟁하는 프리메이슨 무정부주의자였으며, 경제적 독립을 참정권 자체보다 더 중시했다. 독일 여성운동가 클라라 체트킨Clara Zetkin을 잊을 수 없다. 체트킨은 1907년에 '국제여성연맹Internationale des femmes'을 창설하고 3월 8일을 세계 여성의 날로 지정했으며, 로자 룩셈부르크Rosa Luxembourg와 함께 여성의 노동, 학업, 참정권, 경제적 독립을 위해 투쟁했다.

동시에 19세기와 20세기 초반의 이러한 큰 변화는 여성의 천재성을 문학과 예술에서 출현하게 했을 뿐 아니라, 남성우위의 성차별 이데올로기에서 여성 본성에 반하는 것으로 여겨졌던 과학에서도 전례 없는 비율로 여성학자들이 출현했다. 목록 일부를 간략히 나열해보면 그 수가 어느 정도였는지 감이 올 것이다. 샬럿 브론테Charlotte Brontë는 예컨대 《제인 에어》를 썼으며 여동생 에밀리 브론테는 《폭풍의 언덕》을 썼다. 에밀리 디킨슨Emily Dickinson은 1800여 편의 시를 썼고 러시아 시인 안나 아흐마토바Anna Akhmatova는 스탈린 체제에서 박해받았으며, 시인이자 소설가 레오니 도네Léonie d'Aunet는 빅토르 위고와의 불륜 관계가 발각되어 감옥에 갇혔다가 수녀원에 감금되었지만 연인 빅토르 위고는 관련해 어떤 처벌도 받지 않았다.

이미 언급했던 로즈몽드 제라르도 있다. 1831년에 메리 프린스Mary Prince는 열두 살에 영국인에게 팔려간 노예 이야기로 자서전을 출판했다. 대영제국에서 노예제 폐지의 기원이 된 놀라운 작품이다. 물론 조르주 상드와 콜레트는 대단한 작가다. 줄리엣 드루에Juliette Drouet가 빅토르 위고에게 보낸 2만 통의 편지, 제인 오스틴, 버지니아 울프, 루 살로메 등에 이어 20세기의 인물까지 나열하자면 목록이 너무 길어질 것이다. 현재 위대한 문학가에는 남성만큼 여성의 수도 많기 때문이다. 문학 외에 다양한 창조 분야에서 소니아 들로네Sonia Delaunay, 카미유 클로델, 코코 샤넬을 추가해야 하며 과학에서 두 개의 노벨상을 받은 마리 퀴리와 19세기 중반 컴퓨터과학의 선구자인 에이다 러브레이스Ada Lovelace도 잊지 말아야 한다. 다시 말하지만 목록이 너무 길다. 사실 19세기부터 여성은 성의 평등을 요구하는 데에서 그치지 않았고 남녀평등을 모든 정치적, 문화적 현장에서 증명했다. 그러나 아직 철학자는 없었다. 그 이유는 페미니즘이 부상하고 여성의 천재성이 꽃피게 된 조건들에서 찾아야 할 것이다.

실제로 훌륭하고 창의적이었던 여성들의 목록을 검토해보면 두 가지 사실이 드러난다. 하나는 여성의 활동에서 한두 명의 남성이 차지했던 역할이고 다른 하나는 여성들이 지배당하는 신분에서 벗어난다고 생각하기가 불가능했다는 점이다. 예를 들어보자.

앞서 열거한 가운데 많은 여성이 어린 시절부터 고아였기에 남성 우위의 내면화라는 가족 논리를 깰 수 있었으나 다른 여성들은 오직 남성의 도움과 지원을 받을 때만 자신의 능력을 키울 수 있었다. 엘리사 레모니에는 열두 살에 고아가 되어 남편과 알렉산드르 뒤마의 도움을 받았다. 레오니 도네는 빅토르 위고와 7년간 함께 지냈다. 로즈몽드 제라르는 에드몽 로스탕의 삶을 공유했다. 카미유 클로델은 로댕의 그늘 아래 예술을 펼쳤다. 줄리엣 드루에는 빅토르 위고의 정부였다. 소피 제르맹Sophie Germain은 아버지와 수학자 라그랑주Lagrange의 지지를 받았다. 루 살로메는 니체와도 프로이트와도 마주쳤다. 역시 어린 시절 고아가 된 버지니아 울프는 출판업자와 문학적 분위기를 만끽했다. 해리엇 밀의 경우, 남편 존 스튜어트 밀은 해리엇이 자신의 작품 집필에 크게 기여했다고 진술했으나 해리엇이 자신의 이름을 책에 적는 걸 거부했다는 사실은 의미심장하다. 모든 여성의 창의성이 남성 덕분이라는 의미가 아니다. 남성의 지배를 당하고 있던 여성의 조건들로는 남성의 도움 없이 창의성을 펼치기가 더욱 어려웠음을 의미한다. 이 사실은 남성의 지배로 인해 전해지지 못한 여성의 작품에 대해 생각해보게 만든다. 시몬 드 보부아르는 상황과 사랑에 의해 이렇게 의도된 복종을 일러 '엘로이즈 콤플렉스'라고 했다. 아벨라르의 그늘에서 생활하는 걸 자랑스럽게 여겼던 엘로이즈의 이름을 딴 것이다. 시몬 드 보부아르도 사르트르의 곁에서 이를 경험했다고 밝혔다.

자신의 천재성과 여성에게 주어진 조건들 사이에서 모순을 경험했기에 많은 페미니스트는 여성성, 성적 본능, 사회성을 부정해야 할 절박한 필요성을 느꼈다. 따라서 에밀리 브론테는 혼자 살았다. 에밀리 디킨슨은 평생 은둔했다. 수전 B. 앤서니는 결혼을 거부하고 결혼 생활에서 성생활에 반대했다. 조르주 상드는 멋진 연애를 했지만 결혼에 반대했고 남자 이름으로 바꾸고 남장을 했으며 파이프 담배를 피웠다. 이사벨 에버하르트Isabelle Eberhardt는 알제리 남자와 함께 살았으나 역시 남자 옷을 입었다. 샬럿 브론테는 모든 시를 남자 이름인 가명으로 출판했고 《제인 에어》는 커러 벨Currer Bell이라는 이름으로 서명했다. 소피 제르맹은 가우스와 서신을 주고받기 위해 남자인 척했다. 루 살로메는 파울 레Paul Rée와 결혼하지만 결코 육체적인 사랑이 아니라는 조건을 달았다. 마리 바시키르체프는 결혼을 거부했다. 양성애자인 버지니아 울프는 글을 쓰며 '성별을 잊었다'라고 진술했다. 여성이 인류 역사의 대부분 동안 어떤 조건에서 창조할 권리를 가질 수 있었을지 잘 보여준다. 앞서 보았듯 결혼을 거부하는 건 조르주 상드가 남자 옷을 입기 훨씬 이전, 올랭프 드 구주와 보헤미아의 엘리자베스, 스웨덴의 크리스틴의 공통점이기도 했다.

다시, 여성 철학자는 없는가?

줄리아 크리스테바와 제네비에브 프레스와 같은 철학자들은 인류를 이해하고 변화시키는 데 필수적인 이 모든 역사를 시몬 드 보부아르의 뒤를 이어 탐구하고자 했다. 물론 오늘날에는 여성 철학자가 너무 많아서 그들을 나열하는 게 가능하지도 무엇보다도 유용하지도 않다. 여성 철학자의 목록을 만드는 건 더는 의미가 없으며 세대를 불문하고 성차별주의자들을 자극할 것이다. 많은 사람이 여성 문제에 새롭고 실재적인 이유로 전념하고 있다. 남성 우위, 종속과 평등의 문제, 성차별적 사고방식의 문제를 극복하기엔 아직 갈 길이 매우 멀기 때문이다. 선진국을 포함해 인간의 권리 구현에 가장 자부심을 지닌 나라에서도 마찬가지다. 인간의 권리다. 1789년 이래로 지금까지 인간이라는 단어의 의미는 매우 모호한 채로 남아 있다.

　여성은 '성별을 잊어버렸을 때' 자기표현 능력이 향상될 거라고 주장한 버지니아 울프의 말이 옳았다. 제네비에브 프레스는 마리 바시키르체프의 말을 인용한다. "나는 겉모습만 여성일 뿐이다. 외관은 매우 여성적이지만 그 외에는 매우 여성적이지 않다." "천재의 역설은 독창성과 독특한 열정으로 보편성에 도달한다는 것이다." 그런데 보편성에 도달하는 것이 바로 "여자에겐 가장 상상하기 힘들다". 시몬 드 보부아르는 완전한 인간성에 도달하려면 자율성과 자유가 필요하다며 이러한 문제를 이미 인식했다. 모든 철학의 필요조건인 보편성에 완벽히 도달하기엔 여성에게 주어진 조건들이 여전히 불안정하고 위태롭고 모순된 방식으로 연결되어 있다. 여성들의 철학에서 여성 철학자로의 전환은 20세기에 적어도 두 철학자에게 현실이 되었다. 시몬 베일은 그 대가로 모든 여성성, 모든 성적 본능, 모든 사랑의 감정을 거부했고, 한나 아렌트는 자신이 여성 철학자가 되었다는 사실을 의심했지만 전 세계가 아렌트를 여성 철학자뿐 아니라 현대 철학의 정점으로 인정한다.

　그런데 어쩌면 시몬 드 보부아르와 한나 아렌트는 문제를 잘못 설정했을 수도 있다. 여성 문제에 초점을 맞춘 여성의 철학 작업은 여성의 철학을 한다는 이유로 모든 철학이 요구하는 보편적인 영향력을 상실했는가? 에픽테토스가 노예의 철학을, 루소가 빈민의 철학을, 아베로에스가 이슬람의 철학을, 마이모니데스가 유대인의 철학을, 또는 마르크스가 프롤레타리아트의 철학을 제시했다고 할 사람은 없을 것이다. 이 모든 작업은 보편적인 영향력을 미친다는 이유로, 그 자체로 철학으로 간주한다.

스토아학파의 아타락시아와 에피쿠로스의 행복은 보편적인 문제다. 토라와 코란을 읽는 방법에 관한 마이모니데스의 교훈과 아베로에스의 교훈에서 오늘날에도 사람들은 이성의 자율성, 사상의 자유를 탐구할 수 있다. 노동자의 지배에 대한 루소와 마르크스의 성찰에서도 마찬가지로 모든 사회의 해방에 대한 본질적이고 보편적인 문제가 드러난다.

여성해방이 여성만의 문제일까? 인류 절반 이상의 해방에 관한 문제다. 이 해방을 통한 모든 인간의 해방에 관한 문제인데, 이것이 여성만의 문제일까? 여성의 철학은 그 대상이 보편적인 범위를 갖고 있기에 모든 면에서 전적으로 철학이다. 여성의 철학만큼 억압받는 자들을 위한 철학은 없다. 우리는 여성의 철학에서 철학이 지닌 해방의 힘을 확인한다. 여성 수학자, 여성 물리학자, 여성 음악가, 여성 화가, 여류 시인, 여류 소설가가 있었던 것처럼 여성 철학자들의 수는 많았다. 여성 철학자의 수가 남성 철학자보다 적은 건 여성이 억압받았음을 설명해준다. 여성들은 억압에도 불구하고 온갖 역경을 딛고 일어섰다. 이 모든 것 뒤에 본성은 없고 오늘날 여성 정치인의 터무니 없는 숫자도 당연히 본성과는 아무런 관련이 없다. 무엇보다 수천 년간 남성 우위적 발전과정에 더불어 역사와 교육이 여성들을 침묵 속에 가두었고, 많은 여성이 이를 당연한 숙명으로 받아들였을 뿐이다.

20세기의 가장 위대한 철학사상 중 하나를 남긴 한나 아렌트가 언젠가는 여성 철학자가 있을지 궁금해했을 때는, 겸손함을 넘어서서 아렌트가 사회의 편견을 받아들였다는 의미다. 동시에 아렌트의 인생에서는 여성 철학자라는 문제가 전혀 제기되지 않았다는 의미이기도 하다. 한나 아렌트는 1964년에 귄터 가우스Günter Gaus에게 솔직하고도 분명하게 다음과 같이 진술했다. "사실 구식으로 들릴 위험을 무릅쓰고 이야기하는 겁니다. 저는 항상 여성에게 어울리지 않는 특정 활동이 있다고 생각했어요. 명령하는 건 여성에게 어울리지 않기 때문에 여성성을 유지하려면 그런 상황을 피하려고 노력해야 해요. 이게 맞는 건지 모르겠네요. 어쨌든 저는 때론 무의식적으로 때론 의식적으로 이 생각에 맞게 행동해요. 이 문제 자체는 개인적으로 내게 아무런 역할을 못했습니다. 사실 저는 그냥 하고 싶은 대로 했으니까요."

한나 아렌트를 위대한 철학자로 만든 것과 같은 이유로 고대부터 수천 명의 여성 철학자가 있었다. 수 세기 동안 남성우위와 종교 권력에 의해 여성 철학자들은 기억에서 지워졌고 그와 동시에 여성은 철학에 접근할 수 없었다. 세기를 거듭하면서 평등을 위한 여성들의 투쟁에는 철학적 의미가 포함되었다. 이 투쟁이 끝나려면 아직 멀었지만, 적어도 많은 국가에서 철학적인 창조에 전적으로 참여할 수 있는 조건들이 갖춰졌다. 그리고 여성들은 이를 주저하지 않고 있다. 지구상에 존재하는 수천 명의 여성 철학자 가운데, 이제 여성뿐 아니라 남성에게도 드물고 힘든 철학적 창조에 도달한 여성들을 후대는 기억하리라.

참고 문헌

Vivre et penser dans l'incertitude
: Ces philosophes indispensables notre temps

1장

Aristote

La Métaphysique, trad. J. Tricot, Vrin, 1953, 2 vol.

Descartes, René

OEuvres et lettres, Gallimard, « Bibliothèque de la Pléiade », 1953.
Le Monde, l'Homme, Seuil, 1996

Galilée

Dialogue sur les deux grands systèmes du monde (1632), trad. R. Fréreux et F. de
    Gandt, Seuil, 1992.
Le Messager des étoiles (1610), trad. F.Hallyn, Seuil, 1992.

Jouary, Jean-Paul

Diderot face à Galilée et Descartes. La science en héritage, Scéren, CNDP, 2011.

Kant, Emmanuel

Critique de la raison pure (1781), trad. A. Temesaygues et B. Pacaud, PUF, 1944.
Réflexions sur l'éducation (1776-1787), trad. A. Philonenko, Vrin, 1989.
Qu'est-ce que les Lumières ? Que signifie s'orienter dans la pensée ?, trad. J.-F. Poirier et
    F. Proust, GFFlammarion, 1991.

Moliére

Dom Juan (1665), in *OEuvres complètes*, Gallimard, « Bibliothèque de la Pléiade »,
    2010.

Ovide

Tristes, trad. É. Ripert, Garnier frères, 1937.

Platon

Gorgias, trad. M. Canto-Sperber, GF-Flammarion, 1987.

Politzer, Georges
Contre le nazisme. Écrits clandestins (1941), Éditions sociales, 1984.

Redondi, Pietro
Galilée hérétique, Gallimard, 1985.

2장

Averroés
Discours décisif, trad. M. Geoffroy, GF-Flammarion, 1996.

Benmakhlouf, Ali
Averroès, Les Belles Lettres, 2003.

Corbin, Henri
Histoire de la philosophie islamique, Gallimard, « Folio essais », 1986.

Libera, Alainde
La Philosophie médiévale, PUF, 2014.

3장

Libera, Alainde
La Philosophie médiévale, PUF, 2014.

Maimonide, Moise
Le Guide des égarés, trad. S. Munk, Verdier, 2012.

4장

Spinoza, Baruch
Traité théologico-politique (1670), trad. C. Appuhn, GF-Flammarion, 1965.
Éthique (1677), trad. C. Appuhn, GF-Flammarion, 1965.

Yalom, Irvin
Le Problème Spinoza, Le Livre de Poche, 2012.

5장

Aragon, Louis
La Diane française, Seghers, 1945.

Desmurget, Michel
La Fabrique du crétin digital, Seuil, 2019.

Diderot, Denis
OEuvres philosophiques, Garnier, 1964.

Dumont, Jean-Paul
Éléments d'histoire de la philosophie antique, Nathan, 1993.

Epictete
Manuel, trad. E. Cattin, GF-Flammarion, 1997.

Epicure
Lettre à Ménécée, trad. O. Hamelin, Nathan, 1998.

Marc-Aurele
Pensées pour moi-même, trad. M. Meunier, GFFlammarion, 1964.

Moliere

OEuvres complètes, Gallimard, « Bibliothèque de la Pléiade », 2010.

Pascal, Blaise

Pensées, in *OEuvres complètes,* Gallimard, « Bibliothèque de la Pléiade », 1954.

Platon

Apologie de Socrate, trad. L. Brisson, GF-Flammarion, 2017.

Seneque

Lettres à Lucilius, trad. M.-A. Jourdan-Gueyer, GFFlammarion, 1992.
De la constance du sage, trad. P. Miscevic, GFFlammarion, 2003.

Stendhal

De l'amour (1822), Gallimard, « Folio classique », 1980.

6장

Kant, Emmanuel

Fondements de la métaphysique des moeurs (1785), trad. V. Delbos, Delagrave, 1985.

Constant, Benjamin

Le Droit de mentir (avec texte de Kant), Fayard, « Mille et une nuits », 2003.

Diderot, Denis

OEuvres philosophiques, Garnier, 1964.

Jouary, Jean-Paul

Diderot, la vie sans Dieu, Le Livre de Poche, 2013.

Sartre, Jean-Paul
L'existentialisme est un humanisme, Nagel, 1946.

7장

Descartes, René
OEuvres et lettres, Gallimard, « Bibliothèque de la Pléiade », 1953.
Le Monde, l'Homme, Seuil, 1996.

Sartre, Jean-Paul
L'Être et le Néant, Gallimard, 1943.
L'existentialisme est un humanisme, Nagel, 1946.

Spinoza, Baruch
Traité théologico-politique (1670), trad. C. Appuhn, GF-Flammarion, 1965.
Éthique (1677), trad. C. Appuhn, GF-Flammarion, 1965.

8장

Darwin, Charles
L'Origine des espèces (1859), trad. E.-J.-F. Barbier, GF-Flammarion, 2008.

Maillet, Benoit de
Telliamed (1755), Hachette / BnF, 2018.

Malthus, Thomas
Essai sur le principe de population (1798), trad. P. et G. Prevost, GF-Flammarion,
  2010.

Paley, William
Théologie naturelle (1804), Hachette / BnF, 2013.

Sartre, Jean-Paul
L'Être et le Néant, Gallimard, 1943.
L'existentialisme est un humanisme, Nagel, 1946.

9장

Aristote
Les Politiques, I, trad. P. Pellerin, GF-Flammarion, 1990.

Constant, Benjamin
Le Droit de mentir (avec texte de Kant), Fayard, « Mille et une nuits », 2003.

Kant, Emmanuel
Fondements de la métaphysique des moeurs (1785), trad. V. Delbos, Delagrave, 1985.

Paquet, Leonce
Les Cyniques grecs. Fragments et témoignages, Le Livre de Poche, 1992.

Rousseau, Jean-Jacques
Discours sur l'origine et les fondements de l'inégalité parmi les hommes – Projet de constitution pour la Corse, in OEuvres politiques, Bordas, « Classiques Garnier », 1989.

Sartre, Jean-Paul
L'Être et le Néant, Gallimard, 1943.

10장

Debord, Guy
La Société du spectacle (1967), Gallimard, « Folio », 1992.

Paquet, Leonce

Les Cyniques grecs. Fragments et témoignages, Le Livre de Poche, 1992.

Pascal, Blaise

Pensées, *OEuvres complètes*, Gallimard, « Bibliothèque de la Pléiade », 1954.

Rousseau, Jean-Jacques

Discours sur l'origine et les fondements de l'inégalité parmi les hommes – Projet de constitution pour la Corse, in OEuvres politiques, Bordas, « Classiques Garnier », 1989.

Sartre, Jean-Paul

L'Être et le Néant, Gallimard, 1943.

Tournier, Michel

Vendredi ou les limbes du Pacifique (1967), postface de Gilles Deleuze, Gallimard, « Folio », 1972.

11장

Balzac, Honoré de

Le Chef-d'oeuvre inconnu (1831), GF-Flammarion, 2008.

Bazin, André

Chaplin, Cahiers du cinéma, « Petite bibliothèque », 1972.

Benjamin, Walter

Sur le pouvoir de l'imitation (1933), in OEuvres, vol. 2, Gallimard, « Folio essais », 2000.

Gombrich, Ernst

L'Art et l'Illusion (1960), Phaidon, 2002.

Gsell, Paul
Auguste Rodin. L'art (1911), Grasset, 2005.

Hegel, Georg Wilhelm Friedrich
Cours d'esthétique, trad. J.-P. Lefebvre, t. I, Aubier, 1995.

Jouary, Jean-Paul
Préhistoire de la beauté. Et l'art créa l'homme, Les Impressions nouvelles, 2012.
Le Futur antérieur. L'art moderne face à l'art des cavernes, Beaux-Arts, 2017.

Kant, Emmanuel
Critique de la faculté de juger (1790), trad. A. Philonenko, Vrin, 1989.

Merleau-Ponty, Maurice
L'OEil et l'Esprit, Gallimard, « Folio essais », 1985.

Proust, Marcel
Le Temps retrouvé (1927), GF-Flammarion, 2011.

Schiller, Friedrich von
Lettres sur l'éducation esthétique de l'homme (1794), trad. R. Leroux, Aubier, 1992.

12장

Aristote
Éthique à Nicomaque, trad. R. Bodéüs, GF-Flammarion, 2004.

Balzac, Honoré de
La Vendetta (1830), Gallimard, « Folio », 2019.

Dumas, Alexandre
Le Comte deMonte-Cristo (1846), Gallimard, 1998, 2 vol.

Hegel, Georg Wilhelm Friedrich
Propédeutique philosophique, trad. M. de Gandillac, Minuit, 1963.

Hugo, Victor
Les Misérables (1862), Gallimard, « Folio classique », 2017.

Jouary, Jean-Paul
Mandela, une philosophie en actes, Le Livre de Poche, 2014.
La Parole du mille-pattes. Difficile démocratie, Les Belles Lettres, 2019.

Kant, Emmanuel
Doctrine du droit (1796-1797), trad. A. Philonenko, Vrin, 1986.

Mandela, Nelson
Pensées pour moi-même (citations), trad. M. Berrée, La Martinière, 2011.
Un long chemin vers la liberté (1994), trad. J. Guiloineau, Fayard, 1995.

Rousseau, Jean-Jacques
Discours sur les sciences et les arts, Gallimard, « Folio essais », 1997.

Sophocle
Antigone, trad. R. Davreu, Actes Sud, 2011.

13장

Foucault, Michel
Dits et écrits, Gallimard, 1994, 4 vol.

Hobbes, Thomas
Léviathan (1651), trad. G. Mairet, Gallimard, « Folio essais », 2000.

Jouary, Jean-Paul

Rousseau, citoyen du futur, Le Livre de Poche, 2012.

La Parole du mille-pattes. Difficile démocratie, Les Belles Lettres, 2019.

La Boetie, Etienne de

Discours de la servitude volontaire (1576), Fayard, « Mille et une nuits », 1997.

Locke, John

Deuxième traité du gouvernement civil (1689), GFFlammarion, 1992.

Rousseau, Jean-Jacques

Discours sur l'origine et les fondements de l'inégalité parmi les hommes – Du Contrat social – Projet de constitution pour la Corse, in OEuvres politiques, Bordas, « Classiques Garnier », 1989.

Rousseau juge de Jean-Jacques (1780), GF-Flammarion, 1999.

Jean-Jacques Rousseau et les arts (dir. Guilhem Scherf), Éditions du Patrimoine, 2012.

14장

Aristote

Les Politiques, I, trad. P. Pellerin, GF-Flammarion, 1990.

Moliere

Le Misanthrope (1666), in *OEuvres complètes*, Gallimard, « Bibliothèque de la Pléiade », 2010.

Pascal, Blaise

OEuvres complètes, Gallimard, « Bibliothèque de la Pléiade », 1954.

Marx, Karl

Introduction à la critique de l'économie politique (1857), Éditions sociales, 2014.

15장

Aristote
La Métaphysique, trad. J. Tricot, Vrin, 1953, 2 vol.

Epictete
Manuel, trad. E. Cattin, GF-Flammarion, 1997.

Foucault, Michel
L'Herméneutique du sujet. Cours 1981-1982, Éditions de l'EHESS, 2001.

Jouanna, Jacques
Hippocrate, Les Belles Lettres, 2017.

Jouary, Jean-Paul
Mandela, une philosophie en actes, Le Livre de Poche, 2014.

Platon
Apologie de Socrate – Criton, trad. L. Brisson, GFFlammarion, 2017.
Banquet, trad. L. Brisson, GF-Flammarion, 1998.
Gorgias, trad. M. Canto-Sperber, GF-Flammarion, 1987.
Les Lois, trad. L. Brisson, GF-Flammarion, 2006.
Ménon, trad. M. Canto-Sperber, GF-Flammarion, 1993.
Lachès, trad. L.-A. Dorion, GF-Flammarion, 1997.
Hippias majeur, trad. A. Croiset, Les Belles Lettres, 1956.
Euthyphron, trad. L.-A. Dorion, GF-Flammarion, 1997.
Lettre VII, trad. L. Brisson, GF-Flammarion, 1987.
Phèdre, trad. L. Brisson, GF-Flammarion, 2006.
Théétète, trad. A. Diès, Les Belles Lettres, 1955.

Sophocle
Antigone, trad. R. Davreu, Actes Sud, 2011.

에필로그

Auclert, Hubertine
Le Vote des femmes (1908), Hachette / BnF, 2018.

Bashkirtseff, Marie
Mon journal, Hachette / BnF, 2012.

Beauvoir, Simone de
Le Deuxième Sexe, Gallimard, « Folio essais », 1986, 2 vol.

Bernard, Suzanne
Le Roman d'Héloïse et Abélard, Le Temps des cerises, 2001.
La Béguine, Stock, 2000.

Bodin, Jean
De la démonomanie des sorciers (1580), Gallica, BnF.

Cavendish, Margaret
Le Monde glorieux (1666), trad. L. Cottegnies, José Corti, 1999.

Chatelet, Emilie du
Discours sur le bonheur (1779), Payot-Rivages, « Rivages poche », 2014.

Choderlos de Laclos, Pierre
Traité sur l'éducation des femmes (1783), Pocket, « Agora », 2009.

Euripide
Mélanippe la philosophe. Fragments, analyse de Séverine Auffret, Des femmes, 1988.

Fraisse, Genevieve
La Controverse des sexes, PUF, 2001.

Gouges, Olympe de

« *Femme, réveille-toi !* ». *Déclaration des droits de la femme et de la citoyenne* (1791), Gallimard, « Folio », 2014.

L'Esclavage des Noirs (1785), Hachette BnF, 2013.

Gournay, Marie de

Égalité des hommes et des femmes (1622), Droz, 1993.

Grief des dames (1626), Droz, 1993.

Guillaume, Jacquette

Les Dames illustres (1665), Hachette / BnF, 2016.

Heloise

Lettres d'Abélard et Héloïse, Le Livre de Poche, 2007.

Kristeva, Julia

Le Génie féminin. 3. Colette, Gallimard, « Folio essais », 2004.

Menage, Gilles

Histoire des femmes philosophes (1690), Arléa, 2006.

Platon

Ménéxène, trad. L. Méridier, Les Belles Lettres, 1956.

Banquet, trad. L. Brisson, GF-Flammarion, 1998.

La République, trad. G. Leroux, GF-Flammarion, 2002.

Poullain de La Barre, Francois

De l'égalité des deux sexes (1673), Gallimard, « Folio », 2015.

De l'éducation des femmes (1674), Vrin, 2011.

Sprenger, Jacques, Kramer, Heinrich

Le Marteau des sorcières (1486), trad. A. Danet, Jérôme Millon, 2014.

Wier, Johannes

De l'imposture des diables (1563), « Analects », 1970.

Jean Wier. Des dieux, des démons, des sorciers, par Roger Teyssou, L'Harmattan, 2016.

Wollstonecraft, Marie

Déclaration des droits de la femme (1792), in *Défense des droits des femmes*, Gallimard, « Folio », 2016.

불안사회 생존철학

초판 1쇄 발행 2024년 12월 11일
초판 3쇄 발행 2025년 2월 20일

지은이 장 폴 주아리
옮긴이 배정은
펴낸이 고영성

책임편집 박유진 ㅣ **디자인** 이화연 ㅣ **저작권** 주민숙

펴낸곳 주식회사 상상스퀘어
출판등록 2021년 4월 29일 제2021-000079호
주소 경기 성남시 분당구 성남대로43번길 10, 하나EZ타워 3층 307호 상상스퀘어
팩스 02-6499-3031
이메일 publication@sangsangsquare.com
홈페이지 www.sangsangsquare-books.com

ISBN 979-11-988543-4-6 (03160)